한자 원리와
개념으로 풀이한 노자
도덕경

한자 한자 읽는 동양고전 ❸

한자 원리와 개념으로 풀이한 **노자 도덕경**

2023년 1월 15일 초판 1쇄 인쇄
2023년 1월 20일 초판 1쇄 발행

편저자 | 임헌규
펴낸이 | 김태화
펴낸곳 | 파라아카데미 (파라북스)
기획 · 편집 | 전지영
디자인 | 김현제

등록번호 | 제313-2004-000003호
등록일자 | 2004년 1월 7일
주소 | 서울 특별시 마포구 와우산로 29가길 83 (서교동)
전화 | 02) 322-5353   팩스 | 070) 4103-5353

ISBN 979-11-88509-65-2 (03140)

* 값은 표지 뒷면에 있습니다.
* **파라아카데미**는 **파라북스**의 학술 분야 전문 브랜드입니다.

道

한자 원리와
개념으로 풀이한 **노자
도덕경**

· 道도는 『설문』에서 辶(쉬엄쉬엄 갈 착=行止)+首(머리 수: 목적, 목표)의 회의자로 마땅히 가야할 길, 방법, 법도, 목표를 의미한다. 도로道聽而塗說, 의칙道也者 不可須臾離也, 우주의 본체道者 萬物之始, 形而上者謂之道, 형이 상자形而上者謂之道, 모용一陰一陽之謂道, 방법吾未知吾道. 주의吾道非耶 吾何爲於此 말하다故君子道 其常 而小人道其怪 등으로 쓰인다. · 可가는 곡괭이ㄱ와 口(입 구)의 회의자로 곡괭이질을 하며 흥얼거리는 노래 (歌: 可+可+欠)를 뜻했지만, 노래를 부르면서 노동을 하면 힘든 일도 가능可能하다는 점에서 긍정의 의미로 옳음, 타당한, 괜찮음子日可也, 인정하다大夫辭之不可, 할 수 있다可以 등으로 쓰인다. · 常상은 巾(수건 건)+尙(더할 상)의 형성자로 평상시에 늘 입는 치마를 뜻하여, 일상日常, 항상恒常· 평상平常(←괴이怪異) 등으로 쓰였다.

임헌규 편저

德

파라아카데미

머리말

『노자』는 중국철학에서 유가儒家와 쌍벽을 이루는 도가의 창시자가 저술한 가장 중요한 경전이다. 도합 5,000여 글자로 구성된 이 간략한 경전은 아마도 후대에 2편 81장(1~38장은 상편으로 「도경」, 38~81장은 하편으로 「덕경」)으로 편집되면서(백서본에서는 「덕경」, 「도경」의 순서), 흔히들 그 주제에 맞춰 『도덕경』이라고 불렀다.

노자의 『도덕경』은 형상을 넘어서는 것에 관한 학문(形而上者謂之道)으로서 중국적 형이상학의 원조를 형성하는 가장 중요한 저작(三玄)의 하나로 인정되어 연구되어 왔다. 『노자』는 저자, 저술 시기, 판본(죽간본, 백서본, 통행본 등), 구성 체계, 기본 성격 등에 관해 연구자들 간의 수많은 이견을 노정시키고 있다.

필자는 다음 세 가지 기본적인 바탕 위에 현재 통행본의 저본이 형성되었다고 본다. 첫째, 책의 체계성과 통일성으로 볼 때 『노자』는 분명히 단일한 인물의 저서로서, 사마천이 『사기』 「노자한비열전」에서 기록하고 있는 공자가 빙문하여 가르침을 청했던 이이李耳(자字는 담聃)가 바로 원본 『노자』의 저자일 가능성이 높으며, 둘째, 가장 오래된 판본인 『죽간본 노자』는 공자학파가 성립되기 이전의 작품인 원본의 단편이기 때문에 반유가적 언명이 나타나지 않았지만, 셋째, 늦어도 전국시대 중기 이전에 다른 학파와의 대립의식을 지녔던 어떤 필사자에 의해 첨삭 가필되고, 주요 개념어가 약간 변형되는 과정을 거쳐 현재에 이르게 되었다는 것이다.

필자는 이전에 『노자』에 관한 다수의 논문과 다양한 번역서, 해설서, 그리고 저서 여러 차례 출간한 바 있다. 그리고 이러한 저작물들을 통해 필자의 『노자』에 관한 견해를 피력해왔다. 그럼에도 불구하고, 이 책을 또 다시 출간하게 된 것은 20여 년간 대학 및 대중강연을 통해 얻은 교훈 때문이다. 즉 상당수의 학생과 대중들은 한문으로 구성된 『노자』를 접근하기 어려운 고전으로 생각하거나, 혹은 통속적인 견해나 심지어 전문적인 해설들에 오도되어 잘못 이해하고 있으면서, 교정하거나 대화조차 시도하지 않고 있다는 것이다.

바로 이러한 상황에서 이 책은 어떠한 해설이나 선입견을 갖기 이전에, 『노자』 원문을 원뜻 그대로 이해할 자료를 제시하기 위해 기획되었다. 그래서 원문에 독음과 현토를 달고, 출현한 모든 한자에 대해 어원과 용례를 제시하여 『노자』를 원의 그대로 읽고 음미하고, 그 지혜를 터득할 수 있는 단서를 제공하려고 하였다. 아무쪼록 필자의 이러한 노력이 『노자』를 원의대로 읽고, 이해하려고 시도하는 독자들에게 조금이라도 도움이 되었으면 하는 마음 간절하다.

2023년 1월 10일
청덕동에서 임헌규 합장

차례

덕경 德經

부록

일러두기

一 .이 책은 한문 교육을 거의 받지 않았거나 해설서만 막연하게 읽은 초학자들이 한자로 구성된 노자의 『도덕경』을 한 글자도 빠짐없이 직접 읽어 나가면서, 기본 개념에서부터 시작하여 최상의 철학이념에 이르기까지 전반을 가장 안전하게 터득할 수 있도록 기획되었다.

二. 이 책은 다음과 같이 구성되었다.

1. 원문 : 각 장의 제목을 제시하고(김탄허, 『현토역주 도덕경』, 교림, 1983 참조) 원문에 대한 음과 토를 달았다.

2. 번역 : 원문에 대한 가장 전형적인 번역을 제시하고, 초학자도 쉽게 읽을 수 있도록 한자원문을 병기했다.

3. 원문 해설 : 독자들이 선입견 없이 각 장章의 의미를 이해할 수 있도록 최대한 간명한 해설을 제시하고, 필요한 경우 『노자익老子翼』 등을 참조하여 가장 중요한 철학적 논점과 개념들을 소개했다.

4. 한자 풀이

① 『도덕경』에 제시된 모든 한자의 형성원리와 그 용례를 다양한 자전字典을 참조하여 제시하되, 기본적인 용례에서 시작하여 철학적으로 중요한 개념어의 경우 그 형성과 전개, 그리고 다른 학파에서 사용된 용례와 비교하여 제시했다.

② 원문의 이해와 해석에서 핵심이 되는 주요 개념어는 반복해서 원리와 용례를 해설하되, 가급적 다른 한자 자전의 상반되는 풀이도 심화

시켜 제시했다.

 * 편자는 오랜 한문 학습 경험상, 한자는 반드시 그 형성원리形源를 먼저 이해하고, 이후에 그 용례를 살펴야 한다고 생각한다. 물론 형성원리는 후대 학자들의 편의적 설명으로 절대적인 것은 아니지만(필자가 여러 한자사전들을 비교·고찰한 결과, 그 형성원리에 일치된 의견을 드러낸 경우는 많지 않았다), 글자에 대한 기본적인 이해에 많은 도움을 준다는 사실이다.

 三. 이 책은 편자 임헌규가 이전에 펴낸『유학자가 풀이한 노자 도덕경』(학아재, 2021)의 보완편이라 할 수 있다. 이전의 책은 다양한 판본의 비교와 위진 현학자에서부터 현대의 탄허呑虛 스님, 신오현 선생 등의 여러 주석을 참조하면서, 유학자로서 필자의 관점을 기술한 것이었다. 그에 비해 이 책은 초학자들을 위한『도덕경』의 자구와 개념, 그리고 한자 해설에 주력한 것이다. 역사상『논어』에 대한 가장 위대한 주석가인 주자朱子는『논어』에 대한 체계적이고 발전적인 주석서(『논어집해』,『논어요의論語要義』,『논어정의論語精義』,『논어집주』와『논어혹문』)를 간행했으면서, 논어의 자구의 훈고를 취합한『논어훈몽구의論語訓蒙口義』를 편찬하여 동몽들의 습독의 교재를 만들었듯이, 이 책 또한 그런 목적과 의도에서 편집된 것이라 하겠다.

〈참고문헌〉

왕필(김학목 역),『노자도덕경과 왕필의 주』, 김학목 옮김, 홍익출판사, 2000.
감산(오진탁 역),『감산의 노자풀이』, 서광사, 1990
진고응(최재목, 박종연 역),『진고응이 풀이한 노자』, 영남대학교출판

부, 2004.

이석명, 『백서노자』, 청계, 2004.

김홍경, 『삶의 기술, 늙은이의 노래, 노자』, 들녘, 2003.

여배림(박종혁 역), 『도덕경에 대한 두개의 강의』, 서해문집, 2000.

초횡약후편(이현주 역), 『노자익』, 두레, 2000.

최진석, 『노자의 목소리로 듣는 도덕경』, 소나무, 2001.

김탄허, 『현토역주 도덕경』(전2권), 교림, 1983.

김충열, 『김충렬교수의 노자강의』, 예문서원, 2004.

왕방웅 집해, 『초간노자』, 예경, 2003.

레이먼드 M. 스멀리안(박만엽 역), 『도는 말이 없다』, 철학과현실사, 2000.

신오현, 「절대와 자유 : 노자와 하이데거의 비교연구」, 『절대의 철학』, 문학과지성사, 1993

焦竑弱候編, 服部宇之吉 校訂, 『老子翼』 漢文大系 九卷, 富山房, 1972.

齊藤珦, 『老子』, 全釋漢文大系15, 集英社, 昭和54年.

Allan. Sarah & Williams. Crispin (eds), The Guodian Laozi : Proceedings of the International Conference, Dartmouth College, May, 1998, Society for the Study of Early China and Institute of East Asian Studies, U. C. Berkeley: 2000.

R. C. Henricks, Lao-Tzu Te-Tao Ching, Rider, 1989.

– 필자의 노자에 관한 연구서와 논문

임헌규, 『유학자가 풀이한 노자 도덕경』, 학아재, 2021.

임헌규, 『노자 도덕경 해설 : 죽간본, 백서본, 왕필본의 비교연구』, 철학과현실사, 2001.

임헌규, 『노자:도와 덕이 실현된 삶』, 살림, 2013.

노자(임헌규 역), 『노자』, 책세상, 2005.

대빈호(임헌규 역),『노자철학연구』, 청계, 1999

임헌규,「유가의 인성론과 도가」,『철학연구』91, 2004.8.

임헌규,「죽간본노자와 유가」,『한국사상과 문화』26, 2004. 12.

임헌규,「노자 도개념의 재해석」,『철학연구』93, 2005. 2.

임헌규,「노자의 위도론」,『철학연구』94, 2005. 5.

임헌규,「노자의 정치철학」,『철학논총』40-2, 2005. 6

- 한자의 형성과 용례

하영삼,『한자어원사전』, 도서출판3, 2014.

최영찬 외,『동양철학과 문자학』, 아카넷, 2003.

민중서림 편집부,『漢韓大字典』3판, 민중서림, 2018.

대한사전편찬실,『漢韓大辭典』, 교학사, 2001.

이가원 외 감수,『東亞漢韓大辭典』, 동아출판사, 1982.

이충구,『한자부수해설』, 전통문화연구회, 1998.

湯可敬 撰,『說文解字今釋』, 岳麓書社, 2005.

李恩江·賈玉民 主編,『說文解字』, 中原農民出版社, 2000.

許愼撰·段玉裁注,『說文解字注』, 上海古籍蹟出版社, 1981.

白川靜,『字統』, 平凡社, 2004.

吳澤炎 外,『辭源』, 商務印書館, 1983.

네이버 한자사전 (https://hanja.dict.naver.com)

다음 한자사전 (https://dic.daum.net)

중국사전 홈페이지 (zdic.net 및 ctxt.org)

* 편자는 오랜 기간 중국고전을 전공한 철학연구자이지 한자학의 전문가는 아니다. 한자풀이에 제시된 여러 사항들은 편자가 독자들의 편의를 위해 여러 사전들을 참조하여 재구성한 것으로 편자의 독창적인

견해는 아니다.

언젠가 노자를 공부하고 있다는 필자에게 스승인 신오현 교수는 "『노자』를 읽을 때에 하늘 천天 자, 즉 '하나의 큰 것(天 = 一 + 大)'이 무엇인지를 궁구해야 한다."고 당부하시던 것이 생각난다. 독자들도 노자를 읽으면서 중요한 글자 혹은 어구를 화두話頭로 삼고, 그것을 길잡이로 삼고 이 책을 정독해 나아가 나름의 깨달음을 증득하기를 바란다.

그리고 『노자』에 대해서는 예로부터 부정적 소극적 허무주의 혹은 염세적 은둔적 성격의 처세적 생활철학, 은유적 신비주의, 군주의 통치술, 군사전략서 등과 같은 다양한 꼬리표가 따라다니기도 했고, 심지어는 권모술수를 획책하는 책이라는 악의적인 해석마저도 있어 왔다. 그러나 우리는 『노자』에 대한 이러한 평가에는 물론 근거가 없는 것은 아니지만, 부수적인 것이거나 혹은 연구자의 관점에서 해석한 것일 따름이라고 생각한다. 우리는 5,000여 자로 구성(이 가운데 도道라는 글자가 70여 회, 그리고 덕德이 40여 회 등장한다)된 『노자』가 수천 년 동안 '도덕경'이라고 칭해진 것은 단순히 우연만은 아니라고 생각하며, 철두철미하게 근원적인 도와 덕을 지시하는 형이상학적인 저술로 읽기를 권한다.

도경 道經

1장 • 관묘觀妙 : 오묘함을 관조함

道可道면 非常道요 名可名이면 非常名이라
도가도 비상도 명가명 비상명

無名은 天地之始요 有名은 萬物之母라
무명 천지지시 유명 만물지모

故로 常無欲으로 以觀其妙하고 常有欲으로 以觀其徼이니
고 상무욕 이관기묘 상유욕 이관기요

此兩者는 同出而異名이라 同謂之玄이니 玄之又玄에 衆妙之門이라
차양자 동출이이명 동위지현 현지우현 중묘지문

말道로 설명할 수 있다면可道 상도常道가 아니며非, 이름名으로 명명할 수 있다면可名 상명常名이 아니다非.

이름 없음無名(무)은 천지의 시작天地之始(을 명명한 것)이며, 이름 있음有名(유)은 만물의 어머니萬物之母(를 명명한 것)이다.

그러므로故 마땅히 항상된 무無를 희구欲함으로써以 그 도其의 신묘함妙을 관조觀하고, 마땅히 항상된 유常有를 희구欲함으로써以 그 도其의 가장자리徼(현상)를 관조觀한다.

이 양자此兩者(무와 유)는 같이 나와서同出 이름을 달리하니而異名, 같이同 그것을 현묘하다之玄고 말하니謂, 현묘하고玄之 또又 현묘하니玄, 온갖 신묘함의 문衆妙之門이다.

1장은 『노자』 전체의 개요가 압축적으로 제시된 가장 중요한 장으로 도의 정의, 도의 작용, 입도공부, 그리고 도의 오묘함에 대한 찬탄으로 구성되어 있다.

만물을 낳는道生之(51장) 어머니로서의 도可以爲天下母(25장)는 형상을 지닌 어떤 하나의 사물(器: beings)이 아니다. 따라서 도란 형상을 지닌 사물의

속성을 기술하는 언어로써 "그것은 어떠하다"고 설명할 수 없다. 또한 도란 형이하의 사물이 지닌 본질(개념, 자체동일성)로도 정의할 수 없기 때문에, 사물을 지칭하는 이름名으로 명명할 수 없다. 그렇다면 도는 어떤 작용을 하는가? 시작도 끝도, 형상도 소리도 없는 도는 천지의 시작이 되며(시간화작용), 만물의 어머니가 된다(공간화작용)고 말했다. 즉 도가 시·공 화생작용time-space-play을 통해 천지를 가동시켜 만물을 낳는다. 따라서 무無로서 도가 모든 만물의 근원이라는 것을, 그리고 유로서 존재하는 삼라만상은 도의 현현이라는 것을 체득해야 한다.

내가 무無를 본다고 한 것은 단지 무 하나만을 본다는 게 아니라, 아무 것도 없는 근본과 더불어 만물을 생성하는 조화의 오묘함도 함께 본다는 것이다. 또 내가 유有를 본다고 함은 그저 유만이 아니라, 삼라만상에 신묘한 도가 온전히 갖추어져 있음도 동시에 본다는 뜻이다. 비록 유·무를 함께 보긴 했지만, 그 그윽하다는 분별과 그윽함의 자취를 놓지 못하면, 참으로 그윽하지는 못하게 된다. 도라는 근원 속에서는 유·무라는 명칭이 끊어졌을 뿐만 아니라, 그윽한 자취도 흔적도 없다. 그러므로 현묘하고 더욱 현묘하다고 말한 것이다. 〈감산〉

한자 해설

· 道도는『설문』에서 辶(쉬엄쉬엄 갈 착=行止)＋首(머리 수: 목적, 목표)의 회의자로 마땅히 가야할 길, 방법, 법도, 목표를 의미한다. 도로道聽而塗說, 이치道也者 不可須臾離也, 우주의 본체道者 萬物之始, 形而上者謂之道, 형이상자形而上者謂之道, 묘용一陰一陽之謂道, 방법吾未知吾道, 주의吾道非耶 吾何爲於此, 말하다故君子道其常 而小人道其怪 등으로 쓰인다. 노자의『도덕경』에서 '도道'는 도합 73회 출현하는 가장 중요한 개념으로 ① 원리상·순서상 가장 앞서는 것(천지만물의 근본: 似萬物之宗, 4장)으로, 스스로 그와 같은道法自然 자기 충족적인 본래 자재함(자기원인: 象帝之先, 4장)이다. 형상을 지닌 만물을 초월하지만(無, 無名), 언제 어디서나 만물을 만물이게道生之(51장) 한

다. ② 물리적 공간으로 말하면, 공간을 공간이게 하고(공간화작용), 공간이란 범주를 넘어서지만 또한 모든 공간에 작용한다. 따라서 지극히 커서 모든 곳에 편재하지만至大無外(25장), 어떠한 형상도 지니지 않는다는 점에서 지극히 작지만至小無內(32장), 공간을 지닌 만물의 모태萬物之母(1장)이다. ③ 물리적 시간으로 말하면, 시간을 시간이게 하며天地之始(시간화작용, 1장), 시간의 범주를 넘어서, 물리적 시간을 초월하지만無始無終: 先天地生(25장), 그 언제나 시간을 시간이게 하면서 시간과 함께 한다.

- 可가는 곡괭이ㄱ와 口(입 구)의 회의자로 곡괭이질을 하며 흥얼거리는 노래(歌: 哥+可+欠)를 뜻했지만, 노래를 부르면서 노동을 하면 힘든 일도 가능可能하다는 점에서 긍정의 의미로 옳음, 타당함, 괜찮음子曰可也, 인정하다大夫辭之不可, 할 수 있다可以 등으로 쓰인다.

- 常상은 巾(수건 건)＋尚(더할 상)의 형성자로 평상시에 늘 입는 치마를 뜻하여, 일상日常·항상恒常·평상平常(↔괴이怪異) 등으로 쓰였다. 노자는 16장(復命日常, 知常日明), 28장(常德), 32장(道常), 33장(知常), 46장(常足), 51장(莫之命而常自然), 55장(知和日常) 등에서 '상常' 자를 사용했다. 여기서 '상常'이란 아我·자연自然·자기自己 등과 같은 말로 만물을 화생化生하면서 끊임없이 자기 자신으로 되돌아오는反復 도의 작용(40장) 혹은 도의 단순성(撲, 素)으로서, 본래 자기·자유·자연을 의미한다. 그리고 이전 판본인 백서본에 따르면, '상常'은 본래 '항恒'이었다(한나라 문제文帝 유항劉恒을 피휘避諱했다). 그런데 항恒이란 천지(二)간의 달月→日의 주기적인 운동亘에서 출발했다(갑골문). 즉 항恒(←亘)이란 천지간에서 달月이 시간상 변화하고變易 공간상 자리를 바꾸는交易 가운데 변화하지 않는不易 원리의 항상성을 말한다. 따라서 상도常道 혹은 항도恒道란 언제 어디서나 만물을 변화·생성시키면서, 그 변화시키는 것으로서 자기 동일성을 유지하는 근원의 도를 지시한다.

- 名명은 夕(저녁 석)＋口(입 구)의 회의자로 어둠 속夕에서 부르는口 이름(姓李氏 名耳 字伯陽), 명칭名稱, 명분名分(必也正名乎, 名實相符), 평판立身揚名於後世, 유명有名(名山大川), 명명命名(自名秦羅敷), 호칭呼稱(國君不名卿老世婦), 명가名家

등으로 쓰인다. 명名은 개념을 내포한다.

- 非비는 『설문』에서 "위배違背되다는 뜻으로 飛(날 비)의 아랫부분을 본떴다."고 했는데, 아니다無是非之心 非人也, 비리非理, 거짓非禮之禮 非義之義 大人弗爲, 시비是非, 나쁘다辨是與非, 사악憫然念外人之有非 등으로 쓰인다.

- 無무는 커다란 수풀이 불火에 타서 없어졌다는 뜻으로 없다剛而無虐 簡而無傲, 유무有無, 형상 없는 근원의 도天下之物生於有, 발어사無念爾祖로 쓰인다.

- 天천은 머리가 돌출된 사람의 형상으로 높음高을 나타내고, 넓음과 큼廣大의 의미를 지니고, 점차 가치론적인 의미가 첨가되어 존경과 외경의 대상이 되었다. 학자들은 천 개념을 물질천, 자연천, 주재천, 운명천, 의리천, 조생천造生天, 재행천載行天, 계시천啓示天, 심판천審判天 등으로 세분한다. 유교에 천은 궁극개념이지만, 도가에서는 도의 하위개념이다(도→천지→만물).

- 地지는 土(흙 토)＋也(어조사 야: 주전자)의 형성자로 하늘과 짝이 되어 만물을 생성하는 대지大地, 지방地方, 영지領地, 장소臨死亡之地, 흙地水火風 지기地祇, 바탕墨書粉地, 본지本地 등으로 쓰인다.

- 之지는 발足이 땅에 닿는 모습으로 가다至姬之車, 이르다之死矢靡他, 관형격 조사秦始皇有虎狼之心, 주격 조사(孤之有孔明 猶魚之有水也), 대명사(學而時習之／使子路問之), 강조(言之不出, 未之見／未見之) 등으로 쓰인다.

- 始시는 女(여자 여)＋台(아이를 가져 기뻐할 태＝怡)의 형성자로 여자가 처음 낳는다始義爲女子初生는 뜻으로 시작始作(萬物資始), 시초始初, 시원始元, 근본(天地者 生之始), 일으키다君子念始之者, 비로소 등으로 쓰인다.

- 母모는 어린아이를 가슴에 품고 있는 어미生日父日母, 부모父母, 모녀母女, 생의 근원可以爲天, 만물지모萬物之母, 암컷五母鷄, 땅地爲母으로 쓰인다.

- 故고는 古(옛 고)＋攵(칠 복)의 형성자로 옛것溫故而知新, 복고復古, 고토故土, 본래(凡禮義者 是生於聖人之謂 非故生於人之性也), 오래 되다所謂故國者 非有喬木之謂也, 나이 많은 사람召彼故老, 그러므로故安其學而親其師, 까닭知幽明之故, 실마리無禮義故, 훈고學者傳訓故而已로 쓰인다.

- 欲욕은 谷(골 곡)＋欠(하품 흠)의 회의자로 하고자 하다欲速則不達, 바라다

七十而從心所欲 不踰矩, 욕망欲望, 탐내다人情欲生而惡死, 탐욕貪欲, 마땅히(응당 하여야 한다), 희구希求하다 등으로 쓰인다. 여기서는 "(윤리적으로) 마땅히 희구希求・화동和同・수순隨順하다."의 뜻이다.

- 觀관은 雚(황새 관)+見(볼 견)의 형성자로 황새처럼 넓게 관조觀照하다不知務內觀, 관상觀相・관찰觀察・관광觀光하다, 경관景觀(背湖山之觀), 관괘(坤下巽上: 內順外遜), 관점觀點, 인생관人生觀, 사념하다(萬物靜觀皆自得 四時佳興與人同) 등으로 쓰인다.

- 其기는 본래 키箕의 상형자인데, 가차되어 대명사로 그融從其遊, 발어사 혹은 감탄・강조의 조사溫其如玉, 어조사夜如何其로 쓰인다.

- 妙묘는 女(여자 녀)+少(적을 소)의 형성자로 나이가 어림(明公獨妙年, 妙齡), 묘함奇妙, 오묘하다常無欲以觀其妙로 쓰인다.

- 徼요는 彳(조금 걸을 척)+敫(노래할 교→요)의 형성자로 순찰하다行徼邯鄲中, 구하다民離本而徼末矣, 빼앗다惡徼以爲知者, 변방의 경계盜出徼外鑄錢, 교외의 길徼道綺錯, 미묘・심원한 경지常有欲以觀其徼로 쓰인다.

- 此차는 현재 발이 멈추고止 있는 바로 여기與我會此, 이生此文王, 이것去彼取此, 피차彼此, 이에有德此有人 有人此有土로 쓰인다.

- 兩량은 좌우가 평형을 이룬 저울의 상형자로 둘兩馬之力與, 일거양득一擧兩得, 짝兩眼, 필(길이의 단위)幣錦三十兩, 무게斤兩, 수레를 세는 단위百兩御之로 쓰인다.

- 者자는 耂(늙을 로)+白(흰 백: 말하다)의 회의자로 말해지는 대상을 지칭하여 사람學者, ~것 등으로 쓰인다.

- 同동은 凡(무릇 범: 큰 그릇, 모두)+口(입 구)의 회의자로 모두 같은 말을 하다는 뜻으로 한 가지歲歲年年人不同, 동류同類, 동일同一, 동족同族, 모이다福祿攸同, 상응함附和雷同 등으로 쓰인다.

- 出출은 반 지하로 만든 움집과 발足을 그려 집에서 나가다進出, 출생出生, 출입出入, 출처出處, 출토出土하다, 출판出版하다는 뜻이다.

- 而이는 본래 수염을 본뜬 글자이지만, 가차되어 접속사로 ~하고君子遵道而行, ~하되雍也仁而不佞, ~와謹而信, ~하여 비로소三思而後行, 한정・강

조而已, 만일而居堯之宮 逼堯之子 是簒也, 그러하다啓呱呱而泣, 곧期逝不至 而多爲 恤, 편안하다宜建侯而不寧 등으로 쓰인다.

- 異이는 田(밭 전)＋共(함께 공)의 상형자로 가면을 쓰고 양손을 벌리고 기 이한 행동을 하는 것을 나타내어 다르다同異, 이견異見, 기이奇異하다, 괴이怪異하다, 특히特異하다의 뜻이다.
- 謂위는 言(말씀 언)＋胃(밥통 위)의 형성자로 일컫다形而下者謂之器, 논평하다 子謂顔回曰, 알리다, 생각하다愚謂 등의 뜻이다.
- 玄현은 亠(돼지해머리 두)＋幺(작을 요)의 회의자로 검다天地玄黃, 검붉다, 오 묘하다玄妙, 신묘하다, 깊다, 통달하다玄通, 북쪽, 태고의 혼돈, 현손玄 孫 등으로 쓰인다.
- 又우는 오른 손의 상형자로 또, 다시又日新, 동시에, 더욱 등으로 쓰인다.
- 衆중은 血(피 혈)＋노예(人＋人＋人＋日: 뙤약볕 아래애서 무리지어 힘든 노동을 하는 노예들)의 회의자로 많음衆少成多, 민중民衆, 대중大衆, 많은 사람衆怒如水火 不可爲謀, 많은 사람의 마음失衆則失國, 땅坤爲衆 등으로 쓰인다.
- 門문은 두 문짝의 상형자로 문(在堂旁曰戶 在區域曰門), 집안將興我門, 문벌門 閥, 가문家門, 일가金門, 문중門中, 배움터願留而受業於門, 문화門下, 사물이 생겨나는 곳乾坤是易之門, 학술분야中世儒門 賈鄭名學, 분류단위脊椎動物門 등 으로 쓰인다.

2장 · 관요觀徼 : 가장자리를 관조함

天下가 皆知美之爲美하나니 斯惡已요
천하 개 지 미 지 위 미 사 악 이

皆知善之爲善하나니 斯不善已니라
개 지 선 지 위 선 사 불 선 이

故로 有無는 相生하고 難易는 相成하고
고 유 무 상 생 난 이 상 성

長短은 相形하고 高下는 相傾하고
장 단 상 형 고 하 상 경

音聲은 相和하고 前後는 相隨니라
음 성 상 화 전 후 상 수

是以로 聖人은 處無爲之事하고 行不言之敎하사
시 이 성 인 처 무 위 지 사 행 불 언 지 교

萬物이 作焉而不辭하며 生而不有하며 爲而不恃하며
만 물 작 언 이 불 사 생 이 불 유 위 이 불 시

功成而不居하나니
공 성 이 불 거

夫惟弗居할새 是以로 不去니라
부 유 불 거 시 이 불 거

천하天下 사람들은 모두皆 아름다운 것을美之 아름답다고 여기는爲美 줄 알지
만知, 그것斯은 추함일 뿐이다惡已.

모두皆 선을善之 선하다고 여기는爲善 줄 알지만知, 그것斯은 선하지 않음일
뿐이다不善已.

그러므로故 있음有과 없음無은 서로를 낳고相生, 어려움難과 쉬움易은 서로를
이루며相成, 긺長과 짧음短은 서로를 나타내고相形, 높음高과 낮음下은 서로 기
대며相傾, 운율音과 소리聲는 서로 어울리고相和, 앞前과 뒤後는 서로 따른다相隨.
이런 까닭으로是以 성인聖人은 무위의 일無爲之事에 거처處하고, 말없는 가르
침不言之敎을 행行하니, 만물萬物이 일어나되作而 물리치지 않으며不辭, 낳지만

生而 소유하지 않으며不有, 베풀되爲而 의지하지 않고不恃, 공을 이루어도功成而 머무르지 않는다不居.
대꺼夫 오직惟 머무르지 않기弗居에, 그런 까닭으로是以 (항상) 사라지지 않는다不去.

현상계에 대한 일상인들의 가치판단은 실체성이 없는 상대적인 것임을 지적하고, 성인聖人은 이러한 상대성을 상반相反하여 근본으로 되돌아간다는 것을 말하였다

인간이 좋은 것으로 표상하는 아름다움 · 선함 등과 같은 가치판단들은 그 자체 불변 · 독립적으로 존재하는 실체가 아니라, ① 추(악)함 · 불선함과 같은 그 대립자에 의존해서 정립되었으며, ② 시간적 변화와 공간적 위치이동에 의해 대립자로 상호 전이轉移되는 것이다.

만물을 서술하는 인간 언어의 범주들이 무상하다고 지적한 앞 장을 이어, 도를 체득한 성인聖人은 대립자에 의존하는 무상한 범주들을 상반相反하여 근본으로 되돌아가서反復 도의 작용에 동참하고, 도의 가르침을 베풀고, 도와 함께 처신함으로써 항상 자재自在한다고 말하였다.

한자 해설

• 下하는 기준점보다 아래를 나타내며 내려가다下車, 순서 · 뒤下位, 질이 낮다下品 등의 뜻이다. 천하天下는 천하 사람들, 일반인들을 말한다.

• 皆개는 白(흰 백←曰)＋比(견줄 비)의 회의자로 여러 사람이 나란히 목소리를 낸다는 의미에서 전부萬物皆備於我矣, 모두皆是皆非, 견주다, 비교하다 등으로 쓰인다.

• 知지는 矢(화살 시)＋口(입 구)의 회의자로 화살矢이 과녁을 꿰뚫듯 상황의 본질을 파악하여 말口할 수 있는 능력으로 인정하다知我者其天乎, 깨닫다 而終不自知, 변별하다以寒署日月畫夜知之, 기억함父母之年 不可不知也, 듣다不知其 以匱之也, 보아서 앎文侯不悅 知於顏色, 지식知識, 지자知者, 지능知能, 지각知覺, 지혜好學近乎知 등으로 쓰인다.

- 美미는 羊(양 양)＋大(큰 대)의 회의자로서 크고 살진 양으로 미려美麗하다 美孟姜矣, 옳다君子修美, 尊五美 屛四惡美, 아름다움盡美矣 未盡善矣, 진선미眞善美, 미옥美玉, 찬미讚美, 충실함忠實之謂美 등으로 쓰인다.

- 爲위는 爪(손톱 조)＋象(코끼리 상)의 회의자로 코끼리를 조련시킨다는 뜻에서 행하다不仁而不可爲也, ～라고 하다一爲乾豆 二爲賓客 三爲充君之庖, 만들다以爲樂器, ～라고 여김百姓皆以王爲愛也, 돕다夫子爲衛君乎 등으로 쓰인다. '무위無爲'란 우선 부정적으로 어떤 인위적인 작위함도 없음을 뜻하며, 적극적으로는 도(＝無)의 작용 곧 스스로 그러함自然을 말한다.

- 斯사는 其(그 기)＋斤(도끼 근)의 회의자로 가차되어 지시대명사로서 여기, 이에 곧知其非義 斯速已矣 등으로 쓰인다.

- 惡악은 亞(버금 아: 사방이 꽉 막힌 집, 시신을 안치한 묘실)＋心(마음 심)의 회의자로 모질다形相雖善 而心術惡, 선악善惡, 미악美惡, 바르지 못하다知其美惡, 불쾌하다如惡惡臭, 재난反爲惡, 흠灌而漑之 以發其惡, 미워하다君子亦有惡乎, 부끄러워하다惡 恥也, 감탄사惡 是何言 也로 쓰인다.

- 善선은 이란『설문』에서 "길吉하다는 뜻으로, 두 개의 언言자과 양羊이 합쳐진 것으로 의義‧미美와 같다."고 했는데, 착하다聞一善言 見一善行, 좋다(아름답다, 훌륭하다, 상서롭다, 상쾌하다, 긴밀하다, 솜씨가 좋다), 좋아하다施民所善, 능력 있다惟截截善諞言, 잘하다(알맞게, 교묘하게, 가락 맞게, 크게, 자주), 좋은求善賈而沽諸, 많다(풍성하다: 善歲), 닦다善刀, 선인善人, 선행善行(積善之家) 등으로 쓰인다.

- 已이는 다 자란 태아(이미: 漢皆已得楚乎), 혹은 巳를 거꾸로 한 자형으로 양기陽氣가 나와서 음기가 숨는다는 데서 그치다雞鳴不已, 물러나다三已之, 매우不然則已慤, 반드시已然諾, 어조사 등으로 쓰인다.

- 相상은 木(나무 목)＋目(눈 목)의 회의자로 나무를 자세히 살핌其能相人也, 형상無如季相, 서로咸戚 內相親也, 바탕追琢其章 金玉其相, 점치다以相民宅 而知其利害, 돕다莫相予位焉, 다스리다楚所相也, 정승相被冕服 등으로 쓰인다.

- 生생은 나오다進는 뜻으로 풀과 나무가 흙에서 솟아나오는 모양生象草木生土으로 땅속에 잠재되어 있던 것이 현실화한다는 의미이다.

- 難난은 隹(새 추)＋堇(노란 진흙 근)의 형성자로 어렵다爲君難 爲臣不易, 난이
도難易度, 관란困難, 근심君子以儉德辟難, 거절하다而難任人, 꾸짖다於禽獸又何
難焉로 쓰인다.
- 易이(역)는 日(날 일: 陽, 낮)＋月(달 월: 陰, 밤)의 회의자로 변역變易(음과 양이 유
행한다), 교역交易(음양이 대대한다), 불역不易(변역, 교역하는 이치는 변하지 않는다),
간이簡易(쉽게 배워 응용할 수 있다)라는 네 가지 의미를 지닌다易四義. 도마뱀
이 주위의 상황에 따라 변화하여 적응하지만, 그 자체는 변화지 않는
데(항구성)에서 역이 유래했다는 설蜥蜴說도 있다. 고치다聖人易之以書契, 교
환하다以小易大, 옮김易種于玆新邑, 장사하다貿易, 만상의 변화生生之謂易, 화
복 등을 아는 일掌三易之法, 주역孔子晚而喜易 韋編三絶, 도마뱀易在壁日蝘蜓 在
草日蜥蜴, 쉽다(이)乾以易知, 편안하다君子居易以俟命, 생략하다簡易, 다스리다
易其田疇 등으로 쓰인다.
- 成성은 戊(창 모)＋丁(못 정)의 회의자로 무기戊로써 성을 단단하게丁 지켜
적을 굴복시켜 일을 이루다, 성공成功하다, 성숙成熟하다, 완성完成하다
등으로 쓰인다.
- 長장은 머리카락이 긴 노인의 상형자로 길다長久, 낫다長點, 자라다成長,
어른長年, 길이延長, 우두머리管長 등으로 쓰인다.
- 短단은 矢(화살 시)＋豆(콩 두: 투호 통)의 회의자로 투호 놀이로 던지는 화
살이 쏘는 것보다 짧다短距離, 부족하다短點 등으로 쓰인다.
- 形형은 幵(평평할 견)＋彡(터럭 삼: 무늬, 빛깔, 머리, 꾸미다)의 형성자로 생김새
가 뚜렷이 보인다形而下, 형상形相, 형성形成, 형체形體로 쓰인다.
- 高고는 높은 누각의 상형자로 높다高等, 고도高度, 고양高揚, 뛰어나다高
跳, 고상高尙하다로 쓰인다.
- 傾경은 人(사람 인)＋頃(기울 경: 머리가 거꾸로 기울어짐)의 형성자로 기울다檣傾
楫摧, 경향傾向, 좌경左傾, 경도傾倒, 위태롭게 하다傾國 등으로 쓰인다.
- 音음은 言(말씀 언)에 가로 획一을 더한 지사문자로 노래 부를 때 곡조를
붙인 말音樂, 음율音律, 오음五音, 소식 등으로 쓰인다.
- 聲성은 殸(소리 성: 石磬)＋殳(몽둥이 수)＋耳(귀 이)의 회의자로 석경을 치는

것에서 음향風聲鶴唳, 음성聞其聲不忍食其肉, 언어府吏嘿無聲, 음조五聲, 명예聲施千里, 명성名聲, 평판交絕不出惡聲, 소리가 울리다金聲而玉振之也로 쓰인다.

- 和화는 禾(벼 화←龠 피리 약)＋口(입 구)의 형성자인 龢(화할 화) 자로 피리 소리가 고르게 퍼져나간다는 의미에서 조화됨不堅不柔也, 화목和睦하다, 온화溫和하다, 도에 맞다和也者 天下之達道也, 화답和答, 남의 운韻을 따서 시를 짓다詩成遺誰和 등으로 쓰인다.

- 前전은 刀(칼 토)＋芦(앞 전)의 형성자로 앞前例, 전위前衛, 전일前日, 사전事前, 전진前進 등으로 쓰인다.

- 後후는 彳(조금 걸을 척)＋幺(작을 요)＋夂(뒤져서 올 치)의 회의자로 족쇄를 찬 노예가 길을 가는 모습으로 뒤떨어지다, 후위後衛, 후방後方, 후배後輩, 후손後孫 등으로 쓰인다.

- 隨수는 辵(쉬엄쉬엄 갈 착)＋隋(수나라 수)의 형성자로 누군가를 따르다, 수반隨伴하다, 수행隨行하다는 뜻이다.

- 是시는 日(날 일)＋正(바를 정)의 회의자로 해가 정 위치하는 이때, 이곳若是則弟子之惑 滋甚, 이에桑土旣蟊 是降邱宅土, 시일是日, 옳다是非, 바로잡다是正文字, 다스리다王弗是, 진실則貴而同今昔 등으로 쓰인다.

- 以이는 밭을 갈 때 수단으로 쓰던 쟁기의 상형자로 '以＋명사'로 수단, 방법, 재료, 대상, 내용, 이유, 조건, 때, 경우 등을 나타낸다.

- 聖성은 耳(귀 이)＋口(입 구)＋壬(천간 임)의 회의자로 총명聰明하여 지덕智德이 매우 뛰어나고 사리에 통하지 않음이 없는乃聖乃神, 거룩한 사람先聖後聖 其揆一也, 성인聖人, 성현聖賢, 어느 방면에서 가장 뛰어난 사람樂聖, 詩聖, 書聖을 나타낸다.

- 人인은 서 있는 사람의 상형자로 인간惟人萬物之靈, 인물人物, 백성勤恤人隱, 남修己以安人, 어떤 사람今有人 見君則映其一目 등으로 쓰인다.

- 處처는 호랑이虎가 뒷발을 기반으로 앉아 있는 모습의 상형자로 자리를 차지하고 있다在所自處耳, 처지處地, 머무르다處江湖之遠, 거처居處, 머물러 쉬다不遑啓處, 집에 있다或出或處, 처사處士, 마음을 두다處仁遷義, 결정함處理으로 쓰인다.

- 事사는 관리가 손이 붓을 잡고 보는 <u>직무</u>, 일事有終始, 검사檢事, 관직無功受事, 국가대사國家大事, 공업工業(立功立事), 섬기다事君之道, <u>일삼다</u>事商賈 爲技藝, 변고事變, 다스리다勞力事民而不責焉 등으로 쓰인다.

- 行행은 왼 발(彳: 조금 걸을 척)과 오른 발이 교차하는 모습으로 걷다入山行木 毋有斬伐, 돌다日月運行, 행보行步, <u>흐르다</u>水逆行, 유행流行, 움직이다天行健, 행동行動, 보내다激而行之 可使在山, 행함吾無所行而不與二三子者, 여정千里之行 始於足下, 길의 신其祀行, <u>행실</u>觀其行, 항렬實彼周行 등으로 쓰인다.

- 言언은 입에서 나온 말이 퍼져나가는 것을 형상화한 것으로 말씀言心聲也, <u>가르치는 말</u>受言藏之, 언사言事, 언행言行, 맹세하는 말士載言, 말하다言而不語 등으로 쓰인다. 불언不言이란 '말없는 스스로 그와 같다希言自然'(23장)와 '(도를) 아는 자는 말하지 않고, 말하는 자는 알지 못한다知者不言 言者不知'(56장)고 했듯이, 곧 1장의 말할거나 명명할 수 없는 상도常道·상명常名을 지시한다.

- 教교는 爻(본받을 효)＋子(아들 자)＋攵(칠 복)의 회의자로 자식에게 성현을 본받도록 <u>가르치다</u>古者易子而教之, <u>교육</u>教育, 교수教授, <u>깨닫게 하다</u>十三教汝織, <u>바로잡아 주다</u>願仲父之教寡人也, 교리佛老 異方教耳, 종교宗教 등으로 쓰인다.

- 作작은 人(사람 인)＋乍(잠깐 사←옷깃에 바느질하는 모습으로 짓다, 만들다)의 회의자로 만드는 乍 사람人을 말해 창작創作, 하다自作孽不可逭, <u>생겨남</u>有聖人作, 만든 것傑作, 작업作業, 작황作況, 저작著作 등으로 쓰인다.

- 焉언은 본래 생의 모양을 나타낸 상형자로 가차되어 어찌, 어느(의문·반어)未能事人 焉能事鬼, ~보다(비교)人莫大焉亡親戚君臣上下, 단정有君子之道四焉, 대명사上有好者 下必有甚焉者矣, <u>어조사</u>其餘日月至焉而已矣 등으로 쓰인다.

- 辭사는 𤔟(뒤섞일 란)＋辛(매울 신: 司)의 회의자로 복잡하게 얽힌 문제를 풀어 심판한다는 의미에서 말씀(＝詞)으로 언어無辭不相接也, 사전辭典, 어구不以文害辭, 알리다使人辭於狐突曰, <u>사양하다</u>禹拜稽首固辭, 사양지심辭讓之心, 문체의 하나, 효사辭吉凶者存乎辭로 쓰인다.

- 恃시는 心(마음 심)＋寺(절 사)의 형성자로 믿다, <u>의지하다</u>恃德者昌, 의뢰하

다, 자부하다, 소지하다, 어머니怙 등의 의미이다.

- 功공은 工(장인 공)+力(힘 력)의 형성자로 절구 공이를 다지며 힘써 일함婦容婦功, 공력功力, 공훈功勳, 공로功勞, 공을 자랑함公子自驕而功之 등으로 쓰인다.

- 居거는 尸(주검 시)+古(옛 고)의 회의자로 살다上古穴居而野處, 사는 곳各長子厥居, 앉다居, 吾語女, 기거하다居上克明, 거거居處, 평소居則曰不知也, 거지居地, 벼슬길에 나서지 않다居士錦帶, 거사居士 등으로 쓰인다.

- 夫부는 大(큰 대)+一(한 일)의 형성자 혹은 상형자로 머리에 비녀를 꽂은 성인, 지아비夫婦, 사나이丈夫, 역부役夫, 선생, 100묘의 논밭, 대명사(저), 발어사로 쓰인다.

- 惟유는 心(마음 심)+佳(새 추→유)의 형성자로 마음에 묻다, 생각하다思惟, 발어사, 오직, 오로지惟精惟一, 대답 등의 의미이다.

- 弗불은 본래 끈으로 매어 놓은 물건을 나타내었으나, 불不과 혜성으로 아니다君必有弗弗之臣로 쓰인다.

- 去거는 土(흙 토)+厶(사사 사: 묜)의 회의자로 사람이 문밖으로 나가는 것을 나타내어 떠나다去取, 버리다, 물리치다, 덜어 없애다, 죽다逝去, 사라지다, 과거過去 등으로 쓰인다. 불거不去는 문자상 사라지지 않음 즉 존재함을 뜻한다. 그런데 그것은 '머무르지 않음不居'의 결과로 나타난 공효라는 점에서, 정착되어 있는 고유固有가 아니라 화생하는 변화와 함께 자기 자신으로 있음(常自在=不迓不遣: 세우지도 보내지도 않음)을 말한다. 21장(其名不去)에도 나온다.

3장 • 안민安民: 백성을 편안히 함

不尚賢하야 使民不爭하며 不貴難得之貨하야 使民不爲盜하며
불상현   사민부쟁   불귀난득지화   사민불위도

不見可欲하야 使民心不亂이라
불견가욕   사민심불란

是以로 聖人之治는 虛其心하야 實其腹하며 弱其志하야 强其骨하야
시이 성인지치 허기심   실기복   약기지   강기골

常使民으로 無知無欲하야 使夫知者로 不敢爲也하나니
상사민   무지무욕   사부지자 불감위야

爲無爲에 則無不治니라
위무위   즉무불치

현능賢(=能)한 이를 숭상하지 않음不尙으로 백성民들로 하여금使 다투지 않게不爭 하며, 얻기 어려운 보화難得之貨를 귀하게 여기지 않음不貴으로 백성民들로 하여금使 도둑盜이 되지 않게 하며不爲, 욕심낼 만한 것可欲을 보여주지 않음不見으로 (백성들의) 마음心을 어지럽지 않게 한다使不亂.

이런 까닭是以에 성인의 다스림聖人之治은 그(백성의)其 마음心을 비우고虛 그其 배腹를 채워주며實, 그其 의지志를 약弱하게 하고 그其 뼈骨를 강强하게 해주어서, 항상常 백성民들로 하여금使 무지無知(분별적인 앎이 없음→도를 깨달음)·무욕無欲(탐욕이 없음→도를 희구함)하게 하여, 저夫 지혜롭다고 하는 자知者로 하여금使 감히 작위하지 못하게不敢爲 한다.

무위無爲(작위가 없음→무, 즉 도 그 자체로) 행하면爲, 곧則 다스려지지 않음이 없다無不治.

　유위有爲를 배격하고, 무위를 주창하는 노자 특유의 정치이론이 나타나 있다. 유위정치를 주장하는 다른 학파에 대한 비판이 주류를 이루고 있으며, 노자가 우민愚民정치를 주장했다고 오해받는 곳이기도 하다.
　유교는 덕(인의예지)을 지닌 유덕자有德者의 정치를 주장했다. 묵자墨子 또

한 그의 저서 3편을 통해(「상현尙賢」上·中·下) 공리주의에 입각한 상현尙賢의 정치를 역설했다. 하지만 노자는 정치를 할 때 현능한 이를 숭상하는 제도적 차별이 가져오는 폐해를 지적했다. 또한 노자는 외적 대상에 대한 인간의 탐욕을 경계하면서, 치자治者가 해야 할 일을 권고했다. 인위적인 탐욕을 버리고, 본성의 덕을 기르는 정치를 제시했다.

- 不불은 새가 하늘 위로 날아飛 올라 보이지 않음, 혹은 꽃대와 꽃받침이 갖추어졌으나 제대로 여물지 않은 씨방을 그려 부정不定의 의미를 나타내었다.

- 尙상은 八(여덟 팔)＋向(향할 향: 上)의 형성자로 위로 퍼져나가 증가하다好仁者 無以尙之, 숭상崇尙하다, 숭의崇義, 숭배崇拜, 높이다何謂尙志 曰仁義而已矣 등으로 쓰인다.

- 賢현은 貝(조개 패)＋臤(구휼할 현)의 형성자로 재화를 잘 관리하고 남에게 잘 나누어 주는 재능과 덕을 지닌 신하賢者 亞聖之名, 현명賢明, 어진 사람野無遺賢, 현인賢人, 현신賢臣, 성현聖賢, 착하다必以肆奢爲賢, 존경하다賢賢易色 등으로 쓰인다.

- 使사는 人(사람 인)＋吏(아전 리)의 회의자로 실무를 맡은 아전少正使之數을 말하였는데, ～에게 ～를 시키다使子路問津焉, 부리다使役, 사역使役, 사신使臣(吳使使問仲尼), 사신가다使于四方, 사령使令, 사명使命 등으로 쓰인다.

- 民민은 눈을 바늘로 찌른 모양䁅, 盲을 본뜬 상형자로 아직 주체로서 자기정립을 하지 못했기 때문에 다스려져야 하는 사람으로 백성民者國之本也, 인민人民, 민중民衆, 민생民生, 어둡다苗民弗用靈 등으로 쓰인다.

- 爭쟁은 爪(손톱 조)＋又(또 우)＋亅(갈고리 궐)의 회의자로 소의 뿔을 놓고 서로 잡아당기며 다투다天下莫與汝能爭, 분쟁紛爭, 전쟁戰爭, 쟁론爭論, 쟁의爭議, 논의有競有爭, 쟁송爭訟(又好爭訟)으로 쓰인다.

- 貴귀는 臼(절구 구)＋土(흙 토)＋貝(조개 패)의 회의자로 양손으로 흙에서 조개와 같은 귀한 물건貝을 주어 감싸고 있는 모습으로 귀하게 여기다賤

貨而貴德, 신분이 높다不挾貴, 貴族, 부귀富貴, <u>값이 비싸다</u>糶甚貴傷民, 귀중 貴重하다禮之用 和爲貴, 두려워하다貴大患若身, 존칭의 접두어貴國, 貴意로 쓰인다.

- 難난은 堇(진흙 근)＋隹(새 추)의 형성자로 진흙 속에 빠진 새를 나타내어 <u>어렵다</u>爲君難 爲臣不易, 난이도難易度, 어려워하다惟帝其難之, 곤란困難, 간난 艱難 등으로 쓰인다.

- 貨화는 化(될 화)＋貝(조개 패)의 형성자로 돈貝, 화폐貨幣로 바꿀 수 있는 가치를 지닌 <u>재화</u>(돈값을 지닌 모든 물건의 총칭), 화례貨幣, 화물貨物, 물품日中 爲市 致天下之民 聚天下之貨 交易而退, 팔다今遂有貨者 등으로 쓰인다.

- 盜도는 次(버금 차: 입을 벌려 침을 튀기는 모습)＋皿(그릇 명)의 회의자로 접시의 음식을 먹고 싶어 군침을 흘리는 모습에서 <u>훔치다</u>君子不爲盜, 도적盜賊, 소인君子信盜, 천인盜竊寶玉大弓로 쓰인다.

- 見견(현)은 目(눈 목)＋儿(어진사람 인)의 회의자로 사람이 눈으로 보다行其庭 不見其人, <u>보이다</u>心不在焉 視而不見, 마음에 터득하다讀書百遍 而義自見, 소견所 見(敢陳愚見), 견분見分, 출사天下有道則見, 만나다某也願見, 대면하다從者見之, 현재現, 일출見晛日消로 쓰인다.

- 欲욕은 谷(계곡 곡)＋欠(하품 흠)의 형성자로 텅 빈 계곡谷처럼 입을 크게 벌리고欠 <u>탐내다</u>人情欲生而惡死, 탐욕貪欲, 욕구欲求하다欲速則不達, 바라다 七十而從心所欲不踰矩, 탐내고 아끼는 마음君子以懲窒欲 등으로 쓰인다.

- 心심은 심장의 상형자이다.『설문』에서는 심장을 음양오행 중 토土에 해당하는 장기라 했다. 간肝을 금金, 비脾를 목木, 신腎을 수水, 폐肺를 화 火, 심心을 토土에 귀속시켰다. 고대 중국인들은 생각思이나 상상想이 머리가 아닌 심장에서 나온다고 생각했다. 그래서 심心자로 구성된 한 자들은 대부분 사상, 감정이나 심리활동과 관련되어 있으며, 사람의 성품도 마음에서 결정된다고 생각했다. <u>마음</u>心者 形之君 而神明之主也, <u>심사</u>心思, 심려心慮, 의지二人同心 其利斷金, 가슴西施病心, 도의 본원復其見天地 之心乎, 핵심核心, 별자리心宿로 쓰인다.

- 治치는 하수의 흐름을 지칭하는 명칭(『설문』. "治 水, 出東萊曲城陽丘山南入海

從水 台聲.")으로, 물길을 다스린다, 사람을 다스린다治人 등과 같은 다양한 의미(治山, 治賦, 治賓客 등)로 전의되었다. 즉 '치治'란 수水(→修)+台(兑·泰·太: 크다, 빛나다, 기름이자, 양육하다, 기쁘다 등)의 형성자로 범람하는 물길을 다스려 비옥한 옥토를 만들고, 농사지어 많은 곡식(재화)을 생산하여 사람들을 기쁘게 한다는 의미이다.

• 虛허는 虎(범 호)+丘(언덕 구)의 회의자로 호랑이가 언덕에 나타나자 모두 사라졌다. 넓은 큰 언덕升彼虛矣이 텅 비어 있다川竭而谷虛, 허정虛靜하다, 허무虛無, 허공虛空, 공허空虛하다執虛如執盈, 무념무상虛者心齋也, 방위周流六虛, 별자리宵中星虛, 마음虛室生白으로 쓰인다.

• 實실은 宀(집 면)+田(밭 전)+貝(조개 패)의 회의자로 열매草木之實를 맺어 결실結實하다秀而不實者, 과실果實, 채우다盛氣顚實, 자라다草木不實, 담다實玄黃于匣, 실행實行하다實其言, 실천實踐, 실재實在, 실존實存, 재물使某實, 녹봉旣受其實, 이르다聚斂積實 등으로 쓰인다.

• 腹복은 肉(고기 육)+复(돌아올 복)의 형성자로 가슴 아래의 내장을 싸고 있는 배抱腹絕倒, 복근腹筋, 복통腹痛, 복심腹心(臣視君如腹心), 전면背腹受敵, 품에 안음出入腹我, 두텁다水澤腹堅로 쓰인다.

• 弱약은 두 개의 弓(활 궁)에 羽(깃 우: 부드러움)의 회의자로 구부러진 것은 약하다弱而能強 柔而能剛, 유약柔弱, 약하게 하다無弱君而彊大夫, 약졸弱卒, 약관弱冠, 어리다二十日弱 言柔弱也, 弱冠, 활 이름繁으로 쓰인다.

• 志지는 心(마음 심)+之(갈 지)의 형성자로서 마음이 가는 것心之所之之謂으로 지향志向, 의향父在觀其志, 희망亦各言其志也, 뜻하다吾十有五 而志於學, 지사志士, 기록함掌天星以志星辰日月之變動, 표지公西赤爲志焉 등으로 쓰인다.

• 強강은 弘(넓을 홍)+虫(벌레 충: 쌀벌레)의 넓고 생명력이 강하여 세력이 크다富國強兵, 굳세다乞身當及強健時, 강국強國, 강하게 하다強幹弱枝, 강장제強壯劑, 큰 세력抑強扶弱, 마흔四十曰強 而仕, 억지로強飲強食로 쓰인다.

• 骨골은 뼈와 관절이 서로 이어져 있는 모습에 신체를 나타내는 肉(고기 육)자가 더해져 뼈骨肉其肉, 골육骨肉, 몸病骨猶能在, 해골骸骨, 사람의 품격風骨奇偉, 문장의 체격沈吟鋪辭 莫先於骨, 신라의 골품 제도新羅名其王族爲第一

骨 餘貴族爲第二骨, 성골聖骨로 쓰인다.

• **敢**감은 爪(爫: 손톱 조)＋又(또 우)＋攵(칠 복)의 형성자로 본래 맹수의 꼬리를 붙잡는 모습으로 <u>감히</u>臣敢辭, <u>함부로</u>敢用絜牲剛鬣, 과감果敢, 과단성 있게誰敢不, 감당하다若聖與仁 則吾豈敢, 어찌 ～아니할 수 있겠는가敢不受教, 결코 ～하지 않다不敢愛死로 쓰인다.

4장 • 불영 不盈: 채우지 않음

道는 沖이나 而用之에 或不盈이요
도　충　　이용지　혹불영

淵兮여 似萬物之宗이라
연혜　　사만물지종

挫其銳하고 解其粉하며 和其光하고 同其塵이라
좌기예　　해기분　　화기광　　동기진

湛兮여 似若存이나
담혜　　사약존

吾不知誰之子라 象帝之先이로다
오부지수지자　상제지선

도道는 (요동치는 물처럼) 텅 비어沖있지만, (아무리) 써도而用之 혹或 차지 않는(다함이 없는: 盡)不盈 듯하다.

깊도다淵兮! 흠사似 만물의 근본萬物之宗인 듯하다.

그其(도, 성인) 날카로움銳을 꺾고挫, 그其(만물) 엉클어짐粉을 풀고解, 그其(도, 성인) 빛光을 조화和롭게 하여, 그其(만물) 티끌塵과 함께同하니,

그윽하도다湛兮! 흠사似 존재存하는 것 같다若.

나吾는 (도가) 누구의 아들誰之子인지 알지 못하겠다不知. 아마도象 상제의 앞帝之先인 듯하다.

　　도의 체용의 묘를 찬탄했다. 도의 본체는 텅 비어 있으나無, 어디에나 편재하여 만물의 뿌리가 된다는 점에서 존재하는 듯하다有고 할 수 있다. 나아가 도는 시간성을 초월한다無始無終고 말했다.

한자 해설

• 道도는 辶(쉬엄쉬엄 갈 착)＋首(머리 수: 목적, 목표)의 회의자인데, 형이상자로

우주의 본체이자 운행의 이법이다. 형이상자로서 도는 그 자체 텅 비어 있으나無 어디에나 편재하여, 만물의 뿌리, 즉 만물의 소종래所從來이다. 나아가 도는 시간성을 초월하며無始無終, 따라서 만물을 창조했다고 말해지는 상제上帝보다 논리적 혹은 존재론적으로 선재한다.

- 沖충은 水(물 수) + 中(가운데 중 → 충)의 형성자로 본래 물이 솟아오르는 소리로서, 비다沖曠, 사이道沖而用之, 깊다深沖, 온화함沖澹, 조화되다太沖, 오르다一飛沖天, 어리다肆予沖人, 아래로 늘어진 모양旣見君子 儼革沖沖, 얼음을 깨는 소리二之日 鑿氷沖沖로 쓰인다. 도가 텅 비어 있다道沖는 말은 도는 만물처럼 어떤 형상(자체동일성)을 지니고 있지 않음을 말한다.

- 用용은 나무 통桶을 그린 상형자로 쓰이다焉用稼, 작용作用, 용도用道(吾爲其無用而掊之), 베풀다初九 潛龍勿用, 부리다雖楚有材 晋實用之, 등용登用하다魯用孔丘, 다스리다仁人之用國, 써王由足用爲善, 말미암다故謀用是作, 하다何用不臧, 통하다用也者 通也 등으로 쓰인다.

- 或혹은 戈(창 과) + 口(입 구 → 성벽) + 一(한 일: 경계선)의 회의자로 창을 들고 성城을 지킨다는 뜻이지만, 혹시 모를 적의 침입을 대비한다는 의미가 확대되면서 '혹시'나 '만약'이라는 뜻으로 가차되었다. 혹或과 사似는 말할 수 없는 도를 단정적으로 서술하는 것을 방지하기 위해 사용한 노자 특유의 언사이다.

- 盈영은 皿(그릇 명) + 夃(찰 영)의 형성자로 그릇皿에 가득하다, 충만充滿하다, 교만하다, 이루다는 뜻이다. 여기서 영盈은 일반적으로 다하다, 고갈되다(盡, 窮)로 풀이한다. 그런데 '충만하다'로 해석하여, "용지用之 혹 불영或不盈"을 "사용함에 충만하지 않는 듯하다"고 해석해도 통한다.

- 淵연은 水(물 수) + 開(물이 도는 모양 연)의 형성자로 깊은 연못, 천지연天池淵, 웅덩이, 모이는 곳, 연원淵源, 연담淵潭, 출처, 조용하다, 담연潭淵 등으로 쓰인다.

- 兮혜는 기운이 퍼져 오르다八가 어떤 장애를 받는 모양을 나타내어, 운율을 조절하는 어조사이다.

- 似사는 人(사람 인) + 以(써 이: 쟁기)의 형성자로 유사하다望之 不似人君, ~인

듯하다壹似重有憂者, ~같이綠愁似箇長, ~보다本寺遠於日 新詩高似雲, 흉내내다
似而非로 쓰인다.

- 宗종은 宀(집 면)＋示(보일 시)의 회의자로 신을 모신 집(종묘·사당)으로 마
  루, 일의 근원, 근본禮之宗也, 사당設爲宗祧, 우두머리爲世儒宗, 제사陳其宗
  器, 제사 받는 주체禋于六宗, 제사·예의 등을 맡은 벼슬宗伯, 유파禪宗,
  적장자敬宗故收族, 높이다學者宗之, 덕망 있는 조상殷王中宗으로 쓰인다.

- 挫좌는 手(손 수)＋坐(앉을 좌)의 형성자로 손으로 꺾다, 부러지다, 꺾이
  다, 좌절挫折, 곡절曲折 등으로 쓰인다.

- 銳예는 金(쇠 금)＋兌(날카로울 예)의 형성자로 칼의 날카로움銳而不挫, 예리
  銳利, 예봉銳鋒, 똑똑하다子羽銳敏, 재빠르다其進銳者 其退速, 창一人冕執으로
  쓰인다. 예銳와 광光은 세속을 넘어서는 도(성인)의 초월성을 지시한다.

- 解해는 角(뿔 각)＋刀(칼 도)＋牛(소 우)의 회의자로 칼로 소의 뿔 등을 가
  르다庖丁爲文惠君解牛, 해부解剖, 흩다苟能無解其五臟, 풀다至仁解網, 풀이하다
  百官詢事 則有關刺解牒, 해석解析, 해탈解脫, 해법解法, 강의하다論解經傳, 주석
  求解言外, 해괘(坎下震上:어려움이 풀릴 상)로 쓰인다.

- 粉분은 米(쌀 미)＋分(나눌 분)의 형성자로 쌀가루, 쌀 고물糗餌粉餈, 백분燒
  鉛錫成胡粉, 잘게 부순 가루의 통칭, 가루가 됨應聲粉潰, 분란紛亂, 분진粉
  塵, 희다藻火粉米로 쓰인다.

- 光광은 火(불 화)＋儿(사람 인)의 회의자로 사람이 머리 위에 불을 이고 있
  는 형상으로 빛髮髴若有光, 광채光彩, 광속光速, 광명光名, 눈에 띄는 재능
  이나 명성, 빛냄日月光 星辰靜, 경치觀光로 쓰인다.

- 同동은 凡(무릇 범: 큰 그릇, 모두)＋口(입 구)의 회의자로 모두가 같은 말을
  하다는 뜻으로 한 가지歲歲年年人不同, 동일同一, 동포同胞, 균일하게 함與
  民同之, 모이다福祿攸同, 상응함附和雷同, 같이踏花同惜少年春 등으로 쓰인다.

- 塵진은 鹿(사슴 록)＋土(흙 토)의 형성자로 사슴이 떼 지어 달릴 때 이는
  흙먼지弄塵復鬪草, 진토塵土, 속세遙與塵事冥, 風塵, 紅塵, 유업入慈繼塵으로 쓰
  인다.

- 湛담은 水(물 수)＋甚(심할 심)의 형성자로 물이 괴다水木湛淸華, 가득히 차

다酒湛溢, 즐기다和樂且湛, 많다吸湛露, 잠기다然則荊軻湛七族, 깊다私湛憂而深懷兮, 연담淵潭, 담연潭淵, 흙탕湛濁在下로 쓰인다.

- 若약은 艸(풀 초)＋右(오른 우)의 회의자로 만약에(가정)若掘地而及泉 隧而相見, ~와 같다(비교)民之望之若大旱之望雨也 등으로 쓰인다.

- 存존은 才(재주 재: 어린 초목)＋子(아들 자)의 회의자로 본래는 어린아이의 안부를 묻는다養幼少存諸孤는 뜻으로 생존하다操則存 舍則亡, 보존하다存亡之難, 존심存心, 존재存在, 살피다致愛則存로 쓰인다.

- 吾오는 口(입 구)＋五(다섯 오)의 형성자로 입口으로 부르는 1인칭대명사로, 나五十有五 혹은 우리吾等를 말한다.

- 誰수는 言(말씀 언)＋隹(새 추→수)의 형성자로 말을로 묻는 대상으로 누구, 무엇의 의문 대명사로 쓰인다.

- 子자는 상형자로 머리카락이 달린 머리와 몸체로 갓 태어난 자식子息, 자녀子女를 나타내었다.

- 象상은 코끼리의 상형자禱過之山多象, 형상不可爲象, 조짐見乃謂之象, 점괘兆有口象, 일월성신在天成象, 역曆(欽翼皇象), 도執大象, 법도聲者樂之象也, 닮다象龍之致雨也, 비기다火如象之 不火何爲, 상전象傳: 孔子晩而喜易 序象繫象說卦文言 讀易章編三絶으로 쓰인다.

- 帝제는 ① 꽃꼭지花帝의 제帝, ② 제천의식祭天儀式에 사용되던 땔나무를 쌓던 틀, ③ 부락연맹의 군사수장軍事首長・천재 혹은 인왕人王의 뜻을 가진 바빌론의 '미米' 자, ④ 태양광선이 사방을 비추는 형상, ⑤ 새가 하늘로 날아 오르는 형상 등으로 설명된다. 상제上帝는 천상天上의 신神들의 위계에서 가장 높은 지위를 지니며(지상地上을 다스리는 하제下帝), 비・천둥・바람과 같은 자연현상과 운행을 주재하여 농업에 영향을 주어 경제적 풍흉豊凶을 좌우하고, 인간만사를 주관하여 형벌을 내리는 권능을 지닌 동시에 왕권을 성립시키는 힘을 지닌 존재로 간주되었다. 이렇게 은나라에서는 절대적 주재신격主宰神格으로서 제帝가 인간사에 개입하여 길흉과 화복을 결정한다고 생각했기 때문에, 재앙을 피하고 복을 얻기 위해 제사祭祀를 올리고, 점복占卜을 통해 상제上帝의

뜻을 묻고, 그 뜻에 따라 최후의 결정을 내렸다.

- **先**선은 牛(소 우)＋儿(어진사람 인)의 회의자라 하지만, 牛자가 아닌 止(발 지)＋儿의 결합으로 발이 앞서나가는 모습을 표현(면저)했다.

5장 · 수중守中 : 중을 지킴

天地는 不仁하야 以萬物로 爲芻狗하고
천 지　불 인　　이 만 물　위 추 구

聖人은 不仁하야 以百姓으로 爲芻狗하나니
성 인　불 인　　이 백 성　　위 추 구

天地之間이 其猶橐籥乎인저 虛而不屈하며 動而愈出이로다
천 지 지 간　기 유 탁 약 호　　허 이 불 굴　　동 이 유 출

多言數窮이니 不如守中이니라
다 언 삭 궁　　불 여 수 중

천지天地는 어질지 않아不仁 만물을以萬物 풀 강아지처럼 여기고爲芻狗,
성인聖人도 어질지 않아不仁 백성을以百姓 풀 강아지처럼 여긴다爲芻狗.
하늘과 땅 사이天地之間는 아마도其 풀무(풀피리)橐籥와 같을猶 것인저乎! 텅 비
어 있지만虛而 다함이 없어不屈 움직일수록動而 더욱더愈 나온다出.
말이 많으면多 자주數 막히니窮, 중中을 지키는守 것만 못하다不如.

　공자 이래 유교의 핵심 · 주요 개념인 '인仁'을 작위적인 편애偏愛로 비
판했다.
　천지와 만물은 작위 없이 무심無心으로 만물과 만인을 공평하게 이루
어주어 만물을 모두 스스로 그러하도록 내맡긴다任自然. 천지의 도를 이
어받은 성인 또한 작위로 어떤 특정한 백성을 편애하지 않고, 무위無爲로
다스려 백성들이 스스로 교화되고自化, 스스로 바르게 되고自正, 스스로
부유해 지며自富, 스스로 소박해지도록自撲 해준다. 풀무는 속이 텅 비어
虛 있기에(의도적으로 작위하지 않음) 자기의 기능 즉 끝없이不屈 바람을 일으킬
수 있다. 이러한 풀무처럼 천지 사이도 확 트이고 텅 비어 있기에, 만물
을 끝없이 낳고 기를 수 있다.

- 仁인은 비교적 후대에 출현하는데 고형古型은 ① 사람이 따뜻한 방석 위에 앉아 있는 형상衽席溫暖으로 온화하고 따뜻한 사람의 모습이며, ② 처음에는 두 사람의 의미를 나타내는 문자로 쓰이다가 후에 '人二' 와 '仁'으로 나누어졌거나, 혹은 ③ 독립적으로 사용되어 사람과 사람의 관계를 표시하다가, 후에 사람과의 관계에서 인간다움의 도리를 다한다는 의미로 발전했을 수도 있다. 그리고 ④ '二'를 '上'으로 해석하여, 인仁이 상인上人(고귀한 사람→君子)의 덕목을 의미한다고 한다. 후대 허신許愼의 『설문』에는 이런 해석들을 종합하여 "인仁이란 친애親愛한다는 의미로 인人과 이二에서 유래한다."고 했는데, 곧 인간이란 친애하면 함께 공동체를 이루고 살아가는 존재라는 뜻이다. 어질다仁心, 어진 이汎愛衆而親仁, 사람井有仁焉, 사람의 마음仁者 人心也, 모든 덕德의 총칭渾然與物同體 義禮智信 皆仁也, 불쌍히 여김人皆有所不忍 達之於其所忍 仁也, 씨桃仁, 오행에서 동東·건乾·춘春·목木, 벗에 대한 경칭仁兄 등으로 쓰인다. '인仁'은 『논어』의 전체 499절 가운데 58절에서 총105회 나타나는데, 인간의 보편적 덕으로 유교를 다른 학파와 변별되는 개념이다. 노자는 "최상의 인은 인위적으로 작위하지만, 의지에 의해 실행에 옮겨지는 것은 아니다上仁 爲之而無以爲"고 말했는데, 여기서의 인仁은 작위적으로 어떤 특정한 것만을 편애偏愛하는 것이라고 할 수 있다. **왕필:** 인仁은 반드시 무엇을 작위해서 세우고 시행해서 교화시키니, 은혜를 베풀고 무엇인가를 이룸이 있다. 무엇인가를 작위해서 세우고 시행해서 교화시킬 경우 사물들이 다 함께 존재하지 못한다.

- 芻추는 艸(풀 초)＋又(또 우)의 회의자로 손으로 소에게 먹일 풀食以芻菽을 뜯는 모습으로 풀을 베다芻蕘, 꼴을 먹이다芻之三月, 초식하는 가축猶芻豢之悅我口 등으로 쓰인다.

- 狗구는 犬(개 견)＋句(글귀 구)의 형성자로 작은 개大者爲犬 小者爲狗, 강아지未成毫狗, 역의 간괘艮爲狗으로 쓰인다. 추구芻狗는 고대에 제사지낼 때 사용하던 풀로 만든 개 모형을 말한다. 이것은 제사지내기 전에는 공

경히 모셔지지만 제사가 끝나면 버려진다.

- 百백은 白(흰 백)에 지사부호인 가로 획—을 첨가하여 1백이라는 숫자 100, 모든, 여러百官以治, 여러 번 행함人—能之 己百之로 쓰인다.

- 姓성은 女(여자 여)＋生(날 생)의 회의자로 태어남生은 여자女에 의해 결정 된다는 모계사회를 근간을 반영하여 같은 혈족의 이름, 성姓, 성씨姓 氏, 백성, 겨레, 씨족氏族, 아들, 낳은 자식, 타고난 천성 등으로 쓰인다.

- 間간은 門(문 문)과 日(날 일)의 회의자로 사이·때·양수사(집의 간살, 번), 차별·혐의·틈·사이에 두다 등으로 쓰인다.

- 猶유는 犬(개 견)＋酋(묵은 술 추→유)의 형성자로 의심이 많은 원숭이의 특성을 반영하여 의심하다猶豫, 오히려天作孼 猶可違, 닮다定命不猶, 마찬가 지임過猶不及, 모략王猶允塞, 그림允猶翕河, 앓다無相猶矣로 쓰인다.

- 橐탁은 나무木로 만든 주머니, 자루에 무엇石을 넣는 전대于橐于囊, 풀무 鼓橐吹埵, 橐籥, 사물의 소리橐橐로 쓰인다.

- 籥약은 竹(대 죽)＋龠(피리 약)의 형성자로 구멍이 셋(여섯)인 짧은 피리天地 之道 其猶鼓籥, 자물쇠啓籥見書, 잠금籥口, 풀무의 송풍관天地之間 其猶橐籥乎으 로 쓰인다.

- 乎호는 악기를 나타내는 지사문자로 소리를 내어 부르다가 원뜻이나, 일찍부터 오감을 조절해 주는 어기사로 쓰여 의문·반어將有以利吾國乎, 가정能以禮讓爲國乎 何有, 영탄中庸之爲德也 其至矣乎, 장소·대상浴乎沂風乎舞雩 詠而歸, 호격參乎 吾道一以貫之 등으로 쓰인다.

- 虛허는 虍(범 호)＋丘(언덕 구)의 회의자로 넓은 큰 언덕升彼虛矣이 텅 비어 있다川竭而谷虛, 공허하다執虛如執盈, 허공虛空, 허무虛無 등으로 쓰인다.

- 屈굴은 尸(주검 시)＋出(날 출)의 형성자로 몸을 구부리고 나가는 모양으로 구부러지다有無名之指 屈而不信, 굴신屈身, 움츠리다尺蠖之屈 以求信也, 굽게 하다 不撓不屈, 억눌러 굽히다威武不能屈, 불굴不屈, 굴종屈從 등으로 쓰인다.

- 動동은 重(무거울 중)＋力(힘 력)의 회의자로 무거운 것을 힘을 써서 움직 이다風勝則動, 작동作動, 동작動作, 변하다變動, 생기다草木繁動, 동물群動成遂 로 쓰인다.

- 愈유는 俞(점점 유)＋心(마음 심)의 형성자로 본래 (병이) 점차 나아지다昔日疾 今日愈, 더 우수하다, 더욱, 근심하다憂心愈愈 是以有悔, 유쾌하다, 구차하다(투)愈 一小夫투로 쓰인다.

- 出출은 반 지하로 만든 움집과 발足을 그려 집에서 나가는 동작을 그려 나가다出勤, 산출産出, 출생出生, 발생하다萬物出乎震, 여기서의 출出은 낳는다는 뜻으로, 천지가 만물을 낳음을 말했다.

- 多다는 肉(고기 육)자를 겹쳐 그린 것으로 고기가 쌓여있는 모습에서 많다未堪家多難, 다수多數, 전공治功曰力 戰功多, 때마침多見其不知量也으로 쓰인다.

- 言언은 입에서 나온 말이 퍼져나가는 것을 형상화한 것으로 말씀言心聲也, 가르치는 말受言藏之, 맹세하는 말士載言, 말하다言而不語, 타이르다然後言其喪算, 논의함使天下之士不敢言, 말씨婦德婦言 등으로 쓰인다. 다언多言은 주로 "정치적 명령이 번거로우면"이라고 해석한다.

- 數수(삭)는 婁(끌 누, 셀 수, 자주할 삭, 촘촘할 촘: 겹치다)＋攴(칠 복: 막대기)의 회의 자로 막대기를 겹쳐 셈을 하다(수: 셈, 산법, 역법, 정세, 꾀, 책략, 수단, 헤아리다, 생각하다), 자주(삭: 자주, 여러 번 되풀이하다, 빨리 하다, 황급하다, 번삭煩數), 촘촘하다(촉) 등으로 쓰인다.

- 窮궁은 穴(구멍 혈)＋躬(몸 궁)의 회의자로 끝나다永世無窮, 멈추다儒有博學而不窮, 막히다遁辭知其所窮, 곤란하다亂則窮矣, 추구하다窮理盡性 以至於命, 끝出奇無窮, 무궁화無窮花, 불운我諱窮久矣을 말한다.

- 如여는 女(여자 여)＋口(입 구)의 회의자로 부권사회에서 여자가 남자의 말에 순종하는 모습을 표현했지만, 지금은 주로 ~와 같다는 뜻으로 가차되어 쓰이고 있다.

- 守수는 宀(집 면)＋寸(마디 촌: 손 혹은 법칙)의 회의자로 집을 지키다守備, 수호守護하다, 다스리다로 쓰인다.

- 中중은 『설문』에서 "丨(뚫을 곤)＋口(나라 국)으로 구성되어 사방으로 둘러싸인 안口의 가운데를 관통丨함을 나타내는 지사문자, 혹은 씨족사회를 상징하는 깃발纖을 의미한다." 나아가 중中은 치우침偏과 구별되

면서도 다른 것들과 알맞은 상태에 놓여 있는 것合宜을 말한다. 안心中, 한가운데中央, 치우침이 없는 것中也者 天下之大本也, 맞다百發百中, 적당하다刑罰中則民畏死로 쓰인다. 일반적으로 유가에서는 중中을 "치우치거나 기울지 않고, 넘치거나 모자람이 없음中者 不偏不倚無過不及之名"(朱子『中庸章句』), "희노애락의 감정이 아직 피어나지 않았을 때喜怒哀樂之未發 謂之中"(『中庸』1장), 나아가 "천하의 큰 근본中也者 天下之大本也"(『中庸』1장)으로 규정했다. 이러한 유가를 의식하여, 이 중中을 일반적으로 마음의 허정虛靜함, 충沖으로 텅 빔, 무위의 도 등으로 해석하여 유가의 중용中庸과 다르다는 것을 주장하려고 시도해 왔다. 그런데 무위無爲의 도에로 되돌아가기 위해서는反本, 歸根(16장) 마음을 허정虛靜하게 비워야 한다는 점에서 이러한 해석들 간의 차이는 거의 없는 듯하다. 그리고 이러한 중中이 곧 천지만물의 뿌리本로 되돌아가는 것인 한 유교의 『중용』의 중中과 거의 차이가 없다(신오현).

6장 • 곡신谷神 : 계곡의 신

谷神不死를 是謂玄牝이요
곡 신 불 사　　시 위 현 빈

玄牝之門을 是謂天地根이니
현 빈 지 문　　시 위 천 지 근

綿綿若存하야 用之不勤이니라.
면 면 약 존　　용 지 불 근

계곡의 신谷神(골짜기 같이 신묘하여)은 죽지 않으니不死, 그것是을 일러謂 현묘한 암
컷玄牝이라 하고,
현묘한 암컷의 문玄牝之門, 그것是을 일러謂 하늘과 땅의 뿌리天地根라 한다.
면면히 이어져綿綿 흡사 존재存하는 듯若하며, 작용이用之 끝이 없다不勤.

　　도의 덕을 골짜기谷, 신묘함神, 죽지 않음不死 등으로 제시하면서, 그것
이 천지의 뿌리가 됨을 말했다.
　　도는 골짜기처럼 텅 비어 있으나, 신묘한 작용을 하여 천지 만물의 모
태가 되기에 현묘한 암컷이라 할 수 있다. 도와 천지, 그리고 만물의 관
계를 하나의 나무에 비유하면 도는 나무의 뿌리에, 천지는 나무의 둥치
에, 그리고 만물은 그 가지에 각각 유비할 수 있다.

한자 해설

- 谷곡은 水(물 수)＋口(입 구)의 회의자로 물이 솟아나와 내川로 통하는 계
  곡細察谷底, 좁은 길(夾谷: 橫飛谷而南征), 앞이 막히다進退維谷, 기르다谷神不
  死, 성장시키다谷風로 쓰인다. 여기서 '곡谷'이란 여성의 생식기를 형상화
  한 것으로 그 자체 비어 있는無 도의 본체를 형용한 것이라 할 수 있다.
- 神신은 示(보일 시)＋申(아홉째지지 신)의 형성자로 번개申→電 신示을 말했

다. 번개는 사악한 사람을 경계하고, 신의 조화가 생길 어떤 변화를 나타내주는 계시로 생각되어 자연계에 존재하는 각종 신을 나타내게 되었다. 하늘의 신神 天神 引出萬物者也, 신령山林川谷丘陵 能出雲 爲風雨 見怪物 皆曰神, 불가사의한 것陰陽不測之謂神, 혼魂(費神傷魂), 마음神出於忠, 덕이 아주 높은 사람聖而不可知之謂神, 지식이 두루 넓은 사람知人所不知 謂之神, 화化하다其動人心不神 등으로 쓰인다. 여기서 신神은 '신묘神하다'는 뜻으로, 그 자체 비어 있으나 천지만물을 낳는 도의 오묘한 작용을 말한다.

- 死사는 歹(살을 바른 뼈 알)＋匕(비수 비: 죽은 사람을 거꾸로 놓음: 變化)의 회의자로 사람이 혼백과 형체가 떨어져서 땅 속에 뼈만 남아있는 것이다. 생生이 땅 속에서 잠재되어 있던 것이 현실로 나오는 것이라면, 사死는 사람이 정기를 다하여 천지로부터 부여받은 혼백과 형체가 분리되어 다시 땅 속의 잠재적인 장소로 되돌아감歸을 의미한다. 불사不死(죽지 않는다)란 도가 시간상 항존恒存함을 말하는데, 생겨나지 않았다不生는 말이 생략되었다고 볼 수 있다.

- 牝빈은 牛(소 우)＋匕(비수 비)의 형성자로 들짐승의 암컷牝鷄無晨, 빈모牝牡, 음牝貞常慈, 자물쇠로 쓰인다. 여기서 빈牝이란 도가 천지만물의 모태임을 말한다. 앞에 '현묘한玄'이란 수식어를 붙여 도가 형이하의 암컷으로 추상되는 것을 방지했다.

- 根근은 木(나무 목)＋艮(어긋날 간)의 형성자로 나무의 줄기와 어긋나게 자란 뿌리其民食草根木實, 목근木根, 근본止水不波 浮雲無根, 근원根源, 뿌리 내리다木樹根於土, 기인하다仁義禮智根於心로 쓰인다.

- 綿면은 糸(가는 실 사)＋帛(비단 백)의 회의자로 고치를 푼 솜綿絲, 이어지다綿綿, 두르다鄭綿絡些, 명주明紬를 뜻한다. '면면綿綿'은 생겨나지도 사멸하지도 않는不生不死 도가 항존한다는 것을 말한다.

- 用용은 卜(점 복)＋中(가운데 중)의 형성자, 혹은 화살을 그릇에 넣는 모습의 상형자로 물건을 쓰다, 일이 진행되다, 등용하다, 다스리다, 행하다, 작용作用, 용도 등으로 쓰인다.

- 勤근은 堇(노란 진흙 근)＋力(힘 력)의 형성자로 힘을 다해 부지런히 일함四

體不勤, 일服勤至死, 근심하다勤天下之難, 위로하다枕杜以勤歸也, 바라다勤而無
怨로 쓰인다. 도는 시작도 끝도 없이無始無終 면면히 이어지면서 끊임없
이 만물을 낳기 때문에, 그 작용用이 끝이 없다(不勤＝不盡).

7장 · 무사無私 : 사사로움이 없음

天長地久하니
천 장 지 구

天地가 所以能長且久者는 以其不自生이라
천 지 소 이 능 장 차 구 자   이 기 부 자 생

故로 能長生이니
고   능 장 생

是以로 聖人은 後其身而身先하며 外其身而身存하며
시 이 성 인   후 기 신 이 신 선   외 기 신 이 신 존

非以其無私邪아
비 이 기 무 사 사

故로 能成其私니라
고   능 성 기 사

하늘天은 항구적久이며 땅地은 드넓다長.※

하늘과 땅天地이 능能히 항구적이며 드넓은長且久 까닭所以者은, 그것其이 (사사로이) 자신自만 살고자生 하지 않기 때문不以이다.

그러므로故 능히能 길이長 살生 수 있는 것이다.

이런 까닭으로是以 성인聖人은 그其 자신身(몸)을 뒤로 하지만後而 오히려 자신身이 앞서게 되고先, 그其 자신身을 도외시하지만外而 오히려 자신身이 보존存되니, 이는 그其(성인)가 사사로움이 없기無私 때문以이지 않겠는가非邪?

그러므로故 능能히 그其(성인)는 사사로움私를 이룬다成(성군聖君으로 추대된다).

※ 수직의 원리를 상징하는 하늘天은 시간을 주재하고, 수평의 원리를 상징하는 땅地은 공간을 주재한다. 따라서 천구지장天久地長이라고 해야 하지만, 운율을 맞추기 위해 천장지구天長地久라 했다고 판단된다.

천지와 그 도를 체득한 성인聖人은 사사롭게 살려고 하지 않기 때문에, 오히려 장생한다는 역설을 제시했다.

수직의 원리를 상징하는 하늘은 만물에게 시간성久을, 수평의 원리를 상징하는 땅은 공간성長을 부여한다. 만물은 장구한 천지의 시·공 화생 작용에 의해 생장·소멸한다. 그렇다면 천지가 이렇게 장구할 수 있는 까닭은 무엇인가? 그것은 자연의 이치에 따라 만물을 생장·소멸하게 내맡길 뿐任自然, 사사로이 자신의 영속화를 시도하지 않기 때문이다. 천지의 도를 체득한 성인 또한 그 자신의 부귀영화를 뒤로하여 도외시하지만, 오히려 그 때문에 자연스럽게 추대되어 인류의 공동 목적을 이루고, 천자로서의 부귀영화도 누리게 된다.

한자 해설

- 天천은 『설문』에서 "정수리(顚: 꼭대기, 이마, 산정, 고개)로서 지극히 높고 필적할 만한 것이 없다至高無對. 一(한 일)＋大(큰 대)의 회의자로 사람이 머리 위에 이고 있는 장소이다人所戴."라고 주석했다. 『석명』에서는 "천天이란 탄연坦然·고원高遠한 것이다."고 했다. 하늘天地, 조화의 주재자順天者興, 운명樂天知命, 기후, 계절雨天, 양飛龍在天, 자연 등의 의미를 지닌다. 공자의 『논어』에서 천天은 인간에게 덕을 내려주는 도덕의 근원이며(도덕천), 만물의 근원이자 사시를 운행하는 주재자로 정립되어 있다. 이에 비해 노자의 천天은 도에 의해 창시된 만물 중의 하나의 사물로서 항구적이다. 즉 도는 천지의 시작이며, 천지는 만물의 모태의 역할을 한다. 도는 하늘에게 맑음淸의 덕을 부여했고, 땅에게는 편안함寧의 덕을 부여했다.

- 地지는 土(흙 토)＋也(어조사 야: 주전자)의 형성자로 만물을 생성하는 대지大地, 지기地祇를 뜻한다.

- 長장은 머리칼이 긴 노인의 상형자로 길다布帛長短同 則賈相若, 멀다道阻且長, 길이長發其祥, 장구長久, 연장延長, 늘이다歌之爲言也 長言之也, 신장長九尺, 낫다敢問 夫子惡乎長, 어른隱長而卑, 우두머리外薄四海 咸建五長, 종주元者善之長

也, 나아가다君子道長, 기르다長我育我, 생장함苟得其養 無物不長, 가르치다克
長克君로 쓰인다.

• 久구는 사람의 뒤를 잡아끄는 모양의 지사문자로 시간상 오래久而不絶,
장구長久, 변치 않다不息則久 항구恒久 등으로 쓰인다.

• 且차는 희생물을 진설해 놓은 도마의 상형자로 가차되어 또한孔子貧且
賤, 하면서且馳且射, 우선且以喜樂 且以永日, 비록且予縱不得大葬 予死於道路乎, 장
차城且拔矣 등으로 쓰인다.

• 身신은 사람의 몸을 그린 상형자로 신체身也者 父母之遺體也, 자신仰悲先意
府思身愆, 신분臣出身而事主, 몸소身不識也, 임신함大任有身 등으로 쓰인다.

• 外외는 夕(저녁 석)＋卜(점 복)의 회의자로 저녁에 외출하기 위해서는 점
을 쳐야 한다는 것에서 바깥吉凶見乎外, 남暴內陵外, 외가外戚, 언행外柔內
剛, 소홀히 대함外此其餘, 잊다能外天下, 벗어나다貪汙之利外矣, 도외시度外視
등으로 쓰인다.

• 私사는 禾(벼 화)＋厶(사사로울 사)의 형성자로 곡물禾을 자신厶의 것으로
만든다는 뜻으로 사사로움公平無私, 개인反公爲私, 사학私學, 사복私服, 사
욕少私寡欲, 비밀嫌探人之私也, 개인소유王雖有萬金 不得私也, 사리有私龍斷焉,
마음속으로有私淑艾者, 사처私處, 평복薄汙我私, 자매 남편의 호칭譚公維私,
사통私通 등으로 쓰인다.

• 邪사는 牙(어금니 아)＋阝(고을 읍)의 형성자로 산동성에 위치한 낭야군琅
琊郡을 말했지만, 전의되어 간사奸邪하다方直不曲謂之正反正爲邪, 사악邪惡하
다, 바르지 않다愚亂之邪臣, 의문·부정을 나타내는 조사怨邪非邪, 느릿하
다其虛其邪로 쓰인다.

8장 • 약수若水: 물과 같이!

上善은 若水하니
상선   약수

水善利萬物而不爭하야 處衆人之所惡하나니 故로 幾於道矣라
수선리만물이부쟁   처중인지소오   고 기어도어

居善地하며 心善淵하며 與善仁하며 言善信하며 正善治하며
거선지   심선연   여선인   언선신   정선치

事善能하며 動善時니 夫唯不爭일새 故로 無尤니라
사선능   동선시   부유부쟁   고 무우

최상의 선上善은 물水과 같을 것若이니,

물水은 만물萬物을 잘善 이利롭게 하되而 다투지 않고不爭, 뭇사람들이 싫어하
는 곳衆人之所惡에 거처處한다. 그러므로故 도에於道 거의 가깝다幾矣.

거처함居에서는 땅地과 같은 낮은 자리에 잘善 (거처)하고, 마음心은 깊은 연
못淵처럼 (그윽하게) 잘善 쓰고, 사귐與은 어짊仁으로 (도리에 맞게) 잘善 대하
고, 말言은 신실信하게 잘善 하며, 다스림正(= 政)에서는 치적治을 잘善 이루고,
일事은 능能력 있게 잘善 처리하고, 행동動은 때時에 알맞게 잘善 한다.

대처夫 오직唯 남과 다투지 않으니不爭, 그러므로故 허물이 없는 것無尤이다.

　만물 가운데 물의 덕성이 도에 가장 근접해 있다고 말하면서, 물의 덕
성을 체득한 사람의 행위방식을 제시했다.

　'상선약수'란 "최상의 선은 물과 같은 덕을 지닌 것이다."는 뜻이다. 물
은 만물을 생장시키지만, 부드럽고 유약하게 작용하여 만물과 다투지
않는다. 또한 물은 만물에 생명을 부여하면서 자신을 담는 그릇의 모양
을 바꾸지 않고 자신이 거기에 적응한다. 물은 트면 흐르고, 막으면 멈
추거나 돌아간다. 그래서 물은 만물을 이롭게 하지만 다투지 않는다고

했다. 나아가 물은 항상 아래로 흘러 낮은 자리에 처하는 바, 강등되어 남의 밑에 처하는 것은 뭇사람들이 싫어하는 것이다. 그래서 물은 뭇사람들이 싫어하는 곳에 처한다고 말했다. 이러한 물의 덕을 체득한 성인은 만사를 잘 처리하지만 겸손히 아래에 처하기 때문에 남과 다투는 법이 없고, 따라서 나무랄 허물이 없다고 말했다.

- 上상은 하늘을 뜻하는 지사문자로 위쪽天上, 나은 쪽上品, 높은 쪽上官, 표면海上, 임금主上, 처음上篇, 존장長上, 곁大同江上樓, 숭상하다上賢以崇德, 올리다毋上於面 등으로 쓰인다. 상上은 최상最上이란 뜻이다.

- 善선은 길놈한 것으로 의롭고義 아름다운 것美이다는 의미인데(『설문』) 착하다聞─善言 見─善行, 좋다(아름답다, 훌륭하다, 상서롭다, 상쾌하다, 긴밀하다, 솜씨가 좋다), 좋아하다施民所善, 잘하다惟截截善論言, 다스리다窮則獨善其身, 성공善敗, 소중히 여기다善日者王 善時者霸 등으로 쓰인다.

- 水수는 흐르는 물의 상형자로 물上善若水, 흐르는 물知者樂水, 若涉大水, 유수流水, 하천 이름洛水, 渭水, 물의 범람堯禹有九年之水, 오행의 하나(북, 흑黑, 겨울, 우羽, 임壬과 계癸)로 쓰인다.

- 利리는 禾(벼 화)＋刂(칼 도)의 회의자로 우선 칼 도(刀＝刂)자를 기본적인 의미로 생각하는 견해에 따르면, 병기구兵器 혹은 농기구銛의 날이 지니는 예리銳利함을 의미한다. 그리고 또한 리利는 칼로 벼를 베다, 즉 수확收穫의 의미를 지닌다. 그런데 이렇게 벼를 베어 수확하는 것은 우선 벼의 측면에서 보자면 결실을 이루어 자기완성을 이루었다利者 萬物之遂, 혹은 순조롭게 조화를 이루었다는 의미이다. 결실을 이룬 벼를 수확하는 것은 곧 씨를 뿌리고 가꾸는 노고를 아끼지 않았던 농부의 편에서 보자면 결과적인 이로움이 된다.

- 萬만은 艹(풀 초)＋禺(긴꼬리원숭이 우)를 결합한 글자인데, 본래 전갈의 상형자이지만 숫자 일만公其以予萬億年, 온갖萬國咸寧, 결코千萬不復全, 춤의 총칭方將萬舞 등으로 쓰인다.

- 物물은 牛(소 우)＋勿(말 물)의 형성자로 다양한 색의 얼룩소三＋維物에서 전의되어 천지간의 <u>모든 것</u>, 만물品物流行, 일以鄕三物敎萬民, <u>무리</u>是其生也與吾同物, 재물辨其物, 외적 대상外境:人心之感於物也로 쓰인다.

- 爭쟁은 爪(손톱 조)＋又(또 우)＋丨(갈고리 궐)의 회의자로 소의 뿔을 놓고 서로 잡아당기며 <u>겨루다</u>天下莫與汝能, 전쟁戰爭, 쟁송爭訟, 소송하다使人不同功 故莫爭訟, 논의有競有爭, <u>싸움</u>又好爭訟으로 쓰인다.

- 幾기는 戈(창 과 베틀)＋人(사람 인)＋幺(작을 요)의 회의자로 옷감을 짜는 베틀의 상형자 혹은 작은 수자리(幺＋戍)로 기미幾微, 위태하다維其幾矣, <u>거의</u>七日幾絶, <u>근접하다</u>妄辨而幾利, 은미事父母幾諫, 자주幾爲之笑, 어찌幾不甚美矣哉로 쓰인다.

- 於어는 『설문』에서 烏(까마귀 오)의 생략형이라고 했는데, 오호嗚呼의 감탄사, 어조사로 <u>〜에</u>, 〜에 의지하여로 쓰인다.

- 道도는 辵(갈 착)＋首(머리 수)의 회의자로 향하여 가는 길(방법)이자 목적이다. 도는 철학적으로 형이상의 본체形而上者謂之道이자 만물을 운행하는 법칙이며, 인간 및 만물이 따라가야 할 길이자 인간의 당위법칙의 의미를 지닌다. 『도덕경』의 주제로서 도는 73회에 나오는데, <u>천지만물의 궁극 근원</u>道生之으로 만물이 마땅히 따라야 할 길(방법, 운행원리)을 제시하며, 목적 자체로서 만물에게 덕을 부여였으며, 만물은 그 부여된 덕을 구현함德畜之으로써 도의 조화작용에 동참할 수 있다. **왕필**: 도는 형상이 없지만, 물은 형상을 지니고 있다道無水有. 그렇기에 물은 도에 거의 <u>가까운 것</u>이지幾於道, 도 자체라고 할 수는 없다.

- 與여는 与(어조사 여)＋舁(마주들 여)의 회의자로 함께 들어 올리다舁는 뜻으로 베풂可以與可以無與, 가담함弗與矣, 돕다不如與魏以勁之, 허락하다吾與女不如也, <u>함께하다</u>今王與百姓同樂則王矣, 상대善勝者不與, 갚다貸錢者多不能與其息, 기다리다歲不我與 꾀하다惟我與爾有是夫, 의지하다與爲人後者 등으로 쓰인다.

- 信신은 사람人의 말言은 진실한 마음의 표현으로 <u>믿을 수 있음</u>朋友有信, 미쁘다信實, 신표印信, 편지以爲登科之信, 심부름꾼信使, 진실로, 참됨, 맡기다歸帆但信風, 밝히다信罪之有無, <u>징험하다</u>其中有信, 오음의 궁宮, 오행의

토土, 펴다往者屈也 來者信也 등으로 쓰인다.

- 正정은 一(한 일)+止(머무를 지)의 회의자로 절대적 표준인 하늘—에 나아가 합일하여 머무르는 것이 바르다(치우치지 않다, 단정하다, 반듯하다, 곧다, 정확하다), 올바르다(정직하다, 공정하다), 바로잡다(도리나 원칙에 어긋난 것을 바로잡다), 결정하다, 다스리다, 관장하다, 정실(정처, 본처, 적장자), 정(주가 되는 것), 바로, 막, 정사(=政), 상법常法, 군대 편제의 단위三領爲一正, 정벌하다天子失義 諸侯力正, 노역勞役 등으로 쓰인다. **공자**: 政은 바로잡는 것이다正也.(옹야편)

- 治치는 水(물 수)+台(클 태)의 회의자로 물의 흐름을 잘 조절한다는 뜻으로 보살펴 통제하거나 관리하다治國, 治療, 잘 수습하여 바로잡다以治人情, 잘 다루어 처리하거나 다듬어 정리하다治山治水, 죄를 다스리다治臣之罪, 평정하다治亂持危, 세상의 모든 것이 그 자리를 얻다家齊而後國治, 정치擧舜而敷治焉, 배워 익힘治其大禮, 정도是以與治雖走 등으로 쓰인다.

- 能능은 재주 많은 곰을 그린 상형자로 ~할 수 있다唯仁者能好人 能惡人, 어찌 ~할 수 있을까豈能佩六國相印乎의 능력 혹은 역량으로 쓰인다.

- 時시는 日(날 일)+寺(머무를 사)의 회의자로 해의 머무름을 나타내어 사철天有四時 春夏秋冬, 시掌夜時, 연대朕獨不能與此人同時哉, 운명天時不如地利, 시세以其時考之則可矣, 때때로學而時習之, 훌륭함爾殽旣時, 엿보다孔子時其亡也 而往拜之, 이것黎民於變時雍으로 쓰인다.

- 夫부는 大(큰 대)+一(한 일)로 사람의 정면 모습에 비녀를 상징하는 가록획—을 더하여 비녀 꽂은 성인 남성—夫, 지아비夫者 天也, 장정射夫旣同, 사나이丈夫, 역부役夫, 다스리다夫圭田, 발어사夫天地者萬物之逆旅, 지시사觀夫巴陵勝狀, 감탄·영탄사逝者如斯夫 不舍晝夜로 쓰인다.

- 唯유는 口(입 구)+隹(새 추)의 형성자로 새隹의 울음소리口를 뜻했으니, 이후 의미 없는 발어사로 쓰였고, 아무 의견 없이 소리만 낸다고 해서 승낙하다曾子曰 唯의 뜻이 나왔다.

- 尤우는 뻗어나가지 못하고 가로막혀— 어찌 할 수 없는 모양, 혹은 손에 난 사마귀로 더욱汝時尤小, 탓君無尤焉, 탓하다不尤人, 허물 등으로 쓰인다.

9장 • 지영持盈: 지니고 채우는 것

持而盈之는 不如其已요 揣而銳之하면 不可長保니라
지 이 영 지　불 여 기 이　췌 이 예 지　　불 가 장 보

金玉滿堂이나 莫之能守요 富貴而驕하면 自遺其咎니
금 옥 만 당　막 지 능 수　부 귀 이 교　　자 유 기 구

功遂身退는 天之道니라
공 수 신 퇴　천 지 도

지니면서도持而 (가득 더) 채우는 것盈之은 그것其을 그만두는 것已만 못하고
不如, 단련하여揣而 (더욱 더) 날카롭게 하면銳之 오래 보존長保할 수 없다不可.
금과 옥金玉이 집안에 가득 차면滿堂 능能히 그것을 지킬 수 없고莫之守, 부귀
를 누리면서도富貴而 교만驕하면 스스로自 그其 허물咎을 남길遺 뿐이니
공을 이루면功遂 그 자신은 물러나는 것身退이 하늘의 길天之道이다.

　재물 · 부귀 · 영화 등을 극단으로 늘리려 하는 인간의 욕망은 비극으
로 막을 내린다고 경고하면서, 분수에 만족할 줄 알고知足之足 常足也(46장),
천도에 순응할 것을 권고했다. "욕망의 본성은 충족되지 않는 데에 있
다"(아리스토텔레스), "욕망의 비극은 그 대상을 파괴하는 데에 있다"(헤겔),
혹은 "모든 욕망은 삼키려고 하는 것이지만, 욕망의 대상이 나의 것이
되는 순간 이미 그것은 욕망의 대상이기를 그친다"(사르트르)고 주장한 철
인들의 말을 떠올리게 한다.
　'하늘의 도天之道'란 해와 달의 움직임, 사시四時의 변화 등을 말한다. 가
장 어두운 암야가 여명의 때이며, 정오正午가 밤이 시작되는 시점이다.
더위가 극성한 하지夏至가 추위가 시작되는 기점이다. 하지를 중심으로
여름은 자기 역할을 완수하여 서서히 물러가고, 추위가 점차 다가온다.
이처럼 하늘의 도는 자기의 공을 완수하자마자 서서히 물러난다. 극단

에 도달하면 되돌아가는 것이 하늘의 도이다. 되돌아오는 것이 도의 움직임이다反者 道之動也.

- 持지는 手(손 수)＋寺(머무를 시)의 회의자로 손에 쥐다持弓矢審固, 파지把持하다, 지속持續하다, 보전하다以相持養, 지키다曠日持久, 돕다所以持平奉吉也, 의지持其世而已로 쓰인다.

- 盈영은 皿(그릇 명)＋夃(찰 영)의 형성자로 그릇皿에 가득 차다樂主其盈, 영월盈月, 충분함盈 莫不有也, 나아가다盈縮 猶進退也, 많다盈 猶多也, 만월日月盈昃으로 쓰인다.

- 揣췌는 手(손 수)＋耑(시초 단)의 형성자로 손으로 높이를 측량함揣高卑, 췌탁揣度, 췌량 揣量, 헤아림不揣其本 而齊其末, (금속을) 불리다로 쓰인다.

- 銳예는 金(쇠 금)＋兌(가늘 열)의 회의자로 칼(병기)의 날카로움銳而不挫, 예리銳利, 예봉銳鋒, 뾰족하고 가늘다銳喙決吻, 민첩함其進銳者 其退速, 창一人冕 執銳 등으로 쓰인다.

- 保보는 人(사람 인)＋呆(어리석을 태)의 회의자로 부모가 아이를 업고 있는 모습에서 보호保護하다, 보존保存하다, 보건保健 등으로 쓰인다.

- 金금은 거푸집의 상형자로 금속金作贖刑, 금형金型, 동厥貢惟金三品, 철分府庫之金, 금전金錢, 황금構以金銀 絡以珠玉, 오행(서, 가을, 상商, 경신庚申), 단단하다得金矢, 아름다운 것의 비유失金匱, 고귀한 것懲律嘉量 金科玉條, 황금색赤芾金舄으로 쓰인다.

- 玉옥은 구슬 세 개를 끈으로 꿴 모양으로 아름다운 돌의 총칭鼎玉鉉, 옥으로 만든 홀執玉, 패옥佩玉, 옥쇄玉碎, 소중히 여기다毋金玉爾音, 옥고玉稿, 옥수玉水, 갈다王欲玉女로 쓰인다.

- 滿만은 水(물 수)＋㒼(평평할 만)의 회의자로 항아리에 물을 가득 채우다地大而不鬲 命日土滿 人衆而不理 命日人滿, 만족滿足, 만기滿期, 넉넉하다不自滿假, 미만未滿, 교만하다其滿之甚也로 쓰인다.

- 堂당은 土(흙 토)＋尚(오히려 상←高)의 형성자로 터를 돋우어 높게 지은 큰

집金玉滿堂, 식당食堂, 당당하다容貌堂堂, 8촌 안쪽의 친족堂叔, 자당慈堂, 당숙堂叔 문지방侯我予堂을 말한다.

- 守수는 宀(집 면)＋寸(마디 촌)의 회의자로 집안의 일을 보아 지키다設險守其國, 수비守備, 벼슬 이름郡守, 太守, 임지境守淸靜로 쓰인다.

- 富부는 宀(집 면)＋畐(가득할 복)의 회의자로 넉넉함富而無驕 貧而無諂, 부유富裕, 부귀富貴 재보富潤屋, 행운維昔之富 등으로 쓰인다.

- 貴귀는 臼(절구 구)＋土(흙 토)＋貝(조개 패)의 회의자로 양손으로 흙을 감싸는 모습을 그려져 귀중하다, 귀족貴族, 비싸다, 높은 지위나 권세, 존칭의 접두어, 귀하貴下 등으로 쓰인다.

- 驕교는 馬(말 마)＋喬(높을 교)의 회의자로 6척 높이의 잘 달리는 말의 교만得志而覺驕, 남을 업신여기다富而無驕, 무례하다在上而不驕, 속이다果而不驕, 강하다四牡有驕, 방자하다, 두 살 난 말 등을 의미한다.

- 遺유는 辵(쉬엄쉬엄 갈 착)＋貴(귀할 귀)의 형성자로 버리다遺華反質, 빠뜨림拾遺補過, 남기다見馬遺財足, 보내다凡遺人弓者, 더하다政事一埤遺我, 따르다莫肯下遺, 남기다遺産, 유물遺物,로 쓰인다.

- 咎구는 人(사람 인)＋各(각각 각: 걸리다)의 형성자로 걷는 발이 돌에 걸린 모양으로 허물以督厥咎, 재앙休咎, 나무라다既往不咎, 미움하다般始咎周, 원구怨咎 등으로 쓰인다.

- 遂수는 辵(갈 착)＋豕(돼지 축)＋八(여덟 팔)의 회의자로 돼지가 풀숲을 가르며 달아나는 모습으로 마침내 탈출에 성공했다遂事不怨, (잡았다는 의미에서) '드디어'의 뜻이다.

- 退퇴는 辵(갈 착)＋艮(어긋날 간)의 회의자로 뒤로 물러나다賓三退負序, 퇴각退却, 퇴로退路, 옮기다以袂拘而退, 소극적으로 행동하다求也退, 쇠약해지다外强火未退 中銳金方戰, 그치다退嗜慾, 퇴색退色 등으로 쓰인다.

10장 • 현덕 玄德: 그윽한 덕

載營魄抱一하야 能無離乎아 專氣致柔하야 能嬰兒乎아
재 영 백 포 일   능 무 리 호   전 기 치 유   능 영 아 호

滌除玄覽하야 能無疵乎아 愛民治國호대 能無知乎아
척 제 현 람   능 무 자 호   애 민 치 국   능 무 지 호

天門開闔호대 能爲雌乎아 明白四達호대 能無爲(知)乎아
천 문 개 합   능 위 자 호   명 백 사 달   능 무 위 (지) 호

生之畜之나 生而不有하며 爲而不恃하며 長而不宰를 是謂玄德이니라
생 지 축 지 생 이 불 유   위 이 불 시   장 이 부 재 시 위 현 덕

(하늘로부터 부여받은) 혼魂과 (땅으로부터 부여받은) 백魄을 싣고載 하나一
(도)를 껴안되抱, 능能히 떨어짐離이 없게無 할 수 있겠는가? 기氣를 한결專같
이 하여 부드러움을 이루되致柔, 능能히 갓난아기嬰兒처럼 할 수 있겠는가乎?
그윽한 거울玄覽을 씻고 닦아滌除 능히 티 없이無疵 (맑게) 할 수 있겠는가乎?
백성을 아끼고愛民 나라를 다스림治國에 능能히 지교知(智巧)가 없이無 할 수
있겠는가乎?
하늘 문天門을 열고 닫음開闔에 능能히 암컷雌처럼 할爲 수 있겠는가乎? 두루
환하게明白 사방에 통달하되四達, 능能히 (어떠한 분별적인 앎도) 없게 할 수
있겠는가無爲乎?
(만물을) 낳고生之 기름畜之에, 낳지만生而 소유하지 않고不有, 이루지만爲而 자
랑하지 않고不恃, 기르지만長而 거느리지 않으니不宰, 이를 일러是謂 그윽한 덕
玄德이라고 한다.

도에 들어가는 공부와 입도공부 이후의 작용, 도를 체득한 성인의 행
위, 그리고 현덕玄德을 밝혔다.
사람의 몸은 하늘로부터 혼魂과 땅으로부터 백魄을 부여받고, 도를 덕

으로 품부 받아德得也 태어났는데, 이것들이 조화를 이루고 서로 떨어짐이 없어야無離 비로서 온전한 삶을 영위할 수 있다. 또한 마음 거울을 잘 닦아 어떠한 티도 없게 되었을 때, 비로소 도를 묘찰할 수 있다. 나아가 감각기관을 통해 대상들을 지각함에 있어 대상의 실상에서 어떤 부분을 버리거나不遺 주관적인 견해를 덧붙이지 않아서不厾 대상이 다가옴에 그대로 순응物來而順應해야 하며, 두루 환하게 사방에 통달하기 위해서는 능히 주관의 어떠한 분별적인 앎小智을 사용하지 않아야 한다고 말했다.

한자 해설

- **載재**는 車(수레 차)＋𢦏(어조사 재)의 형성자로 수레에 짐을 **싣다**大車以載, 적재積載, 탑재搭載, 기재하다冀州旣載, 연재連載, 탈것予乘四載, 실은 것不輸爾載 終踰絶險, 임무祇載見瞽瞍, 사업有能奮庸熙帝之載, 일上天之載, 1년朕在位七十載로 쓰인다.

- **營영**은 火(불 화)＋宮(집 궁)의 회의자로 본래 불을 켜고 주거하는 것冬則居營窟을 말하지만, 인신하여 집을 만들다經之營之, 측량함營丘壟之小大, 다스리다召伯營之, 행함四營而成易, 경영無營無欲, 경영학經營學, 병위營衛 병영兵營, 신체를 경영하는 것取血於營, 영양營養, 영기營氣로 쓰인다. 여기서 영營은 정신의 양의 측면인 혼魂(↔魄)을 말한다.

- **魄백**은 白(흰 백: 뼈)＋鬼(귀신 귀)의 형성자로 인간 정신이 땅으로부터 부여 받은 음의 기운으로 넋魂魄, 형체其魄兆乎民矣, 혼비백산魂飛魄散 등으로 쓰인다.

- **抱포**는 手(손 수)＋包(쌀 포: 아이를 가짐)의 형성자로 손으로 감싸 안음互抱馬脚不得行, 둘러싸다鬱律衆山抱, 품三年乃免于懷抱, 생각區區丹抱 不負凤心으로 쓰인다.

- **一일**은 갑골문에서부터 가로획을 하나 그려 하나의 개념을 나타내었다. 일一은 단순한 숫자의 개념을 넘어 인식의 일식체계로서 분화시킬 수 없는 카오스이자 분리될 수 없는 전체이다. 그래서 일一은 하나이자 모두를 뜻하고, 만물을 낳은 도이자 우주 만물 전체를 뜻한다. 즉

'일—'이란 ① 모든 것의 근원(시발지이자 귀착처)으로 실체·본위이며, ②
모든 명상名相과 사물·사태가 일치를 이룬 것(명실상부: 적합 혹은 적중), ③
우주에서 모든 존재가 각자의 위치와 공능을 균등하게 부여받고 발휘
된 결과가 상호 조화와 균형을 이루는 것(공평과 균형)을 등을 의미한다.
일—이란 하나이면서 전체—卽全인 도를 지칭한다.

- 離리는 离(흩어질 리)+佳(새 추)의 형성자로 떠나가다進退無恒非離群, 이별離
別, 헤어지다性情不離, 어긋나다形性相離, 이반하다民人離落, 화합하지 않다
上下離心, 걸리다鴻則離之, 분명함離也者 明也, 불離爲火, 근심亂離瘼矣, 8괘의
하나(☲. 火 中女, 南)로 쓰인다.

- 專전은 한 쪽으로만 도는 방추를 손으로 돌리는 모습으로 오로지(오직,
혼자서), 전일專—, 전단專斷(祭仲專), 전공專攻, 독점己有善 勿專, 가득 차다名
譽專四海 등으로 쓰인다. "전기치유專氣致柔"의 전專은 한결 같이함(『맹자』
「공손추상」에서 "기를 한결 같이하면 의지를 움직인다氣壹則動志"고 말했을 때의 '일壹'과 같
다), 제어하여 부드럽게 함(감산)이라는 의미다.

- 氣기는 소리·색깔·냄새·형적이 있는有形有爲 형이하자로서 만물의
재료(질료인)이면서 스스로 움직이는 운동인이다. 만물이 다양한 까닭
은 기운이 제한적으로 이치를 드러내기 때문이다. 동양 사상에서 '기
氣'란 용어는 예로부터 내포와 외연이 무척 다양하게 나타났는데, 대체
로 우주론의 형성과 깊은 연관이 되어 우주 만물의 기본 구성 요소로
서 질료적인 것으로 이해되었다. 먼저 갑골문에서 '氣' 자는 '三'로
수평 이동을 의미하는 동사였다. 후에 '三'은 '气'로 변해 수평 이동
과 수직 이동을 함께 의미하게 되었는데, 바람의 정령과 흙의 정령이
오늘날 기운 개념의 원형이었다. 『설문』에서는 "기气는 운기云气"이며
"운云은 구름이 회전하는 모양을 본뜬 것이다"라고 했다. 이는 기란 말
이 처음에 구름에 대한 관찰에서 생겨났음을 설명해준다. 그런데 '뜬
구름'에서 '바람'으로 개념이 가리키는 대상이 옮겨가면서 기의 의미
가 확대됐다. 바람이 나무에 불어오면, 단지 나무가 움직이는 것만 보
일 뿐 바람은 보이지 않는다. 바람이 곧 기라고 해석되면서, 사람들은

원인이 무엇인지는 알 수 없지만 명확하게 변화하는 현상들을 기가 작용한 결과라고 인식하게 되었다. 전국시대에 기의 개념을 정립하는 데 결정적인 역할을 한 맹자는 유명한 호연지기浩然之氣를 설명하면서, 외적 자연물로 인식되던 기 개념을 인간 주체에 대한 탐색으로 전환시켰다. 그는 기를 인간을 구성하는 질료로 파악하면서, 도의道義와 한 쌍이라고 주장했다. 다시 말해서 마음과 기운이 상호보완해서 완성된다고 주장한 것이다. 한편 도가의 장자莊子 또한 음양의 기가 가장 본질적이고 근원적이며 천지 만물과 인류를 구성하는 질료라고 주장했다. 그는 음양의 두 기운이 모여서 응집하면 어떤 생명체를 이루고, 흩어지면 우주로 되돌아간다는 형기적 생사관을 제시했다. 중국 철학의 전성기인 송대에 맹자의 기 개념을 이어받아 정립하고 체계화 한 중심인물은 장재와 주자다. 이들에 따르면 모든 자연물과 자연 현상은 기에 의해 구성되며, 인간 또한 예외가 아니다. 심지어 주자에 따르면, 인간의 몸과 마음까지도 기운에 의해 구성되고, 인간의 구성체인 사회와 역사 현상 또한 기운의 작용에 의해 이루어진다. 기는 끊임없이 유동하면서 전변轉變해 다양한 차별상을 만들어내는 질료인이자 운동인이다. 기는 이치가 드러나도록 하는 매개자이면서 동시에 이치를 은폐한다는 모순을 가진다. 바로 이 점에서 서로 다른 만물이 발생한다.

- 嬰영은 女(여자 여)＋賏(자재를 이어 꿴 목걸이 영)의 형성자로 어린아이, 갓난아이, 연약하다는 뜻이다.
- 兒아는 아직 두개頭蓋의 상부가 드러나지 않는 유아幼兒, 아동兒童, 소아小兒, 사내 아이男曰兒 女曰嬰, 늙어 새로 나는 이黃髮兒齒 등으로 쓰인다.
- 滌척은 水(물 수)＋條(가지 조)의 회의자로 물로 세척洗滌하다, 헹구다射人宿視滌, 떨다十月滌場로 쓰인다.
- 除제는 阜(언덕 부)＋余(나 여: 나무 위의 집)의 형성자로 본래 돌계단凝霜依玉除을 말했지만, 인신하여 제거함除惡務本, 제적除斥, 소재掃除, 깨끗이 쓸다帥其屬而修除, 닦다君子以除戎器 戒不虞 등으로 쓰인다.

• 覽람은 見(볼 견)＋監(볼 감)의 형성자로 살펴보다又覽景之昌辭, 관람觀覽, 유람遊覽, 박람회博覽會, 전망함登兹泰山 周覽東極, 경관富覽山無盡로 쓰인다. 현람玄覽은 단순히 사물을 지각하는 것이 아니라, 도를 묘찰妙察하는 우리 마음을 말한다.

• 疵자는 疒(병들어 기댈 녁)＋此(이 차)의 형성자로 병, 결점不吹毛而求小疵, 하자瑕疵, 취모멱자吹毛覓疵, 헐다使物不疵癘, 재앙疵癘 등으로 쓰인다.

• 愛애는 爫(손톱 조)＋冖(덮을 멱)＋心(마음 심)＋夂(천천히 걸을 쇠)의 회의자로 가슴의 심장, 혹은 손으로 심장을 감싸 안은 것으로 사랑人間愛, 소중히 여김慈親之愛其子也, 즐기다愛讀, 친밀하게 대하다汎愛衆而親仁, 가엾게 여기다愛憐, 애모愛慕, 편들다김置門下幸愛, 사모하다愛親者 不敢惡於人, 아끼다文臣不愛錢 武臣不愛死, 물욕貪染名愛 등으로 쓰인다.

• 治치는 水(물 수)＋台(클 태)의 회의자로 범람하는 물길을 다스려 옥토가 되게 하듯이, 사람도 그렇게 다스려야 한다는 것을 말한다. 따라서 정치의 본령이란 위정자가 스스로 올바르면서 또한 일을 바르게 처리하고, 교육이나 훈육을 통하여 백성들을 훌륭한 사람으로 양성하는 데에 있다政事治人고 할 것이다.

• 國국은 囗(에워싸다)＋或(囗＋戈 : 창을 들고 성을 지키는 모습)의 형성자로서, 성으로 둘러싸인 곳을 무기로 지키는 곳으로 나라, 국가라는 의미이다.

• 開개는 門(문 문)＋幵(평평할 견)의 회의자, 본래 문을 양손으로 여는 것善閉 無關楗而不可開, 개국開國, 개시開市, 통하다敎誨開導成王, 개통開通, 비롯하다開歲發春兮, 피다滿開, 개간하다秦開阡陌, 개발開發 등으로 쓰인다.

• 闔합은 門(문 문)＋盍(덮을 합)의 형성자로 문짝乃修闔扇, 문을 닫다闔月則闔門左扉, 간직하다闔者 藏也, 숨쉬다天門開闔 등으로 쓰인다.

• 雌자는 佳(새 추)＋此(이 차)의 형성자로 새의 암컷誰知鳥之雌雄, 여성嬬雌憶故雄, 패배願與漢王挑戰決雌雄, 약하다是故淸人守淸道而抱雌節로 쓰인다. **왕필:** 雌(암컷)란 응하되 주도하지 않으며, 따르되 작위하지 않는 음의 속성을 말한다.

• 四사는 막대기 4개二를 그린 지사문자로 사방으로 나누어 펼쳐진 영역

이란 의미이다天圓地方.

- 達달은 辶(쉬엄쉬엄 갈 착)＋夆(어린 양 달)의 회의자로 양을 몰고 다닐 정도로 막힘없이 통하다賜也達, 달통達通, 통달하다理塞則氣不達, 달인達人 등으로 쓰인다.

- 畜축(휵)은 玄(검을 현←불어날 자茲의 생략)＋田(밭 전)의 회의자로 밭의 작물을 키워 불어나게 하는 것으로 기르다, 짐승, 축산畜産, 개간한 밭 등으로 쓰인다.

- 宰재는 宀(집 면)＋辛(매울 신: 칼)의 회의자로 벼슬아치乃命宰祝, 재상宰相, 다스리다宰割天下, 주재主宰 등을 의미한다.

- 德덕은 彳(조금 걸을 척)＋直(곧을 직)＋心(마음 심)의 회의자로 곧은 마음으로 길을 걷는 사는 사람이라는 뜻이다. 크다, (덕으로) 여기다, (덕을) 베풀다, 고맙게 생각하다, 은덕恩德, 도덕, 복, 행복, 은혜, 선행, 행위, 능력, 작용, 어진 이, 현자, 정의, 목성木星, 건괘乾卦의 상 등으로 쓰인다. 덕德은 주로 '득得' 자와 연관하여 설명되어 왔다. 즉 "덕德은 득得인데, 사물(혹은 일)에서 마땅함을 얻은 것을 말한다." 혹은 "예악을 모두 얻은 것을 일러 덕이라고 하는데, 덕이란 얻은 것."이라 한다. 한편 『신자감新字鑑』에서는 "덕德이란 자기에게 갖추어진 것으로 외부로부터 충족을 기다릴 필요가 없는 것"이라 하여, 만물이 지니고 태어난 고유 본성(혹은 잠재력)으로 정의했다. 현덕이란 "(만물을) 낳고 기름에 있어, 낳지만 소유하지 않고, 이루지만 자랑하지 않고, 기르지만 거느리지 않는다." 이러한 현덕은 '상덕常德'과 상관되는 개념이다. 상덕은 "암컷과 수컷, 검음과 흼, 영광과 치욕"(28장) 등 현상계의 상대성을 상반하여復命日常(16장), "어린아이로 되돌아가고復歸於嬰兒·무극으로 되돌아가고復歸於無極·통나무로 되돌아가는 것復歸於樸"(28장)이라면, 이러한 상덕에 따라孔德之容 惟道是從(21장) 근본根本·무극無極·무물無物·박소樸素 등으로 복귀시키는 도의 작용·도의 공능을 현덕이라 한다.

11장 • 허중虛中 : 비어있는 중

三十輻이 共一轂이니 當其無하야 有車之用하며
삼 십 폭 공 일 곡   당 기 무   유 거 지 용

埏埴以爲器에 當其無하야 有器之用하며
연 식 이 위 기   당 기 무   유 기 지 용

鑿戶牖以爲室에 當其無하야 有室之用이라
착 호 유 이 위 실   당 기 무   유 실 지 용

故로 有之以爲利는 無之以爲用이니라
고   유 지 이 위 리   무 지 이 위 용

서른 개三十의 바퀴살輻이 하나一의 바퀴통轂에 함께 모여듦共에, 그其 바퀴
통의 (형상) 없음無(빈곳: 空地)에 상당當하여 수레의車之 쓰임用이 있게 된다有.
진흙埴을 빚어埏以 그릇器을 만듦爲에 그其 그릇의 (내의 형상) 없음無(빈곳)에
상당當하여 그릇의器之 쓰임새用가 있게 된다有.
문戶과 창牖을 뚫어鑿以 방室을 만듦爲에 그其 방의 없음無(빈곳)에 상당當하여
방의室之 쓰임새用가 있게 된다有.
그러므로故 (형상) 있는 것有이 이로움利을 주는 까닭以爲은 (형상) 없음無이
작용用하기 때문以爲이다.

  형상을 지닌 것有은 형상 없는 것無이 작용하기 때문에 유용한 기능을
할 수 있음을 실례를 들어 설명했다. 형상을 지닌 것有은 형상 없는 것無
이 작용하기 때문에 유용한 기능을 할 수 있다. 나무 · 흙 · 벽돌 등으로
바퀴 · 그릇 · 방 등과 같이 형상 있는 것有을 만들지만, 이런 형상 있는
것들有은 모두 형상 없는 빈곳無, 空地이 작용해야만 그 기능을 발휘할 수
있다.
  형이상자는 어떠한 형상도 없다는 점에서 우선 무無라고 하고, 나아가

그것이 만물의 모태가 된다는 점에서는 오히려 유有라고 할 수 있다(1장). 그런데 유有가 이로움을 주는 것은 무無의 작용에 의지한다는 점에서, 일견 무無가 근본이고, 유有는 말단이라고 할 수 있다. 그러나 유有가 없다면, 무無 또한 작용用할 수 없다는 점에서, 유−무는 서로 의지하여 완성한다有無相生(2장)고 하겠다.

한자 해설

- **三**삼은 세 개의 가로 획으로 숫자 3道生一一生二二生三 혹은 3번三顧草廬을 나타낸다. 천지인天地人을 상징하는 길吉한 숫자로, 양수一와 음수二의 통합으로 횟수의 많음三思而後行 혹은 완전수이다.
- **十**십은 매듭을 묶어 숫자 10十年尚猶有臭 혹은 10번人十能之 己千之을 나타내었다. 동서− 남북ㅣ 사방 및 중앙을 모두 갖추었다는 뜻으로 완전하다花柳功勳已十成 혹은 전부大王還兵疾歸 尚得十半를 뜻한다.
- **輻**폭은 車(수레 거)＋畐(가득할 복)의 형성자로 바퀴살(바퀴통에서 바퀴를 향하여 방사선 모양으로 뻗은 나무), 진폭振幅, 모여들다四方輻輳로 쓰인다.
- **共**공은 (제기를) 수 십(卄＝十＋十)명이 팔을 펴 떠올린 모양으로 함께天下共立義帝, 함께 하다與朋友共, 공동共同, 공산주의共産主義, 팔짱을 끼다聖人共手 등으로 쓰인다.
- **轂**곡은 車(수레 거)＋殼(껍질 각: 속이 비어 있다)의 형성자로 바퀴통三十輻共一轂, 모으다唯襃斜綰轂其口, 수레轉轂百數, 곡전轂轉, 추천함推轂趙綰 爲御史大夫, 추곡推轂 등으로 쓰인다.
- **當**당은 尚(오히려 상→당)＋田(밭 전)의 형성자로 본래 밭은 서로 상당하다必當其位, 마땅하다當殺之, 당위當爲, 소당연지칙所當然之則, 맞서다一騎當千, 당해내다當仁不讓於師, 擔當, 당면當面하다 등으로 쓰인다.
- **無**무는 커다란 수풀이 불火에 타서 없어진 모양을 나타내는 회의자로 없다剛而無虐 簡而無傲, 근원의 도天下之物生於有 有生於無, 무엇으로 여기는 것이 없다楚國無以爲寶, 발어사無念爾祖, 가벼이 여기다上無天子 下無方伯, ∼이 없다民免而無恥, ∼하지 아니하는 것은 없다於物無不陷也, ∼하지 말라無

友不如己者, ~이 없으면民無信 不立, ~하는 편이 좋지 않겠는가無寧死於二三
子之手乎로 쓰인다.

• 車거는 수레의 상형자로 차륜山出器車, 거마車馬, 잇몸輔車相依, 성姓 등으
로 쓰인다.

• 有유는 又(또 우)＋月(육달 월)의 회의자로 손又으로 고기肉를 쥔 모습으로
소유所有하다, 존재하다有無, 많다爰衆爰有, 또錄三百有六旬有六日 등으로 쓰
인다.

• 埏연은 土(흙 토)＋延(끌 연)의 형성자로 땅 가장자리下泝八埏, 흙을 이김埏
埴以爲器으로 쓰인다.

• 埴식은 土(흙 토)＋直(곧을 직)의 형성자로 찰흙, 점토厥土赤埴, 진흙若璽之抑
埴을 말한다.

• 器기는 犬(개 견)자와 네 개의 口(입 구)의 회의자로 개가 귀한 그릇을 지
키는 것을 나타내어 여러 기물器物, 신체적 기관器官, 관직이나 작위의
등급, 사람의 자질, 형이상의 도道에 대비되는 형이하의 사물形而下者謂
之器을 나타낸다.

• 鑿착은 金(쇠 금)＋䶅(정한 쌀 착)의 형성자로 나무에 구멍을 파는 끌鑿所以
入木者 槌叩之也을 말하며, 구멍을 뚫다(구멍을 내다), 천착穿鑿, 자름二之日鑿
氷冲冲, 끝까지 캐다 또는 멋대로 억측함所惡於智者 爲其鑿也, 선명한 모양
白石鑿鑿으로 쓰인다.

• 戶호는 외짝문의 상형자半門曰戶로 출입구不出戶知天下, 집戶口, 가가호호
家家戶戶, 주민溫戶彊丁로 쓰인다.

• 牖유는 爿(나무 조각 장→창)＋戶(외짝문 호)＋甫(길 용)의 형성자로 바라지, 들
창, 깨우치다天之牖民로 쓰인다.

• 室실은 宀(집 면)＋至(이를 지)의 형성자로 사람이 이르러 사는 집作于楚室,
거실由也上於堂矣 未入於室也, 거처歸于其室, 아내三十曰壯 有室, 일가不得罪於巨
室, 무덤室猶塚壙, 가재家財(施二師而分其室) 등으로 쓰인다.

12장 • 위복爲腹: 배를 위함

五色은 令人目盲하고 五音은 令人耳聾하고 五味는 令人口爽하고
오색 영인목맹   오음 영인이롱   오미 영인구상

馳騁畋獵은 令人心發狂하고 難得之貨는 令人行妨이라
치빙전렵 영인심발광   난득지화 영인행방

是以로 聖人은 爲腹不爲目하나니 故로 去彼取此니라
시이 성인 위복불위목   고 거피취차

다섯(온갖) 색깔五色은 사람人의 눈目을 멀게盲 만들고令, 다섯(온갖) 소리五音는
사람人의 귀耳를 먹게聾 만들고令, 다섯(온갖) 맛五味은 사람人의 입口을 버리게
爽 만들고,
말을 달리며馳騁 사냥하는 것畋獵은 사람人의 마음心을 미치게 하고發狂令, 얻
기 어려운難得之 재화貨는 사람人의 행실行을 그릇되게妨 만든다令.
이런 까닭是以으로 성인聖人은 배腹를 위爲하지(채우지), 눈目을 위爲하지(즐겁게 하
지) 않는다不. 그러므로故 저것彼(눈을 즐겁게 하는 것)을 버리고, 이것此을 취한다(배
를 채운다).

세상 사람들이 탐욕적으로 추구하는 온갖 좋은 것들을 나열하고, 그
것이 가져오는 폐해를 지적하여, 이런 것들은 진정한 가치 있는 것들이
될 수 없음을 말하였다.
오색五色 일반적으로 청靑·적赤·황黃·흑黑·백白으로 대표되는 정색
正色을 말하지만, 온갖 아름다움 색깔로 풀이할 수 있다. 오음五音은 궁
宮·상商·각角·치徵·우羽를 말하지만, 온갖 아름다운 소리로 풀이할
수 있다. 오미五味는 산酸·고苦·감甘·신辛·함鹹의 다섯 맛을 말하지
만, 온갖 좋은 맛으로 풀이할 수 있다.
그리고 자연적으로 타고난 본바탕을 양성하면서 탐욕을 키우지 않는

성인聖人과 그 다스림에 대해 말했다. '버려야 할 저것去彼'은 외적 대상에 대한 추구를 말하며, '취해야 할 이것取此'은 타고난 본바탕을 양성하는 것, 즉 덕을 기르는 것을 말한다.

- 五오는 二(두 이)의 위아래를 이어 교차x시켜 다섯五名, 다섯째五等, 다섯 번五敗荊人, 오방五方, 오제五帝, 오행五行의 비유로 쓰인다.

- 色색은 人(사람 인)＋卩(병부 절)의 회의자로 사람의 마음과 안색은 무릎마디卩처럼 일치한다는 데서 얼굴빛以五氣五聲五色 眠其死生, 안색顏色, 빛깔以五采彰施于五色, 색채色彩, 기색大夫占色, 색정少之時血氣未定戒之在色 등의 뜻이다.

- 令령은 亼(삼합 집)＋卩(병부 절)의 회의자로 관청에서 명령을 내리는 사람으로 하여금使, 가령假令, 이를테면, 법령法令, 벼슬, 남을 높이는 말, 영부인令夫人, 우두머리, 아름답다令愛, 좋다, 착하다, 부리다, 사령使令, 명령命令, 일을 시키다 등의 뜻이다.

- 目목은 사람의 눈을 그린 상형자로 눈(감각 기관), 시력, 안목眼目, 목록目錄, 조목條目, 세목細目, 물목物 등으로 쓰인다.

- 盲맹은 目(눈 목)＋亡(망할 망)의 회의자로 눈이 멀다盲者 目形存而無能見也, 맹인盲人, 색맹目不見靑黃 曰盲, 도리를 분별하지 못하다當今盲於心로 쓰인다.

- 音음은 言(말씀 언: 피리)과 가로획一으로 구성된 지사문자로 노래의 곡조, 목구멍 속에서 나는 소리合氣而爲音, 가락與之琴操南音, 음악音樂, 음성音聲, 음조音調, 말음辭淸暢 등으로 쓰인다.

- 耳이는 귀의 상형자로 청각을 맡음耳目者 視聽之官也, 귀에 익다六十而耳順, 이순耳順, 어조사(뿐) 등으로 쓰인다.

- 聾롱은 耳(귀 이)＋龍(용 룡)의 형성자로 귀가 먼 사람聾者無以與乎鐘鼓之聲, 농아聾兒, 어리석다聾昧로 쓰인다.

- 味미는 口(입 구)＋未(아닐 미: 미세하다)의 형성자로 입으로 느끼는 미각味覺, 맛본다三月不知肉味, 영양陽爲氣 陰爲味, 취미趣味, 뜻을 음미함味無味, 오랑캐의 음악西夷之樂曰味으로 쓰인다.

- 爽상은 大(큰 대)＋爻(효 효)의 회의자로 사람의 겨드랑이에 베옷를 그려 바람이 통하여 시원하다神氣淸爽, 상쾌爽快, 어긋나다其德不爽, 망하다五味 令人口爽, 썩다露鷄膈蟥 属而不爽些, 미혹하다昏然五情爽惑, 상하다使口爽傷로 쓰인다. **왕필**: 爽이란 어긋나 잃어버림인데, 입의 쓸모를 잃어버리니 爽이라 한다.

- 馳치는 馬(말 마)＋也(어조사 야)의 형성자로 말을 빨리 몰다弗馳弗驅, 질주하다羌戎來馳, 지나가다年與時馳, 멋대로 하다無敢馳驅로 쓰인다.

- 騁빙은 馬(말 마)＋甹(말 잴 병)의 회의자로 말을 몰다騁馳若騖, 퍼다遊目騁懷, 다하다癃癃罷所騁로 쓰인다.

- 畋전은 田(밭 전)＋攵(칠 복)의 형성자로 밭을 갈다畋爾田, 사냥하다畋于有洛之表으로 쓰인다.

- 獵렵은 犬(개 견)＋巤(목 갈기 렵)의 형성자로 사냥개로 짐승을 사냥하는 행위不狩不獵, 수렵狩獵, 잡다吏所獵也, 밟다衝獵之, 넘다不獵禾稼으로 쓰인다.

- 心심은 심장의 상형자로 오행 중 토土에 해당하는 장기心臟로 생각思이나 상상想을 관장하는 기관, 의지二人同心 其利斷金, 염통祭先心, 가슴西施病心, 한가운데月于天心處, 도의 본원復見其天地之心乎으로 쓰인다.

- 發발은 癶(등질 발)＋弓(활 궁)＋殳(창 수)의 회의자로 도망가는 사람을 향해 화살을 쏘는 모습으로 쏘다發射, 일어나다勃發, 발동發動, 드러내다, 발화發花하다, 발명發明하다, 계발啓發하다 등으로 쓰인다.

- 狂광은 犬(개 견)＋王(임금 왕)의 회의자로 본래 광견병에 걸린 개로 미치다發狂, 광견狂犬, 경솔하다狂簡, 진취적인 사람 등으로 쓰인다.

- 妨방은 女(여자 여)＋方(모 방)의 형성자로 방해하다叉牙妨食物, 손상하다敬而無妨, 장애我大覺身妨, 無妨으로 쓰인다.

- 彼피는 彳(조금 걸을 척)＋皮(가죽 피: 겉)의 회의자로 길 바깥쪽을 말하지만, 저(쪽), 그(쪽) 등으로 쓰인다.

- 此차는 止(발 지)＋匕(비수 비: 사람)의 회의자가 사람과 발을 그려 사람이 멈추어 있는 이곳(것), 지금, 이에(발어사)로 쓰인다.

13장 · 총욕寵辱: 은총과 치욕

寵辱은 若驚이요 貴大患은 若身이니 何謂寵辱若驚고
총 욕 약 경 귀 대 환 약 신 하 위 총 욕 약 경

寵爲下어늘 得之若驚하며 失之若驚하니 是謂寵辱若驚이라
총 위 하 득 지 약 경 실 지 약 경 시 위 총 욕 약 경

何謂貴大患若身고 吾所以有大患者는 爲吾有身이니
하 위 귀 대 환 약 신 오 소 이 유 대 환 자 위 오 유 신

及吾無身이면 吾有何患이리요
급 오 무 신 오 유 하 환

故로 貴以身爲天下하면 若可寄天下요
고 귀 이 신 위 천 하 약 가 기 천 하

愛以身爲天下하면 若可託天下니라
애 이 신 위 천 하 약 가 탁 천 하

총애寵를 받으나 치욕辱을 당하나 똑같이若 경이驚롭게 여겨라. 큰 걱정거리大患를 귀貴하게 여기는 것처럼若 자기 자신身을 (귀하게) 여겨라. 무엇何을 일러謂 총애寵를 받으나 굴욕辱을 당하나 똑같이若 경이驚롭게 여기라는 것인가?

총애寵는 내려지는 것이니爲下(치욕으로 전환될 수 있는 것이니), 그것을 얻어도得之 경이로운驚 듯하고若, 그것을 잃어도失之(치욕을 당해도) 경이로운驚 듯하라若. 이것是을 일러謂 총애寵를 받으나 굴욕辱을 당하나 똑같이若 경이롭게驚 여기라는 것이다.

무엇何을 일러謂 큰 걱정거리大患를 귀貴하게 여기는 것과 같이若 자기 자신身 또한 (귀하게) 여겨야 한다고 하는가? 내吾가 큰 걱정거리大患를 지니게 된有 까닭은所以者 나吾 자신이 있기有身 때문이니爲, 나吾 자신이 없음無身에 미친다면及, 나吾에게 어떤何 근심患이 있겠는가有?

그러므로故 자신을以身 천하(전체)天下만큼 귀貴하게 여긴다면爲, 그와 같다면

若 천하天下를 기탁寄 수 있고可, 자신을以身 천하(전체)天下만큼 아낀다면爲愛, 그와 같다면若 천하天下를 위탁託할 수 있다可.

먼저 "귀대환약신貴大患若身"의 의미를 풀이하였는데, "내가 큰 걱정거리를 지니게 되는 까닭은 나 자신(나라는 의식)이 있기 때문이니, 나 자신이 없다면 (혹) 나에게 어떤 근심이 있겠는가?"라고 말했다. 나의 존재가 일차적인 것이고, 나의 걱정은 나라는 존재에서 파생된 이차적인 것이기 때문에, 나 자신이 나의 걱정보다 더 귀중하다고 말했다.

그리고 자기 자신을 천하 전체만큼 귀중하게 여기는 사람에게 천하를 맡길 수 있고, 자기 자신을 천하 전체만큼 아낄 줄 아는 사람에게 천하를 맡길 수 있다고 말했다.

한자 해설

- 寵총은 宀(집 면)＋龍(용 용)의 형성자로 집 안에서 용처럼 사는 귀인을 임금이 사랑한다寵綏四方 총애寵愛, 은총恩寵, 영예其寵大矣, 총욕寵辱, 높이다寵神其祖로 쓰인다.
- 辱욕은 辰(별 신: 농기구)＋寸(마디 촌: 손)의 회의자로 밭일하는 모습으로 풀을 베다는 뜻이었는데, 일이 고되다는 뜻으로 욕되다裏者辱賜書 敎以順於接物, 욕보이다不辱其身 不羞其親, 치욕恥辱, 수치晉幽囚受辱, 인욕忍辱, 더럽히다大白若辱, 잃음寵辱若驚으로 쓰인다.
- 驚경은 馬(말 마)＋敬(공경할 경)의 형성자로 말이 놀라다馬驚車敗, 두려워하다擧坐客皆驚下, 경이감驚異感, 뜻밖의 일에 가슴이 두근거리다宮庭震驚, 경풍驚風, 경기驚氣 등으로 쓰인다.
- 身신은 사람의 몸을 그린 상형자로 신체身也者 父母之遺體也, 자신仰悲先意 府思身愆, 신분臣出身而事主, 몸소身不識也, 임신함大任有身으로 쓰인다
- 下하는 아래의 의미로 만든 지사문자로 내려가다, 새끼를 낳다. 순서상 혹은 시간상 뒤, 질이 낮다 등의 뜻이다. "총위하寵爲下"의 '하下'는 하찮은 것, (현상계의 대립자는 상호 전화轉化되는 것이라는 점에서)

내려지는 것 즉 치욕으로 전화는 것의 뜻이다.

- 患환은 串(꿸 관)＋心(마음 심)의 회의자로 꼬챙이가 심장까지 관통하는 모습을 표현하여 걱정거리, 질환疾患, 환자患者 등의 의미가 나왔다.

- 得득은 彳(조금 걸을 척)＋貝(조개 패)＋寸(마디 촌: 손)의 회의자로 조개(화폐)를 쥐고 있는 모습으로 재물을 획득獲得했다, 얻다, 취득取得, 득의得意, 증득證得, 이득利得 등으로 쓰인다.

- 失실은 手(손 수)에 옆에 획이 하나 그어져 손에서 무언가가 떨어지는 모습을 표현하여 잃다, 상실喪失, 실패失敗, 실수失手 등의 의미이다.

- 何하는 人(사람 인)＋可(가할 가)의 형성자로 괭이를 멘 사람荷을 말했지만, 어찌라는 의문사로 가차되었다.

- 吾오는 口(입 구)＋五(다섯 오)의 형성자로 1인칭의 나五＋有五와 우리吾等를 말한다.

- 及급은 人(사람 인)＋又(또 우: 손)의 회의자로 도망가는 사람의 뒤쪽을 손으로 잡아 뒤쫓아 따라가다往言不可及, 견줄만하다非爾所及也, 그곳에 해당하다及是時明其政刑, 미치게 하다老吾老 以及人之老, 및予及女偕亡, 더불어 하다周王于邁 六師及之, 급제及第로 쓰인다.

- 寄기는 宀(집 면)＋奇(기이할 기: 곡괭이 위에 사람이 올라가 있는 모습)의 형성자로 본래 얹혀있다는 뜻으로 부치다前以一匹錦相寄, 기탁寄託, 기생寄生, 기대다未知所寄, 위임하다任天下之寄로 쓰인다.

- 託탁은 言(말씀 언)＋乇(부탁할 탁)의 형성자로 청탁請託하다, 의탁依託, 빌다凡人所生者神也 所託者形也, 붙다可以託天下, 위탁하다可以託六尺之孤으로 쓰인다.

14장 • 도기 道紀: 도의 기강

視之不見을 名曰夷요 聽之不聞을 名曰希요 搏之不得을 名曰微니
시지불견 명왈이 청지불문 명왈희 박지부득 명왈미

此三者는 不可致詰이라 故로 混而爲一하니
차삼자 불가치힐 고 혼이위일

其上에 不曒하고 其下에 不昧하야 繩繩兮不可名이나 復歸於無物하니
기상 불교 기하 불매 승승혜불가명 복귀어무물

是謂無狀之狀이며 無物之狀이라 是謂恍惚이니
시위무상지상 무물지상 시위황홀

迎之에 不見其首하며 隨之에 不見其後니라
영지 불견기수 수지 불견기후

執古之道하야 以御今之有하면 能知古始니 是謂道紀니라
집고지도 이어금지유 능지고시 시위도기

보아도視之 알아볼 수 없으니不見 이름名하여 '이夷'(색깔 없음)라 하고, 들어도聽之 알아들을 수 없으니不聞 이름名하여 '희希'(소리 없음)라 하고, 잡아도搏之 잡히지 않으니不得 이름名하여 '미微'(모양 없음)라 한다. 이此 셋은三者 나누어서 캐물을致詰 수 없으니不可, 그러므로故 혼융하되混而 하나가 된다爲一.

그其 위上는 밝지 않고不曒, 그其 아래下는 어둡지 않으며不昧, 이어지고 이어져서繩繩兮 (무엇이라고) 명명할 수 없으나不可名, 어떠한 물상도 없는 것於無物에로 되돌아가니復歸, 이를 일컬어謂 모양 없는 모양이며無狀之狀, 어떠한 것도 없는 형상無物之狀이라 하고, 이를是 일컬어謂 황恍홀惚하다고 한다.

그것을 맞이해도迎之 그其 머리首를 알아볼 수 없고不見, 그것을 뒤따라도隨之 그其 꼬리後를 알아볼 수 없다不見.

옛날의 도古之道를 지니면서執以 오늘의 온갖 일今之有을 제어御하면 능能히 태고의 시작古始을 알 수 있으니知, 이를是 일컬어謂 도의 벼리道紀(도의 실마리를 이음)라고 말한다.

형상이 없는 도의 체와 그 작용의 오묘함을 말하고, 이를 체득한 성인
聖人의 사명에 대해 말하였다.

형상을 지닌 만물과 차원을 달리하는 도는 형상이 없기 때문에, 눈으
로 보거나 · 귀로 듣거나 · 손으로 잡을 수 없다. 도는 인간의 감각으로
지각할 수 없기 때문에, 분별적 사고로 식별하거나 서술할 수 없다.

도는 감각과 분별적 사고로 분석할 수 없으나混, 만물이 존재하는 어
디에나 편재遍在한다爲─. 도는 언제 어디서나 끊임없이 만물을 화생하지
만, 어떠한 형상도 없기 때문에, 무엇이라고 명명할 수 없다. 도는 어떠
한 물의 형상物象도 지니지 않지만, 만물의 근원 혹은 근거이다.

성인이란 옛 도를 체득하여 지금의 만사만물을 통어함으로써, 능히
옛 시작을 알게 해 주는 존재이다.

한자 해설

- 視시는 見(볼 견)＋示(보일 시)의 형성자로 똑똑히 보다次三事曰視, 시각視覺,
  뵈다般覿曰視, 본받다視乃厥祖, 견주다受地視侯, 보이다視民不恌로 쓰인다.
- 見견은 目(눈 목)＋儿(어진사람 인)의 회의자로 사람이 눈으로 보다行其庭 不
  見其人, 견분見分, 보이다心不在焉 視而不見, 마음에 터득하다讀書百遍 而義自
  見, 소견敢陳愚見, 출사天下有道則見, 만나다某也願見로 쓰인다.
- 曰왈은 口(입 구)＋一(한 일)의 회의자로 말이 나오는 것을 나타내어 가로
  되子曰, 말하다不曰如之何如之何者, 일컫다宅嵎夷曰暘谷, 號曰百萬, ～라 하다曰
  可曰否, 曰兄曰弟, 이에曰孃于京로 쓰인다.
- 夷이는 大(큰 대)＋弓(활 궁)으로 큰 활을 지닌 동쪽 이민족으로("夷平也. 从
  大从弓, 東方之人也."), 평평하다大道甚夷, 깎다(평평하게 닦다), 오만하다不由禮則
  夷固僻違, 걸터앉다夷俟, 크다降福孔夷로 쓰인다. **하상공**: 색깔 없음을 夷라
  한다.
- 聽청은 耳(귀 이)＋悳(덕 덕)＋呈(드릴 정→청)의 형성자로 귀를 기울여 자세
  히 듣다聽其言而信其行, 청각聽覺, 말을 들어서 단정하다聽訟吾猶人也, 들어
  주다王勿聽其事, 사물을 보고 듣는 기관且仁人之用十里之國 則將有百里之聽 등

으로 쓰인다.

- 聞문은 耳(귀 이)＋門(문 문)의 회의자로 귀로 소리를 알아듣다聽而不聞, 견문각지見聞覺知, 들어서 알다我未聞者, 소문百聞不如一見, 들리다鷄犬之聲相聞 등으로 쓰인다

- 希희는 巾(수건 건)＋爻(효 효)의 회의자로 천巾에 새긴 자수爻를 말하는데, 가격이 비쌌기 때문에 가지고 싶은 마음으로 바라다, 희망希望하다, 드물다, 성기다, 적다, 칡베(치)로 쓰인다. **하상공: 소리 없음을 希라 한다.**

- 搏박은 手(손 수)＋尃(펼 부)의 형성자로 손을 펴서 잡다搏謀賊, 취하다鑠金百鎰 盜跖不搏, 치다虜侮搏搏로 쓰인다.

- 微미는 彳(조금 걸을 척)＋敚(작을 미)의 형성자로 몰래 간다는 뜻으로 은미隱微, 작다具體而微, 적다雖有危邪而不治者則微矣, 은밀히昔仲尼沒而微言絶, 어둡다彼月而微此日而微, 소수점 이하 6째 자리, ～이 아니다微我無酒, 만약 ～이 없으면微管仲 吾其被髮左衽矣 등으로 쓰인다. **하상공: 모양 없음을 微라 한다.**

- 致치는 攵(칠 복)＋至(이를 지)의 형성자로 이르게 하다一日 致夢, 일치一致, 지극히 하다致知在格物, 人未有自致者也 必也親喪乎, 치지致知, 정성스럽게 하다其致之一也, 나아가다故致數車無車로 쓰인다.

- 詰힐은 言(말씀 언)＋吉(길상 길)의 형성자로 말로 따져 물음, 힐난詰難, 조사하여 바로잡다以詰邦國, 채우다其克詰爾戎兵로 쓰인다.

- 故고는 攵(칠 복)＋古(옛 고)의 형성자로 옛날 관습에 따라 일을 하도록攵 하는 것으로 연고緣故, 까닭, 옛날, 고국故國, 훈고 등의 뜻이다.

- 混혼은 水(물 수)＋昆(형 곤)의 형성자로 물에 뒤섞여 흐린 모양(『설문』)으로 섞임人之生也 善惡混, 혼성混成, 혼합混合, 흐리다玄混之中, 합치다, 많이 흐르는 모양原泉混混으로 쓰인다.

- 曒교는 日(날 일)＋敫(밝힐 교: 白＋放: 밝은 빛이 멀리 내놓는다)의 형성자로 밝다, 흰 돌이나 옥을 말한다.

- 昧매는 日(날 일)＋未(아닐 미→매)의 회의자로 해가 아직 뜨지 않은 동틀 무렵士曰昧旦, 어둡다路幽昧以險隘, 우매愚昧, 북두 칠성에서 맨 끝 별日中見

昧으로 쓰인다.

- 繩승은 糸(가는 실 사)+蠅(맹꽁이 맹: 달라붙다)'의 형성자로 실로 만든 노끈, 줄繩墨, 먹줄을 말한다. 승승繩繩은 대가 끊어지지 않고 이어짐을 말한다.

- 復복(부)은 彳(걸을 척)+夏(돌아올 복)의 회의자로 풀무를 발夊로 밟는 것에서 반복, 다시, 회복回復, 다시, 부활復活의 뜻이 나왔다. 돌아가다克己復禮爲仁, 둘레를 돌아서 오다反素復始, 보복하다我必復楚國, 되풀이하다南容三復白圭, 실천하다言可復也, 머무르다轉而不復, 사뢰다有復於王者, 대답하다王辭而不能復, 결과를 보고하다賓退 必復命日 賓不顧矣, 복괘(진하곤상震下坤上), 다시其時有復發者, 거듭하다無復怒 등으로 쓰인다.

- 歸귀는 사(師의 옛 글자)+止(머무를 지)+婦(며느리 부의 생략형)의 형성자로 시집갔던 딸婦이 친정집으로 돌아가다薄言還歸, 돌려보내다久暇而不歸, 시집가다之子于歸, 의지하여 따르다民歸之 由水之就下, 결과天下同歸而殊途, 자수하다, 몸을 의탁할 곳則仁人以爲己歸矣으로 쓰인다.

- 狀상은 犬(개 견)+爿(나뭇조각 상)의 형성자로 개의 형상에서 인신하여 상황狀況, 용모王后悅其狀, 정상狀若捷武, 본뜨다狀乎無形影 然而成文로 쓰인다.

- 恍황은 心(마음 심)+光(빛 광→황)의 형성자로 황홀恍惚하다, 미묘하여 알기 어려운 모양, 어슴푸레하다一旦恍然 似有以得其要領者으로 쓰인다.

- 惚홀은 心(마음 심)+忽(소홀할 홀)의 형성자로 황홀하다瑛失志慌惚, 怳惚, 흐릿하고 미묘하다로 쓰인다. 홀황惚恍이란 분별적으로 무엇이라고 말할 수 없지만, 그로부터 만물이 유출되는 근원적 사태를 마지못해 표현한 것이다. 21장의 "도라는 것은 오직 황홀할 따름이어라道之爲物 惟恍惟惚. 홀하고 황하도다. 그 가운데 형상이 있도다惚兮恍兮 其中有象."라는 표현과 연결된다.

- 迎영은 辶(쉬엄쉬엄 갈 척)+卬(나 앙)의 형성자로 나아가 맞다以迎歲于東郊, 환영歡迎, 헤아리다迎日推策, 마중하다親迎于渭로 쓰인다.

- 首수는 얼굴·머리·목과 같이 사람의 머리 앞모양으로 우두머리首領, 처음의 뜻으로도 쓰인다.

- 隨수는 辶(쉬엄쉬엄 갈 착)＋隋(수나라 수)의 형성자로 누군가를 <u>따르거나 추종</u>한다, 수반隨伴, 수행隨行하다는 뜻이다.
- 執집은 幸(다행 행)＋丸(알 환)의 형성자로 본래 죄수의 손에 수갑을 채운 모습으로 <u>잡다</u>執天下之器, 집중執中, 다스림執獄牢者, <u>처리하다</u>執行로 쓰인다.
- 古고는 十(열 십)＋口(입 구)의 회의자로 시간상 여러＋ 대에 걸쳐 입口으로 전해온다는 뜻으로 <u>옛날</u>, 오랜 이야기, 고전古典, 고대古代 등으로 쓰인다.
- 御어는 彳(조금 걸을 척)＋卸(멍에를 풀 사)의 회의자로 말을 몰다使造父御, 어거하는 사람徒御不驚, <u>다스리다</u>以御于家邦, 등용하다時擧而代御, 드리다飮御諸友, 모시다御其母以從, <u>주관함</u>長曰能御矣 幼曰未能御矣, 막다季孫不御 등의 의미이다.
- 今금은 口(입 구)자를 거꾸로 뒤집어 그린 것으로 머금다숨는 뜻이었지만, <u>이제</u>今也不然, <u>오늘날</u>, 금일今日, 작금昨今, 곧吾屬今爲之虜矣, 이에今有殺人者로 쓰인다.
- 紀기는 糸(가는 실 사)＋己(몸 기)의 형성자로 굵은 실로 기강亂其紀綱, 기념紀念, 인륜無亂人之紀, <u>실마리</u>를 잡다, 다스리다綱紀四方, 근본有紀有堂, 해五紀 一曰歲 二曰月 三曰日 四曰星辰 五曰曆數, 본기本紀로 쓰인다.

15장 · 불영 不盈 : 채우지 않음

古之善爲士者는 微妙玄通하야 深不可識이라
고 지 선 위 사 자   미 묘 현 통   심 불 가 식

夫唯不可識일새 故强爲之容이니
부 유 불 가 식   고 강 위 지 용

豫焉若冬涉川하며 猶兮若畏四隣하며 儼兮其若容(客)하며
예 언 약 동 섭 천   유 혜 약 외 사 린   엄 혜 기 약 용 (객)

渙兮若氷之將釋하며 敦兮其若樸하며 曠兮其若谷하며
환 혜 약 빙 지 장 석   돈 혜 기 약 박   광 혜 기 약 곡

混兮其若濁이니라
혼 혜 기 약 탁

孰能濁以靜之徐淸이며 孰能安以久動之徐生고
숙 능 탁 이 정 지 서 청   숙 능 안 이 구 동 지 서 생

保此道者는 不欲盈하나니 夫唯不盈이라 故로 能蔽不新成이니라
보 차 도 자   불 욕 영   부 유 불 영   고   능 폐 불 신 성

옛날의古之 훌륭한善 선비는爲士者 미묘微妙하고 그윽하게 통달玄通하여 깊이深를 알 수 없었다不可識.

대저夫 오직唯 (깊이를) 알 수 없기不可識에, 그러므로故 억지로强 형언해 본다爲之容:

머뭇거리는구나豫焉, 마치若 겨울冬에 시내川를 건너듯이涉! 주저하는구나猶兮, 마치若 사방의 적四隣들을 두려워하듯이畏! 근엄하구나儼兮, 마치若 그其 손님처럼容(=客)! 풀어지는도다渙兮, 마치若 얼음이氷之 장차將 녹듯이釋! 도탑구나敦兮, 마치若 그其 (질박한) 통나무처럼樸! 텅 비어있구나曠兮, 마치若 그其 (빈) 계곡谷처럼! 흐릿하구나混兮, 마치若 그其 흙탕물처럼濁!

누가孰 능히能 흙탕물濁을 고요하게 만들어(안정시켜)以靜之 서서히徐 맑게淸 할 것인가? 누가孰 능히能 오랫동안久 편안安(安分自足)하다가以 움직여서動之 서

서히徐 살릴 것인가生?

이此 도道를 보존한 자保者는 채우려고盈 욕망하지 않는다不欲. 대저夫 오직唯 채우지 않는不盈 까닭故에 능히能 낡아藏 있으면서 새로新 이루지도 않는다不成.

보아도 알아볼 수 없고 · 들어도 알아들을 수 없고 · 잡아도 잡히지 않는 은미隱微한 도를 묘찰妙察 · 현달玄達 · 현통玄通한 도사道士는 오직 도를 따르기 때문에(21장) 일상인의 식견으로는 그 깊이를 헤아릴 수 없고, 형언할 수도 없지만 구태여 억지로 형언했다.

그리고 도를 체득한 선비의 공효를 역설적으로 표현했다. 혼탁하며 출렁거리는 물은 고요히靜 두면, 모래와 흙이 자연히 가라앉아 서서히 맑고 깨끗해진다. 혼탁한 물은 세속을, 출렁거림은 인위적인 조작(유위)을, 고요함은 도의 무위작용을, 그리고 맑고 깨끗해짐은 도의 작용으로 말미암아 정화된 노자의 이상향을 말한다. 도에 편안해 하면서 고요하다가, 도의 작용으로 움직임으로써 죽음에 빠져 있는 세상을 서서히 소생시킨다는 뜻이다.

한자 해설

- 士사는 허리춤에 차고 다니던 고대 무기의 상형자로 본래 무관武士을 뜻했지만, 선비(학식이 있으나 벼슬하지 않은 사람士民其擦, 지식인의 통칭智能之士), 사농공상士農工商, 남자(성인남자, 남자의 미칭), 벼슬이름(제후가 두었던 대부 다음의 자리: 諸侯之上大夫卿 下大夫 上士 中士 下士 凡吾等) 등으로 쓰인다.
- 通통은 辶(쉬엄쉬엄 갈 착)＋甬(길 용: 고리가 있는 종)의 회의자로 텅 빈 종처럼 길이 뻥 뚫려있다는 의미로 꿰뚫다貫通, 통관通貫, 두루 미치다孔墨博通, 달통達通, 유통流通, 원활함血脈欲其通也, 통달함此不通乎兵者之論, 통용通用, 두루 앎聖人以通天下之志, 白虎通, 通論, 수미가 완결한 편장宜寫一通, 書信一通, 악기 한 조每通皆施三絃로 쓰인다.
- 深심은 水(물 수)＋罙(점점 미: 동굴 속으로 햇불을 들고 가는 모습)의 회의자로 물이 깊다, 심천深川, 심심深心, 심오深奧한 이치 등으로 쓰인다.

- 識식(지)은 言(말씀 언)+戠(찰흙 시)의 회의자로 말글과 소리흠를 통해서도 식별한다君子是識, 깨달아 알다不識不知, 지식鄙夫寡識, 기록함(지)以計識其人 衆畜牧로 쓰인다.
- 強강은 弓(활 궁)+口(입 구)+虫(벌레 충)의 회의자로 강한 생명력의 쌀벌레로 튼튼하다乞身當及強健時, 부국강병富國強兵, 굳센 것抑強扶弱, 마흔 살四十曰強而仕, 힘쓰다凱以強教之, 억지로強飮強食, 강제強制, 강압強壓로 쓰인다.
- 容용은 宀(집 면)+谷(골 곡)의 형성자로 본래 '內(안 내)'에 항아리가 하나 그려있어, 사람의 얼굴과 비슷하여 얼굴孔德之容, 꾸미다居則設張容, 받아들이다容其請託, 寬容, 용납容納, 용기容器, 용량容量, 조용하다從容, 형용形容하다 등으로 쓰인다.
- 豫예는 予(나 여)+象(코끼리 상)의 형성자로 코끼리가 미적거리다臺心而不豫今, 꺼리다行婬直而不豫今, 유예猶豫, 사전에 대비함凡事豫則立 不豫則廢, 예비豫備, 괘이름(坤下震上:인심이 화락한 상), 땅 이름荊河惟豫州로 쓰인다.
- 冬동은 새끼줄 양 끝에 매듭을 묶어 마무리했다는 의미에서 겨울호冬, 冬至, 월동漢馬不能冬으로 쓰인다.
- 涉섭은 水(물 수)+步(걸을 보)의 회의자로 냇물을 건너다涉河, 渡涉, 물 위를 가다大夫跋涉, 간섭干涉 등으로 쓰인다.
- 川천은 시냇물이 흘러가는 모양의 상형자로 물 흐름의 총칭兩山之間 必有川焉, 내의 신山川其舍諸, 산천山川으로 쓰인다.
- 猶유는 犬(개 견)+酋(묵은 술 추→유)의 형성자로 원숭이가 의심이 많아 두려워하는 것을 반영하여 의심하다猶豫, 오히려天作孼 猶可違, 마찬가지임過猶不及 등으로 쓰인다.
- 畏외는 가면을 쓴 귀신의 형상으로 겁을 내다永畏惟罰, 꺼리다魚不畏網, 경외畏天命, 심복하다畏而愛之, 삼가고 조심하다子畏於匡, 두려움君子有三畏, 외람조문하지 않는 죽음死而不弔者三 畏厭溺 등으로 쓰인다.
- 四사는 막대기 4개三를 그린 지사문자이지만, 三(석 삼)과 혼동되어 '숨쉬다'라는 뜻으로 쓰였던 四(→呬: 쉴 희)를 가차하여 넷으로 썼다.
- 隣린은 阜(언덕 부)+舛(도깨비불 린: 발이 엇갈린 모습)의 회의자로 왕래가 잦은

이웃洽比其隣, 이웃 나라睦乃四隣, 선린善隣 등으로 쓰인다. 사린四隣이란 사방의 이웃을 말하지만, 사방을 둘러싸고 있는 적을 말한다.

- 儼엄은 人(사람 인)＋嚴(엄할 엄)의 형성자로 준엄한 사람을 말해 의젓하다碩大且儼, 儼然, 儼恪, 삼가고 정중함儼若思을 말한다.

- 渙환은 水(물 수)＋奐(빛날 환)의 형성자로 물이 출렁이다溱與洧 方渙渙兮, 흩어지다繼猶判渙, 환괘(坎下巽上: 물건이 흩어지는 상), 찬란하다渙爛兮其溢目也로 쓰인다. 의심스럽던 것이 얼음 녹듯이 풀려 없어지는 것을 '환연빙석渙然氷釋'이라 한다.

- 氷빙은 물이 응결한 것을 나타내는 상형(회의)자로 얼음水凝爲氷, 빙하氷河, 얼음처럼 풀리기 쉬운 모양氷姿, 氷解, 얼다孟冬之月…水始氷로 쓰인다.

- 將장은 月(육달 월)＋寸(마디 촌)＋爿(나무 조각 장: 몸을 의지하는 침대寢牀)의 형성자로 어린아이 혹은 노인의 팔꿈치를 이끄는 것으로 인솔자斬將刈旗, 거느리다將軍擊趙, 장차 ~하려고 한다天將以夫子爲木鐸 등으로 쓰인다.

- 釋석은 采(분별할 변)＋睪(엿볼 역→석: 죄수를 감시하는 모습)의 회의자로 감시하거나 선별하여 풀다, 풀어내다, 해석解釋, 처리함太子不肯自釋, 그만두다釋玆在玆, 설명하다右傳之首章 釋明明德, 녹아 없어지다渙兮若氷之將釋, 쏘다若虞機張 往省括于度則釋로 쓰인다.

- 敦돈은 享(누릴 향)＋攴(칠 복)의 형성자로 도탑다敦善行而不怠, 돈독敦篤, 진을 치다鋪敦淮濆, 감독하다使虞敦匠事로 쓰인다.

- 樸박은 木(나무 목)＋業(번거로울 복→박)의 형성자로 통나무兌樸楠不斲, 본래의若馭樸馬, 다듬다旣勤樸斲, 순박함民敦而俗樸, 질박하다素車之乘 尊其樸也로 쓰인다. 樸은 아직 그릇으로 나누어지기 이전의 질박한 상태로 만물을 낳는 도를 상징한다.(28장 樸散則爲器, 32장 道常無名樸雖小, 37장 無名之樸 참조).

- 曠광은 日(날 일)＋廣(넓을 광)의 형성자로 넓게 해가 비쳐 환함曠若發曚, 들판晉師曠 字子野, 비다率彼曠野, 비우다曠安宅而不居로 쓰인다. 曠은 드넓게 텅 빈 모양이며, 곡谷은 그 자체 비어 있으나, 물이 거기로 모였다고 유출되는 곳을 말한다(6장 谷神不死 참조)

- 濁탁은 水(물 수)＋蜀(나라 이름 촉)의 형성자로 강 이름濁水으로 흐리다律長

則聲濁, 청탁淸濁, 탁류濁流, 흐림水者受垢濁, 분명하지 않다渾今其若濁로 쓰인다.

- 孰숙은 亯(누릴 향)＋丮(잡을 극)의 회의자로 삶은 고기熟를 뜻했지만, 이후 '무엇' 혹은 '누구'로 가차되었다.

- 靜정은 靑(푸를 청: 고요함)＋爭(다툴 쟁: 쇠뿔을 쥐고 다툼)의 회의자로 왁자지껄 했던 싸움이 끝난 이후의 소강상태로 움직이지 아니하다至靜而德方, 침착하다怒則手足不靜, 맑다靜其巾羃, 바르다靜女其妹, 따르다民乃靜, 온화하다樂由中出故靜, 꾀하다靜言庸違, 쉬다, 수련하다修練之士當須入靜 등으로 쓰인다.

- 徐서는 彳(조금 걸을 척)＋余(나 여: 막사)의 형성자로 급하지 않고 느릿하다淸流疾且徐, 서행徐行, 늦춤徐其攻而留其日, 천천히淸風徐來로 쓰인다.

- 安안은 宀(집 면)＋女(여자 녀)의 회의자로 편안하다靜而后安, 안녕安寧, 편안하게 하다在安民, 어디에沛公安在, 而今安在哉, 어찌燕雀安知鴻鵠之志哉 등으로 쓰인다.

- 生생은 초목이 흙에서 솟아나오는 것을 본뜬 상형자生進也 象草木生土로 생명生命, 생활 등으로 쓰인다.

- 蔽폐는 艸(풀 초)＋敝(해질 폐)의 형성자로 풀艸로 덮어 감추는 것雲能蔽日, 遮蔽, 속이다姦臣蔽主, 덮어 싸다功名蔽天地, 포괄하다一言以蔽之, 가리개, 어둡다聰明先而不蔽, 정하다惟先蔽志로 쓰인다. 여기서는 폐弊 혹은 폐敝(낡다, 해지다)의 의미이다.

- 新신은 斤(도끼 근)＋木(나무 목)＋辛(매울 신)의 형성자로 나무를 잘라 새로운 무엇을 만든다는 뜻이다.

- 成성은 戊(창 모)＋丁(못 정)의 회의자로 무기戊로써 성을 단단하게丁 지켜 일을 마무리 짓다, 이루다, 완성完成하다, 성취成就하다 등으로 쓰인다.

16장 · 복명復命 : 명의 회복

致虛極하며 守靜篤하야 萬物竝作에 吾以觀復이니
치 허 극   수 정 독   만 물 병 작   오 이 관 복

夫物芸芸이 各復歸其根이라
부 물 운 운   각 복 귀 기 근

歸根曰靜이요 是謂(靜曰)復命이요 復命曰常이요 知常曰明이니라
귀 근 왈 정   시 위 (정왈) 복 명   복 명 왈 상   지 상 왈 명

不知常이면 妄作凶하나니
부 지 상   망 작 흉

知常容이요 容乃公이요 公乃王이요 王乃天이요 天乃道요 道乃久라
지 상 용   용 내 공   공 내 왕   왕 내 천   천 내 도   도 내 구

沒身不殆니라
몰 신 불 태

비움虛에 이르기致를 지극極히 하고, 고요함靜을 지키기守를 독실篤하게 함에, 만물萬物이 함께竝 일어나지만作, 나吾는 (만물이 근본으로) 되돌아가는 것以復을 관조觀한다.

대저夫 만물物은 무성하게 자라나지만芸芸, 각각各 그其 뿌리根로 되돌아갈지니復歸,

뿌리로 돌아가는 것歸根을 일러曰 고요함靜이라 하고, 고요함靜, 이것是을 일러曰 명을 회복한다復命고 하고, 명을 회복하는 것復命을 일러曰 항상 됨常이라 하고, 항상 됨을 아는 것知常을 일러曰 밝음明이라고 한다.

항상 됨을 알지 못하면不知常 망령妄되게 재앙凶을 일으키나니作,

항상 됨을 알면知常 포용容하고, 포용容하면 이에乃 만물에 공평公해지고, 공평公하면 이에乃 왕王이 되고(온전穩해지고), 왕王은 (온전穩해지면) 곧乃 하늘天이며, 하늘天이 곧乃 도道이며, 도道는 곧乃 항구久하니, 몸이 다하도록沒身 위태롭지 않다不殆.

비움虛과 고요함靜으로 만물의 뿌리로 되돌아가는 입도공부의 요체와 내성외왕內聖外王의 길을 제시하였다.

노자는 무도無道 · 비도非道 · 실도失道 · 폐도廢道 등의 상황을 지적하고, 이는 인간의 물화物化에서 비롯된 자기망각 · 자연스러움의 상실로 규정했다(12장, 18장, 20장, 75장 등). 이미 자연과 자신의 근본을 망각하고 도덕 · 학문 · 지식 · 치인治人 · 명분 등을 논하는 것은 본말전도에 지나지 않는다. 따라서 인간의 자연스럽고 소박한 본성을 회복하는 길은 이런 근본없는 지식 · 명분 · 치인을 부정하는 데에서 출발하지 않을 수 없다. 이러한 부정을 통해 진정한 상도常道 · 상덕常德에 도달할 수 있다.

한자 해설

- **致**치는 至(이를 지)＋攵(칠 복)의 회의자로 이르게 하다一日 致夢, 지극히 하다致知在格物, 정성스럽게 하다其致之一也, 나아가다故致數車無車 등으로 쓰인다.

- **虛**허는 언덕升彼虛矣에 만든 동굴 집若循虛而出入으로 텅 비어 없다川竭而谷虛, 드물다不知其稼居地之虛也, 공허空虛하다執虛如執盈, 허무虛無, 허공虛空, 무념무상의 상태虛者心齋也로 쓰인다.

- **極**극은 木(나무 목)＋亟(빠를 극)의 형성자로 본래 집의 맨 위쪽 마루대로 한계貢獻無極, 다하다至盡夜長短之所極, 북극北極, 그만두다罔又極止, 모든 힘君子無所不用其極, 용마루夫妻臣妾登極, 이르다駿極于天, 중정莫匪爾極, 북극성極建中央 바로잡다王國來極 등으로 쓰인다.

- **守**수는 宀(집 면)＋寸(마디 촌: 손 혹은 법칙)의 회의자로 집을 지키다, 다스리다, 머무르다, 직무, 직책 등을 말한다.

- **靜**정은 靑(푸를 청: 고요함)＋爭(다툴 쟁: 쇠뿔을 쥐고 다툼)의 회의자로 싸움이 끝나 고요한 상태至靜而德方, 침착하다怒則手足不靜, 따르다民乃靜, 온화하다樂由中出 故靜 등으로 쓰인다.

- **篤**독은 竹(대 죽)＋馬(말 마)의 형성자로 안정적인 말발굽 소리로 마음이 굳다信道不篤, 돈독敦篤, 독실篤實, 도타이 하다天之生物 必因其材而篤焉 등으

로 쓰인다.

- 竝병은 나란히 선효 모양으로 함께 아우르다竝於鬼神, 병립竝立, 모여 들다人倫竝處, 모두以竝受此조조基, 짝하다 등으로 쓰인다.

- 作작은 人(사람 인)＋乍(잠깐 사←옷깃에 바느질하는 모습으로 짓다, 만들다)의 회의자로 옷을 만드는乍 사람人으로 창작創作, 하다自作孽不可逭, 되다翻手作雲覆手雨, 일어나다蚤作而夜思, 생겨남有聖人作, 만든 것傑作, 작황豊作, 저작田舍翁火爐頭之作, 만들다不禁火 民夜作, 원망하다侯作侯祝 등으로 쓰인다.

- 復복(부)은 彳(조금 걸을 척)＋复(되돌아갈 복)의 회의자로 되돌아오다克己復禮爲仁, 회복하다興復漢室, 보복하다我必復楚國, 되풀이하다南容三復白圭, 실천하다言可復也, 말씀드림有復於王者, 복명함賓退 必復命曰 賓不顧矣, 흙을 쌓아 지은 집陶復陶穴, 복괘(震下坤上), 다시復引兵而東 등으로 쓰인다. 復은 천지만물의 생성적 동기, 즉 1장에서 말한 도의 오묘함觀其妙으로 돌아감을 말한다. 『주역』「복괘復卦」단전彖傳에서 "복復에서 우리는 (만물을 생성하는) 천지의 마음을 볼 것이다復其見天地之心乎."고 말한 것은 바로 이 뜻이다.

- 芸운은 艸(풀 초)＋云(이를 운)의 형성자로 향초芸始生, 채소 이름菜之美者 陽華之芸, 성하고 많은 모양夫物芸芸 各復歸其根, 김매다植其杖而芸로 쓰인다.

- 各각은 口(입 구)＋夂(뒤쳐져 올 치)의 회의자로 따로 도착하다는 뜻에서 각각人各有能 有不能, 각자各自, 각론各論, 여러各樣各色 등으로 쓰인다.

- 根근은 木(나무 목)＋艮(끝날 간)의 회의자로 초목의 뿌리其民食草根木實, 근본根本, 근원根源, 사물의 본원止水不波 浮雲無根 獨孤及, 기인하다仁義禮智根於心, 근절根絶로 쓰인다.

- 命명은 口(입 구)＋令(우두머리 령)의 형성자로 우두머리令의 입口에서 나오는 명령后以施命誥四方, 하늘의 명령으로 목숨不幸短命, 명하다乃命羲和, 운명各定性命, 도리維天之命, 이름을 짓다因命曰膏山, 임명하다官之命, 서명誓命(爲命) 등으로 쓰인다.

- 常상은 尙(오히려 상)＋巾(수건 건)의 형성자로 본래 치마裳를 말했지만 뜻했던 인신하여 늘常用語, 변하지 않다魯邦是常, 언제나君子以常德行, 불변의

84

도五常, 보통凡常, 명수及其常者, 기紀于太常로 쓰인다. 常이란 만물을 화생化生하는 변화와 함께 불변하는 단순성(撲, 素) 즉 본래자기·자유·자연을 말하는데, 이는 곧 본바탕 그대로를 보고 통나무를 껴안은 상태見素包樸(19장), 즉 도를 체득한 상태를 말한다.

- 明명은 日(날 일)+月(달 월)의 회의자로 밝다月明星稀, 명백明白, 사리에 밝다辨之不明不措也, 깨닫게 함在明明德, 나타나다以通神明之德, 발명發明, 결백齋明盛服, 질서가 서다天地乃明, 낮以別幽明 등으로 쓰인다.

- 妄망은 女(여자 여)+亡(망할 망)의 형성자로 망령되어 법도에 어긋나다法妄恣也, 망령妄靈, 망상妄想, 잊다物與无妄로 쓰인다.

- 凶흉은 凵(잎 벌릴 감: 함정)+乂(다섯 오: 엇걸려 들어감)의 회의자로 함정에 빠진 최악의 상태로서 흉하다明吉凶, 凶兆, 재앙凶災, 요사六極 一曰 凶短折, 흉년凶年, 흉악凶惡 등으로 쓰인다.

- 乃내는 말이 입에서 술술 나오는 상태의 지사문자로 그리하여兒子丹朱不肖 乃薦舜於天, 오히려大禹聖人 乃惜寸陰, 이에平明漢軍乃覺之, 이야말로是乃仁術也, 너(2인칭)乃祖乃父로 쓰인다.

- 容용은 宀(집 면)+谷(골 곡)의 형성자로 본래 항아리의 안內으로 받아들이다容其請託, 寬容, 용기容器, 용량容量, 용납容納, 관용寬容, 조용하다從容, 그리고 얼굴孔德之容 혹은 몸가짐不爲容으로 쓰인다.

- 公공은 厶(사사로울 사)+八(여덟 팔: 깨다)의 회의자로 사사로움에 벗어난 공정公正, 공평公平, 숨기지 않고 나타냄公公然, 公開, 공적公的(天下爲公), 5등작의 첫째公侯伯子男, 천자의 보필公卿大夫, 三公로 쓰인다.

- 王왕은 『설문』에서 三(석 삼: 天地人)과 丨(뚫을 곤)의 지사문자로 천지인을 관통하는丨 지배자, 왕도王道, 광정하다四國是王, 왕업을 이루다, 성盛하다 등의 뜻이다.

- 天천은 머리가 돌출된一 사람人의 형상으로 위대偉大한 사람, 그 사람이 사후 거주지인 하늘, 하늘에 거주하는 신神으로 고원高遠·광대廣大·존대尊大·존경尊敬·외경畏敬의 대상으로 하늘天地, 조화자順天者存, 운명樂天知命, 계절雨天, 천성先天的, 양飛龍在天, 자연 등으로 쓰인다.

- 道도는 辶(갈 착)＋首(머리 수)의 회의자로 <u>형이상의 본체</u>形而上者謂之道이자 만물을 운행하는 법칙이며, 인간 및 만물이 따라가야 할 길이자 인간의 당위법칙의 의미를 지닌다.
- 久구는 사람의 뒤에 붙어 잡아 끄는 모양의 지사문자로 <u>언제까지나</u>久而不絶, 장구長久, 변치 않다不息則久, 항구恒久로 쓰인다.
- 沒몰은 水(물 수)＋殳(몽둥이 수)의 회의자로 물에 빠져 잠김沈沒, 끝남竭其沒矣, 몰수沒收, <u>죽음</u>包犧氏沒 神農氏作, 없다怕沒有枝葉花實, 몰입沒入 등으로 쓰인다.
- 殆태는 歹(뼈 부서질 알: 죽음)＋台(별 태: 이르다)의 형성자로 거의 죽음에 이를 정도로 <u>위태하다</u>晉有三不殆, 거의此殆空言, 다가서다無小人殆, 처음殆及公子同歸로 쓰인다.

17장 • 지유知有 : 있다는 것만 앎

太上은 下知有之하고
태 상　하 지 유 지

其次는 親之譽之하고 其次는 畏之하며 其次는 侮之하나니
기 차　친 이 예 지　　기 차　외 지　　기 차　모 지

故로 信不足焉하니 有不信이어니와
고　신 부 족 언　　유 불 신

猶(悠)兮여 其貴言이로다.
유 (유) 혜　기 귀 언

功成事遂에 百姓皆謂我自然하니라.
공 성 사 수　　백 성 개 위 아 자 연

오랜 옛날太上의 백성들下은 군주가 있다有之는 것만을 알았고知,
그其 다음次에는 군주를 친근親之해 하고 칭예譽之했으며, 그其 다음次에는 군주를 두려워畏之했으며, 그其 다음次에는 군주를 모멸侮之했다.
그러므로故 (군주가) 신뢰성信이 부족하니不足焉 (백성들에게) 불신不信이 생겼다有.
머뭇거리는도다(오래되었구나)猶(悠)兮, 군주其가 청령言을 귀貴하여 여김이여!
공功과 일事이 완수되어도成遂 백성들百姓이 모두皆 우리我가 스스로 그와 같았다自然고 말한다謂.

　　정치의 서열을 나누고, 진정한 정치의 이상은 모든 백성이 스스로 그와 같이 되는 것自然에 있다는 것을 말했다. "태상太上...... 기차其次...... 기차其次...... 기차其次......"는 정치의 역사적 쇠락과정 및 정치의 서열 규정 등으로 볼 수 있다. 역사적 쇠락과정으로 보면, 일종의 상고 혹은 복고 지향적 정치이념이 나타나 있다고 할 수 있다. 정치의 서열로 본다면 이상적인 정치와 타락한 정치의 서열을 제시한 것이라고 하겠다.

노자가 말하는 최상의 정치太上下知有之는 '무위의 정치'이다. '백성들이 군주를 친근해 하고 칭송하는 정치'는 유교가 지향하는 덕치로, 임금이 덕치를 시행하면, 백성들이 임금의 일을 함에, 마치 아들이 아버지의 일을 하듯 달려와 귀속庶民子來하는 상태를 말한다. '백성들이 군주를 두려워하는 정치'는 진시황秦始皇처럼 가혹한 법치를 말하며, 가혹한 법에 의한 정치를 펼치면 백성들이 전전긍긍하는 두려워한다. '백성들이 군주를 모멸하는 정치'는 하夏나라의 마지막 임금인 걸傑과 상商나라의 마지막 임금 주紂 등의 정치를 말한다. 백성들은 이들 군주의 가렴과 포학을 견디지 못해 봉기하여, 마침내 왕을 권좌에서 내쫓는다.

노자는 백성을 유가처럼 단순한 피지배자가 아니라, 자율적 주체로 보았다. 유가는 군자를 바람으로 백성(소인)은 풀로 보아, 풀이 바람에 의해 좌우되듯이 백성은 군주에 종속되는 것으로 보았다. 이와 달리 노자는 백성을 단순히 피동적으로 종속되는 존재가 아니라, 성인聖人의 교화를 받되 궁극적으로는 스스로 도를 체득하여 자율적으로 실천하는 주체로 보았다. 따라서 노자가 지향하는 정치적 이상향은 "상족常足하는 자율적 주체들의 공동체"라고 할 수 있다.

한자 해설

- 太태는 大(큰 대)에 점을 찍어 더 크다太, 泰는 것을 나타내는 지사문자로 심하다早旣太甚, 통하다命險太其靡常, 태초太初者 氣之始也, 태고太古로 쓰인다. 태상太上은 아주 오랜 옛날, 최상의 군주로 볼 수 있다.
- 次차는 二(두 이)＋欠(하품 흠)의 형성자로 두 번째로 버금, 차순위次順位, 부차副次, 차례次序, 직위, ~ 번, 대열, 배열 등의 뜻이다.
- 親친은 立(설 립)＋木(나무 목)＋見(볼 견)의 회의자로 아주 가까운 사람燈火稍可親, 사랑하다人之親其兄之子, 친애親愛, 가깝다本乎天者親上 本乎地者親下, 친목하다交親而不比, 친히, 손수世子親齊玄而養, 자애慈保庶民親也, 어버이始聞親喪 등으로 쓰인다.
- 譽예는 與(줄 여)＋言(말씀 언)의 회의자로 기리는 말, 찬양하는 말好而譽人

者 亦好背而毁之, 명예名譽, 바로잡다君子不以口譽人 則民作忠, 명성譽望所歸 등으로 쓰인다.

- 畏외는 가면을 쓴 귀신의 형상으로 겁을 내다永畏惟罰, 꺼리다魚不畏網, 경외畏天命, 심복하다畏而愛之, 삼가고 조심하다子畏於匡, 두려움君子有三畏 등으로 쓰인다.

- 侮모는 人(사람 인)＋每(매양 매→모)의 형성자로 업신여기다今商王受 狎侮五常, 侮辱, 모멸侮蔑, 참고 견디다 등으로 쓰인다.

- 信신은 人(사람 인)＋言(말씀 언)의 회의자로 사람의 본심에서 나온 말은 거짓이 없기誠實無欺에 믿을 수 있다盡信書 則不如無書, 신뢰信賴, 미쁘다信實, 부신符信, 소식以爲登科之信, 진실로, 징험하다其中有信, 오음의 궁宮, 오행의 토土, 펴다往者屈也 來者信也로 쓰인다.

- 悠유는 攸(바 유←逌: 아득하다)＋心(마음 심)의 형성자로 아득하다於乎悠哉, 유원悠遠, 유구悠久, 시간상 멀리悠久無疆, 생각하다悠哉悠哉로 쓰인다.

- 貴귀는 臼(절구 구)＋土(흙 토)＋貝(조개 패)의 회의자로 양손으로 흙을 감싸고 있는 모습으로 귀중하게 여기다賤貨而貴德, 귀중貴重, 신분이 높다不挾貴, 값이 비싸다糴甚貴傷民, 중요하다禮之用 和爲貴로 쓰인다.

- 言언은 입에서 나온 말이 펴져나가는 것을 형상화한 것으로 말씀言心聲也, 언사言詞, 언론言論, 가르치는 말受言藏之, 맹세하는 말士載言, 말하다言而不語, 타이르다然後言其喪耆 등으로 쓰인다. 언言이란 군주가 정치적으로 내리는 법제와 금령을 말한다.

- 自자는 코의 상형자로 스스로 친히, 몸소 자기天行健 君子以自彊不息, 저절로自然而已, 쓰다自仁率親, 출처知風之自, 비롯하다晨門曰 奚自, ～으로부터有朋自遠方來, ～이 아닌 한自非聖人 外寧必有內憂으로 쓰인다.

- 然연은 犬(개 견)＋肉(고기 육)＋火(불 화)의 회의자로 개고기를 불에 구워 먹는 것은 '당연하다'는 뜻이었지만, 후에 그러하다, 자연自然, 틀림이 없다, 명백하다, 듯하다, 허락하다, 동의하다, 그리하여, 연후에 등으로 쓰인다.

18장 • 사유四有 : 네 가지가 있게 됨

大道廢하니 有仁義하고 慧智出하니 有大僞니라
대 도 폐   유 인 의   혜 지 출   유 대 위

六親이 不和하니 有孝慈하고 國家昏亂하니 有忠臣이라.
육 친 불 화   유 효 자   국 가 혼 란   유 충 신

큰 도大道가 폐廢해지자 인의仁義가 있게 되었고有,

지혜慧智가 나오자出 큰 거짓大僞이 있게 되었고有,

육친六親이 화목하지 못하니不和 효자孝慈라는 덕목이 있게 되었으며有,

국가國家가 혼란昏亂하니, 충신忠臣이 있게 되었다有.

   이 장은 죽간본의 발견으로 해석상의 논란이 많은 구절이다. 노자를
유교에 반대하는 사상으로 읽는 사람들은 죽간본에 나오는 안安(안案·언
焉)을 '이에'라고 읽는다. 그에 비해 본래의 노자는 반유교적이지 않았다
고 주장하는 학자들은 안安(안案·언焉)을 '어찌'로 해석하여, 반어적인 표
현으로 본다. 다음을 살펴보자.

   그러므로 큰 도가 폐해지니, 어찌 인의가 있겠는가(이에 인의가 요구되었고),
   육친이 화합하지 못하니 어찌 효자와 자애로운 부모가 있겠는가(이에 효자
   와 자애로운 부모가 요구되었고), 나라가 혼란한데 어찌 올바른 신하가 있겠는
   가?(이에 바른 신하가 필요하게 되었다)故大道廢 安有仁義 六親不和 安有孝慈 邦家昏亂
   安有正臣(죽간본)

한자 해설

• 大대는 양팔을 벌린 사람의 상형자로 <u>크다</u>四大, 위대偉大, <u>훌륭하다</u>子曰
  大哉問는 뜻이다. '크다大'는 말은 높아서 그 보다 위가 없고, 총망라해

서 그 밖이 없어 포용하지 않음이 없음을 말한다字之曰道 强爲之名曰大(25장
참조).

- 道도는 辶(갈 착)＋首(머리 수)의 회의자로 향하여 가는 길(방법)이자 목적
  으로 도로道聽而塗說, 도리道也者 不可須臾離也, 우주의 본체道者 萬物之始, 작
  용一陰一陽之謂道, 방법吾未知吾道, 주의吾道非耶 吾何爲於此, 예악道謂禮樂, 인의
  君子樂得其道, 정령顧瞻周道, 교설設何道行而可 등으로 쓰인다.
- 仁인은 친애親愛한다는 뜻으로 두 사람(人＋二)에서 유래한 회의자로 유교
  를 대표하는 인간의 보편적 덕으로 모든 덕목들의 기초이자 완성이다.
- 義의는 『설문』에서 '자기의 위엄威嚴 있는 거동으로 아我와 羊(善, 美)을
  따른다고 했는데, 곧 인간 자신의 선하고 착한 본성에서 나온 위엄 있
  는 행동거지威儀로서 알맞다, 적당하다, 옳다, 마땅하다의 뜻이다.
- 慧혜는 彗(비 혜: 혜성)＋心(마음 심)의 회의자로 생각이 혜성처럼 번뜩이
  는 슬기聰慧質仁, 지혜智慧, 교활하다便辟佞慧는 뜻이다. 여기서 혜慧는 사
  사로운 지혜私慧로서 이익과 욕심을 셈하고 따지는 사사로운 마음에서
  나온 것이다.
- 智지는 知(알 지)＋曰(가로 왈)의 회의자로 아는 것이 많아 말함에 거침이
  없다 혹은 사리를 밝게曰 안다는 뜻으로 지혜是非之心 智之端也, 지력智力,
  모략吾寧鬪智, 지혜로운 사람師賢而友智을 뜻한다.
- 僞위는 人(사람 인)＋爲(할 위)의 회의자로 사람의 작위人之性惡 其善者僞也,
  인위적으로 본 모습을 고치거나 꾸미는 거짓國中無僞, 詐僞, 위작僞作, 허
  위虛僞 등으로 쓰인다.
- 和는 禾(벼 화)＋口(입 구)의 형성자로 원래는 龠(피리 약)자가 들어간 龢(화
  할 화)자로 피리 소리가 고르게 퍼져나간다는 의미에서 조화和 不堅不柔
  也, 화목하다地利不如人和, 온화하다君子和而不同, 도에 맞는 것和也者 天下之
  達道也 등으로 쓰인다.
- 孝효는 老(늙을 노)＋子(아들 자)의 회의자로 자식이 늙은이(어버이)를 받든
  다孝者 畜也, 효도孝道로 쓰인다.
- 慈자는 心(마음 심)＋茲(이 자: 풀이 무성하다)의 회의자로 무성한 마음으로

포용하며 베푸는 사랑慈愛, 慈悲, 부모의 사랑爲人父 止於慈, 자애하다慈保
庶民, 어머니慈堂, 嚴父慈母로 쓰인다.

- 國국은 囗(에워쌀 위)＋或(혹시 혹: 창戈을 지킴)의 형성자로서 국경을 무력으
로 지키는 나라分國爲九州, 국가國家로 쓰인다.

- 家가는 宀(집 면)＋豕(돼지 시)의 회의자로 돼지가 새끼를 많이 낳듯 번성
하는 가문克定厥家, 친족宜其室家, 가족上地家七人, 학파罷黜百家, 전문가上嘗
使諸數家射覆 등을 나타낸다. 家는 부모와 자식으로 구성된 소규모 친족
집단이라는 의미뿐만 아니라, 채지采地나 식읍食邑 등 일정한 규모의
정치체제라는 의미를 동시에 지니고 있다.

- 昏혼은 氏(성씨 씨)＋日(날 일)의 회의자로 해가 발아래 서쪽으로 넘어간
해질 무렵昏暮叩人之門戶, 어둡다時旣昏, 사리에 어둡다我獨若昏, 어지러워
짐昏棄厥肆祀, 혼군昏君, 장가 들다宴爾新昏로 쓰인다.

- 忠충은 中(가운데 중)＋心(마음 심)의 회의자로 알맹이가 가득 찬 마음으로
충직한 정성其忠至矣, 임금을 섬기는 도臣事君以忠, 정성을 다하다忠恕而已
矣로 쓰인다.

- 臣신은 임금 앞에 엎드려 있는 사람의 상형자로 신하事君不貳 是謂臣, 섬
기다諸侯臣伏, 신하로서의 직분을 다하다君君臣臣, 하인臣妾逋逃, 포로臣則
左之, 백성率土之濱 莫非王臣, 신하의 자칭朔初來 上書曰 臣朔 少失父母, 무엇에
종속되는 것 등으로 쓰인다.

19장 • 박소樸素 : 통나무와 소박함

絶聖棄智하면 民利百倍하고
절 성 기 지　　민 리 백 배

絶仁棄義하면 民復孝慈하며
절 인 기 의　　민 부 효 자

絶巧棄利하면 盜賊無有니라.
절 교 기 리　　도 적 무 유

此三者는 以爲文不足하니 故로 令有所屬하나라.
차 삼 자　 이 위 문 부 족　　고　 영 유 소 속

見素抱樸하고 少私寡欲하라.
견 소 포 박　　소 사 과 욕

성聖스러움을 끊고絶 지혜智를 버리면棄 백성의 이익民利이 백 배百倍 더해지고,
인仁을 끊고絶 의義를 버리면棄 백성民들이 다시復 (부모에게) 효도孝하고 (자
식에게) 자애慈로워지고,
공교巧로운 기술을 끊고絶 이익利을 버리면棄 도적盜賊이 없어진다無有.
이此 세 가지三者는 (인위적으로) 꾸민 것文이므로以爲 부족文足한 것이니,
그러므로故 (성인은) 명령令하여 귀속할 바所屬가 있게 한다有.
본바탕素을 보고見 (재단되지 않은) 통나무樸를 껴안고抱, 사사로움私을 적게
하고少 욕심欲을 줄여라寡.

　　우선 유위聖, 智, 仁, 義, 巧, 利의 폐단을 지적하고, 그것을 단절함에서 나
오는 효과를 말하였다. 그런데 인위적인 것을 애써 끊는 것마저도 여전
히 유위적일 수 있기에, 그 또한 여전히 부족하다고 말하면서 적극적인
방법론을 개진하고 있다.
　　앞장과 마찬가지로 이 장 또한 죽간본의 발견으로 많은 논의가 되는

곳이다. (유가와) 이데올로기적 투쟁에 의해 현행본이 상당히 개작되었음을 드러내고 있다고 말해진다.

계략을 끊고 말장난을 버리면 백성의 이익이 백 배 더해지고, 공교로운 기술을 끊고 이익을 버리면 도적이 없어지며, 거짓을 끊고 속임수를 쓰지 않으면 백성이 다시 효도하고 자애로워진다(어린아이처럼 된다). 이 세 가지는 분별하는 것이므로 부족한 것이니, 그러므로 (성인은 마지못해) 혹 명령하여 혹 귀속할 바가 있게 한다. 본바탕(그대로)을 보고 (재단되지 않은) 통나무를 유지하고, 사사로움을 적게 하고 욕심을 줄여라絶智棄辯 民利百倍 絶巧棄利 盜賊亡有 絶僞棄詐(慮) 民復孝慈(季子) 三言 以爲辨不足 故或令之或呼屬 視素保樸 少私寡欲.-〈죽간본〉

한자 해설

- **絶절**은 糸(실 사)＋刀(칼 도)＋卩(병부 절)의 형성자로 실을 **자르다**淳于髡仰天大笑 冠纓索絶, 절필絶筆, 절교絶交, 없애다子絶四 毋意 毋必 毋固 毋我, 멸하다天用剿絶其命, 후사가 끊어지다繼絶世, 더 이상 없음秦女絶美으로 쓰인다.
- **聖성**은 耳(귀 이)＋口(입 구)＋壬(천간 임)의 회의자로 총명聰明고 지덕智德이 **매우 뛰어난 사람**乃聖乃神, **성인**聖人, 성현聖賢, 거룩한 사람先聖後聖 其揆一也, 어느 방면에서 가장 뛰어난 사람樂聖, 詩聖, 書聖을 말한다. 『노자』에는 총 30여 회에 걸쳐 성聖(성인聖人)이란 말이 등장하는데, 그 대부분이 도를 체득한 이상적인 인간 혹은 인도人道를 지시한다. 그런데 유독 이 구절에서만 '성聖'이 부정정적인 의미로 사용되고 있다. 따라서 본래의 『노자』는 죽간본의 형태였을 것이라고 추정할 수 있다.
- **棄기**는 양손(八←廾)에 쓰레받기를 들고 내버림棄兒, **폐함**棄稷不務, 폐기廢棄, 방기放棄, **꺼리어 멀리하다**棄妹不仁也, 떠나다不撫壯而棄穢今 등으로 쓰인다.
- **義의**는 羊(양 양)＋我(나 아: 手+戈)의 회의자로 창을 손으로 잡고我 희생물羊을 잡아 신神들이 흠향할 수 있도록 알맞게 잘 다듬어 놓은 것으로

합당하다行而宜之 之謂義, 옳다春秋無義戰, 군신간의 도덕君臣有義, 직분背恩 忘義, 혈연관계가 없는 사람과 맺는 일桃園結義, 실물의 대용물義齒, 뜻字 義, 轉義로 쓰인다.

- 智지는 知(알 지)＋曰(가로 왈: 혹은 日)의 회의자로 아는 것이 많아 말함曰에 거침이 없다 혹은 사리를 밝게日 안다는 뜻으로 지혜是非之心 智之端也, 지력智力, 모략吾寧鬪智, 지혜로운 사람師賢而友智을 뜻한다.

- 利리는 禾(벼 화)＋刂(칼 도)의 회의자로 칼의 날카로움銳利, 편리함利涉大 川, 이롭다利用厚生, 이익營利, 이자逐什一之利, 요해天時不如地利, 탐하다先財 而後禮 則民利, 세력國之利器, 權利, 조화를 이룸元亨利貞로 쓰인다.

- 倍배는 人(사람 인)＋音(침 부)의 형성자로 사람을 등지고 배반하다民不倍, 갑절近利市三倍, 곱함焉用亡鄭以倍隣 등으로 쓰인다.

- 復복(부)은 彳(걸을 척)＋夏(돌아올 복)의 형성자로 반복反復, 회복回復, 다시復 活 등으로 쓰인다.

- 巧교는 工(장인 공)＋丂(공교할 교: 책략, 재주)의 회의자로 훌륭한 솜씨大巧若 拙, 기교奇巧, 꾸며서 말하는 솜씨巧言令色鮮矣仁, 예쁘다巧笑倩今, 기능公輸 子之巧로 쓰인다.

- 盜도는 次(버금 차: 입을 벌려 침을 튀기는 모습)＋皿(그릇 명)의 회의자로 접시 속의 것을 먹고 싶어 군침을 흘리며 훔치다君子不爲盜, 소인君子信盜, 천 인盜竊寶玉大弓로 쓰인다.

- 賊적은 鼎(솥 정)＋戈(창 과)의 회의자로 맹서 혹은 규율을 어긴 사람으로 도둑賊盜如豺虎, 해치다賊夫人之子, 죽이다寇賊姦宄, 학대하다賊賢害民 則伐之, 헐뜯다稱人之惡 謂之賊, 역적逆賊(誅賊臣辟陽侯), 원수上辟看賊로 쓰인다.

- 文문은 『설문』에서 "획을 교차하다는 뜻으로 교차한 무늬를 형상했다 錯劃也 象交文"고 했는데, 글월以能誦詩書屬文, 문치文治·문사文事, 무늬·문 채文彩, 법령, 현상觀乎天文, 문화적 산물, 아름답다·선흠하다禮減而進 以 進爲文, 화미華美하다君子質而已矣 何以文矣, 꾸미다文之以禮樂, 가리다小人之過 也 必文 등으로 쓰인다. 문文은 "어떤 것이 그것의 본질·이법에 따라 드러나는 것"으로 여기서는 긍정적으로 준칙準則, 법도法度 등으로 해

석하여 "이 세 가지는(세 마디 말은) 준칙으로 삼기에는 부족하니" 등으로 해석할 수 있다. 그런데 죽간본의 '변辨'은 '분별하다'라고 하는 다소 부정적인 의미로 제시되고 있기에 '인위적으로 꾸미는 것'으로 보고, 그 아래 구절의 '소박素樸'과 대립되는 것으로 해석할 수도 있다.

- 屬속은 尾(꼬리 미)＋蜀(나라이름 촉)의 형성자로 꼬리처럼 이어지고 붙임樸屬, 부속附屬, 촉탁하다屬託, 모이다屬其耆老而告之, 뒤따름騎能屬者 百餘人耳, 엮다屬辭로 쓰인다.

- 素소는 糸(실 사: 살타래)＋垂(드리울 수)의 회의자로 누에고치에서 갓 뽑은 실타래를 묶는 생명주純以素로 가장 순수하고도 원초적인 것으로 근본著其素, 원재료春獻素, 바탕已悲素質隨時染, 희다素絲五紽, 질박하다素而不飾, 평소飯素食, 분수에 따르다君子素其位로 쓰인다.

- 抱포는 手(손 수)＋包(쌀 포)의 형성자로 손으로 껴안다互抱馬脚不得行, 포옹抱擁, 지키다抱義而處, 품三年乃免于懷抱로 쓰인다.

- 寡과는 宀(집 면)＋頁(머리 혈)＋分(나눌 분) 혹은 宀＋頒(나눌 반)의 회의자로 나누어서 적다職寡者易守, 약하다寡我襄公, 과덕寡德, 임금의 겸칭寡人之於國也, 홀어미時瑤石宮 有寡公主, 과부鰥寡孤獨 등으로 쓰인다.

20장 · 식모 食母: 먹여주는 어머니

絶學無憂하니라
절 학 무 우

唯之於阿는 相去幾何하며 善之於惡은 相去何若고
유 지 어 아   상 거 기 하   선 지 어 악   상 거 하 약

人之所畏를 不可不畏이니 荒兮여 其未央哉인저
인 지 소 외   불 가 불 외   황 혜 여 기 미 앙 재

衆人熙熙하여 如享太牢하며 如登春臺이어늘
중 인 희 희   여 향 태 뢰   여 등 춘 대

我獨泊兮其未兆하야 如嬰兒之未孩하며 儽儽兮여 若無所歸로다
아 독 박 혜 기 미 조   여 영 아 지 미 해   루 루 혜 여 약 무 소 귀

衆人은 皆有餘거늘 而我獨若遺하니 我는 愚人之心也哉오 沌沌兮로다
중 인   개 유 여   이 아 독 약 유   아   우 인 지 심 야 재   돈 돈 혜

衆人昭昭이어늘 我獨昏昏하고 衆人察察이어늘 我獨悶悶이라
중 인 소 소   아 독 혼 혼   중 인 찰 찰   아 독 민 민

澹兮其若海하고 飂兮若無所止하니 衆人皆有以호대 我獨頑且鄙니
담 혜 기 약 해   로 혜 약 무 소 지   중 인 개 유 이   아 독 완 사 비

我獨異於人하야 而貴食母하니라
아 독 이 어 인   이 귀 식 모

배움學을 끊으니絶 근심 걱정憂이 없어졌다無.

'예唯'와 '왜요阿' 간의之於 상호相 거리去는 얼마며幾何, 선善과 악惡(좋아함과 싫어함) 간의之於 상호相 거리去는 무엇과 같은가何若?

일반 사람人들이 두려워하는 것所畏을 (나 또한) 두려워하지畏 않을 수 없으니不可不, 황량하여라荒兮, 그其 (욕망을 추구함에) 끝이 없는 듯하구나未央哉!

세상의 뭇사람들衆人은 즐겁게 떠드는데熙熙, 마치如 큰 소를 잡아 큰 잔치를 여는享太牢 듯하고, (화사한) 봄날에 누각에 오르는登春臺 듯如하다.

나我 홀로獨 담박하여泊兮, 그其 아무런 조짐도 알아차리지 못하고未兆, 마치如

아직 웃음조차 모르는未孩 젖먹이嬰兒 같구나! 고달프고 고달프지만儽儽兮, 돌아갈 곳所歸이 없는無 듯하다若.

세상의 뭇사람들衆人은 모두皆 여유餘가 있지만有, 나我 홀로獨 모자라는道 듯若하니, 나我는 어리석은 사람의愚人之 마음인가 보다心也哉! 혼란스럽기만 하여라沌沌兮!

세상의 뭇사람들衆人은 영특昭昭하지만 나我 혼자獨만 멍청하고 멍청한 것昏昏 같고, 세상의 뭇사람들衆人은 잘도 분별察察하지만 나我만 홀로獨 혼돈 속에 얼버무려 버린다悶悶.

(나는 마음이) 담담하여澹, 마치 그其 바다와 같고若海, 산들바람처럼飂兮 머무를 바所止가 없는無 듯하니若, 세상의 뭇사람들은衆人 모두皆 쓸모가 있지만(유능하지만)皆有以, 나我만 홀로獨 완고頑하면서且 비루하구나鄙!

나我만 홀로獨 세상 사람들과 달라서異於人, 길러 주시는 어머니食母(=道)를 귀貴하게 여긴다.

노자가 자신의 심정을 피력한 장으로 유명하다. 항상 홀로 길을 가야 하는(상독보常獨步, 상독행常獨行) 철인의 심정을 속인과 비교를 통해 잘 나타나 있다. 다음의 주석을 참조하다.

> 배움이 배운 바가 없음에 이르지 못하면, 배움을 끊는 것이 아니다. 도는 얻는 바가 없음無得을 얻음으로 삼고, 배움은 배운 바가 없음을 배움으로 삼는다. ...... (그래서) 성인은 얻은 바가 얻음을 도를 얻음得道으로 삼고, 배운 바가 없음을 참된 배움眞學으로 삼는다. 그러므로 "배움을 끊으니, 근심이 없어 졌다"라고 말했다. 성인聖人은 나와 너를 고르게 하고, 같은 것과 다른 것을 하나로 보아 그 마음에 찌꺼기가 남아 있지 않지만, 그것이 어찌 세상 법을 업신여겨 내버리거나 함부로 분수分를 어기고 이치를 어지럽히는 것이겠는가? 그래서 사람들이 겁내는 것은 나 또한 두려워한다고 말했다. 군신과 부자간에 예악형정禮樂刑政의 경계를 걷는 데에서, 세상 사람들

은 다른 점을 찾지 못한다. (왜냐하면) 물物에 닿아 걸리지 않는 것은, 다만 그의 마음뿐이기 때문이다. 〈**이식재李息齋**〉

한자 해설

- 學학은『설문』에서 각오覺悟로 배워서 깨친다는 뜻이라 했다. 배우다學而時習之, 不亦說乎, 학문爲學日益, 爲道日損, 학생學生, 학자學者, 석학碩學, 학교國有學, 학파易有京氏之學 등으로 쓰인다. 48장에 "배우면 (지식이) 나날이 늘어나고爲學日益, 도를 실천하면 나날이 덜어지니爲道日損"고 했으니, 분별지慧智에 의한 배움으로 오늘날의 대상적 학문인 과학적 지식이라 할 수 있다.

- 憂우는 頁(머리 혈)＋心(마음 심)＋夊(뒤쳐져서 올 치)의 회의자로 애태움樂以忘憂, 우려憂慮, 근심仁者不憂, 우환憂患, 우울증憂鬱症, 환난君子在憂 등으로 쓰인다.

- 唯유는 口(입 구)＋隹(새 추)의 회의자로 본래 새들이 서로 지저귄다는 의미에서 공손히 대답하는 말唯而起이다. 가차되어 오직唯我與爾有是夫, 다만 ~뿐만 아니라不唯忘歸 可以終老 등으로도 쓰인다.

- 阿아는 阜(언덕 부)＋可(옳을 가→아)의 형성자로 언덕在彼中阿, 구석考槃在阿, 치우치다偏高阿丘, 아첨하다弗諫而阿之, 기대다惟嗣王不惠乎阿衡, 가지가 길게 벋어 아름다운 모양隰桑有阿, 길게 토를 달아 대답하는 소리로 쓰인다. '유唯'는 어른이 부르실 때에 공손히 응대하는 것이며, '아阿'는 마지못해 불경하게 느릿느릿 대답하는 것이다.

- 荒황은 艸(풀 초)＋㡀(망할 황)의 회의자로 잡초만 무성한 황무지開荒五千餘頃, 거칠다野荒民散, 황야荒野, 황망荒亡, 망치다荒殷邦, 탐닉함好樂無荒 등으로 쓰인다. 荒은 어지럽게 분주하게 뛰어다니는 모양이다.

- 未미는 지사문자로 나무에 가지가 많아 저쪽이 보이지 않다는 의미로 ~지 아니하다未知生 焉知死, 아직學詩乎 對曰未也, ~이 없었다有諸 曰未也 등으로 쓰인다.

- 央앙은 大(큰 대)＋冂(먼데 경)의 회의자로 목에 가추枷杻를 차고 있는 모

습으로 가운데今人或入其央瀆, 중앙中央, 다하다時亦猶其未央, 오래다精神乃央, 선명한 모양白旆央央 등으로 쓰인다. 미앙未央은 끝이 없다未盡는 뜻이다.

- 哉재는 口(입 구)＋𢦏(어조사 재)의 회의자로 어조사로 쓰인다.
- 熙희는 火(불 화)＋𦣞(아름다울 희)의 회의자로 빛나다於緝熙敬止, 넓다庶績咸熙, 일으킴時純熙矣, 기뻐하다在家熙然有棄朕之心, 아아熙爲我孺子之故로 쓰인다.
- 享향은 亠(돼지해머리 두)＋口(입 구)＋子(아들 자)의 회의자로 본래 조상의 위패나 비석을 모셔놓는 사당으로 제사를 드리다死則敬享, 누리다享其生祿, 百神享之, 드리다諸侯以享天子로 쓰인다.
- 牢뢰는 宀(집 면)＋牛(소 우)의 회의자로 소를 넣어두는 우리繫于牢를 말했지만, 희생, 좋은 음식牢禮, 감옥赤帝行德 天牢爲之空 등으로 쓰인다.
- 登등은 癶(걸음 발)＋豆(제기 두)의 회의자로 제기를 들고 제단 위로 올라간다登高必自卑, 등산登山, 끌어올려 쓰다疇咨若時 登庸, 등용登用, 익다五穀不登, 이루다登是南邦로 쓰인다.
- 春춘은 日(해 일)＋艸(풀 초←屮: 새싹)의 회의자로 봄 햇살을 받고 올라오는 새싹과 초목을 그려, 봄春夏秋冬과 젊음靑春을 말했다.
- 臺대는 高(높을 고)＋至(이를 지)의 형성자로 높은 곳에서 사방을 관망할 수 있게 쌓은 돈대墩臺(登武子之臺), 누대惟宮室臺榭, 높고 평평한 곳嚴子陵釣臺 在桐城縣, 조정中臺, 낮은 벼슬아치蓋自是臺無饋也로 쓰인다.
- 獨독은 犬(개 견)＋蜀(애벌레 촉)의 형성자로 단독 생활하는 야수로 혼자哀此惸獨, 독특함其行獨也, 오로지獨可耕且爲與, 늙어서 자식 없는 사람老而無子曰獨, 홀어미無夫曰獨, 독거獨居, 자손이 없는 사람無子孫曰獨로 쓰인다.
- 泊박은 水(물 수)＋白(흰 백→박)의 형성자로 배를 대다碇泊, 정박碇泊, 숙박宿泊, 이욕에 미혹되지 않는 모양我獨泊兮其未兆, 泊如, 담박淡泊, 엷다氣有厚泊로 쓰인다.
- 兆조는 거북의 배딱지復甲에 나타난 점괘를 그린 것으로 조짐兆足以行矣而不行而後去, 吉兆, 길조吉兆, 점兆得大橫, 兆占, 수의 단위二兆三千億, 많은 수億兆蒼生로 쓰인다.

- 孩해는 子(아들 자)＋亥(돼지 해)의 형성자로 <u>젖먹이</u>孩提之童, 해동孩童, 어린 아이로 보다聖人皆孩之로 쓰인다.
- 僂루는 人(사람 인)＋婁(별이름 루)의 형성자로 <u>구부리다</u>雖有聖人之知 未能僂指也, 삼가는 모양一命而僂, 곱사등이郤克僂로 쓰인다. 루루혜僂僂兮는 <u>고달픈 모양</u>이다.
- 餘여는 食(밥 식)＋余(나 여)의 형성자로 남은 음식으로 <u>여분</u>, 잔여殘餘라는 뜻이다.
- 遺유는 辵(쉬엄쉬엄 갈 착)＋貴(귀할 귀)의 형성자로 <u>버리다</u>遺華反質, 유기遺棄, 빠뜨림拾遺補過, 남기다見馬遺財足, 유서遺書, 보내다凡遺人弓者, 파견派遺, 더하다政事一埤遺我, 따르다莫肯下遺, <u>남기다</u>遺産로 쓰인다.
- 沌돈은 水(물 수)＋屯(진 칠 둔)의 형성자로 물이 빙빙 도는 모양沌沌乎 博而圜, 미분화의 <u>혼돈</u>混沌, 어리석다我愚人之心也哉 沌沌兮, 혼탁하고 어지럽다殄沌로 쓰인다. 돈돈혜沌沌兮란 물살이 끊임없이 빙빙 도는 모양으로 <u>우매한 모습</u>을 나타낸다.
- 昭소는 日(날 일)＋召(부를 소)의 회의자로 해가 나와 밝다於昭于天, 환히以昭受上帝, 환히 나타냄君子以自昭明德, 百姓昭明, 소목昭穆(天子七廟 三昭三穆) 등으로 쓰인다. 중인衆人들의 소소昭昭는 빛이 번쩍이는 모양으로 <u>간교한</u> 지혜가 밖으로 드러나는 것이다.
- 察찰은 宀(집 면)＋祭(제사 제)의 회의자로 집안 제사의 준비에서 자세히 살피다察所其由, 성찰省察, 알다察於人倫, 드러내다言其上下察也, 다스리다今君王不察로 쓰인다. 찰찰察察은 밝게 헤아리는 모양이다.
- 悶민은 門(문 문)＋心(마음 심)의 형성자로 마음이 답답함閉則熱而悶, 번민하다處賤不悶, <u>어둡다</u>悶悶로 쓰인다.
- 澹담은 水(물 수)＋詹(이를 첨)의 형성자로 담박하다清澹退靜, 편안하다澹容與獻壽觴, 안정되다意斟愖而不澹兮로 쓰인다. 담혜澹兮는 깊은 물처럼 <u>고요하고 평온한</u> 모양이다.
- 飂료는 風(바람 풍)＋翏(높이 날 료)의 형성자로 높이 부는 바람, 서풍西方曰飂風으로 쓰인다.

- 頑완은 元(으뜸 원→완)＋頁(머리 혈)의 형성자로 머리가 커서 완고頑固하다 心不則德義之經爲頑, 완부頑夫, 무디다頑鈍, 재주가 없다頑 愚也, 욕심이 많음 頑夫廉 懦夫有立志로 쓰인다.

- 鄙비는 邑(고을 읍)＋啚(인색할 비)의 회의자로 읍邑의 변두리로 두메伐我西鄙, 마을縣鄙, 식읍以入則治都鄙, 비부鄙夫, 비루함在位貪鄙, 고집 세다鄙哉予乎, 질박하다焚符破璽 而民朴鄙, 천하게 여기다夫猶鄙我, 천한 사람賞鄙以招賢 등으로 쓰인다.

- 食식(사)은 음식을 담는 그릇의 상형자로 밥이나 음식(사), 먹다(식), 봉록 俸祿을 뜻한다.

- 母모는 손을 모으고 젖을 먹이는 어머니의 형상이다. '식모食母'는 만물을 먹여주는 어미라는 뜻으로 곧 도道를 지칭한다.

21장 · 종도從道: 도를 따름

孔德之容은 惟道是從이어니와 道之爲物은 惟恍惟惚이어라
공덕지용　유도시종　　　도지위물　유황유홀

惚兮恍兮여 其中有象이요 恍兮惚兮여 其中有物이요
홀혜황혜　기중유상　　황혜홀혜　기중유물

窈兮冥兮여 其中有精이라 其精甚眞이니 其中有信이라
요혜명혜　기중유정　　기정심진　　기중유신

自古及今에 其名不去하니 以閱衆甫니라
자고급금　기명불거　　이열중보

吾何以知衆甫之然哉아 以此니라
오하이지중보지연재　이차

텅 빈 커다란 덕孔德之의 움직이는 모습容은 오직惟 도道, 그것是만을 따르니從, 도라는 것道之爲物은 오직惟 황홀惟恍할 따름이어라! 홀하고惚兮 황하도다恍兮, 그其 가운데中 형상이 있다有象. 황하고恍兮 홀하도다惚兮, 그其 가운데中 어떤 무엇이 있도다有物. 그윽하고窈兮 아득하여라冥兮, 그其 가운데中 실정이 있도다有精! 그其 실정精은 심히甚 참眞되니, 그其 가운데中 믿음직스러움信을 갖추고 있도다有! 예로부터自古 지금까지及今 그其 이름名 사라지지 않으므로不去, 뭇 존재의 창시衆甫를 본다閱. 나吾는 무엇으로써何以 뭇 존재의 창시가衆甫之 그러하다然는 것을 아는가知? 이에 의해서니라以此.

커다란 덕의 소종래所從來인 도의 본체에 대해 묘사한 장이다. 14장과 연관하여 읽으면 해석의 실마리를 얻을 수 있다. 공덕孔德은 현덕玄德 혹은 상덕常德과 통하는 개념으로 "공덕이 도를 따른다."는 것은 상대성(있음과 없음, 어려움과 쉬움 등: 2장, 28장, 36장)을 상반하여, 어린아이嬰兒, 무극無極, 통나무樸로 되돌아가는 것復歸(28장)을 말한다.

도는 형태가 없기 때문에 만물을 처음으로 내고, 어디에도 얽매인 바가 없기 물을 이룬다. 만물이 비롯되어 이루어졌으나 그러한 까닭을 알지 못한다. 그래서 황하면서 홀하고 홀하면서 황하구나. 그 가운데 형상이 있다고 했다. 〈왕필〉

"대저 도는 실정이 있고 믿음직스러움이 있지만有情有信 무위하고 무형하다. 전할 수 있지만 받을 수 없고, 증득證得할 수 있지만 볼 수는 없다."
— 『장자』「대종사」

한자 해설

- 孔공은 子(아들 자) + 乚(숨을 은: 젖가슴)의 회의자로 아이가 어미의 젖을 빠는 모습으로 구멍穿孔, 매우孔懷兄弟 父母孔邇, 크고 깊다로 쓰인다.
- 德덕은 『설문』에서 '승升(上昇=登)'을 의미하며, 척彳이 형부가 되고 덕悳이 성부가 된다從彳悳聲.'고 했다. 덕德이란 얻음得이니, 만물이 제자리를 얻는 것, 도를 마음에 얻어 잃지 않는 것, 그리고 곧은 성품直性으로 나의 곧은 마음直心을 행하는 것導之以德, 인품德有凶行吉, 본성有天德 有地德 有人德 此謂三德, 은덕何以報德, 도덕中庸之爲德也, 교화布德和令, 절조大德不踰閑 小德出入可也, 어진 이以德詔爵, 능력通神明之德, 오르다君子德車로 쓰인다.
- 容용은 宀(집 면) + 谷(골 곡)의 형성자로 본래 '内(안 내)'에 항아리가 하나 그려있어, 사람의 얼굴과 비슷하여 얼굴孔德之容, 형모容貌, 형용形容, 꾸미다居則設張容, 받아들이다容其請託, 寬容, 용기容器, 용량容量, 조용하다從容 등으로 쓰인다.
- 惟유는 心(마음 심) + 隹(새 추→유)의 형성자로 마음에 묻다, 생각하다의 뜻이나, 음을 빌어 발어사로 오직, 오로지, 오직, 홀로 등으로 쓰인다.
- 道도는 물리적인 도로道路라는 의미에서 출발하여, 인간과 사물이 나아가 도달해야 할 목표나 목적을 의미한다. 나아가 우주 만물의 운동변화 과정과 운용원리를 의미한다. 『주역』「계사전」에 '형상을 넘어서는 것을 일러 도라 하고, 형상 아래의 것을 일러 기라고 한다形而上

者謂之道 形而下者謂之器.'고 했다. 끊임없이 생성하는 도란 형상을 지닌 사물의 속성을 기술하는 언어로써 기술하거나 명명할 수 없다. 원리상·순서상 가장 앞서는 것으로 형상을 지닌 만물을 초월하지만, 언제 어디서나 만물을 만물이게 하는 원리가 바로 도이다.

- 從종은 彳(조금 걸을 척)＋止(발 지)＋从(좇을 종)의 회의자로 길을 따라 뒷사람이 앞사람을 따르다弔非從主人也, 추종追從, 나아가다從而謝焉, 다가서다必操几杖以從之, 자취從迹安起, 느긋하다從容就義難 등으로 쓰인다.

- 恍황은 心(마음 심)＋光(빛 광→황)의 형성자로 미묘하여 알기 어려운 모양이다.

- 惚홀은 心(마음 심)＋忽(소홀할 홀)의 형성자로 흐릿하고 미묘하다로 쓰인다. '홀忽'은 없는 것 같지만 그 조짐이 분명히 존재하는 것이며, '황恍'은 있는듯하지만 잘 볼 수 없는 것을 말한다. **왕필**: '황홀恍惚'이란 "구체적 형체가 없고 어디에도 메여 있지 않는無形無繫 모습이다.

- 象상은 코끼리의 상형자禱過之山多象, 형상不可爲象. 조짐見乃謂之象, 점괘兆有口象로 쓰인다. 상象은 물物과 대비되는 개념이다. 지각할 수 있지만 아직 구체적인 형태나 질량이 없는 것을 상象이라 하고, 구체적인 형태와 질량을 갖춘 것을 물物이라 한다.

- 窈요는 穴(구멍 혈)＋幼(어릴 유)의 형성자로 깊은 굴속처럼 깊숙하다. 아득하다窈然無際, 유현하다深微窈冥, 으슥하다哀窈宛, 얌전하다窈窕淑女, 느긋하다窈糾今로 쓰인다.

- 冥명은 冖(덮을 멱)＋日(말씀 왈)＋六(여섯 육)의 회의자로 깊숙한 곳에 갇혀 소리 지르는 사람을 표현하여 어둠其廟獨冥, 밤增其光冥, 깊숙하다據青冥而攄虹今, 하늘青冥, 저승冥賊僕天, 冥福으로 쓰인다.

- 精정은 米(쌀 미)＋青(푸를 청→정: 깨끗하다)의 형성자로 곡식을 곱게 찧어搗精 깨끗이 한 것精米으로 정미精微하다, 정조精粗, 정수精髓, 그윽하다其知彌精, 전일하다惟精惟一, 날카롭다精銳, 맑다袚除其心精也, 생명의 근원男女構精 萬物化生, 음양의 기운天地之襲精, 정령精靈, 정성精誠, 참됨中不精者 必不治을 의미한다. 정精은 정수精髓 혹은 실정實情이란 의미다.

- 甚심은 甘(달 감)＋匕(비수 비)의 회의자로 큰 수저 뒤로 甘자가 그려져진 입에 음식을 가득 집어넣으려는 모습으로 편안하고 즐겁다甚 尤安樂也, 심하다甚矣 吾衰也, 두텁다羈者宰穀臣之觸吾子也甚歡, 깊다王之不說嬰也甚로 쓰인다.

- 眞진은 鼎(솥 정)＋匕(비수 비: 수저)의 회의자로 신에게 정성스러운 마음으로 음식을 바친다는 의미에서 참되다眞實, 참眞僞, 변함이 없다質眞而素樸, 있는 그대로況其眞乎, 천성謂反其眞, 본질多失其眞, 신선이 되어 하늘에 오르다로 쓰인다.

- 信신은 人(사람 인)＋言(말씀 언)의 회의자로 사람의 본심에서 나온 거짓 없는 말로 믿음朋友有信, 믿다盡信書 則不如無書, 편지信書, 진실로, 징험하다其中有信, 오행의 토土, 펴다往者屈也 來者信也 등으로 쓰인다. 맹자는 "가치상 추구할 만한 것을 일러 선(좋음)이라고 하고, 이러한 선을 자기 안에 지니고 있는 것을 일러 신信이라고 한다"고 했듯이, 신信이란 도덕적인 선한 착안 본성仁義禮智을 지니고서, 그 본성을 실현하기 위해 신실하게 행하는 것을 말한다.

- 閱열은 門(문 문)＋兌(기뻐할 열)의 형성자로 관문을 드나드는 물자를 세어 확인하다商人閱其禍敗之釁 必始於火, 열람閱覽, 교열校閱, 검열檢閱, 부여함 등으로 쓰인다.

- 甫보는 田(밭 전)＋屮(왼손 좌: 초목의 싹)의 형성자로 본래 큰 채소 밭無田甫田을 뜻했지만, 음이 부夫·부父와 통하므로 남자의 미칭尼甫, 臨諸侯 吩於鬼神曰 有天王某甫, 비롯하다甫竟亦如之로 쓰인다. 중보衆甫에서 중衆은 만물을, 그리고 보甫(백서본에서는 부父)는 남자의 미칭美稱으로, 중보衆甫(중부衆父)는 만물의 창시자를 말한다. 20장의 '식모食母'와 같은 의미이다.

22장 • 포일抱一 : 하나를 껴안음

曲則全하고 枉則直하며 窪則盈하고
곡 즉 전   왕 즉 직   와 즉 영

敝則新하며 少則得하고 多則惑이라
폐 즉 신   소 즉 득   다 즉 혹

是以로 聖人은 抱一爲天下式이라
시 이   성 인   포 일 위 천 하 식

不自見故로 明하며 不自是故로 彰하며
부 자 현 고 명   부 자 시 고 창

不自伐故로 有功하며 不自矜故로 長이라
부 자 벌 고 유 공   부 자 긍 고 장

夫惟不爭일새 故로 天下莫能與之爭이니
부 유 부 쟁   고 천 하 막 능 여 지 쟁

古之所謂曲則全者는 豈虛言哉아 誠全而歸之니라
고 지 소 위 곡 즉 전 자 기 허 언 재 성 전 이 귀 지

구부리면曲則 온전하고全, 휘어지면枉則 곧아지며直, 패이면窪則 채워지며盈, 낡으면敝則 새로워지며新, 적으면少則 얻으며得, 많으면多則 미혹된다惑.
이런 까닭是以으로 성인聖人은 하나(도)를 안고抱一 천하天下의 모범式이 된다爲. 스스로自를 드러내지見 않은不 까닭故에 밝게 드러나고(밝게 비추고)明, 스스로自 옳다是하지 않은不 까닭故에 빛이 나며彰, 스스로自 자랑伐하지 않는不 까닭故에 공로功를 인정받으며有, 스스로自 교만矜하지 않는不 까닭故에 어른長으로 추존된다.
대저夫 오직惟 다투지爭 않기不 때문故에 천하天下 사람들이 그(성인)之와 더불어與 능能히 다툴爭 수 없는 것이니莫, 옛날古의 이른바所謂 "굽히면 온전해진다曲則全者"는 말이 어찌豈 빈말虛言이겠는가哉? 진실로誠 온전히 하여全而 그것(도 혹은 근본)之으로 돌아갈지어다歸!

먼저 자연의 이치를 설명하고, 그에 따르는 인간의 길을 제시하였다. 특히 이 장은 노자의 변증법(대립자의 통일)이 잘 나타나 있다.

『장자』 「산목」편의 "곧은 나무가 먼저 베이고, 물맛이 좋은 우물이 먼저 고갈된다直木先伐 甘井先竭"고 했다. 또한 「천하」편에 "사람들은 모두 복을 구하지만, 노담만 홀로 굽혀서 온전한 삶을 영위하였다人皆求福 己獨曲全"고 했다. "곡즉전"의 원리에 따른 노자의 삶의 방식을 풀이한 것이다.

> 무릇 자연의 도는 나무와 같다. 가지가 많을수록 뿌리에서 멀어지고, 가지가 적을수록 밑동을 얻는다. 많으면 참眞에서 멀어지니, 그래서 이르기를 어지럽다惑고 했다. 적으면 밑동을 얻으니, 얻는다得고 말했다. 〈왕필〉

이 장에 4번 나온 '자自'는 모두 '사사로운 자아私我'를 말한다. 33장의 "자지자명自知者明"의 '자自', 즉 '진정한 자기'와 구별된다. 스스로를 드러내지 않음不自見·스스로 옳다 하지 않음不自是·스스로 자랑하지 않음不自伐·스스로 교만하지 않음不自矜 등은 모두 도를 껴안는抱一는 방법 혹은 도를 체득·실천하는 것으로, 사사로운 자아를 나날이 덜어내는 것을 말한다爲道日損(48장). 이러한 자아我相를 완전히 버리고, 무위無爲에 도달할 때 비로소 도와 온전히 하나가 된다.

한자 해설

- 曲곡은 상형자로 대바구니의 <u>굽은 모양</u>曲線, 굽히다曲學以阿世, 曲筆, 마사곡邪曲, 자세하다亂我心曲, 곡曲禮, 곡조音曲, 동네坊坊曲曲 등으로 쓰인다.
- 則즉(칙)는 원래 鼎(솥 정→貝)＋刀(칼 도)의 회의자로 청동기 시대 솥鼎에 칼刀로 새겨 놓은 법칙法則인데, 법칙은 곧바로 시행되어야 하기에 '즉시' 혹은 '바로'라는 뜻도 생겼다(즉).
- 全전은 入(들 입)＋玉(옥 옥)의 회의자로 매입한 옥이 결함이 없다望之似木鷄矣 其德全矣, 완전完全, 안전安全, <u>온전히 하다</u>全師而還, 전체全體를 뜻한다.
- 枉왕은 木(나무 목)＋王(임금 왕)의 형성자로 나무가 <u>휘다</u>枉矢, 마음이 굽다

能使枉者直, 枉渚, 굽히다枉道而事人, 사곡邪曲한 사람擧直錯諸枉 등으로 쓰인다.

- 直직은 目(눈 목)+十(열 십)+乚(숨을 은)의 회의자로 열개+의 눈目으로 숨어 있는乚 것을 바름爰得我直, 굽은 데가 없다其直如矢, 기울지 않다頭容直, 공정하다王道正直, 순직하다洵直且侯 등으로 쓰인다.

- 窪와는 穴(구멍 혈)+洼(웅덩이 와)의 회의자로 웅덩이, 우묵하다, 괸 물 등으로 쓰인다.

- 蔽폐는 艸(풀 초)+敝(해질 폐)의 형성자로 풀艸로 덮어 감추는 것雲能蔽日, 遮蔽, 속이다姦臣蔽主, 덮어 싸다功名蔽天地, 포괄하다一言以蔽之, 어둡다聰明先而不蔽, 정하다惟先蔽志로 쓰인다.

- 新신은 斤(도끼 근)+木(나무 목)+亲(설 립)의 회의자로 나무가 자라면 도끼로 잘라 새로운新鮮自求珍 물건을 만든다는 의미로 새롭게新作南門, 새로워지다咸與惟新, 새것溫故知新, 친하다惟朕小子其新迎로 쓰인다.

- 少소는 작은 파편 4개가 튀는 모습을 그린 상형자, 혹은 小(작을 소)+丿(삐침 별)의 회의자로 작은 물체의 일부분一部分이 떨어져 나가 적어진다, 적다, 줄다, 부족하다고 생각하다, 젊다, 소년少年 등으로 쓰인다.

- 得득은 彳(조금 걸을 척)+貝(조개 패)+寸(마디 촌: 손)의 회의자로 조개(화폐)를 쥐고 있는 모습으로 재물을 획득하다, 깨닫다, 증득證得, 적합하다, 덕德, 덕행, 이득利得 등으로 쓰인다.

- 惑혹은 或(혹시 혹: 창을 들고 성을 지키는 모습)+心(마음 심)의 회의자가 미혹하다, 현혹시키다, 의심하다, 번뇌 등으로 쓰인다.

- 一일은 가로획一 하나를 그려 만물을 낳은 도이자 우주 만물 전체一卽소로서 모든 것의 근원(시발지이자 귀착처)으로 실체·본위이며, 모든 명상名相과 사물·사태가 일치를 이룬 것(명실상부: 적합 혹은 적중), 그리고 우주에서 모든 존재가 각자의 위치와 공능을 균등하게 부여받고 발휘된 결과가 상호 조화와 균형을 이루는 것(공평과 균형)을 등을 의미한다.

- 式식은 工(장인 공: 공구, 표준)+弋(주살 익→식)의 형성자로 법식, 표준爲天下式, 본받다묘訓是式으로 쓰인다.

- 是시는 日(날 일)+正(바를 정)의 회의자 해가 정위치한 바로 이곳若是則弟

子之惑 滋甚, <u>이에</u>桑土旣蠶 是降邱宅土, 혹은 가장 올바른正 것은 해日라는 의미에서 옳다是非, 바로잡다是正文字로 쓰인다.

- 自자는 코의 상형자로 스스로 친히, 몸소, <u>자기</u>天行健 君子以自彊不息, 저절로自然而已, 쓰다自仁率親, 출처知風之自 등으로 쓰인다.
- 彰창은 彡(터럭 삼)＋章(글 장)의 형성자로 아로새긴 아름다운 무늬織文鳥彰가 화려하게 <u>드러냄</u>彰往而察來, 彰德, 현창顯彰, 표창表彰, 밝다嘉言孔彰를 말한다.
- 伐벌는 人(사람 인)＋戈(창 과)의 회의자로 사람이 창을 가지고 적을 치다征伐, 두드리다伐鼓, 벌죄伐罪, 벌목伐木, <u>공적</u>且旌君伐, <u>자랑하다</u>願無伐善 無施勞 등으로 쓰인다.
- 功공은 工(장인 공)＋力(힘 력)의 형성자로 절구 공이를 다지며 힘써 일함婦容婦功, 공력功力, <u>공훈</u>功勳, 공을 자랑함公子自驕而功之 등으로 쓰인다.
- 矜긍은 矛(창 모)＋今(이제 금)의 형성자로 창矛으로 상대를 찔러 전공을 올렸다는 의미에서 <u>긍지</u>矜持(不矜而莊), 죽는 상대를 긍휼히 여기다吾閔之 君子見人之厄, 괴로워하다爰及矜人, 아끼다不矜細行 終累大德 등으로 쓰인다.
- 誠성은 言(말씀 언)＋成(이룰 성)의 회의자로 <u>순수한 마음</u>誠者自成也, 공평무사한 마음誠者天之道也, <u>진실함</u>是之謂誠君子, 진실무망眞實无妄, 정성스럽게 하다誠之者 人之道也, <u>진실로</u>誠何心哉 등으로 쓰인다.

110

23장 · 동도同道: 도를 같이함

希言희언이 自然자연이라

故고로 瓢風표풍은 不終朝부종조하고 驟雨취우는 不終日부종일하나니 孰爲此者숙위차자오 天地천지니라

天地천지도 尙不能久상불능구이어늘 而況於人乎이황어인호아

故고로 從事於道者종사어도자는 道者도자로 同於道동어도하고

德者덕자로 同於德동어덕하고 失者실자로 同於失동어실하나니

同於道者동어도자는 道亦樂得之도역락득지하고 同於德者동어덕자는 德亦樂得之덕역락득지하고

同於失者동어실자는 失亦樂得之실역락득지하나니

信不足焉신부족언하니 有不信焉유불신언이라

(도는) 말없이希言 스스로 그와 같다自然.

그러므로故 (시끄럽게 소리를 내는) 회오리바람瓢風은 아침나절朝을 넘기지 못하고不終, (시끄럽게 소리를 내는) 소낙비驟雨는 한나절日을 넘기지 못하나니不終, 누가孰 이렇게 하는가爲此者? 천지天地니라.

천지天地도 (도와 비교하면) 오히려尙 항구久적이지 못할진대不能, 하물며而況 사람이랴於人乎!

그러므로故 도에於道 종사하는 자從事者는 도를 체득한 자道者와는 도에서 함께同於道 하고,

덕을 체득한 자德者와는 덕에서 함께同於德 하고, (도덕을) 잃은 자失者와는 잃

음에서 함께同於失 한다.

도에서 함께 하는 자同於道者는 도道를 체득한 자 역시亦 그之를 즐겁게樂 받아들이고得, 덕에서 함께 하는 자同於德者는 덕德을 체득한 자 역시亦 그之를 즐겁게樂 받아들이고得, (도덕을) 잃음을 함께 하는 자同於失者는 (도덕을) 잃은失 자 역시亦 그之를 즐겁게樂 받아들인다得.

믿음信이 부족不足하니焉, 불신不信인들 있겠는가有焉(불신不信이 있게 되었다有焉).

먼저 말없이 스스로 그와 같은自然 '도'만이 항구적이라고 전제하고, 자연계의 이상異常 현상뿐만 아니라, 심지어 천지마저도 항구적이지 못하다고 말했다.

노자의 언명을 풀이하면 다음과 같다.

첫째, 천지만물을 운행하는 도만이 항상성恒常性을 지니고, 그 법칙에 따라 자연계를 운행한다.

둘째, 따라서 천지간에서 일어나는 자연계의 이상異常 현상은 도의 항상성에 위배되기 때문에 항구적이지 못하다.

셋째, 그런데 천지만물 가운데 그 나름으로 일정한 법칙을 지니고 운행되는 천지마저도 형상을 지닌 어떤 하나의 사물이기 때문에, (무시무종한 항상성을 지니는 도에 견주어 보았을 때) 항구적이지 못하다(유시유종有始有終).

넷째, 따라서 천지가 낳은 인간 및 인간의 인위적인 제도·정령 또한 항구적이지 못하며, 오직 도를 체득하여 도와 함께 하여 무위자연無爲自然할 때에만 항구적일 수 있다.

결론(故이하)으로, 노자는 도를 체득한 자의 무애자재無涯自在함을 말했는데, 이는 성서聖書에서 바울이 말한 다음 구절과 일맥상통하는 면이 있어 참고삼아 제시한다.

실상 나(바울)는 모든 이에 대해서 자유로운 몸이지만, 할 수 있는 대로 많은 사람을 얻기 위하여 나 자신은 모든 이의 노예가 되었습니다. 유대인들을 얻기 위하여, 유대인들에게는 유대인이 되었습니다. 비록 나 자신은 율법 아래 있는 몸이 아니지만, 율법 아래 있는 이들을 얻기 위하여 율법 아래 있는 몸이 되었습니다. 나는 하느님의 율법이 없는 것도 아니고 오히려 그리스도의 법 안에 있는 몸이지만, 율법이 없는 이들을 얻기 위하여 율법이 없는 이들에게는 율법이 없는 몸이 되었습니다. 허약한 이들을 얻기 위하여 허약한 이들에게는 허약한 몸이 되었습니다. 나는 모든 이에게 모든 것이 되어, 다만 몇 사람이라도 꼭 구하고자 한 것입니다. – 〈고린도전서 9장 19~22절〉

- **希**희는 爻(효 효)＋巾(수건 건)의 회의자로 자수를 새긴 천巾으로 드물고 비쌌기 때문에 희망希望하다, 적다는 의미이다. 희希는 들어도 알아들을 수 없는 것을 말하는데聽之不聞名曰希(14장), 여기서는 <u>소리 없음</u>을 뜻한다.

- **自**자는 코의 상형자로 스스로, 친히, <u>저절로</u>自然而已, 자연自然, 출처知風之自, 비롯하다晨門日 奚自, <u>~으로부터</u>有朋自遠方來 不亦樂乎, 夫仁政必自經界始로 쓰인다.

- **然**연은 犬(개 견)＋肉(고기 육)＋火(불 화)의 회의자로 본래 타다燃는 뜻이었지만, 가차되어 맞다雍之言然, 대답하는 말子然 有是言也, 그렇다고 여기다心然其計, 타다若火之始然 泉之始達, 연후然後에, 그렇지만, <u>상태를 나타내는 접미사</u>로 쓰인다.

- **飄**표는 票(불똥 튈 표)＋風(바람 풍)의 형성자로 <u>회오리바람</u>其爲飄風, 질풍疾風, 바람 부는 모양東風飄兮 등으로 쓰인다.

- **風**풍은 凡무릇 범＋鳥새 조의 회의자로 본래 봉황風凰을 뜻했는데, 봉황이 바람을 몰고 온다고 생각하여 <u>바람</u>風雨, 바람 불다終風且暴, 바람을 쐬다風乎舞雩, 달아나다馬牛其風, 관습此亡國之風也, 품성德有盛衰 風先萌焉, 기세威風遠暢, 『시경』육의六義의 하나, 풍치風致, 병명病名, 풍자諷刺, 풍간諷諫하다 등으로 쓰인다.

- 朝조는 艹(풀 초)＋日(해 일)＋月(달 월)의 회의자로 <u>아침</u>朝夕, 비롯하는 때正月一日爲歲之朝, 제후가 천자를 알현하다朝宗于海, 제후끼리 회견하다交世相朝, 조정朝臣, 정사暮年不聽朝, 왕조王朝, 흘러들다江漢朝宗于海로 쓰인다.

- 驟취는 馬(말 마)＋聚(모일 취)의 형성자로 말이 무리를 이루어 달리다步及驟處兮, <u>빠르다</u>, 갑자기로 쓰인다.

- 雨우는 하늘에서 물방울이 떨어지고 있는 모습의 상형자로 <u>비</u>, 비가 오다雨我公田, 눈이 내리다雨雪其雰, 은혜가 두루 미침敎雨化風 등으로 쓰인다.

- 尙상은 八(여덟 팔)＋向(향할 향: 上)의 형성자로 위로 퍼져나가 <u>오히려</u>視吾舌尙在不, <u>~조차도</u>此句他人尙不可聞, 숭상하다不尙賢 使民不爭, 상문尙文 등으로 쓰인다.

- 況황은 水(물 수)＋兄(형 형)의 형성자로 가차되어 <u>하물며 ~겠습니까</u>死馬且買之 況生者乎, 하물며 ~의 경우에 있어서랴況於鬼神乎, 이에況也永歎, 견주다成名況乎諸侯로 쓰인다.

- 同동은 凡(무릇 범: 큰 그릇, 모두)＋口(입 구)의 회의자로 모두가 같은 말을 하다는 뜻으로 <u>한 가지</u>歲歲年年人不同, 동일同一, 모이다福祿攸同, 상응함附和雷同, 같이踏花同惜少年春, 동화同化, 화동和同 등으로 쓰인다.

- 失실은 手(손 수)에 옆에 획이 하나 그어져 손에서 무언가가 떨어지는 모습을 표현하여 <u>잃다</u>不失其序, 실수失手, 착오失禮, 실패失敗 등으로 쓰인다.

- 樂악은 나무木 받침대 위에 북과 방울 등 악기를 나타내는 상형자로 음악禮樂射御書數, 연주하다比音而樂之, 악기太師抱樂, <u>즐기다</u>可在樂生, 풍년樂歲粒米狼戾, 편안하다而民康樂, 좋아하다(요)知者樂水 仁者樂山로 쓰인다.

24장 • 불처 不處 : 처하지 않음

跂者는 不立이요 跨者는 不行이라
기 자   불립   과 자   불행

自見者는 不明하고 自是者는 不彰하며
자현자   불명   자시자   불창

自伐者는 無功하고 自矜者는 不長이니라
자벌자   무공   자긍자   부장

其在道也에 曰餘食贅行일새 物或惡之하나니
기 재 도 야   알 여 식 췌 행   물 혹 오 지

故로 有道者不處니라
고   유 도 자 불 처

까치발로 서있는 사람跂者은 (오래) 서있지 못하고不立, 가랑이를 한껏 벌리
고 걷는 자跨者는 (멀리) 가지 못한다不行.
스스로自를 드러내는 자見者는 밝게 드러나지 못하고不明, 스스로自 옳다고 주
장하는 자是者는 표창받지 못하고不彰, 스스로自 자랑하는 자伐者는 공을 인정
받지 못하고無功, 스스로自 교만한 자自矜者는 어른으로 추존되지 못한다不長.
이런 것其들은 도를 실행함에 있어在道也 찌꺼기 음식餘食이요 쓸데없는 행
동贅行이라고 말하니曰, 모든 사람들物이 혹或 그것들을 싫어할 듯하니惡之,
그러므로故 도를 체득한 자有道者는 이렇게 처신하지 않는다不處.

　22장과 연관(백서본에는 22장에 배치)되는 구절로 인위적인 조장助長 및 사
사로운 이상我相을 갖고 거기에 집착하는 데에서 나오는 폐해를 지적하
였다.
　까치발跂을 하고 발돋움쯔하여 서려는 것과 발 가랑이를 한껏 벌리고
걷고자 하는 것跨은 모두 인위적인 욕심에 의해, 스스로 그러한 자연의

도를 따르지 않는 것(넘어서려 하는 것)을 말한다. 나머지 구절들은 22장에서 나왔던 것의 반복이다.

- 跂기는 足(발 족)＋支(가를지→기)의 형성자로 육발이枝者不爲跂, <u>발돋움하다</u>吾嘗跂而望矣, 나아가다 등으로 쓰인다.
- 立립은 一(한 일)＋大(큰 대)의 회의자로 땅一 위에 팔을 벌리고大 <u>서 있는</u> 사람山立時行, 일어서다泵人立而啼, 확고히 서다三十而立, 이루어지다而后禮儀立, 출사하다賢者共立於朝 등으로 쓰인다.
- 跨과는 足(발 족)＋夸(자랑할 과)의 형성자로 <u>발을 높이 들고 타넘다</u>橫河跨海與天通, 두 넓적다리 사이能死刺我 不能出跨下, 자랑하다欲尊禮義以跨人, 걸터앉다跨馬로 쓰인다.
- 贅췌는 貝(조개 패)＋敖(놀 오)의 형성자로 <u>군더더기</u>라는 뜻으로 쓸모없다無用之贅言也, 말이 장황함問一告二 謂之贅, <u>행동이 온당하지 않다</u>餘食贅行, 잇다贅路在阼階面, 속하다具贅卒荒로 쓰인다..

25장 • 혼성混成 : 섞여서 이루어진 것

有物混成하니 先天地生이라
유물혼성   선천지생

寂兮寥兮여 獨立而不改하며 周行而不殆하니 可以爲天下母라
적혜료혜 독립이불개   주행이불태   가이위천하모

吾不知其名일새 字之曰道요 强爲之名曰大하나니
오부지기명   자지왈도   강위지명왈대

大曰逝요 逝曰遠이요 遠曰反이라
대왈서   서왈원   원왈반

故로 道大하고 天大하고 地大하고 王亦大하니
고   도대   천대   지대   왕역대

域中에 有四大호대 而王居其一焉이라
역중   유사대   이왕거기일언

人法地하고 地法天하고 天法道하고 道法自然이라
인법지   지법천   천법도   도법자연

혼연히混 이루어진成 어떤 무엇이 있는데有物, 천지보다 앞서先天地 생겨났다生.
(소리 없이) 고요함이여寂兮! (형체 없이) 텅 빔이여寥兮! 홀로獨 서서立而 변개
하지 않고不改 두루周 (모든 것에) 작용하되行而 위태롭지 않으니不殆, 천하(만
물)의 어머니天下母로 삼을 만하다可以爲.

나吾는 그것其의 이름名을 알지 못하여不知 자를 지어字之 말하길曰 '도道'라 하
고, 억지로强 명명하여爲之名 말하길曰 (무한하게) '크다大'고 한다.

(무한하게) 큰 것大을 일러曰 (끝없이) 흘러간다逝고 하고, (끝없이) 흘러가는
것逝을 일러曰 (아주) 멀리遠 (궁극窮極에) 도달한다고 하고, 아주 멀리遠 (궁극
에) 도달한 것을 일러曰 다시 (자기 자신으로) 되돌아온다反고 한다.

그러므로故 도道는 크고大, 하늘天도 크고大, 땅地도 크고大, 왕王 또한亦 크다大.
드넓은 지경(우주)域에 네四 가지 큼大이 있으니有, 왕王은 그其 하나를 차지
한다居.

사람人은 땅地을 본받고法, 땅地은 하늘天을 본받고法, 하늘天을 도道를 본받고法, 도道는 스스로 그와 같음自然을 본받는다法.

  말할 수 없는 도를 억지로 형언하고, 도와 천지 및 인간의 관계를 규정짓고 있다.
  먼저 우주론적인 차원에서 도의 본체와 그 작용을 정의했다. 도는 존재론적으로 천지보다 앞서며, 우리의 감관으로는 포착할 수 없는 형이상자이다. 도는 상대성을 초월하는 절대絶對이며獨立而不改, 존재하는 모든 것에 두루 작용하면서도 상대적인 만물과 다투지 않기周行而不殆 때문에, 천하 만물의 어머니라고 할 만하다可以爲天下母.
  도는 고정된 어떤 형상을 지닌 무엇固有이 아니기 때문에, "그것은 무엇이다"고 명명(개념화)할 수 없기에, 자字를 지어 억지로 도라고 부른다. 도는 모든 것을 포용하고大, 모든 것에 작용하며逝, 궁극窮極(遠)이며, 자기 자신으로 되돌아온다反. 도는 만물의 근원이고, 천天(一+大)은 만물을 전부 덮는 주고, 지地는 만물을 전부 싣는載 작용을 상징하므로 지극히 크다. 왕王 또한 천지天地(二)의 계승자+이기에, 천지가 크듯, 왕 또한 크다. 나아가 천·지·인으로 대표되는 삼재三才는 같은 뿌리同根인 도에서 나왔기 때문에, 도를 본받아法 도에로 복귀하여 스스로 그와 같이自然 자기自己·자유自由·자재自在·자화自化한다.

한자 해설

• 物물은 牛(소 우)+勿(말 물)의 형성자로 다양한 색의 얼룩소三+維物에서 전의되어 천지간의 모든 것, 만물品物流行, 외적 대상(外境: 人心之感於物也)로 쓰인다. 유물혼성有物混成의 물物은 형체를 지닌 어떤 것有이 아니라, 비록 형체는 없지만 천지만물을 화생化生하기 때문에 단순히 <u>무無라고 말할 수 없어</u> 어떤 무엇이라 했다.
• 混혼은 水(물 수)+昆(형 곤)의 형성자로 물에 <u>뒤섞여 흐린 모양</u>(『설문』), <u>합치다</u>混而爲一, 혼용混用, 혼돈混沌, 혼란混亂 등으로 쓰인다.

- 寂적은 宀(집 면)＋叔(아제 비 숙→적)의 형성자로 적막寂寞하다, 적적성성寂寂惺惺, 고요하다, 열반入寂으로 쓰인다. 寂은 소리 없음이다.
- 寥료는 宀(집 면)＋翏(높이 날 료)의 형성자로 텅 비다寥闊, 쓸쓸하다寂寥, 하늘騰駕碧寥로 쓰인다. 翏는 형체 없음을 말한다.
- 改개는 己(자기 기)＋攴(칠 복)의 회의자로 자기의 과오를 뉘우쳐 회초리로 치는 것으로 새롭게 고치다改革, 회개悔改, 바로잡다過則勿憚改, 개정改正으로 쓰인다.
- 周주는 논밭의 둘레를 그린 상형자로 둘레周圍, 두루知周於萬物, 주유천하周遊天下, 돌다周忌, 도움周急不繼富, 친하다周仁, 지극하다雖有周親 不如仁人 등으로 쓰인다.
- 殆태는 歹(뼈 부서질 알)＋台(별 태)의 형성자로 위태하다晉有三不殆, 거의此殆空言로 쓰인다.
- 名명은 어스름한 어둠夕 속에서 자신의 존재를 소리ㅁ로 알린다는 뜻으로 이름姓李氏 名耳 字伯陽, 성명姓名, 명명命名 등으로 쓰인다.
- 道도는 辵(갈 착: 방법)＋首(머리 수: 목표, 궁극)의 회의자인데, 형상을 지닌 어떤 하나의 사물(器: beings, 形而下者謂之器)이 아니라, 천하 만물의 어머니로서 형이상자形而上者謂之道이다. 따라서 도란 형상을 지닌 사물의 속성을 기술하는 언어로써, "그것은 어떠하다"고 설명할 수 없다. 또한 도란 형이하의 사물이 지닌 본질(개념, 자체동일성)로도 정의할 수 없기 때문에, 사물을 지칭하는 이름名으로 명명할 수 없다. 원리적으로 어떠하다고 설명하거나 무엇으로 명명할 수 없지만, 일반인들을 위해 방편으로 환기시킬 필요가 있기 때문에 노자는 '자'를 지어 임시적으로 도字之曰道라고 한다.
- 字자는 宀(집 면)＋子(아들 자)의 형성자로 집에서 자식을 가지다女子貞不字, 결합하여 만들어진 글자文字, 본명 외에 부르는 이름 등으로 쓰인다.
- 大대는 양팔을 벌린 사람의 상형자로 크다四大, 많다大家, 고귀하다畏大人, 훌륭하다子曰大哉問. 여기서 '크다大'는 것은 높아서 그보다 위가 없고, 총망라해서 그 밖이 없어 포용하지 않음이 없음을 말한다.

- 逝서는 辵(쉬엄쉬엄 갈 착)＋折(꺾을 절: 손에 도끼로 잡고 자르다)의 회의자로 길이 끊어지다, (인생이라는 길이 끊어져) 삶을 다하다, 가다雖不逝今可奈何, 시간이 가다日月逝矣 歲不我延, 떠나가다龍俛耳低尾而逝, 영원히 가다逝去의 뜻이다.
- 遠원은 辶(쉬엄쉬엄 갈 착)＋袁(옷 길 원)의 회의자로 길이 매우 멀다, 오래되다, 심원하다의 뜻이다.
- 反반은 어떤 물건을 손으로 뒤집다, 돌이키다, 되돌아가다, 반복反復하다, 뒤엎다, 배반하다, 등으로 쓰인다.
- 域역은 土(흙 토)＋或(혹시 혹)의 형성자로 국가以保爾域의 강토로서 지경疆之仁壽之域, 區域, 경계 짓다域民不以封疆之界로 쓰인다. 여기서는 우주를 말한다.
- 王왕은 三(석 삼)＋丨(뚫을 곤)의 지사문자로 천지인을 관통하는 지배자, 천자, 크다春獻王鮪 등으로 쓰인다.
- 居거는 尸(주검 시)＋古(옛 고)의 형성자로 예늄로부터 조상 대대로 기거寄居, 거주居住하다, 차지하다, 평소居則曰 不吾知也, 다스리다士居國家 등으로 쓰인다.
- 人인은 서 있는 사람의 상형자로 천지만물 가운데에 가장 신령스런 존재惟人萬物之靈이다.
- 法법은 水(물 수: 수평, 공평)＋廌(해태 치: 닿기만 해도 그 죄상을 아는 영험한 짐승)＋去(갈 거)의 회의자로 죄를 공평하게 알아 죄 있는 자를 제거하는 형법惟作五虐之刑曰法, 법령利用刑人 以正法也, 제도遵先王之法, 도리法者 天下之程式, 모범으로 본받다行爲世爲天下法는 뜻이다.
- 地지는 土(흙 토)＋也(어조사 야)의 형성자로 만물을 생성하는 대지大地, 지기地祇, 바탕墨書粉地으로 하늘과 짝을 이루며, 만물의 공간성을 이루어주는 계기를 말한다.
- 天천은 단적으로 하나의 큰 존재(一＋大)로서 그 자체 내에 하늘과 땅(二), 그리고 사람人까지 포함한다. 그렇지만 노자에게서 도의 하위개념無名天地之始으로 지地(공간)와 짝을 이루고, 만물의 시간성을 형성하는 계기로서 만물의 양의 측면을 지시한다.

26장 · 치중輜重 : 무거운 짐

重爲輕根이요 靜爲躁君이라
중 위 경 근   정 위 조 군

是以로 聖人은 終日行호대 不離輜重하며 雖有榮觀이나 燕處超然이니라
시 이 성 인 종 일 행   불 리 치 중   수 유 영 관   연 처 초 연

奈何萬乘之主가 而以身輕天下리요 輕則失本하고 躁則失君이니라
나 하 만 승 지 주   이 이 신 경 천 하   경 즉 실 본   조 즉 실 군

무거움重은 가벼움輕의 뿌리根가 되고爲, 고요함靜은 시끄러움躁의 군주君가
된다爲.

이런 까닭是以으로 성인聖人(군자君子)은 종일終日토록 행군行하되 (양식을 실은)
무거운 짐수레輜重(도 혹은 본분)를 떠나지 않으며不離, 비록雖 영화롭게榮 보이는
것觀이 있더라도有 한가롭게 처하면서燕處 초연超然한 것이다.

어찌奈何 만승의萬乘之 군주主가 되어서以而 천하天下에서 가볍게輕 처신身할
수 있겠는가? 경솔하면輕則 뿌리本를 잃고失, 시끄러우면躁則 군주君의 지위
를 잃는다失.

　천자天子가 정치를 시행하는 요체를 설명하였다.

　먼저 무거움重과 가벼움輕을 대비시켰는데, 무거운 대지大地가 가벼운
만물을 싣고 있다는 점에서 그 뿌리가 된다. 또한 무거운 것은 아래로,
가벼운 것은 위로 올라가 뜬다는 점에서 무거움이 가벼움의 뿌리라 할
수 있다. 여기서 무거움은 천자天子의 본분本分을, 가벼움은 천자로서 누
릴 수 있는 부귀공명富貴功名을 말한다.

　그리고 고요함靜과 시끄러움躁을 대비시키고, 고요함이 시끄러움의 지
배자라고 했다.

　다음으로 도를 체득한 정치적 군주(성인, 군자)의 임무를 말했다. 마지막

으로 천자(만승지주)가 자신의 부귀공명에 도취되어 경거망동하면 자신의
본분을 잃게 되며, 어지럽게 형정과 금령을 내어 민심을 시끄럽게躁 하
면, 군주로서의 지위를 잃게 된다고 경고했다.

- 重중은 東(동녘 동)＋人(사람 인)의 회의자로 등에 짐楚重至于郢을 진 사람으로 무겁다寒谷梨當重, 소중所重, 중용重用, 중후重厚하다 등으로 쓰인다.

- 輕경은 車(수레 차)＋巠(물줄기 경)의 회의자로 수레가 가볍게 지나가다輕車銳騎는 뜻으로 가볍다秋庭暮雨類輕埃, 경중輕重, 경공업輕工業 경솔輕率하다, 깔보다益輕季氏 등으로 쓰인다.

- 靜정은 靑(푸를 청: 고요함)＋爭(다툴 쟁: 쇠뿔을 쥐고 다툼)의 회의자로 소란스런 싸움이 끝난 이후의 소강상태로 고요하다至靜而德方, 정숙靜肅, 맑다靜其巾羃 등으로 쓰인다.

- 躁조는 足(발 족)＋喿(떠들썩할 소)의 회의자로 발을 분주하게 움직여 떠들썩함動搖躁躁, 조급躁急하다言未及之而言 謂之躁, 움직이다人主靜漠而不躁, 거칠다躁者皆化而愨로 쓰인다.

- 君군은 尹(벼슬 윤)＋口(입 구)의 회의자로 신장을 손에 잡고 의례를 행하거나 정사를 관장하는 군주君哉 舜也, 영지의 소유자樹后王君公, 봉호封號(忠寧大君), 어진이君子 등으로 쓰인다.

- 輜치는 車(수레 거)＋甾(꿩 치)의 형성자로 군량을 나르는 짐수레, 수레의 짐으로 군수품輜重, 수레의 총칭雲輜蔽路으로 쓰인다. 여기서 '치중輜重(군수품軍需品)'은 군주가 무위의 정치를 시행하는 도구의 뿌리根가 되는 도를 상징한다.

- 榮영은 木(나무 목)＋冖(덮을 멱)＋火(불 화)의 회의자로 여러 개의 횃불을 나타내어 밝다, 영예仁則榮, 영화榮華, 꽃이 피다半夏生 木槿榮, 번영繁榮, 집雖有榮觀 등을 말한다.

- 觀관은 雚(황새 관)＋見(볼 견)의 형성자로 황새처럼 넓게 보다不知務內觀, 드러내다以觀欲天下, 경관背湖山之觀, 살펴보다予欲觀古人之象로 쓰인다. 영

관榮觀은 호화로운 볼거리, 즉 군주에 뒤따르는 호화롭고 사치스런 물질적 향유를 뜻한다.

- 奈나는 木(나무 목)+示(보일 시)의 회의자로 가차되어 어찌奈何君去魯國之社稷, 어떻게 하여爲之奈何, 어찌 ~하는가奈何憂崩墜乎로 쓰인다.

- 何하는 人(사람 인)+可(가할 가)의 회의자로 괭이를 맨 사람何校滅耳을 의미했지만, 가차되어 의문사且許子何不爲陶冶, 감탄사何其多能也로 쓰인다.

- 燕연은 상형자로 제비(=玄鳥, 燕燕于飛), 잔치饗宴, 편안하다或燕燕居息, 함부로 대하다燕朋逆其師, 예쁘다燕婉之求, 즐겁게 하다悉率左右 以燕天子로 쓰인다. 연처燕處는 '연거燕居'로서 한가로이 기거함을 말한다.

- 超초는 走(달릴 주)+召(부를 소→초: 높이 올라가다)의 형성자로 부름 빨리 나아가다超旣離乎皇波, 초월楚越, 초탈超脫, 뛰어넘다挾泰山以超北海로 쓰인다. 초연超然은 물욕을 초탈하여 흔들리지 않음이다. 도에 자족하며 물욕에 흔들리지 않음을 나타낸다.

- 乘승은 큰大 나무木 위에 발을 벌리고 올라선 사람을 그렸는데, 고대의 병거兵車이다. 만승지국萬乘之國은 병거 만대를 지닌 국가로 천자의 국가를 말한다.

- 主주는 王(임금 왕)+丶(점 주)의 상형자로 본래 촛대(심지)를 그린 것이었지만, 가차되어 주인主客, 주되다主從, 主力, 主宰, 주체主體, 임금主倡而臣和 主先而臣從로 쓰인다.

- 本본은 나무의 뿌리昌本, 밑동枝大於本, 근본皆以修身爲本, 근원不知其本, 바탕張本, 본성必反其本, 조상報本反始 등으로 쓰인다.

27장 · 습명襲明: 밝음의 계승

善行은 無轍跡하고 善言은 無瑕謫하고 善計는 不用籌策하며
선 행　무 철 적　　선 언　무 하 적　　선 수　불 용 주 책

善閉는 無關鍵而不可開하며 善結은 無繩約而不可解라
선 폐　무 관 건 이 불 가 개　　선 결　무 승 약 이 불 가 해

是以로 聖人은 常善救人일새 故無棄人하며
시 이　성 인　상 선 구 인　　고 무 기 인

常善救物일새 故無棄物하나니 是謂襲明이니라
상 선 구 물　　고 무 기 물　　시 위 습 명

故로 善人者는 不善人之師하고 不善人者는 善人之資라
고　선 인 자　불 선 인 지 사　　불 선 인 자　선 인 지 자

不貴其師하고 不愛其資하면 雖智나 大迷니 是謂要妙이니라
불 귀 기 사　　불 애 기 자　수 지　대 미　시 위 요 묘

가장 훌륭한善 행行군은 지나간 자취轍跡(바퀴자국)를 남김이 없고無, 가장 잘善 하는 말言은 나무랄 것瑕謫이 없고無, 가장 잘善 하는 셈計은 계산기籌策를 사용하지 않고不用, 가장 잘善 닫은 것閉은 빗장關鍵이 없어도無而 열開 수 없고不可, 가장 잘善 묶은 것結은 새끼줄로 묶지繩約 않아도無而 풀解 수 없다不可.

이런 까닭으로是以 성인聖人은 항상常 사람들人을 잘善 구제救하기 때문故에 버려지는棄 사람人이 없고無, 항상常 만물物을 잘善 구제救하므로 버려지는棄 사물物이 없느니無, 이를를 일러謂 밝음明을 잇는다襲고 한다.

그러므로故 잘 하는 사람善人者(선한 사람)은 잘 하지 못하는 사람(악한 사람)의不善人之 스승師이요, 잘 하지 못하는 사람不善人者은 잘하는 사람이 될 자질善人之資을 지니고 있다.

그其 스승師을 귀貴감으로 삼지 않고不, 그其 자질資을 아끼지愛 않으면不, 비록雖 지혜智롭다고 하더라도 크게大 미혹迷되니, 이를是 일러謂 (도를 체득하는) 요체要의 오묘함妙이라고 한다.

자연의 도를 체득한 성인의 '천의무봉天衣無縫'의 경지에 대해 묘사하였다.

도를 체득한 사람은 고위로 무엇을 만들거나 베풀지 않고, 오직 도에 따르므로, 어디에도 막힘이 없다. 그리고 도에 따르는 성인은 인간과 만물의 타고난 본성을 억지로 조작하지 않고, 그 본성 그대로 실현하도록 무위로 잘 구제한다.

세상 사람들은 머리를 짜내어 관건을 설치하지만 …… 관건이 갖추어지면 또한 이를 부수는 자가 있기 마련이다. 옛날에 마음을 갖고 조작하여 간계를 써서 승부를 지어낸 자는 모조리 지고 말았다. 하지만 성인은 분별을 버리고 자연의 흐름에 따르면서, 온갖 생명을 그대로 놓아둔다. 도는 은밀하여 그물을 설치하지 않더라도, 만물을 달아나지 못한다天網恢恢 疎而不失(73장). 이것이 잘 닫는 것으로 천하의 어느 누구도 파괴할 수 없다는 것이다. 따라서 빗장이 없어도 열지 못한다는 것이다. 〈감산〉

한자 해설

- 善선은 『설문』에서 "길吉한 것이다. 두 개의 언言 자와 양羊이 합쳐진 것으로 의義 및 미美와 뜻이 같다."고 했다. 착하다闇—善言 見—善行, **좋다** (아름답다, 훌륭하다, 상서롭다, 상쾌하다, 긴밀하다, 솜씨가 좋다), 최선最善, 선의善意, 개선改善, 위선僞善, 좋아하다施民所善, 잘하다惟截截善諞言로 쓰인다. 선善은 모두 단순히 '착하다'는 뜻이 아니라, 가장 잘 하다最上는 뜻이다.

- 行행은 왼 발(彳: 조금 걸을 척)과 오른 발이 교차하는 모습으로 걷다入山行木 毋有斬伐, **행군**行軍하다, 돌다日月運行, 유행流行, **흐르다**水逆行, 행함吾無所行而不與二三子者, 행동行動, 행실行實, 도로行有死人 등으로 쓰인다.

- 轍철은 車(수레 거)+徹(통할 철)의 형성자로 **수레바퀴** 자국跨中州之轍迹, 당랑거철螳螂拒轍, 전철前轍, 옛날의 법도總會舊轍 創立新意를 말한다.

- 跡적은 足(발 족)+亦(또 역)의 형성자로 **발자국**足跡, **종적**踪跡, **흔적**畵空而尋跡, 필적筆跡, 추적追跡 등으로 쓰인다.

- 瑕하는 玉(구슬 옥)+叚(빌 가)의 형성자로 옥의 티瑕不揜瑜, 審乎無瑕, **하자**瑕

疵, 멀다不瑕有害로 쓰인다.

- 謫적은 言(말씀 언)＋啇(밑동 적)의 형성자로 말로써 꾸짖다國子謫我, 잘못, 귀양 가다謫守巴陵郡, 벌하다謫戍之衆로 쓰인다. 하적瑕謫이란 시비를 분별하여 허물을 꾸짖는 것을 말한다.

- 計계는 言(말씀 언)＋十(열 십)의 회의자로 숫자使領郡錢穀計를 말하여 헤아림命司農計耦耕事, 계산計算 산술學書計, 회계會計, 총계總計, 설계設計, 비교조사하다前後三考而黜陟命之 日計로 쓰인다.

- 籌주는 竹(대 죽)＋壽(목숨 수→주)의 형성자로 셈하는 댓가지로 산대箭籌八十, 주책籌策, 주산籌算, 세다豫籌其事, 계책非經國遠籌也를 말한다.

- 閉폐는 門(문 문)＋才(재주 재)의 형성자로 문에 빗장을 채워 닫다開閉, 폐쇄閉鎖, 단절함予不敢閉於天降戚用, 자물쇠修鍵閉, 도지개竹閉緄縢로 쓰인다.

- 策책은 竹(대 죽)＋朿(가시 자)의 형성자로 대竹로 만든 채찍君車將駕 則僕執策立于馬前, 채찍질하다策其馬曰 非敢後也 馬不進也, 계책計策(此勝之一策也), 대책對策, 비책秘策, 책闔玉策於金縢로 쓰인다. 주책籌策은 주산珠算 즉 셈하는 도구를 말한다.

- 關관은 門(문 문)＋絲(실 사)의 회의자로 문의 빗장善閉無關楗而不可開, 관문關門, 잠그다城郭不關, 관건關鍵, 관여關與하다, 걸다萬曲不關心로 쓰인다.

- 鍵건은 金(쇠 금)＋建(세울 건)의 형성자로 열쇠修鍵閉, 비녀장六藝之鈐鍵, 건반鍵盤 등으로 쓰인다. 관건關鍵은 문을 닫는 나무된 기구로 빗장을 말하는데, 가로대를 관關이라 하고, 세로대를 건鍵이라 한다.

- 開개는 門(문 문)＋廾(두 손으로 받들 공)＋一(가로획)의 회의자로 문의 빗장을 두 손으로 열다善閉 無關楗而不可開, 개방開放, 개통開通, 만개滿開, 개간開墾하다, 개진開陳하다, 해설하다特作文言 以開釋之, 놓아주다開釋無辜로 쓰인다.

- 結결은 糸(가는 실 사)＋吉(길할 길)의 형성자로 실로 묶어 매듭帶有結을 짓다上古結繩而治, 결론結論, 결실結實, 거두다德車結旌, 열매를 맺다花落實結, 결과結果 등으로 쓰인다.

- 繩승은 糸(가는 실 사)＋蠅(맹꽁이 승)의 형성자로 실로 만든 노끈, 새끼繩索之貫, 捕繩, 繩墨, 결승문자結繩文字, 묶다繩檢之, 먹줄背繩墨而追曲今, 헤아리

126

다以繩德厚, 훈계하다繩其祖武, 끝없는 모양繩繩不可名로 쓰인다.

- 約약은 糸(가는 실 멱)＋勺(구기 작)의 실타래를 묶는 것纏束之으로 묶다約之閫閫, 약례約禮, 약속大信不約, 검약以約失之者 鮮矣, 요약盃施舍守約也, 곤궁不可以久處約 등으로 쓰인다.

- 救구는 求(구할 구)＋攴(칠 복)의 구하도록 돕다救護, 구제救濟하다救荒, 구난救難, 고치다是救病而飮之以菫也, 막다女弗能救與로 쓰인다.

- 棄기는 양손(八←廾)에 쓰레받기를 들고 내버림廢棄, 폐함棄稷不務, 방기放棄 등으로 쓰인다.

- 襲습은 龍(용 용)＋衣(옷 의)의 회의자로 용무늬를 그린 옷乃襲三稱으로 수의壽衣를 말했지만, 인신하여 예고 없이 엄습하다齊侯襲莒, 기습奇襲, 계승하다, 받다故襲天祿, 인습因襲, 세습世襲, 종전대로 따르다卜筮不相襲也로 쓰인다. 도는 만물을 화생化生시키면서 항상 스스로 그와 같다常自然. 이러한 도를 자각적으로 체득한 성인 또한 만물을 화생시키면서, 항상 본래의 자기동일성을 유지하는데, 이를 '습명襲明'이라고 한다.

- 師사는 堆(흙을 모아서 쌓을 퇴)＋帀(둘러칠 잡)의 형성자로 여러 지식을 모아 온고지신溫故知新한 스승百世之師, 사표師表, 사범師範, 전문적인 기예를 닦은 사람畫師, 스승으로 삼다師範, 군사出師表 등으로 쓰인다.

- 資자는 貝(조개 패)＋次(버금 차→자)의 형성자로 재화喪亂蔑資, 자본受資於上而祠之, 자산資産, 자질資質, 돕다堯何以資汝, 취하다萬物資始, 의지하다資此夙知, 도움不善人善人之資, 바탕又有能致之資로 쓰인다.

- 迷미는 辶(갈 착)＋米(쌀 미)의 형성자로 헷갈리다先迷後得, 미망迷妄, 혼미昏迷, 미혹迷惑되다로 쓰인다.

- 要요는 여자가 손을 허리腰에 대고 서 있는 모양으로 허리는 몸에서 중요重要하다, 요체要諦, 허리에 감다解玉佩 以要之, 허리띠要之襋之, 요구要求하다以要人爵, 모으다要其節奏, 통괄하다要之以仁義爲本, 잠복하여 노리다將要而殺之, 조사하다盃蔽要囚, 이루다僮予要女, 근본先王有至德要道, 생략하다辭尙體要, 요컨대要自胷中無滯礙로 쓰인다. 요묘要妙는 도를 체득하는 요체의 오묘함 혹은 정미精微·오묘奧妙함을 의미한다.

28장 · 상덕常德: 항상된 덕

知其雄하고 守其雌하면 爲天下谿이니
지 기 웅　　수 기 자　　위 천 하 계

爲天下谿일새 常德이 不離하야 離歸於嬰兒니라
위 천 하 계　　상 덕　불 리　　부 귀 어 영 아

知其白하고 守其黑하면 爲天下式이니
지 기 백　　수 기 흑　　위 천 하 식

爲天下式일새 常德이 不忒하야 復歸於無極이니라
위 천 하 식　　상 덕　불 특　　부 귀 어 무 극

知其榮하고 守其辱하면 爲天下谷이니
지 기 영　　수 기 욕　　위 천 하 곡

爲天下谷일새 常德이 乃足하야 復歸於樸이니라
위 천 하 곡　　상 덕　내 족　　부 귀 어 박

樸散則爲器니 聖人이 用之하야 則爲官長이라
박 산 즉 위 기　성 인　용 지　　즉 위 관 장

故로 大制는 不割이니라
고　 대 제　불 할

그其 수컷雄을 알면서도知 그其 암컷雌을 지키면守 천하天下의 계곡谿이 되니爲, 천하天下의 계곡谿이 되면爲 상덕常德이 떠나지 않아不離, 다시復 어린아이로於嬰兒 돌아간다歸.

그其 밝음明을 알면서도知 그其 어두움黑을 지키면守 천하天下의 법식式이 되니爲, 천하天下의 법칙式이 되면爲 항상된 덕常德이 어긋나지 않아不忒 다시復 무극에로於無極 돌아간다歸.

그其 영화스러움榮을 알면서도知 그其 욕辱됨을 지키면守 천하天下의 골짜기谿가 되니爲. 천하天下의 골짜기谿가 되면爲 상덕常德이 이에乃 갖추어져足, 다시復 통나무에로於樸 돌아간다歸.

통나무樸(=도)가 흩어 나누어져散 그릇器(만물)이 되니爲, 성인聖人이 그것之을 사용用하여 백관의 우두머리官長로 삼았다爲.

그러므로故 위대한 마름질大制은 자르지 않는 것不割이다

　상대성(자웅, 흑백, 영욕)을 상반하여 근본으로 되돌아가는 도의 작용(상덕
常德)을 설명하고, 도와 합일하는 방법에 대해 설명하였다.

　움직임의 이치(수컷)를 알고 고요함(암컷)의 지키면, 즉 나아감과 물러섬
이 시의時宜에 부합하면, 마치 계곡에 온갖 물이 모여들 듯이 천하 사람
들이 감응하여 귀속한다. 분별적인 앎(밝음)을 두루 관통하고 무분별적
혼돈의 근본(어두움)을 지킬 수 있다면, 천하 사람들의 모범이 된다. 천하
사람들의 모범이 되면 상덕에 어긋나지 않게 되고, 상덕에 어긋나지 않
으면 도에 복귀하게 된다.

　통나무는 참眞이다. 참이 깨져서 거기서 온갖 행실이 나오고 갖가지 유類가
생겨나는데, 그릇器이 만들어지는 것과 같다. 성인은 그것이 나뉘고 깨어
지는 것으로 말미암아 그것들로 관장을 세운다. 그리하여 착한 자들을 스
승으로 삼고, 착하지 못한 자들을 바탕으로 삼아, 풍속을 바꾸고 다시 하나
道로 돌아가게 한다. 〈왕필〉

한자 해설

- 知지는 口(입 구)＋矢(화살 시)의 형성자로 화살矢이 과녁을 꿰뚫듯 본질을
  파악하여 말口할 수 있는 능력을 지니고 있음으로 지식知識, 지능知能,
  앎是非之心 知之端 등으로 쓰인다.
- 雄웅은 隹(새 추)＋宏(클 굉)의 형성자로 새의 수컷誰知烏之雌雄, 짐승의 수
  컷雄狐綏綏, 이기다願與漢王挑戰決雌雄, 뛰어남韓信是雄, 씩씩하다是寡人之雄也
  로 쓰인다. 여기서 '수컷雄'은 양陽의 측면으로 적극적·능동적인 움직
  임動을 상징한다.
- 雌자는 隹(새 추)＋此(이 차)의 형성자로 새의 암컷誰知烏之雌雄, 짐승의 암
  컷雌兔眼迷離, 여성孀雌憶故雄, 지다願與漢王挑戰決雌雄 등으로 쓰인다. 여기서

암컷雌이란 음陰의 측면으로 소극적 · 수동적인 고요함靜을 상징하며 고요함 가운데에 온갖 움직임의 묘리妙理를 갖추고 있다.

- 谿계는 奚(어찌 해)＋谷(골 곡)의 형성자로 시내種藥老谿澗, 계곡谿谷, 텅 비다 등으로 쓰인다. **왕필**: 계곡谿이란 텅 비고 낮으나 온갖 흐름들이 모여들었다가 다시 흘러 내려가는 곳으로 '늘 윤택하여 마르지 않는 것'을 상징한다.

- 白백은 촛불 혹은 햇빛이 위로 비추는 모양으로 희다猶白之謂白與, 백색白色, 결백潔白, 흰빛(西, 金, 震, 肺, 喪), 명백明白 등으로 쓰인다. 여기서 白은 훤하게 밝게 아는 상태를 말한다.

- 黑흑은 불에 그슬린 색깔로 검다轉老而少黑髮更生, 흑색黑色, 마음이 검다心不染黑, 흑심黑心, 어둡다日黑 大風起天, 나쁜 것黑白論理, 붉은 기장黍日黑 등으로 쓰인다. 여기서 흑黑(어두움)은 아무것도 모르는 무분별의 무지無知 상태를 말한다.

- 式식은 工(장인 공: 공구, 표준)＋弋(주살 익→식)의 형성자로 표준爲天下式, 격식格式, 법식法式 형식形式, 의식儀式, 공식公式 등으로 쓰인다.

- 忒특은 心(마음 심)＋弋(주살 익→특)의 형성자로 주살이 어긋나듯 마음이 변하다享祀不忒, 어긋나다四時不忒, 의심하다其儀不忒로 쓰인다.

- 極극은 木(나무 목)＋亟(빠를 극)의 형성자로 본래 집의 맨 위쪽 용마루夫妻臣妾登極, 궁극窮極, 극한極限, 북극北極, 극동極東, 이르다駿極于天, 중정莫匪爾極, 황극皇極, 인극人極, 북극성極建中央, 바로잡다王國來極로 쓰인다.

- 辱욕은 辰(별 신: 농기구)＋寸(마디 촌: 손)의 회의자로 밭일처럼 힘들다는 뜻으로 욕吾幽囚受辱, 욕을 보다曩者辱賜書 教以順於接物, 치욕恥辱, 인욕忍辱, 욕보이다不辱其身 不羞其親, 더럽히다大白若辱, 잃음寵辱若驚으로 쓰인다. 여기서 영榮이 부귀영화 등과 같은 사람들이 좋아하는 것이라면, 욕辱은 빈천貧賤 등과 같이 사람들이 싫어하는 것을 상징한다.

- 足족은 무릎에서 발끝을 나타내는 상형자로 발(족), 뿌리, 근본, 넉넉하다, 만족滿足 · 충족充足하다, 지나치다(주)등으로 쓰인다.

- 樸박은 木(나무 목)＋業(번거로울 복→박)의 형성자로 통나무堯樸楠不斷, 본래

의若馭樸馬, 다듬다旣勤樸斲, 순박함民敦而俗樸, 질박하다素車之乘 尊其樸也, 총생하다林有樸樕로 쓰인다. 樸은 아직 그릇으로 나누어지기 이전의 질박한 상태로 만물을 낳는 도를 상징한다(28장의 樸散則爲器, 32장 道常無名 樸雖小, 37장 無名之樸 참조).

• 散산은 㪔(흩어지다 산: 마를 두드려 폄)＋月(육달 월)의 회의자로 고기를 다지는 모습에서 흩다風以散之, 흩어지다財聚則民散, 산만散漫, 혼비백산魂飛魄散, 문체 이름散文 등으로 쓰인다.

• 官관은 宀(집 면)＋阜(언덕 부)의 회의자로 높은 곳에 지어진 집을 말했지만, 후에 벼슬(자리), 관청, 관리官吏, 관직官職, 임관任官하다, 섬기다 등으로 쓰인다.

• 制제는 刀(탈 도)＋末(끝 말: 木＋一)의 회의로 칼로 나무를 마르다巧工之制木也, 裁制, 제조하다制彼裳衣, 제도制度, 제작制作, 법제法制, 다스리다制空權, 임금의 말制詔, 절제하다制節謹度, 전제專制로 쓰인다.

• 割할은 害(해칠 해)＋刀(칼 도)의 회의자로 칼刀로 베어 해친다𡍥는 뜻으로 나누다割據, 부할分割, 할부割賦, 가르다割腹, 해치다湯湯洪水方割, 불행天降割於我家, 비율三割 등으로 쓰인다.

29장 · 자연 自然: 스스로 그리함

將欲取天下而爲之인댄 吾見其不得已니
장 욕 취 천 하 이 위 지   오 견 기 부 득 이

天下는 神器라 不可爲也이니 爲者는 敗之하고 執者는 失之니라
천 하 신 기 불 가 위 야 위 자 패 지 집 자 실 지

故로 物或行或隨하고 或歔或吹하고 或强或羸하고 或載(挫)或隳하나니
고 물 혹 행 혹 수 혹 허 혹 취 혹 강 혹 리 혹 재 (재) 혹 타

是以로 聖人은 去甚하고 去奢하고 去泰니라
시 이 성 인 거 심 거 사 거 태

만일 장차將 천하天下를 취取하고자 욕망하여欲 인위로 시도하는 자가 있다면爲之, 나吾는 그其가 얻지 못함不得을 볼見 따름己이다.

천하天下는 신묘한 그릇神器이라, 인위爲로 취할 수 없다不可也. (천하를 취하고자) 인위하는 자爲者는 패하고敗之, 천하之를 잡은 자執者는 잃는다失.

그러므로故 만물物은 혹或 (앞서) 나아가다가行 혹或 뒤로 처지고隨, 혹或 들어왔다가歔 혹或 나가고吹, 혹或 강强하다가 혹或 파리해지고羸, 혹或 올라탔다가載 혹或 떨어지니隳,

그러므로是以 성인聖人은 극심한 것甚을 버리고去, 사치스러움奢을 버리고去, 교만함泰도 버리느니라去.

천하는 신묘한 기물이기 때문에 작위로 취할 수 없다고 말하며, 성인은 무위로 세상에 나아갈 뿐 극단에 도달하려고 하는 과도한 욕심을 부리지 않는다고 지적하였다.

무릇 극에 도달하면 되돌아오는 것이 자연의 흐름이기 때문에, 어리석게 과욕을 부려 지나침을 추구하지 말아야 한다. 앞섬과 뒤따름行－隨, 숨을 들여 마심과 내심歔－吹, 강함과 파리함强－羸, 올라탐과 떨어짐載－隳, 강함과 꺾임强－剉 등은 밤과 낮처럼 상반되지만 전화하는 자연의 보

편적인 흐름이다. 심甚·사奢·태泰는 모두 과도하게 지나친 것을 나타
낸다. 심甚은 음식과 같은 오관의 기호를 지나치게 추구하는 것이며, 사
奢는 의복 등 기호품에 지나치게 사치함을 말하며, 태泰는 주거지를 지나
치게 크고 화려하게 하려는 것을 말한다. 이런 지나침을 추구하는 욕심
을 버리고, 허정虛靜함으로써 도에 귀일할 수 있다.

- 己이는 巳를 거꾸로 한 자형으로 양기陽氣가 나서 음기陰氣가 숨는다는
  데서, 그침을 뜻한다. 그치다雞鳴不己, 이미漢皆已得楚乎, 물리치다三己之,
  매우不然則已慤, 조금 있다가已而有娠, 낫다疾乃遂已, 반드시已然諾, 어조사
  등으로 쓰인다. '부득이不得已'에서 득得은 '능能하다'는 뜻이며, 이己는
  어조사로 '따름이다'는 뜻이다.
- 神신은 示(보일 시)＋申(펼 신: 번개)의 회의자로 본래 하늘의 신(번개)이었지
  만, '펴다伸'로 가차되었는데, 示를 더하여 신이나 신령神靈, 귀신鬼神,
  평범하지 않는 것, 신비神秘, 신성神聖, 정신精神 등의 용어가 나왔다.
- 器기는 여러 기물口을 개犬가 지키고 있는 형상으로 관직, 등급, 사람
  의 자질을 나타내고, 형이상의 도에 대비되는 형이하의 사물形而下者謂
  之器을 나타낸다. 왕필: 신기神器에서 신神은 형체나 방위가 없다無形無方,
  기器는 여러 가지가 합해져서 이루어졌음合成을 뜻한다. 천하란 형체가
  없는 여러 가지가 합해져서 이루어진 신기神器로서 하나의 물건이긴
  하지만, 인위적으로 취 수 없다.
- 敗패는 貝(조개 패←鼎: 솥 정)＋攵(칠 복)의 형성자로 신성한 솥을 깨뜨리
  다, 무너지다敗頹. 패배敗北하다, 부패腐敗하다 등의 뜻이다.
- 隨수는 辵(쉬엄쉬엄 갈 착)＋墮(떨어질 타)의 형성자로 따라가다行而無隨 則亂於
  塗也, 수반隨伴, 연하다隨山刊木, 뒤를 좇다行國隨畜 與匈奴同俗, 이어짐公亦隨
  手亡矣, 따라서隨亂隨失, 수행원隨行員, 수괘(震下兌上: 澤中有雷 隨)로 쓰인다.
- 歔허는 欠(하품 흠)＋虛(빌 허)의 형성자로 콧김을 내쉬다或歔或吹, 흐느끼
  다泣歔欷而霑衿 등으로 쓰인다.

- 吹취는 口(입 구)+欠(하품 흠)의 회의자로 입을 크게 벌려 입김이 밖으로
  나오는 것으로 입김을 내보내다吹呼, 고취鼓吹, 취주악吹奏樂 등으로 쓰
  인다.

- 强강은 弓(활 궁)+口(입 구)+虫(벌레 충: 강한 생명력을 가졌던 쌀벌레) 혹은 弘(넓
  을 홍)+虫(벌레 충)의 형성자로 강하다强壯劑, 강국强國, 강하게 하다强幹弱
  枝, 마흔 살四十日强而仕, 힘쓰다凱以强敎之, 억지로强飮强食 등으로 쓰인다.

- 贏리는 羊(양 양)+贏(노새 라→리)의 형성자로 여위다民之贏餒日已甚矣, 고달
  프다痛贏, 약하다, 곤란을 당함羝羊觸藩 羸其角, 전복시킴贏其瓶 등으로 쓰
  인다.

- 載재는 車(수레 차)+戈(어조사 재)의 형성자로 수레에 짐을 싣다大車以載,
  기재함冀州旣載, 머리에 얹음載弁俅俅, 타다卽與同載, 오르다身寵而載高位, 탈
  것予乘四載, 실은 것不輸爾載 終踰絕險, 베풀다淸酒旣載, 받들어 모심重耳若獲集
  德而歸載, 성취함攝而載果, 임무祗載見瞽瞍 등으로 쓰인다.

- 挫좌는 扌(손 수)+坐(앉을 좌)의 형성자로 꺾다, 좌절挫折, 꺾이다 등으로
  쓰인다.

- 隳휴는 阝(너 이)+隋(수나라 수→휴)의 형성자로 무너뜨리다隳人之城郭, 깨뜨
  리다或載或隳, 쓸모없게 되다愛則隳 등으로 쓰인다.

- 甚심은 甘(달 감)+匕(비수 비)의 회의자로 편안하고 즐겁다甚 尤安樂也, 심
  하다甚矣吾衰也, 두텁다彌者宰穀臣之觴吾子也甚歡, 깊다王之不說嬰也甚로 쓰인다.

- 奢사는 大(큰 대)+者(놈 자: 많은 것을 모으다 혹은 삶을 者煮의 본자)의 형성자로
  분에 넘치게 크게 떠벌리다, 사치奢侈하다去奢則儉, 자랑하다奢言淫樂, 오
  만하다驕奢淫泆 등으로 쓰인다.

- 泰태는 水(물 수)+大(큰 대)+廾(받들 공)의 회의자로 두 손으로 물을 크게
  건져 올리는 것을 나타내어 매우 큼橫泰河, 넉넉하다泰風, 편안하다天下
  泰平, 너그럽다用財欲泰, 통하다泰者通也, 교만하다今拜乎上泰也, 매우昊天泰憮,
  하늘泰元, 태괘(乾下坤上: 음양이 조화를 이루어 만사형통하는 상) 등으로 쓰인다.

30장 • 부도不道 : 도에서 벗어남

以道佐人主者는 不以兵强天下이니 其事好還이라
이 도 좌 인 주 자   불 이 병 강 천 하   기 사 호 환

師之所處는 荊棘이 生焉하며 大軍之後에 必作凶年이라
사 지 소 처   형 극   생 언   대 군 지 후   필 작 흉 년

故로 善者는 果而已요 不敢以取强이니라
고   선 자   과 이 이   불 감 이 취 강

果而勿矜하며 果而勿伐하며 果而勿驕하며 果而不得已하니
과 이 물 긍   과 이 물 벌   과 이 물 교   과 이 부 득 이

是果而勿强이니라
시 과 이 물 강

物壯則老라 是謂不道라 不道는 早已니라
물 장 즉 로   시 위 부 도   부 도   조 이

도로써以道 임금人主을 보좌하는 자佐는 무력으로以兵 천하天下를 강압하지
않으니不以强, 그 일其事은 보복을 부르기 마련이다好還(되돌아오기를 좋아한다).

군대가師之 주둔한 곳所處은 가시덤불荊棘이 자라고生焉, 큰 전쟁 뒤에는大軍之
반드시必 흉년凶年이 든다作.

그러므로故 (전쟁을) 잘 하는 사람善者은 목적果을 달성할 따름이요而已, 감敢
히 강압으로以强 취하지取 않는다不.

목적을 이루고도果而 뽐내지 않고勿矜, 목적을 이루고도果而 자랑하지 않고
勿伐, 목적을 이루고도果而 교만하지 않고勿驕, 목적을 이루고도果而 마지못해
한 것처럼不得已 하는 것이니, 이것은是이 목적果而을 이루고도 강압하지 않는
것勿强이다.

만물物은 강장하면壯則 노쇠老하니, 이를를謂 일러謂 도에서 벗어났다不道고 말
한다. 도에서 벗어난 것不道은 일찍무 시들고 만다早已.

성인은 과도함을 피한다는 앞 장을 이어, 무릇 무력으로 강압하는 것은 과도한 처사이며, 전쟁은 최후 수단으로서 부득이한 경우에 한정된다고 말하였다. 나아가 인위적으로 강장強壯하는 것은 도에서 벗어나는 것으로, 오히려 일찍 노사老死하게 된다고 말하였다.

　속담에 일을 완료하면 쉰다고 했다. ...... 설령 일이 완료되더라도 또한 자기의 능력을 과시해서는 안 되고, 스스로의 공적을 들어내서도 안 되며, 자기의 기운을 교만하게 해서도 안 되고, 일을 이루었더라도 부득이한 흐름에 따랐을 뿐인 것이다. 이것이 이른바 일을 이루고 강한 것을 취하지 않는 것이다. ...... 사물이 심히 드세면 쉽게 노쇠하거늘, 하물며 무력의 강장強壯함에 있어서랴. 〈감산〉

한자 해설

- 佐좌는 人(사람 인)＋左(왼 좌)의 형성자로 왼쪽에서 <u>돕는 사람</u>有瑕伯以爲佐으로 <u>보좌</u>補佐하다, 부副(掌佐車之政), 도움有瑕伯以爲佐, 다스리다以佐其下 등으로 쓰인다.

- 兵병은 斤(도끼 근)＋廾(받들 공)의 회의자로 양손에 무기를 들고 있는 병사能用兵, 병기兵器, <u>무기</u>掌五兵, 전쟁兵者詭道也, 재앙反以自兵, 병법兵法 등으로 쓰인다.

- 還환은 辶(쉬엄쉬엄 갈 착)＋睘(놀라서 볼 경)의 형성자로 <u>돌아오다</u>還而不入, 환생還生, 돌려보내다還圭, <u>갚다</u>其事好還, 도리어盡忠竭節 還被患禍, 에워싸다師還齊侯 등으로 쓰인다.

- 師사는 自(언덕 부)자와 帀(두를 잡)의 형성자로 언덕을 빙 두른 모습으로 <u>군대조직</u>師圍(2,500명), 후에 '스승'이라는 뜻을 갖게 되었다.

- 荊형은 艸(풀 초)＋刑(형벌 형)의 형성자로 모형나무黃荊, <u>가시나무</u>荊棘, 땅이름荊州 등으로 쓰인다.

- 棘극은 朿＋朿(가시 자)의 회의자로 <u>가시나무</u>荊棘, 멧대추나무園有棘, 극위棘圍, 극원棘苑, 빠르다獫犾孔棘 등으로 쓰인다.

• 軍군은 車(수레 차)＋勻(고를 균→冖: 덮을 멱)의 회의자로 전차가 즐비하게 배치된 군사軍事, 군대, 군영軍營, 진陣을 지휘하다, 종군從軍하다 등으로 쓰인다.

• 凶흉은 凵(입 벌릴 감: 구덩이)＋㐅(다섯 오: 빠진 짐승)의 상형자로 구덩이에 빠진 사람으로 운수가 나쁘다明吉凶, 흉조凶兆, 재앙凶災, 요사六極 一曰 凶短折, 기근凶年免於死亡, 흉측함凶惡 등으로 쓰인다.

• 果과는 나무木에 과실이 열린 과실五穀百果乃登, 결과由其道者 有四等之果, 과감하다(결단성: 言必信 行必果), 실현하다未果 尋病終, 과연果能此道矣, 만약果遇必敗, 싸다(=裹) 등으로 쓰인다. **왕필**: 果는 구제한다濟와 같다. 군대를 잘 부리는 자는 나아가 난리를 구제濟할 따름이다. 군대 힘으로 천하를 강압하지 않음이 이와 같음을 말한다. **감산**: 果란 결과結果를 뜻한다.

• 壯장은 爿(나뭇조각 장← 將)＋士(선비 사)의 형성자로 본래 큰 남자, 씩씩한 남자, 왕성하다老當益壯, 청장년靑壯年, 젊다迎官驚其壯, 장하다克壯其猶로 쓰인다. 여기서 壯은 강함을 인위적으로 조장하는 것을 말한다.

• 老노는 머리카락이 길고 허리가 굽은 노인이 지팡이를 짚고 서 있는 모양으로 오래 삶君子偕老, 노인老人, 장로長老, 쇠하다師直爲壯 曲爲老, 늙은이及其老也, 어른의 높인 말卿老 등으로 쓰인다.

• 早조는 日(날 일)＋甲(첫째 천간 간→十)으로 해가 뜨는 처음數聲相咽早秋時, 새벽隔夜相期侵早發, 조기早起, 미리由辨之不早辨也, 급히早救之, 조급早急, 빠름汝亦大早計, 젊다早歲 등으로 쓰인다.

31장 • 키재貴在 : 귀함이 있음

夫佳兵者는 不祥之器일새 物或惡之하나니 故로 有道者는 不處니라
부 가 병 자　불 상 지 기　물 혹 오 지　고 유 도 자 불 처

君子는 居則貴左하고 用兵則貴右라
군 자　거 즉 귀 좌　용 병 즉 귀 우

兵者는 不祥之器라 非君子之器라 不得已而用之에 恬淡爲上하야
병 자　불 상 지 기 비 군 자 지 기 부 득 이 이 용 지　염 담 위 상

勝而不美하나니 而美之者는 是樂殺人이라
승 이 불 미　이 미 지 자　시 락 살 인

夫樂殺人者는 不可得志於天下矣니라
부 락 살 인 자　불 가 득 지 어 천 하 의

吉事는 尙左하고 凶事는 尙右하니
길 사　상 좌　흉 사　상 우

偏將軍은 處左하고 上將軍은 處右하니 言以喪禮處之니라
편 장 군　처 좌　상 장 군　처 우　언 이 상 례 처 지

殺人衆多에 以悲哀泣之하며 戰勝則以喪禮로 處之니라
살 인 중 다　이 비 애 읍 지　전 승 즉 이 상 례　처 지

대저夫 (아무리) 훌륭하다佳고 할지라도 병장기란兵者 상서롭지 못한不祥之 기물器이니, 모든 사람들物이 혹或 그것之(병기)을 싫어惡하는 듯하니, 그러므로故 도道를 지니고 있는 자有者는 처處하지 않는다不.

군자君子는 평상시에는居則 왼쪽左(陽:살림生)을 귀貴하게 여기지만, 군대(병장기)兵를 운용한다면用則 오른쪽右(陰:죽임死)을 귀貴하게 여긴다.

병장기兵者란 상서롭지 못한不祥之 기물器이니, 군자의君子之 기물器이 아니다非. 마지못해不得已而 그것(병장기)之를 사용用할 때에는 (욕심 없이) 염담恬淡함이 최상이며爲上, 이기고서도勝而 불미不美스러운 것으로 여겨야 하니, 이긴 것을 아름답게 여기는 자而美之者, 그는 살인殺人을 즐기는(좋아하는)樂 것이다.

대저夫 살인殺人을 즐기는 자樂者는 천하에서於天下 뜻志을 얻을 수 없다不可得.

길한 일吉事에는 왼쪽左을 숭상尙하고 흉한 일凶事에는 오른쪽右을 숭상尙한다. 부장군偏將軍은 왼쪽左에 처處하고, 대장군上將軍은 오른쪽右에 처處하나니, (이는 전쟁을) 상례로써以喪禮 처한다는 것處之을 말한다言.
죽인 사람殺人이 많을 때衆多에는 비애悲哀로써以 눈물을 흘리며泣之, 전쟁에서 이겼으면戰勝則 상례喪禮로써以 처한다處之.

무력으로 천하를 강점하지 않는다는 앞 장을 이어, 무력이란 숭상할 만한 것이 되지 못한다는 뜻을 다시 밝혔다. 대저 전쟁이란 부득이 할 때 쓰는 최후 수단으로 흉한 일이기에 상례喪禮로 대처해야 한다고 노자는 주장한다.

군왕이 남면南面할 때에 해가 뜨는 왼쪽은 양陽으로 생명이 태어나는 방향이며, 해가 지는 오른쪽은 음陰으로 생명이 조락하는 방향이다. 그래서 평상시 길한 일에는 왼쪽을 숭상하고, 흉한 일에는 오른 쪽을 숭상한다. 그런데 군에서 제일 높은 인물인 대장군이 오른쪽에 배치되어 있다는 것은 흉사, 즉 상례喪禮로 임한다는 뜻이다. 따라서 부득이하게 살해된 인명이 많으면, 마땅히 측은해하고 애도하며 상례로써 대처해야 한다.

노자의 예학禮學에 대한 살핌이 이와 같거늘, 노자가 예학을 멸절滅絶했다고 말하는 자 누군가? 그가 어찌 멸절이란 말의 뜻을 알았다고 하겠는가? 〈여길보〉

한자 해설
- 夫부는 大(큰 대)＋一(한 일)의 회의자로 비녀 곶은 성인 남성, 지아비夫者天也, 장정射夫旣同, 사나이一夫, 역부役夫, 부역賦役, 발어사夫天地者萬物之逆旅, 지시사觀夫巴陵勝狀, 감탄·영탄사逝者如斯夫 不舍晝夜로 쓰인다.
- 佳가는 人(사람 인)＋圭(홀 규)의 형성자로 모양이나 질이 좋음山氣日夕佳, 아름다운 사람佳人, 가절佳節, 가작佳作 등으로 쓰인다.

- 兵병은 斤(도끼 근)＋廾(받들 공)의 회의자로 양손에 무기를 들고 있는 병사, 병기, 무기, 전쟁兵者詭道也 등으로 쓰인다.
- 祥상은 示(보일 시)＋羊(양: 길한 짐승)의 형성자로 상서祥瑞롭다, 길상吉祥 등으로 쓰인다.
- 左좌는 又(또 우)＋工(장인 공)의 회의자로 장인이 왼손에 공구를 잡고 있는 모습으로 왼쪽參差荇菜 左右流之, 양陽(軍尙左), 동쪽生于道左, 아래左遷, 낮추어보다右賢左戚, 그르다身動而事左, 증거證左, 돕다予欲左右有民 등.
- 右우는 又(또 우: 손)＋口(입 구)의 회의자로 로 밥을 떠 넣는 오른손不攻于右, 서쪽陳三鼎于門外之右, 상위九卿之右, 숭상하다右賢左戚, 중요하다斷天下右臂, 돕다復右我漢國也 등으로 쓰인다.
- 得득은 彳(조금 걸을 척)＋貝(조개 패)＋寸(마디 촌)에서 조개 화폐貝를 손寸으로 줍는 모양으로 차지함求則得之 舍則失之, 획득獲得, 득남得男, 만족하다意氣揚揚 甚自得也, 증득證得으로 쓰인다.
- 恬념은 心(마음 심)＋舌(달 첨→념)의 형성자로 편안하다恬淡, 조용하다以恬養知, 恬虛로 쓰인다.
- 淡담은 水(물 수)＋炎(불탈 염)의 형성자로 타는 불에 물을 더하여 묽다淡粧而雅, 담박淡泊, 맛이 심심함淡味, 담백하다君子之交 淡若水, 염담恬淡 등으로 쓰인다. 염담恬淡이란 마음을 화평하게 하여 공로와 이익을 포만하게 즐기지 않는 것이다.
- 上상은 하늘을 뜻하는 지사문자로 위쪽天上, 나은 쪽上品, 높은 쪽上官, 표면海上, 임금主上, 처음上篇, 존장長上, 숭상하다上賢以崇德 등으로 쓰인다.
- 勝승은 朕(나 짐→천자가 자신을 뱃사공에 비유하여 나라를 이끌어간다)＋力(힘 력)의 회의자로 이기다一勝一負, 승리勝利, 낫다勝境名山, 지나치다樂勝則流 등으로 쓰인다.
- 樂악은 나무木 받침대 위에 북과 방울 등 악기를 나타내는 상형자이다. 음악禮樂射御書數, 즐기다可在樂生, 낙도樂道, 즐겁게 하다樂爾妻孥, 좋아하다知者樂水 仁者樂山, 바라다皆得其所樂 등으로 쓰인다.
- 殺살(쇄)은 杀(죽일 살)＋殳(몽둥이 수)의 회의자로 몽둥이로 죽이다刺人而殺

之, 살생殺生, 베다利以殺草, 등차親親之殺也, 감하다 등으로 쓰인다.

- 吉길은 士(선비 사)＋口(입 구)의 회의자로 신전에 꽂아두는 위목(位目: 위패)으로 상서롭다, 길하다吉凶由人, 吉祥, 길일吉日, 좋다應之以治則吉, 음력 초하루正月之吉, 오례의 하나吉禮 등으로 쓰인다.

- 尙상은 八(여덟 팔)＋向(향할 향)의 형성자로 보태다好仁者 無以尙之, 꾸미다尙之以瓊華, 숭상하다不尙賢 使民不爭, 높이다何謂尙志 曰 仁義而已矣, 자랑하다不自尙其功 등으로 쓰인다.

- 偏편은 人(사람 인)＋扁(넓적한 편)의 형성자로 치우치다偏重, 偏向, 편차偏差, 편벽偏僻 등으로 쓰인다.

- 將장은 月(육달 월)＋寸(마디 촌)＋爿(나무 조각 장: 몸을 의지하는 침대:寢牀)의 형성자로 어린아이 혹은 노인의 팔꿈치를 이끄는 것으로 인솔자斬將刈旗, 거느리다將軍擊趙, 장수將帥 바라건대將子無怒 등으로 쓰인다.

- 喪상은 哭(울 곡)＋亡(죽을 망)의 회의자로 상喪, 상복을 입다子夏喪其子 而喪其明, 상례喪禮, 잃다受祿無喪 등으로 쓰인다.

- 禮예는 示(보일 시)＋豊(풍성할 풍)의 형성자로 예도不議禮, 예의禮儀, 예법禮賢者, 경례敬禮, 예식凶荒殺禮, 예물無禮不相見也, 음식 대접饗禮乃歸, 귀천·상하의 구별天秩有禮, 예의의 총칭禮樂射御書數으로 쓰인다.

- 悲비는 心(마음 심)＋非(아닐 비)의 형성자로 슬프다北風聲正悲, 비참悲慘, 비통悲痛, 마음 아파함游子悲故鄕, 비애淚翟子之悲 慟朱公之哭, 자비夫言悲者 意存饒益 善順物情로 쓰인다.

- 哀애는 口(입 구: 哭)＋衣(옷 의)의 형성자로 생각을 가슴에 품고 입을 가리고 슬퍼함嗚呼哀哉, 이도哀悼, 애상哀喪, 불쌍하게 여기다哀此鰥寡, 슬퍼하다哀而不傷로 쓰인다.

- 泣읍은 水(물 수)＋立(설 립: 粒)의 형성자로 눈물을 흘리며 울다感泣, 눈물, 근심 등으로 쓰인다.

- 戰전은 單(홑 단: 무기)＋戈(창 과)의 회의자로 싸움大戰于甘, 전쟁戰者 逆德, 전투戰鬪, 두려워하다見豺而戰, 전율戰慄, 흔들리다法敎蕉葉戰 등으로 쓰인다.

32장 • 지지知止: 머무를 곳을 앎

道常無名이니 樸雖小이나 天下가 不敢臣이니
도 상 무 명   박 수 소   천 하   불 감 신

侯王이 若能守면 萬物이 將自賓이니
후 왕   약 능 수   만 물   장 자 빈

天地가 相合하여 以降甘露하야 民莫之令而自均이니라
천 지   상 합   이 강 감 로   민 막 지 령 이 자 균

始制에 有名이니 名亦旣有에 夫亦將知止이니 知止가 所以不殆니라
시 제   유 명   명 역 기 유   부 역 장 지 지   지 지   소 이 불 태

譬道之在天下는 猶川谷之於江海니라
비 도 지 재 천 하   유 천 곡 지 어 강 해

도道는 항상常되며 이름이 없으니無名, 통나무樸는 비록雖 (극히) 작지만小, 하늘 아래天下 그 누구도 감敢히 신하臣로 삼지 못한다不.

후왕侯王이 만일若 (도를) 능能히 지킬守 수 있다면, 만물萬物(= 천하 사람들)이 장차將 자연히自(스스로, 저절로) 손님賓처럼 찾아들 것이니

하늘과 땅天地이 서로 화합하여相合以, 단이슬甘露을 내려降, 백성民들이 정령令을 내리지 않아도莫之而 스스로自 고르게均 된다.

(통나무=도를) 마름질制함에 비로소始 이름名이 있게有 되었으니, 이름名이 또한亦 이미旣 (정해져) 있음有에, 대저夫 또한亦 장차將 (이름에 맞게) 머무를 곳을 알지니知止, 머무를 곳을 앎知止으로써所以 위태롭지 않을 수 있다不殆.

비유譬하자면, 도가 천하에 있는 것道之在天下은 시내川와 골짜기(물)가谷之 강과 바다로於江海 흘러들어가는 것과 같으니라猶.

　도는 항상 이름이 없다는 것을 전제하면서, 군주가 무위로 도를 지키면 만물이 따르고, 천지가 화합하여 상서로운 기운을 보여 태평성대가 열린다고 말했다.

이름 없는 통나무(도)를 재단하면 그릇(만물)이 되는데, 그릇은 그 쓰임새가 정해져 있고, 그 쓰임새에 따라 이름(개념)이 부여된다. 그리고 이름이 부여되면 그 이름에 걸맞게 머무를 곳이 주어지는데, 머무를 곳을 알아 그곳에 머무른다면 위태롭지 않다.

도(통나무)의 전개가 만물이고, 만물은 도에 귀속한다. 이러한 도와 만물의 관계는 바닷물이 증발하여 비를 내리고, 내린 비가 시내(소천)와 골짜기의 물로 나누어지며, 나아가 시내와 골짜기의 물은 또다시 바다로 모여 드는 것에 비유할 수 있다.

한자 해설

- **道**도는 辵(갈 착)＋首(머리 수)의 형성자로 향하여 가는 길(방법)이자 목적이다. 도는 철학적으로 형이상의 본체形而上者謂之道이자 만물을 운행하는 법칙이며, 인간 및 만물이 따라가야 할 길이자 인간의 당위법칙이다.
- **樸**박은 木(나무 목)＋業(번거로울 복→박)의 형성자로 통나무, 본래의若駁樸馬, 순박함民敦而俗樸, 질박하다素車之乘 尊其樸也 등으로 쓰인다.
- **雖**수는 虫(벌레 충)＋唯(오직 유)의 형성자인데, 가차되어 '비록'이라는 어기조사로 쓰인다.
- **小**소는 작은 파편이 튀는 모습의 상형자 혹은 점 셋을 나타내는 지사 문자로 작다管仲之器小哉, 적다力小而任重, 짧다小年不及大年, 낮다不卑小官, 좁다自用則小 등으로 쓰인다. 소小는 도의 극미極微, 불할不割(28장, 58장)을 나타낸다. 하나이면서 전체인 도는 아무것도 섞이지 않은 소박한 존재로 극미한 것이라고 할 수 있지만, 천지의 시작이자 만물의 모태라는 점에서 천하의 그 누구도 도를 하찮은 것으로 여기거나 신하로 삼을 수는 없다.
- **敢**감은 爪(爫:손톱 조)＋又(또 우)＋攵(칠 복)의 형성자로 본래 맹수의 꼬리를 붙잡는 것을 나타내어 감히臣敢辭, 함부로敢用絜牲剛鬣, 과단성 있게誰敢不讓, 감당하다若聖與仁 則吾豈敢, 어찌 ～아니할 수 있겠는가敢不受教, 결코 ～하지 않다不敢愛死로 쓰인다.

- 臣신은 임금 앞에 엎드려 있는 사람의 상형자로 신하事君不貳 是謂臣, 섬기다諸侯臣伏, 신하로서의 직분을 다하다君君臣臣, 하인臣妾逋逃, 포로臣則左之, 백성率土之濱 莫非王臣, 신하의 자칭朔初來 上書曰 臣朔 少失父母, 무엇에 종속되는 것 등으로 쓰인다.

- 侯후는 人(사람 인)＋厂(기슭 엄)＋矢(화살 시)의 회의자로 변방에서 일정 부분의 영토를 가지고 백성을 다스리던 군주射中者獲封爵 故因謂之諸侯, 후작侯爵(公侯伯子男), 도성에서 5백 리 떨어진 사방五百里侯服, 아름답다洵直且侯, 오직侯誰在矣으로 쓰인다.

- 王왕은 三(석 삼)＋丨(뚫을 곤)의 지사문자로 하늘天과 땅地 및 사람人을 하나로 꿰뚫는丨 지배자(천자, 전국시대 이후의 제후, 진한이후 황족이나 공신에게 수여한 최고의 작위, 군주)이다.

- 守수는 宀(집 면)＋寸(마디 촌)의 회의자로 집안의 일을 보아 지키다設險守其國, 벼슬 이름郡守, 太守, 임지境守淸靜로 쓰인다.

- 賓빈은 宀(집 면)＋止(발 지)＋貝(조개 패)의 회의자로 손님이 선물을 들고 방문한다는 의미로 손님相敬如賓, 국빈國賓으로 쓰인다.

- 合합은 뚜껑과 그릇을 나타내는 상형자로 합하다九合諸侯, 일치함若合符節, 만남會合, 적합함駕出行狩 合格有獲, 교합함鴒喜合, 겨루다一日數合, 홉, 화和하다 등으로 쓰인다.

- 降강은 阝(언덕 부)＋夅(내릴 강: 아래로 향한 발)의 형성자로 언덕에서 내려오는 것으로 강등降等, 항복降服(伏), 항복하다成降于齊師, 떨어지다羽鳥曰降, 비가 오다如時雨降 民大悅 등으로 쓰인다.

- 甘감은 口(입 구)에 가로획一을 더한 지사문자로 입안에 들어온 맛있는 음식으로 달다, 맛이 좋다, 쾌하다, 좋고 하다甘易牙之和, 맛좋은 음식爲肥甘不足於口歟로 쓰인다.

- 露로는 雨(비 우)＋路(길 로)의 형성자로 하늘에서 내리는 이슬, 은혜를 베풀다陛下垂德惠 以覆露之, 드러나다今樂遠出 以露威靈, 향기가 진하고 좋은 술壽皇時 禁中供御酒 名薔薇露 賜大臣酒 謂之流香酒로 쓰인다. 『설문』에서는 '윤택하게 하다'는 뜻이라고 했다. 단이슬甘露은 천하가 태평성대太平盛代

144

할 조짐을 나타낸다.

- 均균은 土(흙 토)＋勻(두루 미칠 균)의 회의자로 흙이 두루 미쳐 고르다賦丈均, 균등均等, 평균平均, 도량掌均萬民之食, 운韻(音均不恒), 따르다均于江海로 쓰인다.

- 制제는 刀(칼 도)＋未(끝 말: 木＋一)의 회의로 칼로 나무를 마르다巧工之制木也, 재制裁制, 제조하다制彼裳衣, 법제法制, 법도今京不度 非制也, 規制, 절제節制, 전제專制로 쓰인다.

- 亦역은 본래 팔을 벌린 사람大의 양 겨드랑이를 가리키는 지사문자이나, '역시'로 가차되었다. 또한柔亦不茹 剛亦不吐, 영탄의 뜻有朋自遠方來 不亦樂乎, 그래도亦少有佳趣, 크다亦服爾耕, 또한 ～도 마찬가지로生亦我所欲也 義亦我所欲也, 어찌 ～한 일이 아니겠는가死而後已 不亦遠乎로 쓰인다.

- 旣기는 旡(목멜 기)＋皀(고소할 급: 식기)의 회의자로 식기 앞에 고개를 돌린 채 입을 벌린 사람인데 이미 식사를 끝났다는 의미에서 '이미'나 '이전에'라는 뜻이다.

- 止지는 사람의 발을 그려 발걸음이 멈추다樂與餌過客止, 나아가지 않다戎馬還濘而止, 살고 있다惟民所止, 자리잡다在止於至善, 이르다魯侯戾止, 한계艮爲止, 행동거지人而無止, 예의國雖靡止로 쓰인다.

- 所소는 戶(지게 호)＋斤(도끼 근)의 회의자로 나무를 베는 도끼 소리를 뜻했지만, 인신하여 곳獻于公所, 住所, 도리求得當欲 不以其所, 바視其所以, 거처함君子所其無逸, 만일爾所弗勖, ～하는 것所欲有甚於生者, ～을 당하다所殺蛇 白帝之子, 이유·목적·수단此心之所以合於王者 何也, 따라서偸本非禮 所以不拜로 쓰인다.

- 殆태는 歹(뼈 부서질 알)＋台(별 태)의 형성자로 위태하다百戰不殆, 의심하다故相與往殆乎晉也, 거의此殆空言 등으로 쓰인다.

- 譬비는 言(말씀 언)＋辟(임금 벽)의 형성자로 비유하다譬如北辰居其所 而衆星共之, 비유能近取譬, 타이르다自往譬說, 깨닫다言之者雖誠 而聞之未譬로 쓰인다.

- 猶유는 犬(개 견)＋酋(묵은 술 추→유)의 형성자로 원숭이가 의심이 많은 것을 반영하여 의심하다猶豫, 오히려天作孽 猶可違, 마찬가지임過猶不及,

모략王猶允塞 등으로 쓰인다.

- 川천은 양쪽 언덕 사이로 흐르고 물의 상형자로 <u>내, 물 흐름의 총칭兩山之間 必有川焉</u>, 산천山川, 물귀신山川其舍諸 등으로 쓰인다.

- 谷곡은 水(물 수)＋口(입 구)의 회의자로 『설문』에서는 물이 솟아나와 내로 통하는 곳으로 계곡細察谷底, 좁은 길(夾谷: 橫飛谷而南征), 앞이 막히다進退維谷, <u>기르다谷神不死</u>, 성장시키다谷風로 쓰인다.

- 於어는 『설문』에서 烏(까마귀 오)의 생략형인데, 가차되어 오호嗚呼, 장소·위치로 ～에以能問於不能, <u>～에 있어서君子之於天下也 無適也</u>, ～의 입장에서造次必於是 顚沛必於是 등으로 쓰인다.

- 江강은 水(물 수)＋工(장인 공: 구멍을 뚫어서 꿰뚫는다)의 형성자로 강三江旣入, 한강漢江, <u>물 이름揚子江</u>, 장강長江, 강수江水 등으로 쓰인다.

33장 • 진기 盡己: 자기를 다함

知人者는 智하나 自知者는 明하며
지인자 지 자지자 명

勝人者는 有力하나 自勝者는 强하며
승인자 유력 자승자 강

知足者는 富하고 强行者는 有志하며
지족자 부 강행자 유지

不失其所者는 久요 死而不亡者는 壽나라
불실기소자 구 사이불망자 수

남人을 아는 자知者는 지혜智롭지만 자기自를 아는 자知者가 밝으며明,
남人을 이기는 자勝者는 힘力이 있지만有 자기自를 이기는 자勝者가 강强하다.
만족足함을 아는 자知者는 부유富하고 힘써强 행하는 자行者는 의지志가 있으
며有,
제자리其所를 잃지 않는 자不失者는 유구久할 수 있으며 죽어도 없어지지 않
는 자死而不亡者라야 장수壽한다.

　타자와 자기에 대한 인식과 실천을 개념적으로 정리하면서, 도를 체
득하는 방법과 그 공효를 말하였다.
　다른 사람을 안다知人는 것은 다른 사람의 장단점과 선악을 헤아릴 줄
아는 능력을 지니고 있다는 것이다. 따라서 '지智'란 다른 사람을 다루는
방법을 갖추고 있는 것을 말한다. 다음 해석을 참조하다.

　　힘力이란 남에게 미치지만, 자신에게는 미치지 못하는 것이다. 자기를 이
　　겨 본성을 회복한다克己復性는 것은 힘을 써서 되는 일이 아니기 때문에 강
　　强하다고 말하는 것이다. 〈소자유〉

앎이 밖에 있으면 지혜智가 되고, 안에 있으면 밝음明이 된다. 이김勝이 밖에 있으면 힘力이 되고, 안에 있으면 강强함이 된다. 지혜와 힘이 만나면 거짓妄이 되고, 밝음과 강함이 만나면 참眞이 된다. 〈이식제〉

도에 따르면서 머무를 곳을 알아 본래의 자기 자리를 잃지 않으면 위태롭지 않아 장구할 수 있다. 본래의 자리를 잃고 강장强壯하면 노쇠하여, 도에서 벗어나서 일찍 시들고 마는 것을 말한다. 따라서 항구적인 도를 체득하여 도와 하나가 되면 비록 육신의 몸이 죽는다死고 할지라도, 도와 하나가 된 본래 자기는 생멸하지 않으니 진정 장수한다死而不亡者壽也는 것이다.

- 知지는 口(입 구)＋矢(화살 시)의 형성자로 화살矢이 과녁을 꿰뚫듯 상황의 본질을 파악하여 말口할 수 있는 능력인데, 단옥재는 '아는 것이 민첩하여, 입에서 나오는 말이 마치 화살처럼 빠르다識敏, 故出於口者疾如矢也'고 풀이했다.

- 智지는 知(알 지)＋日(가로 왈)의 회의자로 개별적인 앎에서 출발하여 그 앎들을 관통하는 원리들을 발견하여 훤하게 밝아져(日: 豁然貫通) 자신의 것으로 체득된 상태로 지혜是非之心 智之端也, 智力, 지혜로운 사람師賢而友智을 뜻한다. 다른 사람을 안다知人는 것은 다른 사람의 장점과 단점, 선함과 악함을 헤아릴 줄 아는 능력을 구비하고 있음을 가리키는 것으로, '지智'란 외적 타자를 다루는 방법을 갖추고 있는 것을 말한다.

- 人인은 서 있는 사람의 상형자이다. 천지의 성정 중에 가장 귀한 존재로서 인간惟人萬物之靈, 백성勤恤人隱, 남修己以安人, 어떤 사람今有人 見君則映其一目 등으로 쓰인다.

- 明명은 日(날 일)＋月(달 월)의 회의자로 봉창囧으로 달빛이 비쳐 들어와 밝다月明星稀, 눈이 밝다離婁之明, 사리에 밝다辨之不明不措也, 날이 밝다東方明矣, 깨닫게 함在明明德, 나타나다以通神明之德, 명백明白, 결백齋明盛服 등

으로 쓰인다. '자自'는 절대적 종국적인 본래 자기를 말한다. 그리고 지知=견見이란 지知가 단순한 대상적 앎이 아니라, 앎과 행行이 일치하는 시원적인 인식임을 시사한다. 따라서 자지자명自知者明이란 본래적 자기를 절대적·종국적으로 인식하는 자가 밝다는 뜻이다.

• 力력은 쟁기를 그릴 상형자로, 쟁기를 끄는 힘, 근육의 운동或勞心 或勞力, 운동 등을 가능하게 하는 힘信爲造化力, 효력効力, 원자력原子力, 힘쓰다農服田力穡 등으로 쓰인다.

• 强강은 弘(넓을 홍)＋虫(벌레 충: 쌀벌레)의 회의자로 넓고 생명력이 강하여 세력이 크다富國强兵, 굳세다乞身當及强健時, 마흔 살四十日强 而仕 등으로 쓰인다. 여기서 강强이란 "부드러움(도의 작용)을 지키는 것을 일러 강이라고 한다.守柔曰强(52장)"는 말과 맥락을 같이 한다.

• 足족은 사람 몸의 무릎 아래 다리의 상형자로 하지下肢, 그릇의 다리鼎折足, 근본木以根爲足也, 충족하다學然後知不足, 知足, 분수를 알다知足不辱, 가하다必許吾成 而不吾足也, 충분하게 하다足食足兵로 쓰인다.

• 富부는 宀(집 면)＋畐(가득할 복)의 회의자로 넉넉함富而無驕 貧而無諂, 부유富裕, 부귀富貴, 행운維昔之富 등으로 쓰인다.

• 失실은 手(손 수)＋乙(새 을)의 형성자로 손에서 무언가가 떨어지는 모습을 표현하여 잃다, 상실喪失, 그르치다, 실수失守, 어긋나다 등의 의미이다.

• 亡망(무)은 칼날에 획이 하나 그어져 칼날이 부러졌다, 전쟁에서 패배했다, 도망逃亡하다, 없어지다, 망자亡子, 경멸하다, 없다(무), 가난하다 등으로 쓰인다.

• 壽수는 老(늙은 노)를 의미부로 하는 형성자(耂 혹은 士 + 一+エ+口+寸)로 밭(畴: 밭두둑 주)을 가리키고 있는 노인으로 장수長壽, 목숨, 나이, 해, 생일, 축복의 뜻도 나왔다. 『설문』에서는 유구함久, 오래됨, 곧 장수함을 뜻한다고 했다. 예로부터 장수는 의미 있는 삶을 구현하는 것이며, 인간에게 주어지는 가장 큰 축복 중 하나로 간주되어 왔다.『서경』「홍범」에 오복五福으로 "첫째는 장수, 둘째는 부유, 셋째는 강녕, 넷째는 덕을 좋

아함이며, 다섯째는 고종명考이다五福 一曰壽 二曰 富 三曰 康寧, 四曰 攸好德, 五曰考終命."고 했다. 여기서 고종명이란 인간에게 주어진 천수天壽를 온전히 누리면서 고유한 천명, 즉 인의예지의 덕을 온전히 실현하고 일상 가운데 편안한 임종을 맞이하는 것이다.

34장 • 성대 成大 : 큼을 이룸

大道汎兮여
대 도 범 혜

其可左右하야 萬物이 恃之以生而不辭하며 功成不名有하며
기 가 좌 우   만 물   시 지 이 생 이 불 사   공 성 불 명 유

衣養萬物이나 而不爲主하며 常無欲하니 可名於小이어니와
의 양 만 물   이 불 위 주   상 무 욕   가 명 어 소

萬物歸之이나 而不爲主하니 可名於大라
만 물 귀 지   이 불 위 주   가 명 어 대

以其終不自爲大하니 故로 能成其大나라
이 기 종 부 자 위 대   고   능 성 기 대

크나큰 도大道는 널리 펼쳐지는구나汎兮!
그것其은 (상·하) 좌左로도 우右로도 (어디든지) 작용할 수 있어可, 만물萬物
이 그것에 의지恃之하여以 생겨나지만生而 간섭하지 않고不辭, (만물을 생육하
는) 공을 이루어도功成 명예名를 지니지 아니하며不有,
만물萬物을 입혀주고衣 길러주지만養而 주인主이 되지 않으며不爲, 항상常 무
욕無欲하니 (무를 희구하니), '(극히) 작다小'고 명칭名할 수 있지만可,
만물萬物이 그것(도)으로 되돌아가지만歸之而 주인이 되지 않으니不爲主, '(극히)
크다大'고 명칭名할 수 있다可.
끝내終 스스로自 크다大고 여기지 않기에以不爲, 그러므로故 능能히 그其 큼大
을 이룬다成.

　천하 만물에 화생시키면서도 어떠한 명예도 지니지 않는 도의 공덕을
말하였다.

- 大대는 팔을 벌린 사람의 상형자로 '크다'는 뜻으로 높아서 그 보다 위가 없고, 총망라해서 그 밖이 없어 포용하지 않음이 없음을 말한다.

- 汎범은 水(물 수)＋凡(무릇 범)의 형성자로 넓은 수면에 뜨는 모양浮汎으로 떠돌다亦汎其流, 광대하다, 널리汎愛衆, 빠르다汎汎其景 등으로 쓰인다. 범汎은 물이 흘러 넘쳐 넓게 퍼지는 모양을 형용한 글자인데, 좌우左右라는 글자 뒤에 상하上下가 생략되었다고 볼 수 있기에, 상하좌우 즉 만물이 존재하는 모든 곳을 지시한다.

- 兮혜는 기운이 퍼져 오르다가 어떤 장애를 받는 모양으로 어조사, 감탄사 등으로 쓰인다.

- 恃시는 心(마음 심)＋寺(머무를 사)의 형성자로 믿다, 의지하다, 의뢰하다 등으로 쓰인다.

- 辭사는 𤔔(란: 뒤섞이다)＋辛(매울 신: 司)의 회의자로 복잡하게 얽힌 문제를 풀어 심판한다는 의미에서 말씀(=詞), 언어無辭不相接也, 어구不以文害辭, 사전辭典, 사양하다禹拜稽首固辭, 타이르다辭之輯矣, 문체의 하나, 효사辭吉凶者存乎辭로 쓰인다.

- 自자는 코의 상형자로 스스로 친히, 몸소, 자기天行健 君子以自彊不息, 저절로自然而已, 쓰다自仁率親, 출처知風之自, 비롯하다晨門曰 奚自, ～으로부터有朋自遠方來 不亦樂乎, 夫仁政必自經界始, ～이 아닌 한自非聖人 外寧必有內憂으로 쓰인다.

- 終종은 糸(가는 실 사)＋冬(겨울 동)의 형성자로 실로 매듭을 묶어 일을 마무리했다升歌三終, 다하다數將飯終, 愼始而敬終, 결국終累大德, 끝내終不可諠兮 등으로 쓰인다.

35장 • 대상大象 : 큰 형상

執大象이면 天下往이라 往而不害하면 安平泰하나니
집 대 상   천 하 왕   왕 이 불 해   안 평 태

樂與餌는 過容(客)止어니와 道之出口에는 淡乎其無味하여
악 여 이   과 용 (객) 지   도 지 출 구   담 호 기 무 미

視之不足見이며 聽之不足聞이로되 用之不足旣니라
시 지 부 족 견   청 지 부 족 문   용 지 부 족 기

크나큰 형상(=도)大象을 지키면執 천하天下가 귀순해온다往(나아간다). 귀순해와도
往而(나아가되) 해를 입히지 않으면不害, (천하가) 편안安 · 균등平 · 태평泰해진다.
(아름다운) 음악樂과與 (풍성한) 음식餌은 지나는 길손過客(=客)을 멈추게止 하
지만, 도가 나올 때道之出口에는 담백하여淡乎, 그其 아무런 맛이 없어無味,
보아도視之 족히 알아볼 수 없고不足見, 들어도聽之 족히 알아들을 수 없지만
不足聞, 아무리 써도用之 족히 다하지 않는다不足旣.

  우리의 감각기호를 자극하는 것과 도의 차이를 서술하였다. 첫 구절
의 주체는 도를 체득한 성인聖人이다. 도 및 도를 체득한 성인聖人은 무위
無爲 · 무사無事 · 무욕無欲으로 작용하므로 천하 사람들이 귀순해 와도 아
무런 해를 끼치지 않는다. 우리의 감각의 기호를 자극하는 것으로 지나
가는 사람을 끌어들이기는 하지만, 금방 싫증을 느끼게 만든다. 그에
비해 도는 담백하여 아무런 맛이 없으며, 볼 수도 없고, 들을 수도 없지
만 끊임없이 작용하면서 만물을 양육하며, 천하를 편안하고 태평스럽
게 한다.

한자 해설
• 執집은 幸(다행 행)+丸(알 환)의 형성자로 본래 죄수의 손에 수갑을 채운

모습으로 잡다執天下之器, 고집固執, 집착執着, 다스림執獄牢者, 집행執行하
다로 쓰인다. 여기서 집執은 도를 체득하여 실천하는 것을 말한다.

- 象상은 코끼리의 상형자禱過之山多象, 상아笏 諸侯以象, 형상不可爲象, 조짐見
乃謂之象, 일월성신在天成象, 도리執大象, 법칙聲者樂之象也, 본뜨다象龍之致雨
也, 상전孔子晚而喜易 序象繫象說卦文言 讀易韋編三絶으로 쓰인다.

- 往왕은 彳(걸을 척)＋主(주인 주)의 회의자로 본래 王(임금 왕) 위로 止(발 지)
가 그려져 나아가다往而不來 非禮也, 왕래往來, 지난 일不保其往也, 나중禘自
旣灌而往者 吾不欲觀之矣 등으로 쓰인다.

- 害해는 宀(집 면)＋丰(예쁠 봉: 흉기)＋口(입 구)의 회의자로 집안에 다툼이
일어나 해치다以文毋害, 손해損以遠害, 상해傷害, 시기하다心害其能, 어찌時
日害喪로 쓰인다.

- 安안은 宀(집 면)＋女(여자 여)의 회의자로 여자가 집에 다소곳이 앉아있
는 모습으로 편안하다靜而后安, 安寧, 편안하게 하다在安民, 안빈낙도安貧
樂道, 즐기다百姓安之, 안락安樂으로 쓰인다.

- 平평은 干(방패 간)＋八(여덟 팔)의 지사문자로 악기 소리의 울림이 고르게
퍼져나간다는 것을 형상화하여 평평하다八月湖水平, 수평水平, 지방地平,
바르게 하다平八索, 고르다平室律, 평균平均, 편안하다天下平, 보통顧以思致
平凡, 공평稱其廉平, 표준廷尉天下之平也, 평이平易, 사성四聲의 하나, 운韻의
하나平仄, 나누다平章百姓 등으로 쓰인다.

- 泰태는 水(물 수)＋廾(두 손 마주잡을 공)＋大(큰 대)의 형성자로서 두 손으로
물을 크게 건져 올리는 것을 말하여 크다, 통하다, 편안하다(느긋하고 태
연하다), 태연자약泰然自若, 태괘(건하곤상: 음양이 조화되어 만사가 형통하고 편안을
누리는 모양)로 쓰인다.

- 餌이는 食(밥 식)＋耳(귀 이)의 형성자로 먹이無餌之釣 不可以得魚, 먹다常餌薏
苡實, 즐겁게 하다我以宜陽餌王, 경단餌餌參飯, 삼식糝食로 쓰인다. '악여이樂
與餌'는 흥겨운 음악과 맛있는 음식을 말한다.

- 容용은 宀(집 면)＋谷(골 곡)의 형성자로 본래 内(안 내)에 항아리가 하나
그려있어, 사람의 얼굴과 비슷하여 얼굴(용모)를 뜻했다. 여기서는 '객

客(過客)'의 의미로 해석한다.

- 口구는 입의 상형자耳目口鼻로 어귀出入口, 구멍 난 곳山有小口, 식구, 호구
八口之家可以無飢 등으로 쓰인다.

- 味미는 口(입 구)＋未(아닐 미: 微)의 형성자로 입으로 느끼는 미각三月不知
肉味, 영양陽爲氣 陰爲味, 마음에 느끼는 멋潛心道味, 趣味, 취미趣味, 맛보다
味無味, 오랑캐의 음악西夷之樂曰味 등으로 쓰인다.

- 視시는 見(볼 견)＋示(보일 시)의 회의자로 보다次三事日視, 시청각視聽覺, 자
세히 살피다叔魚生 其母視之, 시찰視察, 눈에 띄다河伯視之 등으로 쓰인다.

- 見견은 目(눈 목)＋人(사람 인)의 회의자로 사람이 눈으로 본다行其庭 不見其
人, 견분見分, 보이다心不在焉 視而不見, 밝히다不見賢良 등으로 쓰인다.

- 聽청은 耳(귀 이)＋悳(덕 덕)＋呈(드릴 정→청)의 형성자로 귀를 기울여 자세
히 듣다聽其言而信其行, 청각聽覺, 사물을 보고 듣는 기관且仁人之用十里之國
則將有百里之聽으로 쓰인다.

- 聞문은 耳(귀 이)＋門(문 문)의 형성자로 듣다, 들리다, 소식, 명성名聲과
명망名望 등으로 쓰인다.

- 旣기는 旡(목멜 기)＋皀(고소할 급: 식기)의 회의자로 식기 앞에 고개를 돌린
사람으로 식사를 끝냈다는 의미에서 이미旣見君子, 본디爾酒旣淸, 다하다
旣其文 未旣其實, 끝나다言未旣 有笑於列者, 녹미旣廩稱事 등으로 쓰인다.

36장 • 미명微明 : 은미한 밝음

將欲歙之인댄 必固張之하며 將欲弱之인댄 必固强之하며
장 욕 흡 지　　필 고 장 지　　장 욕 약 지　　필 고 강 지

將欲廢之인댄 必固興之하며 將欲奪之인댄 必固與之하니
장 욕 폐 지　　필 고 흥 지　　장 욕 탈 지　　필 고 여 지

是謂微明이라
시 위 미 명

柔弱이 勝剛强이니, 魚不可脫於淵이요 國之利器는 不可以示人이니라
유 약　 승 강 강　　어 불 가 탈 어 연　　국 지 리 기　　불 가 이 시 인

장차將 접으려 한다면欲歙之 반드시必 진실로(굳건하게)固 펴주어야 하며張之, 장
차將 약화시키려 한다면欲弱之 반드시必 진실로固 강하게 해주어야 하며强之,
장차將 무너뜨리려 한다면欲廢之 반드시必 진실로固 일으켜 세워주어야 하며
興之, 장차將 빼앗으려 한다면欲奪之 반드시必 진실로固 주어야 하니與之, 이를
일러是謂 '은미함에 밝음(은미한 밝음)微明'이라 한다.
부드럽고柔 약弱한 것이 단단剛하고 강强한 것을 이기니勝, 물고기魚는 연못
에서於淵 벗어날脫 수 없듯이不可, 나라의 이로운 기물國之利器(유약함의 통치법)을
남人에게 보여줄示 수 없다不可以.

　만물의 자연스런 흐름을 말하면서, 마땅히 유약함(도의 작용)에 머무를
것을 권고했다. 노자가 권모술수적 전략전술을 피력하는 것으로 이 장
을 해석하는 경우가 있으나, 실상은 전혀 그렇지 않다.
　멀리가면 되돌아온다遠日反(25장), 혹은 되돌아오는 것이 도의 움직임이
다反者道之動(40장)고 했듯이, 만물은 극에 도달하면 반드시 다시 되돌아온
다物極必反. 물고기가 연못에서 사는 것은 자연적으로 주어진 본성이다.
만일 물고기가 억지로 강하게 힘을 사용하여 연못을 벗어난다면, 그 즉

시 죽고 말 것이다. 여기서 물고기가 연못에 머물러 있는 것은 유약柔弱
함으로 자연적으로 주어진 본성에 자신을 내맡기는 것을 상징한다. 이
는 곧 군주의 유약함, 즉 무위無爲의 정치가 나라를 다스리는 근본임을
암시한다.

비유컨대 연못은 물고기의 매우 이로운 터전으로 물고기는 다만 물속에 있
어야지 연못을 벗어나서는 안 된다. …… 유약함은 나라를 다스리는 데에
유용한 통치법이지만, 왕은 오로지 겸허하고 과묵한 곳에 처해야지 백성에
게 스스로를 드러내서는 안 된다. 자기의 부드러움을 내세울 경우 적을 불
러들여 위태로움을 자초해서 도리어 해를 당하게 된다. 〈감산〉

한자 해설

- 將장은 月(육달 월)+寸(마디 촌)+爿(나무 조각 장→寢牀)의 형성자로 팔꿈치
  를 당겨 이끄는 인솔자斬將刈旗, 바라건대將子無怒, 나아가다日就月將, 장
  차 ~하려고 한다天將以夫子爲木鐸, 무릇將爲君子焉 將爲野人焉 등으로 쓰인다.
- 歙흡은 翕(합할 흡)+欠(하품 흠)의 형성자로 움츠리다則呼張歙之, 수렴하다
  將欲歙之 必固張之 등으로 쓰인다.
- 必필은 八(여덟 팔)+弋(주살 익)의 형성자로 땅을 나눌 때 말뚝을 세워 경
  계를 분명히 하여 나눈다는 데에서 반드시必也使無訟乎, 기필하다毋意毋
  必, 오로지石赤不奪 節士之必 등으로 쓰인다.
- 固고는 囗(에워쌀 위)+古(옛 고)의 회의자로 옛것에 갇혀 완고稽首固辭, 고
  루固陋함, 확고確固, 견고堅固, 굳이毋固獲, 본디臣固聞之, 진실로小固不可以敵
  大 등으로 쓰인다.
- 張장은 弓(활 궁)+長(길 장)의 형성자로 활시위를 길게長 늘어 활弓을 당기
  다先張之弧, 매다旣張我弓, 베풀다張樂設飮, 벌리다我張吾三軍, 과장誇張, 확
  장擴張, 넓히다將欲歙之 必故張之, 강하게 하다破秦以張韓魏 등으로 쓰인다.
- 弱약은 두 개의 弓(활 궁)에 羽(깃 우)의 회의자로 굽히는 활처럼 약하다弱而
  能强 柔而能剛, 약하게 하다無弱君而彊大夫, 강약强弱, 유약柔弱으로 쓰인다.

- 廢폐는 广(집 엄)＋發(쏠 발)의 회의자로 쏘는 활發을 집广에 두고 페하다 道術之廢, 페도廢道, 엎드리다千人皆廢, 떨어지다廢於爐炭, 그만두다半塗而廢, 폐업廢業 등으로 쓰인다.

- 興흥은 同(함께 동)＋舁(마주들 여)의 회의자로 함께 들어 일어나다夙興夜寐, 번성하다以莫不興, 흥성興盛, 시작되다入門而懸興, 흥기興起, 행하여지다則 禮樂不興, 떨쳐 일어나다則民興於仁, 일어나다夙興夜寐, 견주다詩可以興, 시경 육의의 하나詩有六義焉 一曰風 二曰賦 三曰比 四曰興 五曰雅 六曰頌로 쓰인다.

- 奪탈은 衣(옷 의)＋隹(새 추)＋寸(마디 촌)의 회의자로 품 안의 새가 도망가 다, 잃다勿奪其時, 빼앗다襲奪齊王軍, 탈취奪取 등으로 쓰인다.

- 微미는 彳(조금 걸을 척)＋散(작을 미)의 형성자로 몰래 간다는 뜻으로 작다 具體而微, 적다雖有危邪而不治者則微矣, 은밀히昔仲尼沒而微言絶, 어둡다彼月而微 此日而微, 전하다虞舜則微, ～이 아니다微我無酒, 미약하다, 쇠락하다, 1백 만 분의 일 등을 말한다. 미명微明은 微를 형용사로 보면서 극에 도달 한 후 대립자로 전화되는 은미한 이치에 밝음, 혹은 미微는 유幽와 통 하는 명사로 보면서 어둠과 밝음의 이치 등으로 해석되어 왔다. 그런 데 자전에서 '미명微明'이란 어슴푸레 밝음, 정미精微한 이치를 알아서 뚜렷한 효과를 거둠 등으로 되어 있다. 종합하면 '미명微明'이란 극에 도달하면 되돌아오는 잘 보이지 않는 도의 움직임을 터득 실천하여 뚜렷한 효과를 거두는 것이다.

- 柔유는 木(나무 목)＋矛(창 모)의 회의자로 창矛 자루로 쓰는 탄력 있는 나 무로 부드럽다外柔內剛, 약하다柔情綽態, 유약柔弱, 복종함我且柔之矣, 편안 하게 하다柔遠人 등으로 쓰인다.

- 剛강은 岡(산등성이 강)＋刀(칼 도)의 회의자로 칼刂로 위협해도 산岡처럼 버티고 서서 굴하지 않는 강직剛直, 견강堅剛, 의지가 굳세다吾未見剛者, 굳다剛性, 기수奇數의 날外事以剛日, 양陽, 수컷剛柔相推, 임금得中而應乎剛 등 으로 쓰인다.

- 魚어는 물고기의 상형자로 어류魚類 등으로 쓰인다.

- 脫탈은 肉(고기 육)＋兌(기쁠 태)의 뼈를 제거하고 살을 벗기다肉曰脫之, 벗

어나다俗緣不脫三生債, 탈연脫然, 풀다虎賁之士 脫劍, 떨어져 나옴言脫于口 而令
行乎天下, 해탈解脫, 느릿느릿 걷는 모양舒而脫脫兮 등으로 쓰인다.

- 淵연은 水(물 수)＋쪾(물이 도는 모양 연)의 형성자로 깊은 연못, 웅덩이, 모
이는 곳, 근원, 출처, 북소리, 깊다, 조용하다 등으로 쓰인다.

- 國국은 口(에워쌀 위: 국경)＋或(혹시 혹: 창을 들고 성을 지키는 모습)으로 구성된
형성자로 무력으로 국경을 지키는 나라分國爲九州, 국가 등으로 쓰인다.

- 利리는 禾(벼 화)＋刂(칼 도)의 회의자로 날이 서 있다銳利, 재빠름輕土多利,
편리便利하다利涉大川, 이롭다利用厚生, 이익營利, 이자逐什一之利, 세력國之
利器, 조화를 이룸元亨利貞으로 쓰인다. '이기利器'는 권도權道(하상공), 상벌
(한비자), 나라를 이롭게 하는 도구, 성지인의교리聖智仁義巧利(범응원), 유
약함의 통치법(감산) 등으로 해석되어 왔다. 그리고 자전에는 예리한 무
기, 병권兵權, 정묘하고 훌륭한 기구, 뛰어난 재능 등을 말한다고 했다.
종합하면, 나라를 이롭게 하는 기구國之利器란 군주의 유약함의 통치
술, 즉 만백성이 자기 본성에 머물게 하는 무위의 정치를 말한다.

- 示시는 『설문』에서 "하늘이 상象을 드리워 길흉을 나타내어 사람에게
보여주는 것으로 二에서 나왔다(二는 고문에서 上자이다). 세 개로 드리워
진 것(三垂=小)은 해, 달, 그리고 별이다. 천문天文을 살펴 시時의 변화를
살피니, 示는 귀신의 일神事이다."고 했다. 보이다國奢則示之以儉, 계시啓
示, 가르치다示我顯牲, 교새敎示, 알리다武王示之病, 지신掌天神人鬼地示之禮 등
으로 쓰인다.

37장 • 무위 無爲 : 함이 없음

道常無爲호대 而無不爲니
도 상 무 위   이 무 불 위

侯王이 若能守之하면 萬物이 將自化니라
후 왕 약 능 수 지   만 물   장 자 화

化而欲作에 吾將鎭之以無名之樸이라
화 이 욕 작   오 장 진 지 이 무 명 지 박

無名之樸도 亦將不欲이라 不欲以靜에 天下將自定하리라
무 명 지 박   역 장 불 욕   불 욕 이 정   천 하 장 자 정

도道는 항상常 무위하지만無爲而(작위가 없지만) 이루지 않는 것이 없으니無不爲,
임금侯王이 능히能 이것之(常無爲)을 지킬守수 있다면, 만물萬物(천하 사람들)이 (자
기 본성의 덕에 따라) 장차將 스스로 교화自化될 것이다.
교화되다가化而 (사사로운) 욕심欲을 일으키면作, 나吾는 장차將 이름 없는 통
나무無名之樸로써以 그것(욕심)之을 진정鎭시킬 것이다.
이름 없는 통나무無名之樸 또한亦 장차將 욕심을 내지 않으리니不欲, 욕심을 내
지 않음不欲으로써以 고요靜하면 천하天下가 장차將 저절로自 안정定될 것이다.

　도는 무위無爲하지만 이루지 않는 바가 없다. 따라서 후왕이 도를 체득
하여 무위無爲로 정치를 시행하면 만물은 저절로 자기 본성에 따라 생성
변화되어, 모든 폐단이 제거되고 천하 만물이 각기 있어야할 곳에 머물
러 안정된다는 것을 말하였다.

　극에 도달하면 폐해가 발생한다. 이를테면 만물이 처음 교화되었을 때에는
한결같이 아무런 욕심이 없으나, 세월이 갈수록 그에 대한 믿음이 줄어들고
사사로운 감정이 파고들어, 마침내 탐욕이 다시 일어나게 된다. 탐욕이 일

어나면 이런 폐단에 잘 대처하는 왕은 필시 언어 문자가 끊어진 질박함으로 진정시킬 것이므로, 물욕의 근원이 뿌리 뽑히게 될 것이다. 만일 명칭이 부여된 그 무엇으로 다스리려고 할 경우에는 이를 성취할 수 없게 된다. 〈감산〉

그런데 족함을 알아知足 사욕을 품지 않는 것은不欲 곧 욕망에 흔들리지 않고 고요하게 있음靜이다. 그런데 고요함靜이란 입도공부의 요체로서 뿌리 즉 도에 복귀하는 방법이었다. 따라서 고요하면 도에 복귀하게 되고, 도에 복귀하면, 천하 만물이 바르게 되어正 각기 있어야 할 곳을 정하여 안정하게 된다.

- 化화는 人(사람 인)＋匕(될 화: 돌아 누운 사람)의 형성자로 삶에서 죽음으로, 죽음에서 삶으로 전화 혹은 변화變則化를 말한다. 자화自化란 만물이 누가 시켜서가 아니라, 스스로(저절로) 그 본성에 따라 생겨나고 변화된다自生自化는 말이다.

- 作작은 人(사람 인)＋乍(잠깐 사←옷깃에 바느질하는 모습: 만들다)의 회의자로 옷을 만드는 사람을 나타내어 창작創作, 하다自作孽不可逭, 되다翻手作雲覆手雨, 일어나다蚤作而夜思, 생겨남有聖人作 등으로 쓰인다. 욕작欲作이란 사욕이 일어나다, 혹은 인위적으로 작위를 일으키다는 뜻이다.

- 鎭진은 金(쇠 금)＋眞(참 진)의 형성자로 쇠로 누르다以白玉鎭坐席, 진압鎭壓하다, 진정鎭定시키다, 진정하다三塗鎭而九派分, 진무鎭撫 등으로 쓰인다. 진鎭은 일반적으로 억누르다, 진압하다 등으로 해석하지만, 그 수단이 이름 없는 통나무(도)라는 점에서 무위無爲에 의해 각자 자기가 있어야 할 자리에 머무르게 함으로써 고요하게 진정시키다, 편안하게 하다, 평정하다, 고요하다 등의 뜻이다.

- 靜정은 靑(푸를 청: 고요함)＋爭(다툴 쟁: 쇠뿔을 쥐고 다툼)의 회의자로 싸움이 끝난 이후의 소강상태로 움직이지 아니하다至靜而德方, 침착하다怒則手足不靜, 맑다靜其巾羃, 바르다靜女其姝 등으로 쓰인다.

- 定정은 宀(집 면) + 正(바를 정)의 회의자로 집안이 안정以定王國, 평정하다擊定之, 결정하다文定厥祥, 준비하다昏定而晨省, 바로잡다以閏月定四時, 다스려지다一戎衣 天下大定, 반드시陳王定死, 귀착하다天下惡乎定 등으로 쓰인다.

덕경 德經

38장 • 처후處厚 : 후함에 처함

上德은 不德이니 是以有德하고 下德은 不失德이니 是以無德이니라
상 덕 부 덕　　시이유덕　　하 덕 불실덕　　시이무덕

上德은 無爲而無以爲하고 下德은 爲之而有以爲하며
상 덕 무위이무이위　　하 덕 위지이유이위

上仁은 爲之而無以爲하고 上義는 爲之而有以爲하며
상 인 위지이유이위　　상 의 위지이유이위

上禮는 爲之而莫之應하면 則攘臂而扔之니라
상 례 위지이막지응　　즉양비이잉지

故로 失道而後에 德이요 失德而後에 仁이요
고 실도이후 덕　　실덕이후 인

失仁而後에 義요 失義而後에 禮요
실인이후 의　　실의이후 예

夫禮者는 忠信之薄이요 而亂之首也며
부 례 자 충신지박　　이란지수야

前識者는 道之華요 而愚之始니라
전 식 자 도지화　　이우지시

是以로 大丈夫는 處其厚하고 不居其薄하며 處其實하고 不居其華하나니
시 이 대장부 처기후　　불거기박　　처기실　　불거기화

故로 去彼取此니라
고 거피취차

최상의 덕上德은 (어떤 무엇으로 표상된) 덕이 아니니不德 그런 까닭으로是以 (진정한) 덕이 있고有德, 낮은 덕下德은 (어떤 무엇으로 표상된) 덕을 잃지 않으니不失德 그런 까닭으로是以 (진정한) 덕이 없다無德.

최상의 덕上德은 무위無爲(인위적인 어떤 작위가 없다)하되 어떤 무엇으로 인정할 만한 것(이루는 것)도 없으며無以爲, 낮은 덕下德은 (인위적인 작위로) 그것(下德)을 행하며爲之而 (어떤) 무엇으로 인정할 만한 것(이루는 것)이 있으며有以爲,

높은 인上仁은 (인위적인 작위로) 그것(上仁)을 행하되爲之而, (어떤) 무엇으로

164

인정할 만한 것(이루는 것)은 없다無以爲.

높은 의上義는 (인위적인 작위로) 그것(上義)을 행하며爲之而, (어떤) 무엇으로 인정할 만한 것(이루는 것)이 있다(有以爲).

높은 예上禮는 (인위적인 작위로) 그것(上禮)을 행하며爲之而, (다른 사람이) 그것(上禮)에 응하지 않으면莫之應則 팔을 걷어붙이고攘臂 그를 잡아당긴다(강요한다)扔之.

그러므로故 도를 상실失道한 이후而後에 덕德이 있게有 되었고, 덕을 상실失德한 이후而後에 인仁이 있게有 되었고, 인을 상실失仁한 이후而後에 의義가 있게有 되었고, 의를 상실失義한 이후而後에 예禮가 강요되었다.

대처夫 예라는 것禮者은 충신이忠信之 엷어진 것이며薄而 혼란의 머리이며亂之首也, 먼저 아는 것(지혜)前識者은 도의 (헛된) 꽃이며道之華而 어리석음의 시작愚之始이다.

그러므로是以 대장부大丈夫는 그(충·신) 두터운 곳其厚에 처處하고, 그 엷음其薄에 기거하지 않으며不居, 그(도) 열매其實에 처하지處 그 (헛된) 꽃其華에 기거하지 않으니不居,

그러므로故 저것을 버리고去彼 이것을 취한다取此.

　이 장은 덕경德經을 시작하는 곳으로, 노자의 덕德 개념이 유가의 인의예지仁義禮智와 대비를 통해 총괄적으로 제시되어 있다.

　노자는 만물의 근본으로서 도는 어떠한 형상도 없고無, 무위無爲로 작용한다. 덕은 무위의 도에 따름으로써孔德之容 惟道是從(21장) 우리 마음에 체득되는 것이다行道而得於心者. 상덕이란 도를 행하겠다는 어떤 작심作心과 작위作爲가 없이, 오직 무심과 무위로 도를 자연스럽게 그대로 실천하는 것이다. 하덕이란 도라는 것을 어떤 무엇으로 표상하고, 마음을 굳게 먹고有心 힘써 실천하는 것을 말한다. 그리고 무위無爲로 자연스럽게 실천되는 상덕上德으로부터 인仁→의義→예禮와 같은 하덕으로 전락하는 과정을 기술하고, 인·의·예와 같은 하덕이 어떻게 실행되지를 서술했다.

예禮란 인위적인 작위를 통해 실천爲之될 뿐만 아니라, 타인에게 따르도록 강요하는 것莫之應則攘臂而扔之으로, 상덕上德과 인仁 그리고 의義가 사라진 이후에 출현한 강제적인 덕목이다. 따라서 예가 강요된다는 것은 곧 충·신의 덕목이 얕아졌다는 증거이자, 천하가 어지러워질 시초(首=始)라고 하였다. 전식前識이란 이해득실을 헤아려서 미리 아는 지혜를 말한다.

미리 안다는 것은 남들보다 먼저 아는 것으로 낮은 덕下德에 속한다. 총명을 다하여 남보다 먼저 알고, 지력智力을 부려 잡다한 일을 경영하는데 비록 뜻을 이루었다고 하더라도, 간교함은 더욱 치밀해지고 비록 명성을 얻었다 하더라도 독실함은 더욱 잃게 되니, 애를 써도 일은 어지럽기만 하고 힘을 쏟아도 다스려지지 않고, 비록 성지聖智를 다한다고 할지라도 백성은 더욱 해를 입게 된다. ...... 저쪽 얻을 것에 마음을 쏟고 이쪽 지킬 바를 버리기 때문에, 아는 것識이 도의 헛된 꽃이며 어리석음의 머리다. 〈왕필〉

한자 해설

- 上상은 하늘을 뜻하는 지사문자로 위쪽天上, 나은 쪽上品, 높은 쪽上官, 표면海上, 임금主上, 처음上篇 등으로 쓰인다. 여기서는 최상이란 뜻이다.
- 下하는 원래 가로획 두 개로 어떤 기준점보다 아래, 낮은 곳天下, 아랫사람上下階級, 백성, 신하上之化下, 내리다 등으로 쓰인다.
- 德덕은 彳(조금 걸을 척)+直(곧을 직)+心(마음 심)의 회의자로 '곧은 마음으로 행하다'는 뜻이다. 덕德은 주로 '득得'과 연관하여 설명된다. 즉 "덕德은 득得인데, 사물(혹은 일)에서 마땅함을 얻은 것을 말한다." 혹은 "예악을 모두 얻은 것을 일러 덕이라고 하는데, 덕이란 얻은 것이다."라고 한다. 그렇다면 이 '얻음得'은 선천적인 생득生得인가, 아니면 후천인 습득習得인가? 『설문』에서는 "득得이란 행하여 얻는 바가 있음行有所得"으로 후자를 의미하는 듯하다. 다른 한편 『신자감新字鑑』에서는 "덕德이란 본래 자기에게 갖추어진 것으로 외부로부터 충족을 기다릴 필요

가 없는 것이다."고 말하여, 만물이 본래 지니고 태어난 고유본성(혹은 잠재력)이라고 했다. 그런데 글자의 유래에서 살피면, 덕德 자는 본래 '彳(=行)'자가 의미를 형성한다. 덕德은 갑골문甲骨文에서 천자天子의 순행巡行·순시巡視·은혜恩惠·전렵田獵·원정征伐 등과 정치적·군사적 행위를 의미했다. 그리고 『서경』(약 20회)과 『시경』(약 90회)에서 점차 '가치 지향적 행위'를 의미하게 되었다. 후대에 '가치 지향적 행위를 가능하게 하는 내적 상태'에 주목하게 되면서, '심心' 자가 부가되어 오늘날의 자형이 되었다. 좋은 품격導之以德, 인품德有凶行吉, 본성有天德 有地德 有人德 此謂三德, 혜택何以報德, 도덕中庸之爲德也 其至矣乎, 교화布德和令, 절조大德不踰閑 小德出入可也, 현자以德詔爵, 능력通神明之德, 오르다君子德車로 쓰인다.

- 仁인은 『설문』에 따르면 "친애親愛한다는 의미로 두 사람(人+二)에서 유래했다(仁 親愛也 由'人' 由二 會意)"고 한다. 이는 곧 인간이란 (잔인한 금수와 구별되는) 서로 친애하는 공동체적 존재라는 것을 함축한다. 즉 인간이란 모름지기 인(仁=人+二)해야 한다는 공자의 주장은 곧 "인간이란 정치적−사회적 존재homo politicus-socius이며, 다양한 사회적−관계적 상황에서 마땅히 해야 할 도리를 다해야 한다."는 것을 함축한다. 『논어』 가운데 인仁은 총105회 나타나며, 전체 499절 가운데 58곳에서 인을 논하고 있다. 유교가 말하는 인간의 보편적 덕으로서 인은 어질다博愛之謂仁, 인덕仁德을 갖춘 사람汎愛衆而親仁, 사람井有仁焉, 사람의 마음仁者 人心也, 모든 덕의 총칭渾然與物同體 義禮智信 皆仁也, 불쌍히 여김人皆有所不忍 達之於其所忍 仁也, 과실의 씨杏仁, 桃仁, 오행五行에서 동東·건乾·춘春·목木, 벗에 대한 경칭仁兄으로 쓰인다.

- 義의는 羊(양 양)+我(나 아: 손手+창戈)의 회의자이다. 톱날이 있는 칼을 손으로 잡고我 희생물羊을 잡아 신神들이 흠향할 수 있도록 알맞게 잘 다듬어 놓은 것으로, 알맞다, 적당하다, 마땅하다, 옳다는 의미를 지닌다. 그리고 '양을 잡아서 고기를 나눈 것分'이라는 의미에서 확대되어 분배分配한 것이 이치에 알맞음義理이라는 뜻으로 발전했다. 또한 이렇게 분배적 정의를 나타내는 의義는 공公과 같은 의미를 지니면서

'공평한 분배公'를 의미한다. 나아가『설문』에 따르면, "의義는 자기의 위엄威嚴 있는 거동으로 아양我羊을 따른다." 즉 의義(羊+我)에서 아我는 자기 자신을, 양羊은 선善이나 미美를 상징한다는 점에서 '인간 자신의 선하고 착한 본성에서 나온 위엄 있는 행동거지威儀' 혹은 '<u>정의正義의 구현으로서의 의식과 형벌</u>'이라는 의미를 지닌다.

- 禮예는 示(보일 시)＋豊(풍성할 풍)의 형성자로 예도不議禮, 예의禮儀, 예법禮賢者, 경례敬禮, 예식凶荒殺禮, 예물無禮不相見也, 음식 대접饗禮乃歸, 귀천·상하의 구별天秩有禮, 예의의 총칭禮樂射御書數으로 쓰인다. 유교는 예를 통해 질서를 유지해야 한다禮治고 주장한다. 예란 무엇인가?『중용』에서는 혈연적인 친소親疎나 어진 이를 높이는 것에 따른 사회적인 존비尊卑의 차등이 예의 근원이라고 말하고 있다. 친척과 친함의 연쇄와 어진 이를 높이는 차등에서 예가 발생한다親親之殺 尊賢之等 禮所生(『중용』20장).이처럼 예란 <u>친소와 존현에 따라 인간의 감정이 자연스럽게 구별되는 것을 제도화·형식화</u>한 것이다.

- 而이는 본래 수염을 본뜬 글자이지만, 가차되어 접속사로 쓰였다. ~<u>하고</u>君子遵道而行, <u>~이지만</u>雍也仁而不佞 등으로 쓰인다.

- 以이는 사람이 사용하는 연장을 말하였는데, '以＋명사'로 <u>수단, 방법, 재료, 대상, 내용, 이유, 조건, 때, 경우</u> 등을 나타낸다.

- 應응은 雁(매 응)＋心(마음 심)의 회의자로 매 사냥에서 매가 나의 요구에 부응하듯이 상대방이 나의 요구에 <u>응한다</u>齊王不應, 부응待應 승낙하다汝可去 應之, 응답應答, <u>화동함</u>同聲相應 등으로 쓰인다.

- 攘양은 手(손 수)＋襄(도울 양)의 형성자로 물리치다以服東夷 而大攘諸夏, 침탈하다南夷相攘, 물러나다隨流而攘, 어지럽다於攘天下, <u>걷어 올리다</u>, 훔치다(제 발로 들어온 것을 숨겨 제 것으로 만들다), 가로채다伯尊其無積乎攘善也, 제거하다, 많다. 사양하다左右攘辟, 보내다攘其左右 등으로 쓰인다.

- 臂비는 肉(고기 육)＋辟(임금 벽)의 형성자로 팔, 상하박交臂而償, 희생의 네 다리肩臂臑, 동물의 앞다리其狀如馬 文臂 등으로 쓰인다. 양비攘臂란 응전하기 위해 팔의 소매를 걷어 올리는 것을 말한다.

- 扔잉은 手(손 수)＋乃(이에 내)의 형성자로 손으로 끌어당기다, 인因하다, 그대로 따름仍舊貫, 거듭되다仍世, 여전히仍然, 7대손仍孫, 이에仍父子再亡國 등으로 쓰인다.
- 忠충은 『설문』에서 "공경함이다忠敬也, 심心자를 따르며, 중中이 성부를 이룬다從心 中聲"고 하였다. 단옥재段玉裁의 주注에서는 '중中'이란 '외부外와 구별되는 말이며, 치우침偏과도 구별되며, 또한 마땅함에 부합合宜하는 말이다.'라고 했다. 충忠은 중中과 결부하여 중정中正, 사사로움이 없음無私의 함의를 지닌다. 그리고 충은 갖추고 있는 '중中'이 마음 가운데에서 발동하며 중정무사中正無私하다는 함의를 지니고, 나아가 자신의 최선을 다함盡心竭己이라는 의미로 확장되었다.
- 信신은 맹자가 "가치상 추구할 만한 것을 일러 선善이라 하고, 이러한 선을 자기 안에 지니고 있는 것을 일러 신信이라고 한다"고 했듯이, 도덕적으로 선한 본성仁義禮智을 지니고 신실하게 행하는 것을 말한다.
- 薄박은 艸(풀초)＋尃(양하 박)의 형성자로 『설문』에서는 초목이 우거진 곳 혹은 누에를 치는 채반으로 엷다如履薄氷, 적다德薄而位尊, 박리다매薄利多賣, 천하다年少官薄는 뜻이다.
- 亂란은 위아래의 손爪,又이 가운데에 뒤죽박죽 엉켜있는 실무더기를 푸는 모습으로 뒤섞어 혼란함收敗亂之兵, 어지럽히다不軌之臣…亂法, 어지러움을 바로잡음予有亂臣十人 同心同德으로 쓰인다.
- 首수는 얼굴·머리·목과 같이 사람의 머리搔首踟躕, 수령首領, 사물의 시작首時過則書, 수미首尾, 원수元首, 첫째應爲功首, 사물의 종요로운 곳予誓告汝群言之首, 시가를 세는 단위漢詩 十首로 쓰인다.
- 華화는 艹(풀 초)＋垂(드리울 수)의 회의자로 활짝 핀 꽃으로 빛나다, 화려華麗하다, 사치하다, 호화豪華롭다, 번화繁華하다 등으로 쓰인다.
- 丈장은 又(또 우: 손)＋十(열 십: 지팡이)의 회의자로 지팡이를 쥔 어른으로 노인老人持杖 故曰丈人, 길이 단위白髮三千丈, 뛰어난 남자丈夫, 존칭老人丈. 椿府丈 등으로 쓰인다.
- 彼피는 彳(조금 걸을 척)＋皮(가죽 피: 겉)의 회의자로 길 바깥쪽을 말하지

만, 저(쪽), 그(쪽) 등으로 쓰인다.

- **此차**는 **止**(발 지)＋**匕**(비수 비: 사람)의 회의자로 사람과 발을 함께 그려 사람이 멈추어 있는 곳이란 뜻으로 <u>이</u>, 지금, 이에(발어사)로 쓰인다.

39장 · 득일得一 : 하나를 얻음

昔之得一者하니
석 지 득 일 자

天得一以淸하고 地得一以寧하며 神得一以靈하고
천 득 일 이 청   지 득 일 이 녕   신 득 일 이 령

谷得一以盈하며 萬物得一以生하고 侯王得一하야 以爲天下貞하니라
곡 득 일 이 영   만 물 득 일 이 생   후 왕 득 일   이 위 천 하 정

其致之는 一也라
기 치 지   일 야

天無以淸이면 將恐裂이요 地無以寧이면 將恐發이요
천 무 이 청   장 공 렬   지 무 이 녕   장 공 발

神無以靈이면 將恐歇이요 谷無以盈이면 將恐竭이요
신 무 이 령   장 공 헐   곡 무 이 영   장 공 갈

萬物無以生이면 將恐滅이요 侯王無以貴高이면 將恐蹶이니라
만 물 무 이 생   장 공 멸   후 왕 무 이 귀 고   장 공 궐

故로 貴以賤爲本이요 高以下爲基니라
고   귀 이 천 위 본   고 이 하 위 기

是以로 侯王은 自謂孤寡不穀라 하나니 此非以賤爲本邪아 非乎아
시 이   후 왕   자 위 고 과 불 곡   차 비 이 천 위 본 사   비 호

故로 致數譽(輿)無譽(輿)니 不欲琭琭如玉하며 珞珞如石이니라
고   치 수 여 (여) 무 여 (여)   불 욕 록 록 여 옥   낙 락 여 석

옛날의 하나(도)를 얻은 자昔之得一者:

하늘天은 하나를 얻음得一으로써以 (그 덕이) 맑고淸, 땅地은 하나를 얻음得一
으로써以 (그 덕이) 평안寧하고, 정신神은 하나를 얻음得一으로써以 (그 덕이)
신령靈스럽고,

계곡谷은 하나를 얻음得一으로써以 (그 덕이) 채우고盈, 만물萬物은 하나를 얻
음得一으로써以 (그 덕이) 낳고生, 임금侯王은 하나를 얻음得一으로써以 (그 덕
이) 천하를 곧게天下貞 하였다爲.

이 모든 것其들을 이룬 것致之은 하나이다一也.

하늘天이 (하나에서 얻은) 맑음으로以淸 (덕을 구현함이) 없으면無 장차將 찢어질까裂 두렵고恐, 땅地이 (하나에서 얻은) 편안함으로以寧 (덕을 구현함이) 없으면無, 장차將 솟아오를까發 두렵고恐,

정신神이 (하나에서 얻은) 신령스러움으로以靈 (덕을 구현함이) 없으면無 장차將 감응하지 못할까歇 두렵고恐, 계곡谷이 (하나에서 얻은) 채움以盈으로 (덕을 구현함이) 없으면無 장차將 고갈될까竭 두렵고恐,

만물萬物이 (하나에서 얻은) 생장함으로以生 (덕을 구현함이) 없으면無以生 장차將 멸종될까滅 두렵고恐, 임금侯王이 (하나에서 얻은) 귀고함으로以貴高 (덕을 구현함이) 없으면無 장차將 쓰러질까蹶 두렵다恐.

그러므로故 귀貴함은 천함으로以賤 근본 삼고爲本, 높음高은 낮음으로以下 기반 삼는다爲基.

이런 까닭으로是以 임금侯王은 스스로 칭하길自謂, 고아孤·과부(덕 없는 사람)寡·홀아비(착하지 않는 사람)不穀라고 한다. 이此는 천함으로賤以 근본 삼은 것爲本이 아니겠는가非邪? 그렇지 않겠는가非乎?

그러므로故 최상의 지극한 영예致數譽(수레에 나아가 헤아려보면: 致數輿)는 영예라고 말할 것이 없다無譽(수레라고 말할 수 있는 근거·도리는 없다: 無輿). 옥처럼如玉 영롱하려琭琭 하지 말고不欲, 돌처럼如石 평담하여라珞珞.

　하늘, 땅, 정신, 계곡, 만물, 후왕 등이 모두 하나(도)로부터 덕을 부여받아 태어났으며, 그 부여받은 덕을 사사로움 없이 무위無爲로 실천해야 함을 말하고, 그렇게 하지 않았을 때에 뒤따르는 결과를 경고하였다.

　일一은 하나이면서 전체(일즉전一卽全)인 도道를 말한다. 덕德은 도가 체득된 것得也이다. 하늘은 하나의 도를 체득하여 그 덕이 맑은데, 양陽의 기운을 상징한다. 땅은 하나의 도를 체득하여 그 덕이 평안한데, 음陰의 기운을 상징한다. 정신은 하나의 도를 체득하여 그 덕이 신령스러운데, 사람人을 말한다. 이상으로 노자는 천지인天地人으로 대표되는 삼재三才를 말하였다. 계곡은 하나의 도를 체득하여 텅 비어 있어, 채울 수 있는 덕을 지니고 있다. 만물은 하나로서의 도를 얻어 생겨났다. 제후와 임금은 하나로서 도를 체득하여 천하를 바르고 곧게 하였다.

하늘이 맑고 · 땅이 평안하고 · 정신이 신령스럽고 · 계곡이 채우고 · 만물이 태어나고 · 제후와 임금이 고귀한 것은 그 자신이 본래 그러한 것이 아니라, 하나(도)로부터 덕을 부여받았기 때문이다. 그런데 상대성(유무有無, 난이難易, 장단長短, 고하高下, 전후前後, 자웅雌雄, 흑백黑白, 영욕榮辱, 흡장歙張, 약강弱强, 폐흥廢興, 탈여奪與: 2장, 28장, 36장)을 상반相反하여 되돌아오는 것이 도의 작용이며反者道之動(40장), 그윽한 덕玄德(10장, 51장, 65장)이다. 따라서 제후와 임금의 귀함이란 천함을 근본으로, 그 높음이란 낮음을 기반으로 하여 상대적으로 성립된 것이라고 하겠다. 그러므로 제후와 임금은 자칭 고아, 덕 없는 사람, 자식 없는 사람이라고 한다.

한자 해설

- 昔석은 日(날 일)+巛(내 천)의 회의자로 물 아래 태양을 그려 대홍수를 말했지만, 그 옛날昔在帝堯, 오래다誰昔然矣, 어제昔者辭以疾, 처음昔我往矣 등으로 쓰인다. 여기서 석昔은 논리적인 태초太初를 말한다.

- 得득은 彳(조금 걸을 척)+貝(조개 패)+寸(마디 촌)에서 조개 화폐貝를 손寸으로 줍는 모양으로 차지함求則得之 舍則失之, 획득, 증득, 터득, 덕 등으로 쓰인다.

- 一일은 모든 것의 근원(시발지이자 귀착처)으로 실체 · 본위이며, 모든 명상名相과 사물 · 사태가 일치를 이룬 것名實相, 우주에서 모든 존재가 각자의 위치와 공능을 균등하게 부여받고 발휘된 결과가 상호 조화와 균형을 이루는 것(공평과 균형) 등을 의미한다. 그래서 '일一'은 분화되기 이전의 혼돈混沌이자 전체이다. 일一은 하나이면서 전체一卽全이며, 만물을 낳은 도이자 만물 전체에 자신을 드러내고 있다. 노자는 도를 위일爲一(14장), 포일 抱一(10장, 22장), 생일生一(41장) 등으로 표현하였다. 전체로서 하나인 도가 흩어져 나누면 만물이 된다樸散則爲器.(28장) 우주

(Universe = Uni + verse)란 한 몸으로, 만물은 하나의 뿌리, 즉 도에 근원을 두고 있다.

- 天천은 『설문』에서 "천天은 정수리(顚: 꼭대기, 이마, 산정, 고개)로서 지극히 높고 필적할 만한 것이 없다至高無對. 일一과 대大 자의 결합으로, 사람이 머리 위에 이고 있는 장소이다人所戴."고 하였다. 『석명』에서는 "천天이란 탄연坦然·고원高遠한 것이다."고 했다. 하늘天地, 조화자順天者存, 하느님天罰, 임금偷安天位, 운명樂天知命, 기후雨天, 천성先天的, 양飛龍在天, 자연自然 등으로 쓰인다.

- 淸청은 水(물 수)＋靑(푸를 청)의 회의자로 물이 맑다視容淸明, 청명淸明, 청순淸純 등으로 쓰인다.

- 地지는 土(흙 토)＋也(어조사 야: 주전자＝물, 혹은 뱀)의 회의자로 흙과 물(뱀)이 있는 대지關地及泉, 지구地球, 영지領地, 산지產地, 지신祀天祭地, 바탕墨書粉地 등으로 쓰인다.

- 寧녕은 宀(집 면)＋心(마음 심)＋皿(그릇 명)＋丁(못 정→탁자)의 회의자로 집안의 탁자 위에 그릇이 놓여 있어 물심양면으로 편안함安寧, 문안하다歸寧父母, 공손하다丁寧陛下 등으로 쓰인다.

- 神신은 示(보일 시)＋申(아홉째지지 신)의 형성자로 본래 번개(申→電)로서 하늘의 신神 天神 引出萬物者也, 신령山林川谷丘陵 能出雲 爲風雨 見怪物 皆曰神, 불가사의한 한 것陰陽不測之謂神, 정신神出於忠, 신인神人(聖而不可知之 之謂神, 知人所不知 謂之神) 등을 나타낸다.

- 靈령은 본래 雨(비 우)＋口(입 구)＋巫(무당 무)의 회의자로 무당이 비가 오도록 기원하는 모습에서 신령合五嶽與八靈今, 신령하다惟人萬物之靈, 혼령魂靈, 만유의 정기神靈者 品物之本也, 죽은 사람의 존칭靈柩, 靈位, 마음小則申舒性靈 등으로 쓰인다.

- 谷곡은 八(여덟 팔)＋口(입 구)의 회의자로 계곡 사이로 물이 흐르는 모습으로 골짜기細察谷底, 進退維谷, 계곡溪谷 등으로 쓰인다. 노자는 텅 비어 있는 계곡谷을 주로 도의 은유로 사용했는데(6장, 28장 등), 여기서의 곡谷은 바다를 상징한다. 따라서 바다는 하나로서의 도를 얻어 물을 채울

수 있다고 해석된다.

- 盈영은 皿(그릇 명)＋夃(찰 영)의 형성자로 그릇皿에 가득차다樂主其盈, 영월盈月, 펴지다不縮不盈, 만월日月盈戻 등으로 쓰인다.

- 貞정은 貝(조개 패←鼎: 솥 정)＋卜(점 복)의 회의자로 『설문』에서는 '점卜으로 묻는 것問也'고 했다. 곧다君子貞而不諒, 정숙貞淑, 정하다萬邦以貞, 절개貞婉有志節, 진실한 마음貞固足以幹事, 만물 성숙의 덕乾 元亨利貞, 당하다我二人共貞, 내괘內卦爲貞 外卦爲悔로 쓰인다. 정貞이란 글자는 군주가 몸을 바르게 하여正, 제물을 놓고貝고 점卜을 치는 것에서 형성되었다는 점에서 정正과 통용될 수 있다.

- 致치는 至(이를 지)＋攵(칠 복)의 회의자로 이르게 하다一曰致夢, 일치一致, 지극히 하다致知在格物, 人未有自致者也 必也親喪乎, 정성스럽게 하다其致之一也, 나아가다故致數車無車로 쓰인다.

- 恐공은 巩(굳을 공: 흙을 다지는 도구인 달구를 들고 땅을 내리치는 모습)＋心(마음 심)의 회의자로 마치 달구로 심장을 내리쳐 놀라거나 공포에 떠는 것으로 두려워하다小恐惴惴, 공구恐懼, 삼가다行必恐, 염려하다何恃而不恐 등의 의미이다.

- 裂렬은 列(벌릴 렬=歹＋刂: 뼈를 칼로 파는 모습)＋衣(옷 의)의 형성자로 찢다裂指, 결렬決裂, 파열破裂, 무너짐戎車待游車之裂, 작렬炸裂, 지리멸렬支離滅裂 등으로 쓰인다.

- 發발은 癶(등질 발)＋弓(활 궁)＋殳(창 수)의 회의자로 도망가는 사람을 향해 화살을 쏘다壹發五豝, 발동發動, 발발勃發, 꽃이 피다臘梅朝始發, 일어나다仁者以財發身, 어지럽다毋發我笥, 물고기가 뛰다發於事業 등으로 쓰인다.

- 歇헐은 曷(어찌 갈: 바라다)＋欠(하품 흠)의 형성자로 숨을 가다듬어 쉬다農牛冬歇息, 다하다谷無以盈 將恐歇, 그치다憂未歇也, 개 이름載獫歇驕 등으로 쓰인다.

- 竭갈은 立(설 립)＋曷(어찌 갈: 바라다)의 형성자로 목이 말라 입을 벌리고 서 있는 사람으로 있는 힘을 다하다竭力以從役, 바닥이 나다人道竭矣, 갈력竭力, 끝나다齊明而不竭, 패하다且律竭也 등으로 쓰인다.

- 滅멸은 水(물 수)＋威(멸할 멸: 도끼＋창＋불)의 회의자로 싸워서 나라를 빼앗

다滅不言入, 멸망滅亡, 다하다滅我立王, 끊어지다流言滅之, 멸종滅種, 사멸死滅, 죽다入滅 등으로 쓰인다.

- 蹶궐은 足(발 족)＋厥(그 궐)의 형성자로 발이 걸려 넘어지다竝邁屯蹶, 엎어지다國乃蹶, 기울어져 다하다天下財産 何得不蹶, 넘어뜨리다百里而趣利者蹶上將軍, 움직이다文王蹶厥生, 좋다蹶 嘉也 등으로 쓰인다.

- 賤천은 貝(조개 패)＋戔(얼마 되지 않을 전)의 회의자로 값이 싸다穀賤傷農, 신분이 낮다貧與賤 是人之所惡也, 비천卑賤, 업신여기다不貴異物賤用物, 신분이 낮은 사람以辨其貴賤老幼廢疾으로 쓰이다.

- 本본은 나무의 밑동枝大於本, 근본皆以修身爲本, 본원本原, 근원不知其本, 바탕張本, 몸本不審, 덕君子勤其本, 조상報本反始, 본가本支百世, 임금本末弱也, 근본으로 삼다本之則無로 쓰인다.

- 基기는 其(그 기)＋土(흙 토)의 형성자로 기초基礎, 기반基盤(敬 身之基也), 시초福生有基, 도모하다周公初基, 쟁기雖有鎡基 등으로 쓰인다.

- 孤고는 子(아들 자)＋瓜(오이 과)의 회의자로 홀로 달린 오이처럼 혼자 남은 고아幼而無父曰孤, 鰥寡孤獨, 외롭다孤立, 왕후의 겸칭南面稱孤, 돌아보다孤遇元夫 등으로 쓰인다.

- 寡과는 宀(집 면)＋頁(머리 혈)＋分(나눌 분) 혹은 宀(집 면)＋頒(나눌 반)의 회의자로 적다職寡者易守, 약하다寡我襄公, 임금의 겸칭寡人之於國也, 과덕寡德, 홀어미時瑤石宮 有寡公主 등으로 쓰인다.

- 穀곡은 禾(벼 화)＋殼(껍질 각)의 회의자로 벼, 조, 수수처럼 단단한 껍질을 벗기는 모습穀으로 곡식, 양식의 총칭百穀用成, 좋다穀旦于差, 기르다民莫不穀, 살다穀則異室, 녹봉邦有道穀, 알리다(＝告) 등으로 쓰인다.

- 邪사(야)는 牙(어금니 아)＋阝(고을 읍)의 형성자로 본래 낭야군琅邪郡의 지명이었지만, 이빨을 드러낸 모습에서 부정적으로 전의되어 간사奸邪하다方直不曲謂之正反正爲邪, 바르지 않다愚亂之邪臣, 사사로움則臣有所匿其邪矣, 의문·부정의 조사怨邪非邪, 느릿하다其虛其邪 등으로 쓰인다.

- 譽예는 言(말씀 언)＋與(줄 여)의 형성자로 말로 남의 선함을 들어 올려 기리다好而譽人者 亦好背而毀之, 바로잡다君子不以口譽人 則民作忠, 영예譽望所歸,

즐기다韓姑燕譽, 시호狀古述今日譽로 쓰인다.

- **輿여**는 車(수레 거)＋舁(마주들 여)의 회의자로 수레의 총칭輿者 車之總名也, 메다, 들다輿轎而踰嶺, 가마乘籃輿 등으로 쓰인다.

- **璙록**은 玉(구슬 옥)＋彔(나무 깎을 록)의 형성자로 옥을 말한다. 녹록璙璙은 <u>구슬의 영롱함</u>을 말한다.

- **玉옥**은 구슬 세 개를 끈으로 꿴 모양으로 <u>아름다운 돌의 총칭</u>鼎玉鉉, 옥으로 만든 홀執玉, 패옥玉不去身, 남의 것에 대한 미칭得見君之玉面, 아껴 소중히 여기다毋金玉爾音, 갈다玉欲玉女로 쓰인다.

- **珞락**은 玉(구슬 옥)＋各(각각 각)의 형성자로 옥돌, 산 위의 큰 바위, 바위의 모양, 장대한 모양, 자갈 등으로 쓰인다. 낙락珞珞(낙락硌硌)이란 <u>볼품 없고 질박한 돌의 모양</u>이다.

40장 • 반복反覆 : 되돌아감

反者는 道之動이요 弱者는 道之用이라
반 자   도 지 동   약 자   도 지 용

天下萬物은 生於有하고 有生於無니라
천 하 만 물   생 어 유   유 생 어 무

되돌아옴은反者 도의道之 운동動이며, 유약함은弱者 도의道之 작용用이다.
천하 만물天下萬物은 유에서於有 생겨났고生, 유有는 무에서於無 생겨났다生.

　도의 운행과 작용, 그리고 만물과 유有, 무無의 발생론적 관계를 서술했다. 상대성(유무有無·난이難易·장단長短·고하高下·전후前後·자웅雌雄·흑백黑白·영욕榮辱·흡장翕張·약강弱强·폐흥廢興·탈여奪與)을 되돌려서 근본根本으로 반복·순환·복귀하는 것이 도의 운행이다. 도는 무위無爲로 작용하며, 무위의 작용은 형상을 지닌 만물과 대립하거나 강제적으로 행사되는 것이 아니기 때문에, 따라서 유약한 것이 도의 작용이다.

　공무空無에서는 아무것도 발생할 수 없기ex nihilo nihil(라틴어, [익스니힐 로니힐]) 때문에, 만유는 유에서 나왔다고 말한다. 그런데 만유는 유에서 나왔다고 말한다면, 그 유의 근원을 다시 물어야 하기 때문에, 유는 무에서 나왔다有生於無고 말할 수밖에 없다. 그런데 여기서 유有와 무無는 병존하는 두 가지 물건이 아니다. 천지만물의 생성적 동기를 생성된 유有와 구별하기 위해서 무無라고 하며, 무無가 나타나 펼쳐진 것顯을 유有라고 말한다. 즉 유有의 근원이 무無이고, 무無가 펼쳐진 것이 유有라는 점에서, 유와 무는 상생하며(2장) 산출한 것이 바로 천지만물이다.

한자 해설

• 反반은 厂(기슭 엄)＋又(또 우: 손)의 회의자로 손으로 뒤집는 것을 나타내

어 돌이키다反而求之, 반전反轉, 되돌아가다報本反始, 吾自衛反魯, 반복反復, 모반謀反, 뒤척거리다輾轉反側, 나부끼다唐棣之華 偏其反而 등으로 쓰인다.

- 道도는 辶(갈 착)＋首(머리 수)의 회의자로 향하여 가는 길(방법)이자 목적으로 도로道聽而塗說, 도리道也者 不可須臾離也, 우주의 본체道者 萬物之始, 작용一陰一陽之謂道, 방법吾未知吾道 등을 말한다.

- 動동은 重(무거울 중)＋力(힘 력)의 회의자로 무거운 것을 힘을 써서 움직이다風勝則動, 운동運動, 격동激動, 변하다變動, 생기다草木繁動, 동물動物 등으로 쓰인다.

- 弱약은 두 개의 弓(활 궁)에 羽(깃 우: 부드러움)의 회의자로 구부러진 것은 약하다弱而能強 柔而能剛, 쇠약衰弱, 허약虛弱, 유약柔弱, 약하게 하다無弱君 而彊大夫, 활 이름繁弱으로 쓰인다.

- 用용은 卜(점 복)＋中(가운데 중)의 회의자로 점쳐서卜 맞으면中 반드시 시행하다初九 潛龍勿用, 작용作用, 실용實用, 등용하다魯用孔丘, 다스리다仁人之用國, 비용費用, 통하다用也者 通也로 쓰인다.

- 生생은 초목이 땅속에서 나오는 형상(生進也 象草木生土)으로 태어나다孔子 生魯昌平鄉陬邑, 생산生産, 생성生成, 나면서부터生而知之, 살다生乎今之世 反古 之道, 삶生亦我所欲也 등으로 쓰인다.

- 有유는 又(또 우)＋月(육달 월: 肉)의 회의자로 손又으로 고기肉를 쥔 모습으로 소유所有하다, 소유물羨施氏之有, 존재하다有無, 만유萬有 등으로 쓰인다.

- 無무는 숲이 불火에 타서 없어진 모양으로 없다剛而無虐 簡而無傲, 구별이 없는 만물의 근원이 되는 도天下之物生於有 有生於無, 아무것도 아님楚國無以 爲寶 등으로 쓰인다.

41장 • 문도 聞道 : 도를 들음

上士는 聞道에 勤而行之하고 中士는 聞道에 若存若亡하고
상 사 문 도 근 이 행 지   중 사 문 도   약 존 약 망

下士는 聞道에 大笑之하나니 不笑면 不足以爲道니라
하 사 문 도 대 소 지   불 소 부 족 이 위 도

故로 建言에 有之호대
고 건 언 유 지

明道는 若昧하며 進道는 若退하며 夷道는 若纇하며
명 도 약 매   진 도 약 퇴   이 도 약 뢰

上德은 若谷하며 大白은 若辱하며 廣德은 若不足하며
상 덕 약 곡   대 백 약 욕   광 덕 약 부 족

建德은 若偸하며 質眞은 若渝라
건 덕 약 투   질 진 약 투

大方은 無隅하며 大器는 晩成하며 大音은 希聲하며
대 방 무 우   대 기 만 성   대 음 희 성

大象은 無形이니라 道隱無名이라
대 상 무 형   도 은 무 명

夫唯道라야 善貸且成이니라
부 유 도 선 대 차 성

상등의 선비上士는 도를 들으면聞道 부지런히 실천하고勤而行之, 보통의 선비
中士가 도를 들으면聞道 있을까 없을까若存若亡(반신반의半信半疑)하며, 하등의 선
비下士가 도를 들으면聞道 크게 비웃을 것大笑之이니, (하등의 선비가) 비웃지
않는다면不笑 도라고 하기에以爲道 부족不足할 것이다.

그러므로故 전해오는 말이 있어有之:

밝은 도明道는 어두운 듯若昧하고, 나아가는 도進道는 물러나는 듯若退하고, 평
탄한 도夷道는 울퉁불퉁한 듯若纇하고, 최상의 덕上德은 골짜기처럼 (낮은) 듯
若谷하고, 큰 결백大白은 치욕스러운 듯若辱하고, 광대한 덕廣德은 모자라는 듯
若不足하고, 건실한 덕建德은 나태한 듯若偸하고, 질박하게 참됨質眞은 이렇다

저랬다 하는 듯若渝하다.

크게 모남大方은 모서리가 없고無隅, 크나큰 그릇大器은 늦게 이루어지며晚成 (이루어짐이 없고), 크나큰 소리大音는 소리가 없고希聲(거의 소리가 들리지 않으며), 크나큰 형상大象은 형태가 없고無形, 도는 은미道隱하여 이름이 없다無名.

대저夫 오직唯 (은미하여 이름 없는) 도道만이 잘善 베풀고貸 또한且 이룬다成.

　도는 세상의 상식과 상반되는 것으로 보이기에, 하등의 선비가 도를 들으면 크게 비웃을 것이라고 말하면서 그 근거를 설명했다.

　형이상자인 도는 무형이고, 그 작용은 무위이기 때문에 명명하거나 설명할 수 없다. 따라서 감관으로 지각되는 만물(有, 존재자)만을 참된 존재라고 생각하는 일반인들이 도를 관조觀照하는 것은 실로 거의 불가능하며, 오직 근기根機가 빼어난 사람만이 도에 인식하여 체득할 수 있다.

　도는 밝다·어둡다와 같은 상대적인 언어로 형언할 수 없다. 도에 나아가기 위해서는 허정虛靜하게 자신을 비워야 한다. 그 길은 평탄하지만 일반인들의 상식과는 어긋나는 것이기에 험난한 것처럼 보인다. 최상의 덕上德은 덕스러운 것이 없기에 골짜기처럼 텅 비어 있다. 성인聖人은 순수 결백함 그 자체이지만, 자비심에 의해 그 결백함을 조화시키고 속인의 온갖 더러움과 하나가 된다.

　도를 체득한 성인의 덕은 광대하여 미치지 않음이 없지만, 그 공을 자기의 것으로 삼아 자랑하지 않고, 만백성들에게 혜택을 주지만 무위無爲로 행해진다. 또한 성인의 마음은 질박하고 참되지만, 항상 백성의 마음으로 자기의 마음으로 삼아 막힘없이 대하기에 요동치며 변하는 듯하다. 도는 은미하여 형상으로 지각할 수 없다. 그러나 이러한 도만이 진정 잘 베풀고 도만이 만물에게 잘 베풀고 만물을 잘 완성한다.

한자 해설

• 士사는 허리춤에 차고 다니던 고대 무기의 상형자로 본래 무관武官 혹은 하나一를 배우면 열十 깨우치는 <u>선비</u>(학식이 있으나 벼슬하지 않은 사람士民

其擦, 지식인의 통칭智能之士), 전문가, 벼슬이름諸侯之上大夫卿 下大夫 上士 中士 下士 凡吾等 등으로 쓰인다.

- 勤근은 堇(노란 진흙 근)＋力(힘 력)의 형성자로 힘을 다해 근로勤勞하다, 부지런하다四體不勤, 직무服勤至死 등으로 쓰인다.

- 若약은 艸(풀 초)＋右(오른 우)의 상형자로 본래 머리를 빗는 여인을 그려 온순하다는 뜻이었지만 가차되어, 만약에 ~한다면若掘地而及泉, ~와 같다民之望之若大旱之望雨也 등으로 쓰인다.

- 存존은 才(재주 재)＋子(아들 자)의 회의자로 본래 어린아이의 안부를 묻는다養幼少存諸孤 는 뜻에서 전의하여 존재存在하다, 있다操則存 舍則亡, 보존保存하다, 살피다致愛則存 등으로 쓰인다.

- 亡망은 刀(칼도)와 점으로 이루어져 칼날을 말하여 칼의 날은 베어 멸망하다國家將亡 必有妖孼, 죽다事亡如事存 孝之至也, 없어지다逝者其亡, 도망하다蕭何聞信亡 自追之, 빠지다樂酒無厭 謂之亡, 없다厚葬 誠亡益於死者, 亡識, 亡窮로 쓰인다.

- 笑소는 竹(대 죽)＋夭(어릴 요)의 형성자로 팔을 휘저으며 장난치는 아이의 웃는 미소微笑를 말한다.

- 建건은 『설문』에 聿(법칙 률)과 廴(조정 정)의 회의자로 조정의 법률을 바르게 세우는 것을 나타내어, 건설建設, 세우다善建者不拔 등으로 쓰인다. 건언建言은 일반적으로 말을 세우다, 즉 말을 남기다로 풀이할 수 있지만, 속담·격언 혹은 서명書名이라고 말한다.

- 昧매는 日(날 일)＋未(아닐 미)의 회의자로 해가 아직 나오지 않아 어둡다路幽昧以險隘, 우매愚昧하다, 동틀 무렵土日昧旦 등으로 쓰인다.

- 進진은 隹(새 추)＋辵(쉬엄쉬엄 갈 착)의 회의자로 새가 앞으로 나아가는 것徒銜枚而進, 진로進路, 진퇴進退, 승진昇進, 벼슬하다君子進則能益上之譽 등으로 쓰인다.

- 退퇴는 辵(쉬엄쉬엄 갈 착)＋艮(어긋날 간)의 회의자로 배치되게 뒤로 물러나다賓三退負序, 퇴각退却, 은퇴隱退, 퇴거退去, 겸퇴謙退, 소극적으로 행동하다求也退, 내쫓다誰能退敵, 줄이다退食自公, 바래다退色 등으로 쓰인다.

- 夷이는 大(큰 대)＋弓(활 궁)의 회의자로 큰 활을 지닌 동쪽 이민족으로夷, 平也. 从大从弓, 東方之人也, 평평하다大道甚夷, 유쾌하다云胡不夷, 깎다(평평하게 닦다), 진열하다, 오만하다不由禮則夷固僻違, 걸터앉다(혹은 쭈그리고 앉다: 夷俟), 상하다, 크다降福孔夷 등으로 쓰인다.

- 纇뢰는 糸(실 사)＋頪(엇비슷할 뢰)의 형성자로 실 마디絲之約結不解者曰纇, 어그러지다忿纇無期, 한쪽으로 치우치다刑之頗纇, 깊다夷道若纇, 흠明月之珠 不能無纇, 과실 등으로 쓰인다. 纇는 실의 마디처럼 고르지 않고 울퉁불퉁한 것을 말한다.

- 白백은 촛불 혹은 햇빛이 위로 비추는 모양으로 희다猶白之謂白與, 채색하지 않다白賁无咎, 깨끗하다巽爲白, 결백潔白, 명백明白, 좋은 쪽의 말詳衆士之白黑으로 쓰인다.

- 辱욕은 辰(지지 잔날 신)＋寸(마디 촌)의 회의자로 욕되게 하다叢者辱賜書 教以順於接物, 치욕恥辱, 인욕忍辱, 욕보이다不辱其身 不羞其親, 수치吾幽囚受辱, 더럽히다大白若辱 등으로 쓰인다.

- 廣광은 广(집 엄)＋黃(누를 황)의 회의자로 기둥만 있고 벽이 없는 대청으로 넓다地廣而益重, 광폭廣幅, 광야廣野, 넓히다廣其節奏, 퍼지다是故地日廣, 넓이廣狹로 쓰인다.

- 偸투는 人(사람 인)＋兪(점점 유)의 형성자로 훔치다偸竊, 도둑偸盜, 경박하다故舊不遺 則民不偸, 투박偸薄 등으로 쓰인다.

- 質질은 所(모탕 은: 저당물)＋貝(조개 패)의 회의자로 저당물로 돈을 빌리는 것을 나타내어 바탕大圭不磨 美其質也, 질박質朴, 순진하다遺華反質, 품성太素者質之始也, 근본君子義以爲質으로 쓰인다.

- 眞진은 鼎(솥 정)＋匕(비수 비: 수저)의 회의자로 신에게 정성스러운 마음으로 음식을 바친다는 의미에서 참眞僞, 진실眞實, 진짜帝王自有眞, 바르다識曲聽其眞, 진솔眞率, 있는 그대로況其眞乎 등으로 쓰인다.

- 渝투는 水(물 수)＋兪(점점 유)의 형성자로 맑은 물이 흐려지다는 뜻에서 변하여 바뀌다舍命不渝, 풀어지다裳格鞏鈞渝, 발어사渝安貞 등으로 쓰인다.

- 方방은 쟁기로 밭을 갈면 올라오는 흙덩이에서 사방, 나라, 방정方正,

정직, 방형方形, 방법方法 등으로 쓰인다.

- 隅우는 阜(언덕 부)＋禺(긴 꼬리 원숭이 우)의 형성자로 언덕齊之海隅, 모퉁이조于海隅蒼生, 모난 귀퉁이擧一隅 不以三隅反, 네모周無隅 등으로 쓰인다.

- 晩만은 日(날 일)＋免(면할 면)의 형성자로 해가 저물다登臨日將晩, 해질 무렵晩餐, 늦다晩時之歎, 끝晩秋, 만년孔子晩而喜易 韋編三絕 등으로 쓰인다.

- 貸대는 代(대신할 대)＋貝(조개 패)의 회의자로 빌리다轉貸, 빌려주다盡其家貸於公, 바치다以財投長日貸, 관대히 다스림然亦縱舍 時有大貸 등으로 쓰인다.

42장 • 충화沖和 : 텅 빔과 조화

道生一하고 一生二하며 二生三하고 三生萬物이니
도 생 일 　 일 생 이 　 　 이 생 삼 　 삼 생 만 물

萬物이 負陰而抱陽하야 沖氣以爲和하나리라
만 물 　 부 음 이 포 양 　 충 기 이 위 화

人之所惡는 唯孤寡不穀이어늘 而王公以爲稱이라
인 지 소 오 　 유 고 과 불 곡 　 　 이 왕 공 이 위 칭

故로 物은 或損之而益하며 或益之而損이니라
고 　 물 　 혹 손 지 이 익 　 혹 익 지 이 손

人之所敎를 我亦敎之이어니와 强梁者는 不得其死하니
인 지 소 교 　 아 역 교 지 　 　 강 량 자 　 부 득 기 사

吾將以爲敎父호리라
오 장 이 위 교 부

도道는 하나一를 낳고生, 하나一는 둘二을 낳고生, 둘二은 셋三을 낳고生, 셋三
은 만물萬物을 낳았다生.

만물萬物은 음을 등에 지고負陰而 양을 껴안아抱陽, 텅 빈 기沖氣로써以 조화和
를 이룬다爲.

세상 사람들이 싫어하는 것人之所惡은 오직唯 부모가 없고孤, 지아비가 없고
(덕이 부족하고)寡, 자식이 없는(착하지 않는) 것인데不穀, 임금과 제후王公는 이런 것으
로以 자칭한다爲稱.

그러므로故 세상만사物란 혹或 (겸양謙讓하여) 손해를 보는 것 같지만損之 이
익을 가져오기도 하고而益, 혹或 (강량强梁하여) 이익을 보는 것 같지만益之 손
해를 가져오기도 한다而損.

다른 사람들이 가르친 것人之所敎을 나我 또한亦 가르치니敎之, 강하고 굳세기
만 한 사람强梁者은 제명에 죽지 못하니不得其死,

나吾는 장차將 이 말로써以 가르침의 근본敎父을 삼겠다爲.

노자의 우주론이 가장 잘 드러나 있는 구절이다. 텅 비어 있는 도가 만물의 근본임을 밝히면서, 유약柔弱한 도의 원리를 체득하여 겸허하게 처할 것을 말하였다. 『주역周易』「계사전」의 "역易에 태극太極이 있으니, 태극이 양의兩儀(음양陰陽)을 낳고, 양의가 사상四象을 낳고, 사상이 팔괘八卦를 낳고, 팔괘가 길흉을 정한다易有太極 是生兩儀 兩儀生四象 四象生八卦 八卦定吉凶"는 구절과 더불어 동양 우주론을 대표한다.

여기서 하나一, 둘二, 그리고 셋三이 무엇을 상징하는 것인지에 대해서는 논란이 많지만, 하나는 하늘(天=一+大: 하나의 큼)로서 도의 양陽의 측면을, 둘二은 하늘이 논리적으로 배대配對하는 땅으로 도의 음의 측면을, 그리고 셋三은 사람人을 상징한다고 하겠다.

왕공王公이 천하 사람들이 싫어하는 고孤 · 과寡 · 불곡不穀으로 자칭하며 겸손히 아래에 처하는 것은 혹 손해를 보는 듯하다. 그러나 태평성대太平盛代를 구가함으로 만백성에게 이익을 줄 뿐만 아니라, 왕공 자신은 진정 고귀한 존재가 되기 때문에 궁극적으로 이익이 된다는 말이다.

한자 해설

- 生생은 초목이 땅속에서 나오는 형상生進也 象草木生土으로 태어나다孔子生魯昌平鄕陬邑, 기르다以生萬民로 쓰인다. 여기서 생生은 원인-결과의 물리적인 인과관계가 아니라, 논리적 존재론적 근거의 관계이다.
- 負부는 人(사람 인)＋貝(조개 패)의 회의자로 등에 짐을 지다恃任是負, 자부自負, 부담負擔, 부채負債, 빚을 지다負責數鉅萬, 등을 지다天子負斧依, 경쟁에서 지다一勝一負, 기대다虎負嵎 등으로 쓰인다.
- 陰음(암)은 阜(언덕 부)＋今(이제 금)＋云(구름 운)의 회의자로 큰 언덕과 구름에 의해 형성된 그늘, 응달, 음(↔양에 대하여 소극적), 음기陰氣, 그림자, 산의 북쪽 땅, 곤坤, 습기, 그늘짐以陰以雨 등으로 쓰인다.
- 陽양은 阜(언덕 부)＋昜(볕 양: 햇빛이 비추는 모습)의 회의자로 볕, 양지, 산의 남쪽 땅在南山之陽, 내의 북쪽水北爲陽山南爲陽, 양陰陽者氣之大者也, 기수奇數, 밝다我朱孔陽, 열다順陰陽以開闔, 맑다陽 淸也, 따뜻하다春日載陽 등으로 쓰인다.

186

- 抱포는 手(손 수)＋包(쌀 포)의 회의자로 손으로 감싸 안다互抱馬脚不得行, 포옹抱擁, 알을 품다, 포위하다鬱律衆山抱, 품三年乃免子懷抱 등으로 쓰인다.
- 沖충은 水(물 수)＋中(가운데 중)의 형성자로 물이 솟아오르는 소리를 말했지만, 이후 비다沖曠, 사이道沖而用之, 깊다深沖, 화하다沖澹, 조화되다太沖, 어리다肆予沖人, 아래로 늘어진 모양旣見君子 儵革沖沖, 얼음을 깨는 소리二之日 鑿氷沖沖 등으로 쓰인다.
- 氣기는 气(기운 기)＋米(쌀 미)의 형성자로 수평(바람) 및 수직이동(구름·비 등)을 하는 기운 혹은 에너지를 지닌 우주를 구성하는 질료적인 모든 것의 총칭理氣論, 元氣, 몸을 구성하는 질료氣壹則動志也, 養氣, 어떤 힘이나 움직임泰平之氣, 氣運, 호흡屛氣似不息者, 氣息, 呼氣, 운기雲氣, 오관에 닿는 현상香氣, 寒氣, 蒸氣, 자연계의 현상天有六氣, 氣象, 절기務順時氣, 타고난 기질志彊而氣弱 등으로 쓰인다. '충기沖氣'는 "도는 텅 비어 있으나 아무리 그것을 써도 다함이 없는 듯하다道沖而用之或不盈(4장)"는 구절과 연관하여 보면, 도의 기운으로 해석할 수 있겠다.
- 王왕은 三(석 삼)＋丨(뚫을 곤)의 지사문자로 하늘天과 땅地 및 사람人을 하나로 꿰뚫는丨 존재로 지배자(천자, 전국시대 이후의 제후, 진한이후 황족이나 공신에게 수여한 최고의 작위, 군주)을 말한다.
- 公공은 厶(사사로울 사)＋八(여덟 팔: 破:깨다, 등지고 떠나다)의 회의자로 사사로움을 등지고(깨다) 공적公的(공공公共, 공평公平, 공개公開)으로 된다는 뜻이며, 공적인 것을 집행하는 작위諸侯로서 공후백자남公侯伯子男의 하나이며, 어른의 존칭이기도 하다.
- 稱칭은 禾(벼 화)＋爯(들 칭)의 회의자로 벼의 무게를 저울질하다, 이르다其知不足稱也, 칭찬함君子稱人之善則爵之, 명칭子者 男子之通稱也, 들어 올리다稱爾戈, 등용함禹稱善人, 저울질하다蠱事旣登 分繭稱絲, 맞다異稱而隱, 알맞다禮不同 不豊不殺 蓋言稱也, 알맞은 정도貧富輕重 皆有稱者也로 쓰인다.
- 益익은 水(물 수)＋皿(그릇 명)의 회의자로 그릇에 물을 더하다, 보태다而益之以三怨, 덧붙이다益一言 臣請烹, 많아짐其家必日益, 보탬請益則起, 효험終夜不寢以思 無益, 이득小損當大益, 이익利益, 넓다益 以弘裕爲義, 익괘(震下巽上: 위

를 덜고 아래를 더하는 상)로 쓰인다.

- 損손은 手(손 수)＋員(수효 원)의 형성자로 손으로 덜어내는 것으로 줄이다損下之憂, 소실損失, 줄다爲道日損, 손해損害, 손괘(兌下艮上: 아래를 덜고 위를 보태는 상)으로 쓰인다.

- 教교는 爻(효 효: 건물, 결승문자, 본받다)＋子(아들 자)＋攵(칠 복)의 회의자로 깨닫게 하다＋三敎汝織, 올바른 길로 일깨우다古者易子而敎之, 교육敎育, 교리佛老 異方敎耳, 스승置助敎十五人 以敎生徒 등으로 쓰인다.

- 亦역은 팔을 벌린 사람大의 양 겨드랑의 두 점으로 크다亦服爾耕는 뜻이었지만, 가차되어 또한柔亦不茹 剛亦不吐, 영탄의 뜻有朋自遠方來 不亦樂乎, 그래도亦少有佳趣 등으로 쓰인다. "다른 사람들이 가르친 것을 나 또한 가르친다人之所敎 我亦敎之"는 것은 내가 억지로 사람들에게 나의 가르침에 따르도록 강요하지 않고 스스로 그러함自然을 이용한다는 말이다.

- 梁량은 木(나무 목)＋氵(삼 수)＋刅(비롯할 창)의 회의자로 나무를 베어 물 위에 걸쳐 놓은 다리在彼淇梁, 造舟爲梁, 들보棟梁, 어량無逝我梁, 빼앗다故爾梁遠, 힘세다, 사납다快歠陸梁 등으로 쓰인다. '강량强梁'이란 도의 작용인 겸손謙遜 · 겸퇴謙退 · 유약柔弱과 반대되는 말로 강포한 것을 말한다.

- 父부는 손又에 채찍丨을 들고 가족을 거느리는 아비父母, 만물 · 생민을 나게 하고 자라게 하는 것惟天地萬物父母, 살아계신 아버지生稱父 死稱考, 부모父母, 부친父親, 동성의 친족以遠諸父, 창시자, 처음, 비롯함吾將以爲敎父 등으로 쓰인다.

43장 • 지유至柔 : 지극히 부드러움

天下之至柔가 馳騁天下之至堅하며 無有가 入無間이라
천 하 지 지 유　치 빙 천 하 지 지 견　　무 유　입 무 간

吾是以로 知無爲之有益하노니
오 시 이　지 무 위 지 유 익

不言之敎와 無爲之益은 天下에 希及之니라.
불 언 지 교　무 위 지 익　천 하　희 급 지

천하에서天下之 지극히(가장) 부드러운 것至柔이 천하에서天下之 지극히(가장) 굳
센 것至堅을 부리며馳騁, (어떠한 형체도) 있지 않은 것無有이 틈새가 없는 곳
無間으로도 진입入할 수 있다.
나吾는 이것으로써是以 무위가 유익하다는 것無爲之益을 안다知.
말 없는不言之 가르침敎과 무위의無爲之 유익益을 천하天下에서 미쳐서 행할
수 있는 자及之 드무니라希.

　가장 부드러운 것이 가장 굳센 것을 부리고, 형체가 없는 것이 틈이
없는 것으로 들어간다는 것을 예시하면서, 불언不言의 가르침과 무위無爲
의 진정한 유익함에 대해 말하였다.
　가장 유약한 물이 산을 뚫고 땅을 헤쳐 나가며, 금속과 돌 속 깊숙이
침투해 들어간다. 형상이 없는 것無有이란 차라리 무無라고 말해지는 도
를 나타낸다. 가장 부드럽지만 가장 견고한 것에 침투하고, 형상이 없어
틈이 없는 것 속으로도 침투해 들어가는 무위無爲로 작용하는 무형의 도
가 천하의 형상을 지닌 가장 견고한 그 무엇보다도 진정 유익하다. 성인
의 말없는 가르침이 진정 백성을 자화·자정·자부·자박하게 한다는
것, 그리고 무위가 진정한 유익을 지닌다는 것을 형상을 지닌 존재자에
집착하면서 그것에서 유익을 구하는 일반 사람들은 전혀 알지 못한다.

- 至지는 화살矢이 땅—에 꽂힌 모습 혹은 새가 땅에 내려앉는 모양(『설문』)의 지사문자로 이르다至於犬馬 皆能有養, 도달하다樂至則無怨 禮至則不爭, 지극히夫至用民者, 궁극方員之至也, 극진히 하다夫此有常以至其誠者也, 많다圈圈汙池沛澤多로 쓰인다.

- 柔유는 矛(창 모)＋木(나무 목)의 회의자로 창 자루로 쓰는 유연한 나무로 부드럽다外柔內剛, 약하다柔情綽態로 쓰인다.

- 馳치는 馬(말 마)＋也(어조사 야)의 형성자로 말을 몰다馳馬, 질주하다馳走, 지나가다年與時馳, 멋대로 하다無敢馳驅 등으로 쓰인다.

- 騁빙은 馬(말 마)＋甹(말이 잴 병)의 형성자로 말을 달리다騁馳若驚, 제멋대로 하다時騁而要其宿, 다하다慶慶靡所騁 등으로 쓰인다. '치빙馳騁'이란 본래 말이 세차게 달리는 것을 형용한 것이지만, 여기서는 부린다御駕는 뜻이다.

- 堅견은 土(흙 토)＋臤(굳을 간)의 회의자로 흙의 단단함堅固, 굳셈堅剛, 굳어지다高壘堅營, 갑옷堅甲으로 쓰인다.

- 希희는 巾(수건 건)＋爻(효 효)의 회의자로 천巾에 새긴 자수爻로 비쌌기 때문에 바라다, 동경憧憬하다, 희망希望하다, 사모思慕하다, 앙모仰慕하다, 드물다, 성기다(疎: 물건의 사이가 뜨다), 적다(=少) 등의 뜻이다.

- 及급은 人(사람 인)＋又(또 우)의 회의자로 사람人의 뒤에 손又이 닿는 것을 나타내며 쫓아가다往言不可及, 능력이 미치다非爾所及也, 미치게 하다老吾老 以及人之老, 및予及女偕亡, 더불어 하다周王于邁 六師及之, 급제及第 등으로 쓰인다.

44장 • 지지 知止 : 머무를 곳을 앎

名與身이 孰親이며 身與貨는 孰多며 得與亡은 孰病고
명여신 숙친 신여화 숙다 득여망 숙병

是故로 甚愛는 必大費하고 多藏은 必厚亡이라
시고 심애 필대비 다장 필후망

知足이면 不辱이요 知止면 不殆이니 可以長久나라
지족 불욕 지지 불태 가이장구

명예와 자신名與身 중에 어느 것孰이 더 절친親한가? 자신과 재물身與貨 중에 어느 것孰이 더 중요한가多? 얻음과 잃음得與亡 중에 무엇孰이 더 병病이 되는가?

이런 까닭是故으로 지나치게 아끼면甚愛 반드시必 크게 허비大費하며, 너무 많이 쌓으면多藏 반드시必 후厚하게 망亡하게 된다.

만족할 줄 알면知足 치욕을 당하지 않게 되며不辱, 머무를 곳을 알면知止 위태롭게 되지 않아不殆, 길이 오랫동안長久 갈 수 있다可以.

먼저 명예와 재화보다 자기 자신이 더 절실하고 소중하다는 것을 말하고, 상도常道가 자기에게 갖추어져 있다는 것을 알고 머무를 곳을 안다면 장구할 수 있음을 피력하였다.

먼저 자신이 존재하고 난 뒤에 명예가 있다. 자신을 귀하게 여기고 재물을 천하게 여기는 것, 또한 아직 자아를 잊은 것忘我이 아니다. 자아를 잊은 자에게는 자신 또한 이미 없거늘, 하물며 명예나 재화 따위는 어디 있으랴? 그러나 자신을 귀하게 여겨야 하듯이, 천하를 위하는 일 또한 자아를 잊지 않고서는 할 수 없는 일이다. 그런 까닭에 세상 사람들로 하여금, 명예란 절실한 것이 못되며, 재화는 쌓아둘 것이 되지 못한다는 사실을 안 뒤에,

자신을 귀하게 여길 줄 알게 하고, 자신을 귀하여 여길 줄 안 뒤에 자아를 잊을 줄 알게 한다. 이것이 노자의 뜻이다. 〈소자유〉

명예와 재화를 얻으면서 자기 자신을 잃는다면 어떤 유익이 있는가? 탐욕을 채우는 것과 탐욕을 버리는 것 가운데 어느 것이 더 병이 되는가? 지나치게 아끼면, 그 아낌에 얽매여 올바른 판단을 할 수 없기 때문에, 그 대상을 유효·적절하게 사용할 수 없게 된다. 도로 말미암아 타고난 본래의 자기 자리를 잃지 않고, 마땅히 머무를 곳을 알아서 거기에 머무른다면 위태롭지 않아 장구할 수 있다.

한자 해설

- 名명은 夕(저녁 석)＋口(입 구)의 회의자로 어두운 저녁에 부르던 이름姓李氏 名耳 字伯陽, 성명姓名, 평판立身揚名於後世, 명성名聲, 명예名譽, 명분必也正名乎, 名實相符, 명명하다自名秦羅敷, 부르다國君不名卿老世婦, 공적 등으로 쓰인다.
- 身신은 사람의 몸을 그린 상형자로 신체身也者 父母之遺體也, 자신仰慕先意府思身愆, 신분臣出身而事主, 몸소身不識也, 임신함大任有身로 쓰인다.
- 孰숙은 亨(누릴 향)＋丮(잡을 극)의 회의자로 삶은 고기熟를 말했지만, 가차되어 누가孰知賦斂之毒, 어느 것女與回也 孰愈, ~와 ~은 어느 편이 좋은가與其樂於身 孰若無憂於其心 등으로 쓰인다.
- 親친은 立(설 립)＋木(나무 목)＋見(볼 견)의 회의자, 혹은 辛(매울 신)＋見(볼 견)의 형성자로 눈앞의 가까운 사람燈火稍可親, 친애親愛, 친근親近, 친목하다交親而不比, 친히, 자애慈保庶民親也, 어버이始聞親喪, 친척親戚, 친구輕則失親, 새롭다在親民 등으로 쓰인다. 親은 친애親愛·절실切實하다는 뜻이다.
- 貨화는 化(될 화)＋貝(조개 패: 돈)의 회의자로 돈으로 거래되는 재화不貴難得之貨, 화폐貨幣, 화물貨物, 물품日中爲市 致天下之民 聚天下之貨 交易而退 등으로 쓰인다.
- 多다는 두 개의 有(又＋肉: 손에 고기를 지님)로 구성되어 (고기를) 많이 지니

고 있음未墮家多難, 다중多衆, 후하다屬我多謝, 뛰어남執與仲多, 전공治功曰力戰功曰多, 때마침多見其不知量也으로 쓰인다. 多는 <u>귀중</u>貴重 · <u>소중</u>所重하다, <u>비중</u>이 크다는 뜻이다

- 病병은 疒(병들어 기댈 녁)＋丙(남벽 병)의 형성자로 병들어 누운 사람의 모습으로 위독한 <u>병</u>疾病外內皆埽, <u>앓다</u>病瘉 我且往見, 어려워하다堯舜其猶病諸, 피곤하다今日病矣 등으로 쓰인다.

- 甚심은 甘(달 감)＋匕(비수 비)의 회의자로 큰 수저 뒤로 甘자가 그려져진 입에 음식을 가득 집어넣으려는 모습으로 편안하고 즐겁다甚 尤安樂也, 심하다甚矣 吾衰也 , 정도가 <u>지나치다</u>, 두텁다羆者宰穀臣之觴吾子也甚歡, 깊다王之不說嬰也甚로 쓰인다.

- 藏장은 艹(풀 초)＋臧(착할 장: 넣어두다, 감추다, 곳집)의 회의자로 도망친 노예가 풀숲에 숨다는 의미에서 <u>감추다</u>多藏琅玕黃金玉, <u>품다</u>藏怒以待之, 저장하다君子藏器於身, 잠재하다衰乃殺殺乃藏, 비축厚積餘藏, 오장五臟 등으로 쓰인다.

- 費비는 弗(아닐 불)＋貝(조개 패)의 회의자로 돈이나 물건을 소비하다君子惠而不費, <u>허비</u>虛費하다, 비용費用, 재화非愛其費也, 효용이 넓다君子之道 費而隱로 쓰인다.

- 厚후는 厂(기슭 엄)＋旱(두터울 후)의 형성자로, 본래 高(높을 고)를 거꾸로 한 모양에다 厂를 더하여 아래로 <u>두껍다</u>不臨深谿 不知地之厚也, 후덕厚德, 두께其厚三寸, 도탑다厚意, 정도가 심하다厚者爲戮 薄者見疑 등으로 쓰인다.

- 足족은 발의 상형자로 하지不知足之蹈之 手之舞之, 그릇의 발鼎折足, 근본木以根爲足也, <u>충족하다</u>學然後知不足, 知足, 분수를 알다知足不辱로 쓰인다. 지족知足이란 상도常道가 자기에게 갖추어져 있음을 아는 것이다. 따라서 상도常道가 갖추어져 있음을 알아 그 도를 체득하여德 행하면, 인위적으로 강장强壯하지 않게 되고, 치욕을 당하지 않는다.

- 辱욕은 辰(지지 잔날 신)＋寸(마디 촌)의 회의자로 김을 매는 모습으로 고되고 힘들었기 때문에 욕보다不辱其身 不羞其親, <u>치욕</u>恥辱, 인욕忍辱, 욕보이다不辱其身 不羞其親, 수치吾幽囚受辱, 더럽히다大白若辱, 잃음寵辱若驚 등으로 쓰인다.

- **必**필은 八(여덟 팔)＋弋(주살 닉)의 형성자로 땅을 나눌 때 말뚝을 세워 경계를 분명히 하여 나눈다는 데에서 <u>반드시</u>必也使無訟乎, <u>기필하다</u>毋意毋必 등으로 쓰인다.
- **止**지는 발자국 혹은 초목의 뿌리를 나타내는 상형자로 그치다口容止, 멈추다樂與餌過客止, 살다惟民所止, 만족하여 자리잡다在止於至善, <u>이르다</u>魯侯戾止, <u>한계</u>艮爲止, 행동거지行動擧止, 다만止可以一宿 而不可久處 등으로 쓰인다.
- **殆**태는 歹(뼈 부서질 알)＋台(별 태)의 형성자로 <u>위태하다</u>晉有三不殆, 의심하다故相與往殆乎晉也, 거의此殆空言 등으로 쓰인다.

45장 · 청정清淨 : 맑음과 깨끗함

大成은 若缺이나 其用은 不弊하며 大盈은 若沖이나 其用은 不窮하며
대 성 약 결 기 용 불 폐 대 영 약 충 기 용 불 궁

大直은 若屈하고 大巧는 若拙하고 大辯은 若訥이니라
대 직 약 굴 대 교 약 졸 대 변 약 눌

躁勝寒하고 靜勝熱이나 淸靜이 爲天下正이니라
조 승 한 정 승 열 청 정 위 천 하 정

위대한 완성大成은 모자라는 듯若缺하지만, 그其 작용用은 낡지 않는다不弊. 크게 채움大盈은 빈 듯若沖하지만, 그其 작용用은 다하지 않는다不窮.

크게 곧음大直은 굽은 듯若屈하고, 큰 솜씨大巧는 서툰 듯若拙하고, 뛰어난 언변大辯은 어눌한 듯若訥하다.

떠들썩하게 움직여야躁 추위寒를 이기고勝, 고요히靜 있어야 더위熱를 이기니勝, 맑고淸 고요靜하여야 천하天下가 바로 된다爲正.

　먼저 노자 특유의 정언약반正言若反의 수사법으로 도의 형상을 억지로 형용하면서 그 작용의 끝없음을 찬탄하고, 청정자정淸靜自正의 입장을 피력하였다.

　우리 몸은 한기寒氣를 느끼면 자연스럽게 움직여 열을 발산한다. 이것이 바로 지체를 움직여야 한기寒氣를 이긴다. 그런데 한여름의 더위에서는나 몸을 많이 움직여 열기가 너무 많이 발생할 시에는 오히려 몸을 가만히 두어야 한다. 열기를 이기고자 할 때에는 본래대로 고요히 있어야 하듯이, 유위에 의해 어지러워진 세상은 청정자화淸靜自化해야 바로 잡을 수 있다. 혼탁한 물은 고요히 가만두면 자연히 서서히 맑게 되듯이, 천하 또한 그렇게 해야 바로 올바로 정립된다. 여기서 청정淸靜은 도의 작용을 체득한 성인聖人의 무위無爲와 같다. 청정무위淸靜無爲 혹은 무위자화

無爲自化는 노자철학을 대변하는 표현이다. 바로 이 때문에 사마천司馬遷은 『사기』「노자열전」을 끝맺으면서 "이이는 무위함으로 사람들을 스스로 교화되게 하고, 청정함으로 스스로 바르게 되게 하였다李耳無爲自化 淸靜自正"고 말했다.

한자 해설

- **成성**은 戊(다섯째 천간 무)+丁(넷째 천간 정)의 형성자로 한창 때戊의 장정丁이란 뜻으로 이루다成己仁也, 성공成功, 완성完成, 다스리다以成宋亂 등으로 쓰인다.
- **缺결**은 缶(항아리 부)+夬(깨질 결)의 회의자로 항아리의 한쪽 손잡이가 떨어져 나가 이지러지다甕破缶缺, 결함缺陷, 결손缺損, 망그러지다咸以正無缺, 부족하다禮樂廢 詩書缺, 틈, 흠瑕缺 등으로 쓰인다.
- **弊폐**는 廾(받들 공)+敝(해질 폐)의 회의자로 걸어놓은 천을 몽둥이로 두드리는 모습으로 해지다弊衣, 쓰러지다及弊田, 민폐民弊, 다하다火弊로 쓰인다.
- **盈영**은 皿(그릇 명)+夃(찰 영)의 형성자로 그릇皿에 가득 차다樂主其盈, 영월盈月, 충분함盈 莫不有也, 많다盈 猶多也 등으로 쓰인다.
- **窮궁**은 穴(구멍 혈)+躬(몸 궁)의 회의자로 끝나다永世無窮, 멈추다儒有博學而不窮, 막히다遁辭知其所窮, 궁벽窮僻, 궁리窮理, 추구하다窮理盡性 以至於命 등으로 쓰인다.
- **直직**은 目(눈 목)+十(열 십)+乚(숨을 은)의 회의자로 열개十의 눈目으로 숨어 있는乚 것을 바르게 보아 굽은 데가 없다其直如矢, 정직正直, 직도直道, 직경直徑, 바름愛得我直, 공정하다王道正直, 꾸미지 않다尤簡直, 직면하다直夜潰圍 등으로 쓰인다.
- **屈굴**은 尸(주검 시)+出(날 출)의 형성자로 몸을 구부리고尸 엉덩이를 뒤로 내미는 모양으로 굴곡屈曲, 굴절屈折, 굽다有無名之指 屈而不信, 억눌러 굽히다威武不能屈, 굴절屈折 등으로 쓰인다.
- **巧교**는 工(장인 공)+丂(공교할 교: 책략, 재주)의 회의자로 훌륭한 솜씨大巧若

拙, 기교技巧, 계교計巧, 교언巧言, 예쁘다巧笑倩兮, 기능公輸子之巧로 쓰인다.

- 拙졸은 手(손 수)＋出(날 출)의 회의자로 손이 엇나가 솜씨가 서투르다大巧若拙, 졸렬拙劣, 자신의 것에 대한 겸칭自稱妻曰拙荊, 졸저拙著, 졸작拙作 등으로 쓰인다.

- 辯변은 辡(따질 변)＋言(말씀 언)의 회의자로 말을 잘하다辯者不善, 호변好辯, 말다툼하다辯而不德, 말로 다스림主齊盟者 誰能辯焉, 밝히다辯吉凶者存乎辭, 분별하다君子以辯上下, 시비와 진위를 논하는 글 등으로 쓰인다.

- 訥눌은 言(말씀 언)＋內(안 내)의 회의자로 말言이 입 안內에 있어 더듬다는 뜻으로 눌언訥言, 눌변訥辯 등으로 쓰인다.

- 躁조는 足(발 족)＋喿(떠들썩할 소)의 형성자로 발을 서둘러 움직여 조급躁急하다言未及之而言 謂之躁, 시끄럽다動搖躁躁, 동요함人主靜漠而不躁, 거칠다躁者皆化而愨 등으로 쓰인다.

- 寒한은 宀(집 면)＋艸(풀 초)＋人(사람 인)＋冫(얼음 빙)의 회의자로 집 안에서는 풀을 깔고 밖에서는 얼음이 얼어 한랭寒冷하다, 빈한貧寒하다, 한미하다出自寒微, 얼다涉淄而寒로 쓰인다.

- 靜정은 青(푸를 청)＋爭(다툴 쟁)의 형성자로 싸움을 중지한 안정安靜되다, 고요하다至靜而德方, 동정動靜, 맑다靜其巾羃, 도교의 수련修練之士 當須入靜 등으로 쓰인다.

- 熱열은 본래 蓺(불사를 열) 혹은 火(불 화)＋埶(심을 예)의 회의자로 불火의 기세埶가 매우 거세어 무덥다如火益熱, 온열溫熱, 열사熱砂, 여름철 더운 기운歊冒熱, 열기熱氣, 열地藏其熱, 열병熱病, 몸의 열靜勝熱로 쓰인다.

- 正정은 一(한 일)＋止(머무를 지)의 회의자로 절대적 표준인 하늘一에 나아가 합일하여 머무르는 것이 바르다(치우치지 않다, 단정하다, 반듯하다, 곧다, 정확하다), 올바르다(정직하다, 공정하다), 바로잡다(도리나 원칙에 어긋난 것을 바로잡다), 다스리다, 정실(정처, 본처, 적장자), 정(주가 되는 것) 등으로 쓰인다.

46장 • 지족知足 : 만족할 줄 앎

天下有道에는 却走馬以糞하고 天下無道에는 戎馬生於郊니라
천 하 유 도　　　각 주 마 이 분　　　천 하 무 도　　　융 마 생 어 교

禍莫大於不知足이요 咎莫大於欲得이니
화 막 대 어 부 지 족　　　구 막 대 어 욕 득

故로 知足之足이면 常足矣니라
고　　지 족 지 족　　　상 족 의

천하天下에 도가 있으면有道 달리는 말走馬을 멈추게 하여却以 (밭에) 똥거름
糞을 주게 하지만, 천하天下에 도가 없으면無道 병마戎馬가 교외에서於郊 (새끼
를) 낳는다生.
화禍는 만족할 줄 모르는 것不知足보다於 더 큰 것이 없고莫大, 허물咎은 (더 많
이) 얻으려고 탐욕하는 것欲得보다於 더 큰 것이 없으니莫大,
그러므로故 만족(充足)할 줄 알아 만족(充足)하면知足之足, 항상常 만족(充足)할 수
있다足矣.

　　말馬의 용도와 행태에 따라, 도가 행해지는 치세治世와 행해지지 않는
난세亂世를 묘사하였다. 천하에 도가 행해져 평화로우면, 전장을 달리던
말을 거둬들여 거름 수레를 끄거나 논밭을 경작하는 데에 쓴다. 그러나
도가 행해지지 않아 혼란스러워져 전쟁이 그치지 않으면, 말이 마구간
이 아니라 전장에서 새끼를 낳게 된다는 것이다. 그리고 상도常道가 갖추
어져 있음을 알아 그 도를 충족시키는 것이 모든 죄와 화, 허물을 피할
수 있다.

한자 해설

• 道도는 辶(갈 착=行止, 방법) + 首(머리 수 : 목적)의 로 회의자로 우주의 궁극자

(이치)이자 그 궁극자를 향하여 가는 길(방법)이자 목적이다.

- **却**각은 **去**(갈 거) + **卩**(병부 절)의 회의자로 **물리치다**却之爲不恭 何哉, 각퇴却退, <u>퇴각</u>退却, 각하却下, 기각棄却, 망각忘却, **도리어**行却與人相隨 등으로 쓰인다.

- **走**주는 **土**(흙 토) + **止**(발 지)의 회의자로 **양팔을 휘두르며 달리다**在位者皆反走辟, 주행走行, 주자走者, **가다**水出於山 而走於海, **달아나다**棄甲曳兵而走, 질주疾走, **네 발 짐승**飛禽走獸 등으로 쓰인다.

- **馬**마는 **말의 상형자**馬者所乘以行野也, 우마牛馬, **6척 이상 제후의 말**諸侯日馬 高六尺以上로 쓰인다. "각주마却走馬"에서 각却은 멈추다·거두어들이다·물러나 돌아가다는 뜻이며, <u>주마</u>走馬는 전쟁터를 질주하던 말·파발마 등을 말한다.

- **糞**분은 **米**(쌀 미) + **異**(다를 이)의 회의자로 **쌀이 다르게 변한 똥**今者臣竊嘗大王之糞, 분뇨糞尿, **더러운 것을 치우다**古謂除穢曰糞 今人直謂穢曰糞 등으로 쓰인다. 糞은 분전糞田으로 <u>논밭에 거름을 주다</u>, 혹은 논밭을 경작하다糞治其田는 의미이다.

- **戎**융은 **戈**(창 과) + **甲**(갑옷 갑)의 회의자로 **무기**戎器不粥於市, 융기戎器, <u>전쟁</u>惟甲胄起戎, 군대戎伏于莽, 융복戎服, 병거小戎玆收, **서쪽 오랑캐**西方曰戎 등으로 쓰인다. 융마戎馬는 전쟁에 쓰이는 말戰馬를 의미한다.

- **郊**교는 **交**(사귈 교) + **邑**(고을 읍)의 형성자로 **성 밖**不出國郊, 교외郊外, **국경**軍於邯鄲之郊, **가장자리**同人于郊, **전야**悉爲農郊, **천지에 지내는 제사**者周公郊祀后稷以配天 등으로 쓰인다. 郊란 <u>두 나라가 서로 접해 있는 국경</u> 혹은 성에서 가까운 교외를 말한다.

- **禍**화는 **示**(보일 시) + **咼**(화할 화: 앙상한 뼈와 입→재앙)의 회의자로 <u>재앙</u>君子愼以辟禍, 불행禍亂不作, 화복禍福, <u>화근</u>禍根, 허물罪禍有律 등으로 쓰인다.

- **福**복은 **示**(보일 시) + **畐**(가득할 복: 술이 가득 담긴 항아리)의 형성자로 **제단에 술을 따르는 모습으로 하늘의 도움**必受其福, 복록福祿, 복지福祉, **제사에 쓴 고기·술**爲人祭 曰致福, 飮福, 행복幸福, **복을 받다**鬼神害盈而福謙 등으로 쓰인다.

- **咎**구은 人(사람 인)＋各(각각 각: 발이 돌에 걸리다)의 회의자로 허물, 과실以瞽厥咎, <u>재앙</u>自遺其咎, 구앙咎殃, 나무라다旣往不咎, 미움般始咎周 등으로 쓰인다.
- **足**족은 무릎에서 발끝을 나타내는 상형자로 발(족), 뿌리, 근본, 넉넉하다, <u>충족</u>充足하다, <u>만족</u>滿足하다, 지나치다(주) 등으로 쓰인다.

47장 · 천도天道 : 하늘의 도

不出戶코 **知天下**하며 **不窺牖**코 **見天道**하니
불 출 호　　지 천 하　　불 규 유　　견 천 도

其出이 **彌遠**에 **其知**가 **彌少**하나니
기 출　　미 원　　기 지　　미 소

是以로 **聖人**은 **不行而知**하며 **不見而名**하며 **不爲而成**이니라
시 이　　성 인　　불 행 이 지　　불 견 이 명　　불 위 이 성

문戶 밖으로 나가지 않고도不出 천하天下를 알고知, 창牖 밖을 내다보지 않아
도不窺 천도天道를 관조하니見,

그其 나감出이 더욱彌 멀어遠질수록 그其 앎知은 더욱彌 적어지나니少.

이런 까닭으로是以 성인聖人은 돌아다니지 않아도不行而 알고知, 보지 않아도
不見而 이름을 알며名(明: 밝으며), 작위하지 않고도不爲而 이룬다成.

　　앞 장에 이어 성인이 상도常道가 자기에게 갖추어져 있다는 것을 깨달
아 자족自足하고, 무사無事로써 만사를 잘 이루어 나감을 말하였다.

　　하나이면서 전체인 도는 우주 만물에 편재遍在해 있으면서 전 우주
(Uni + Verse: 하나로 관통함)를 포괄한다. 천하 만물은 하나로서 관통하는 도
를 얻어서 태어났으며, 인간 또한 하나의 소우주小宇宙로서 대우주의 도
를 온전히 갖추고 태어났다. 따라서 인간에게서 도의 인식이란 본래의
자기 확인일 뿐이다. 그러므로 문밖으로 나가서 천하의 만물을 일일이
검증하지 않고도 천하(세계)를 알 수 있으며, 창밖으로 나아가 현상적인
세계를 하나씩 지각하지 않고도 천도를 관조할 수 있다.

　　성인은 하늘과 짝하여 도와 동행한다. 따라서 성인은 밖으로 나가서
세계를 지각하지 않고도, 천도 즉 자연의 도리에 훤하게 밝을 수 있다는
것이다. 도가 무위하지만 이루지 않는 것이 없듯이, 성인 또한 고의로

하지 않지만 잘 이룬다.

- 戶호는 <u>외닫이</u> 문의 상형자_{半門曰戶}로 출입구_{不出戶知天下}, 집戶口, 호주戶主, 가가호호家家戶戶, 주민溫戶彊丁 등으로 쓰인다.
- 窺규는 穴(구멍 혈)＋規(법 규)의 형성자로 구멍으로 훔쳐보다, <u>엿보다</u>_{不窺密}, 규찰窺察, 보다莫得窺乎 등으로 쓰인다.
- 牖창은 爿(나무 조각 장: 창)＋戶(문 호)＋甬(길 용)의 형성자로 들어서 <u>여는</u> <u>창</u>, 창유窓牖, 깨우치다, 유민牖民 등으로 쓰인다.
- 彌미는 弓(활 궁)＋爾(오래 끌 이)의 형성자로 두루 미치다彌亘百餘里, 멀리沃野彌望, 계속됨七日彌, 오래 끌다病日臻 旣彌留, 가득 메움彌天, <u>더욱</u>仰之彌高鑽之彌堅, 미륵彌勒 등으로 쓰인다.

48장 · 일손日損: 나날이 줄어듦

爲學에 日益하고 爲道에 日損이니
위학   일익   위도   일손

損之又損하야 以至於無爲하나니 無爲而無不爲니라
손지우손   이지어무위   무위이무불위

取天下에 常以無事이나 及其有事에는 不足以取天下니라
취천하   상이무사   급기유사   부족이취천하

학문을 하면爲學 (지식이) 나날이日 증익益되고, 도를 실천하면爲道 (사욕私欲
이) 나날이日 감소損하니,
감소하고損之 또又 감소損함으로써以 무위에於無爲 이르니至, 무위하되無爲而
이루어지지 않음이 없다無不爲.
천하天下를 취取함에 항상常 무사無事로써以 취取해야 하니, 만일 (인위적인)
그其 일삼음이 있음(전쟁 등)有事에 미친다면及 천하天下를 취取하기에以 부족不
足하다.

　세상의 학문과 도의 실천을 비교하고, 도의 실천에서 오는 공효를 말
하였다.
　'위학爲學'이란 외적 대상을 탐구하는 활동이다. 외적 대상을 탐구하
여 배우면 지식이 누증되는 바, 학문을 하면 지식이 나날이 늘어난다.
그런데 형상이 없는 무형의 도를 체득 · 실천하면爲道 사사로운 욕심 혹
은 사사로운 자아가 나날이 줄어든다. 그래서 마침내 무위하여 도와 일
치하는 경지에 도달하면, 이루어지지 않음이 없다.
　천하를 취하려면 인위적인 일삼음有事이 없이, 즉 도를 체득하여 무
위로 행하여 만백성이 저절로 교화 · 열복悅服하도록 해야 한다. 만일
폭력 · 형벌 · 전쟁 등과 같은 인위적인 수단을 사용하면 천하를 취하려

고 한다고, 결코 천하를 얻을 수 없다.

- 爲위는 爪(손톱 조)＋象(코끼리 상)의 회의자로 (일삼아) 하다, 만들다, 베풀다, 간주하다의 뜻이다.

- 學학은 『설문』에서 각오覺悟로 배워서 깨친다, 혹은 본받다效는 뜻이라 했다. 배우다學而時習之, 不亦說乎, 학문爲學日益, 爲道日損, 학생, 학자碩學, 학교國有學, 학파易有京氏之學를 뜻한다. **하상공河上公:** 學이란 정교예악政教禮樂을 말한다.

- 益익은 水(물 수)＋皿(그릇 명)의 회의자로 더하다而益之以三怨, 홍익인간弘益人間, 돕다於是出私金 以益公賞, 요익饒益, 증가請益則起, 효험終夜不寢以思 無益, 이득小損當大益 初貧後富 必然理也, 이익利益 등으로 쓰인다.

- 道도는 향하여 나아가는 길道聽而塗說, 도리道也者 不可須臾離也, 우주의 본체道者 萬物之始, 묘용一陰一陽之謂道, 방법吾未知吾道, 주의吾道非耶, 예악道謂禮樂, 덕행君子樂得其道, 정령顧瞻周道, 교설設何道何行而可, 도정道程, 길을 따라 감九河既道, 말하다故君子道其常 而小人道其怪, 다스리다道千乘之國, 말미암다故君子尊德性而道問學, 인도하다先道之以德 등으로 쓰인다.

- 損손은 手(손 수)＋員(수효 원)의 형성자로 손으로 덜어내는 것으로 줄이다損下之憂, 손절損切, 줄다爲道日損, 손해不過費損日月之間, 해치다勞損聖慮, 손괘(兌下艮上: 아래를 덜고 위를 보태는 상)으로 쓰인다.

- 事사는 손又에 붓事을 잡고 관리가 문서를 기록하는 모습으로 직무事有終始, 국가대사, 직업, 공업工業(立功立事), 섬기다事君之道, 일삼다事商賈 爲技藝, 변고事變, 힘쓰다先事後得 등으로 쓰인다. 무사無事란 우선 인위적인 일삼음이 없음(평화?)을 말한다고 할 수 있다. 그런데 노자에서 '무無'란 곧 형상·작위가 없는 도를 말한다는 점에서, 무사는 무의 일無之事로서 곧 도를 체득·실천하는 것이라고 할 수 있다. 유사有事는 전쟁을 일으키는 것, 혹은 인위적인 예악형정 등을 발동하는 것을 말하다.

49장 • 덕선德善: 선함을 얻음

聖人은 無常心하야 以百姓心으로 爲心이라
성 인   무 상 심   이 백 성 심   위 심

善者를 吾善之하고 不善者를 吾亦善之하나니 德善矣니라
선 자   오 선 지   불 선 자   오 역 선 지   덕 선 의

信者를 吾信之하고 不信者를 吾亦信之하니 德信矣니라
신 자   오 신 지   불 신 자   오 역 신 지   덕 신 의

聖人在天下에 歙歙焉爲天下渾其心하여
성 인 재 천 하   흡 흡 언 위 천 하 혼 기 심

百姓이 皆注其耳目에 聖人은 皆孩之니라
백 성   개 주 기 이 목   성 인   개 해 지

성인聖人은 고정된 마음常心이 없고無, 백성百姓의 마음으로써以心 (자기의) 마음心으로 삼는다爲.

선한 사람善者을 나음는 선하게 대하고善之, 선하지 않은 사람不善者을 나음는 또한亦 선하게 대하니善之, 선善함을 얻는다德(=得)矣.

미더운 사람信者을 나음는 미덥게 대하고信之, 미덥지 못한 사람不信者을 나음는 또한亦 미덥게 대하니信之, 미더움信을 얻는다德(=得)矣.

성인聖人이 천하에 임함에 있어在天下, (천하 사람들의 마음을) 잘 모으면서歙歙焉 천하天下를 위해서爲天 그其 마음心을 혼渾연하게 하여, 백성百姓들이 모두皆 (성인에게) 그其 이목耳目을 집중함注에, 성인聖人은 그들之 모두皆를 어린아이처럼 되게 한다孩.

　성인이 불언의 가르침을 행하고, 무심無心으로 교화하니, 따르지 않는 사람이 없음을 말하였다.
　도를 체득한 성인은 끊임없이 만백성을 교화시키는 것으로 자신의 동

일성을 유지하는데恒常, 그 어떠한 분별적인 사사로운 마음이 없으면서
백성의 마음을 자신의 마음으로 삼는다. 성인은 어떠한 분별적인 사사
로운 마음이 없이 오직 자기의 길을 간다. 그래서 선한 사람을 선으로
대하고, 선하지 않는 사람 또한 분별없이 선으로 대함으로써 교화시켜
선함을 체득하게 한다. 미더운 사람을 미더움으로 대하고, 미덥지 않은
사람 또한 미더움으로 대하여 교화시켜 미덥게 한다.

성인은 천하 사람들에게 나아갈 때에 어떠한 사사로운 고집이나 주장함도
없이 항상 무심無心으로 나아가, 백성들의 마음으로 자신의 마음으로 삼기
때문에, 천하 사람들이 그를 잘 받아들이지 않음이 없다. 그래서 천하 사람
들은 성인의 모든 일거수일투족을 주시하고 귀 기울여 듣고, 그의 시비판
단과 교화를 기다린다. 하지만 성인은 아무 것도 아는 것이 없고無知, 시비
다툼을 판정하려고도 하지 않은 채, 아무런 선악의 흔적도 남기지 않고 언
제나 두터운 덕으로 천하 사람들을 잘 대하기 때문에 모두가 감화되어 무
지無知 · 무욕無欲한 어린아이처럼 되는 것이다. 〈감산〉

한자 해설

- 聖성은 耳(귀 이)＋口(입 구)＋壬(천간 임: 나타내다)의 회의자로 귀耳 기울일
  줄 알고聰明, 사리事理에 정통하여 말言로 잘 나타낼 수 있는 사람聖人을
  말한다.
- 姓성은 女(여자 여)＋生(날 생)의 회의자로 혈통을 나타내는 성姓(同姓不得相
  娶), 백성百姓, 씨족, 인민撫百姓, 아들問其姓 등으로 쓰인다.
- 善선은 『설문』에서 "길吉한 것이다. 두 개의 언言 자과 양羊이 합쳐진 것
  으로 의義 및 미美와 뜻이 같다."고 했다. 두 개의 언言자는 서로 논쟁
  한다는 의미이고, 양羊은 신神을 대신한 절대자羊人爲美가 시비곡직是非
  曲直을 심판하는 말이 옳고義 아름다운 것美으로 착하다, 선행善行, 좋은
  일, 훌륭하다, 좋아하다, 능력 있다 등으로 쓰인다.
- 德덕은 만물이 하늘로부터 품부 받고 태어난 것으로 우리가 도를 행할

때 마음에 체득體得되는 것行道而得於心者, 혹은 곧은直 마음心으로 타고난 본성을 잘 실현하는 행위(行: 德=直+心+行) 즉 곧은 마음으로 인간의 길을 잘 가는 것이다.

- 信신은 "가치상 추구할 만한 것을 일러 선善이라고 하고, 이러한 선을 자기 안에 지니고 있는 것을 일러 신信이라고 한다"고 맹자가 말했듯이, 선한 본성仁義禮智을 지니고 실현하기 위해 신실하게 행하는 것으로 믿음朋友有信, 믿다盡信書 則不如無書, 편지信書, 진실로, 징험하다其中有信, 오행의 토土, 펴다往者屈也 來者信也로 쓰인다.

- 歙흡은 翕(합할 흡)＋欠(하품 흠)의 형성자로 일치함歙然歸仁, 붙임歙漆阿膠忽紛解, 움츠리다則呼張歙之, 수렴하다將欲歙之 必固張之로 쓰인다. 흡흡언歙歙焉은 새가 날개羽 깃을 모으듯 잘 합치合는 것을 형용한 말로, 곧 다양한 사람들의 마음을 잘 화합한다는 뜻이다.

- 渾혼은 氵(물 수)＋軍(군사 군)의 형성자로 합수合水하다, 섞이다賢不肖渾殽, 혼성混成, 흐리다水之性淸 所以濁者 土渾之也, 혼돈混沌, 크다渾渾, 가지런하다渾人我 同天地, 혼연일체渾然一體, 온전하다天體渾圓, 모두白頭搔更短 渾欲不勝簪, 크다渾元運物 등으로 쓰인다. 혼기심渾其心이란 성인이 사사로이 분별하지 않으면서, 백성들의 마음을 자신의 마음으로 삼으면서 다양한 천하 사람들과 그 마음을 혼연일체가 되게 하는 것을 말한다.

- 心심은 심장의 상형자로 음양오행 중 토土에 해당하는 장기로 마음心者 形之君 而神明之主也, 의지二人同心 其利斷金, 심사心思, 도의 본원復其見天地之心乎, 핵심核心로 쓰인다.

- 注주는 水(물 수)＋主(주인 주)의 회의자로 한 곳에 물을 끌어 대다注塡淤之水, 마음을 쏟음注意, 모으다令禽注於虞中, 쓰다百姓皆注其耳目, 풀이하다注釋, 각주脚注, 주해注解 등으로 쓰인다.

- 孩해는 子(아들 자)＋亥(돼지 해)의 형성자로 해자孩子, 어린아이孩提之童, 해동孩童로 쓰인다.

50장 • 생사生死 : 삶과 죽음

出生入死에 生之徒가 十有三이요 死之徒가 十有三이요
출 생 입 사　생 지 도　십 유 삼　　사 지 도　십 유 삼

人之生에 動之死地者는 亦十有三이라 夫何故오 以其生生之厚니라
인 지 생　동 지 사 지 자　역 십 유 삼　　부 하 고　이 기 생 생 지 후

蓋聞호니 善攝生者는 陸行에 不遇兕虎하고 入軍에 不被甲兵하나니
개 문　　선 섭 생 자　육 행　불 우 시 호　　입 군　불 피 갑 병

兕無所投其角하며 虎無所措其爪하며 兵無所容其刃하나니
시 무 소 투 기 각　　호 무 소 조 기 조　　병 무 소 용 기 인

夫何故오 以其無死地니라
부 하 고　이 기 무 사 지

태어나서 살다가出生 죽음死으로 들어감入에 있어, 삶의 무리(부류)生之徒가 열에 셋十有三이고, 죽음의 무리死之徒도 열에 셋十有三이고, 사람이 살면서人之生이 버둥거려動 죽음의 땅死地으로 가는 자之者 또한 열에 셋十有三이다.
대저夫 (이것은) 무엇何 때문故인가? 그其 삶生을 살고자 함生之이 (너무) 두텁기厚 때문이다以.
대저蓋 들건대聞, 섭생攝生을 잘善 하는 사람者은 언덕陸으로 다녀行도 외뿔소兕나 호랑이虎를 만나지 않고不遇, 전쟁터에 들어入軍가도 병장기甲兵의 피해를 입지 않는다不被고 한다.
외뿔소兕가 그其 뿔角을 들이받을 곳所投이 없고無, 호랑이虎가 그其 발톱爪으로 할퀼 곳所措이 없고無, 병사兵가 그其 칼날刃을 휘두를 곳所容이 없으니無, 이夫는 무엇何 때문故인가? 그其 죽을 땅死地이 없기無 때문以이다.

　생을 오로지 생으로만 알아, 생에 지나치게 집착하는 세상 사람들과 생사에 초연함으로써 불생불멸不生不滅의 경지에 도달한 성인을 대비시

컸다.

　사람은 태어나 살다가 죽음으로 들어간다. 살면서 자연적으로 주어지는 삶을 온전히 누리다가 죽는 부류(무리)의 사람은 대략 3분의 1에 불과하다. 수명이 짧아 요절하는 사람, 혹은 살되 죽은 것처럼 사는 부류의 사람 또한 3분에 1이 된다. 더 나아가 삶을 살려고 인위적으로 움직여 오히려 사지死地로 들어가는 부류의 사람 또한 3분의 1이나 된다. 삶의 방식을 택해 온전히 수명을 누리는 사람이든, 죽음의 도를 취하여 살되 죽은 사람처럼 살다가 죽는 사람이든, 나아가 삶을 살려고 집착하다가 오히려 사지死地로 가고 마는 사람이든 모두 끝내 죽음에 이르고 마는데, 이는 무엇 때문인가? 그것은 삶을 삶으로만 알아 삶에 집착함이 너무 심하기 때문이다.

　백성들이 삶을 도모하는 것이 지나쳐서 삶이 없는 죽음의 땅으로 들어간다. 섭생을 잘하는 자는 삶을 삶으로 여기는 일이 없으므로 죽을 곳이 없다. 도구 중에서 가장 위험한 것은 무기이고 짐승 중에서 가장 사나운 것은 외뿔소와 호랑이인데, 무기로 해칠 곳이 없고 외뿔소와 호랑이가 뿔로 받고 발톱으로 할퀼 곳이 없으니, 이것은 진실로 욕심으로 자신을 옭아매지 않기 때문이다. 그러니 어디에 죽을 곳이 있겠는가? 〈왕필〉

- 生생은 초목이 땅속에서 나오는 형상(生進也 象草木生土)으로 태어나다孔子生魯昌平鄉陬邑, 생명生命, 생사生死, 삶生亦我所欲也, 산 사람事死如事生, 목숨 있는 것常畏生類之殄也, 기르다以生萬民로 쓰인다. 생지도生之徒란 사는 방법을 택하여 삶을 온전히 누리는 사람을 말한다. 자연적인 장수를 말하며, 섭생을 잘한 것을 말한 것은 아니다.
- 死사는 歹(살을 바른 뼈 알)＋匕(비수 비: 죽음으로 변화變化)의 회의자로 사람이 혼백과 형체가 떨어져서 땅속에 뼈만 남아있는 것으로 사망死亡, 사자死者(事死如事生), 죽이다殺人者死, 주검求谷吉等死으로 쓰인다. 사지도死

之徒란 수명이 짧아 요절하는 사람을 말한다. 자연적인 수명이 짧은 것이지, 양생을 과도하게 해서 명을 단축한 것을 말하는 것이 아니다.

- 徒도는 彳(조금 걸을 척) + 走(달릴 주)의 회의자로 함께 길을 가는 무리, 생도生徒, 동아리聖人之徒也, 화랑도花郞徒, 걷다舍車而徒, 제자其徒數十人, 다만非徒無益 而又害之, 무위도식無爲徒食으로 쓰인다.

- 蓋개는 艸(풀 초) + 盍(덮을 합: 그릇皿 뚜껑으로 덮다)의 회의자로 뚜껑, 해치다鰥寡無蓋, 대개大槪 · 아마도 등으로 쓰인다.

- 攝섭은 手(손 수) + 聶(소곤거릴 섭)의 형성자로 당기다皆攝弓而馳, 쥐다請攝飮焉, 걷어 올림攝齊升堂, 돕다朋友攸攝, 기르다善攝生者, 섭정攝政, 대신하다攝行政事, 겸하다官事不攝, 끼이다攝乎大國之間 등으로 쓰인다. 섭생攝生의 攝은 조리 보양하다 혹은 기르고 보호하다는 뜻으로, 섭생攝生이란 양생養生을 말한다.

- 陸육은 阜(언덕 부) + 坴(언덕 륙: 흙과 산)의 회의자로 큰 언덕巡陸夷之曲衍兮, 육지陸地, 높고 평평한 산꼭대기鴻漸于陸로 쓰인다. 육행陸行이란 높은 언덕을 지나감을 말한다.

- 遇우는 辶(갈 착) + 禺(원숭이 우)의 형성자로 길에서 만나다公及宋公遇于淸, 조우遭遇, 우연히 만나다遇丈人以杖荷蓧, 제후의 임시 회합諸侯未及期相見日遇, 겨울철의 알현冬見日遇, 대우하다禹未之遇, 蓋追先帝之殊遇, 기회千載一遇 賢智之嘉會, 어리석다遇犬獲之로 쓰인다.

- 兕시는 외뿔소(들소)의 상형자이다.

- 角각은 짐승의 뿔의 상형자로 뿔, 모, 구석, 모퉁이, 각도角度, 총각總角, 각축角逐, 오음五音(宮商角徵羽)의 하나로 쓰인다.

- 投투는 手(손 수) + 殳(몽둥이 수)의 회의자로 던지다投手, 투수投手, 주다投我以木瓜, 받아들임投殷之後於宋, 덮어 가리다相彼投兎, 투호投壺 등으로 쓰인다.

- 虎호는 상형자로 범, 호랑이, 용맹스럽다는 뜻이다.

- 軍군은 車(수레 차) + 勻(고를 균→宀덮을 멱)의 회의자로 전차가 즐비하게 고르게 배치되어 있다는 뜻으로(4,000명을 1軍) 군사軍事, 군대軍隊, 군영

軍營, 형벌의 이름, 진陣을 지휘하다, 종군하다 등으로 쓰인다.

- 被피는 衣(옷 의)＋皮(가죽 피)의 형성자로 이불翡翠珠被, 미치다西被于流沙, 옷을 <u>입다</u>被袗衣, 은혜 등을 입다幼被慈母三遷之教, <u>당하다</u>陷險被創, 피동被動, 피사체被寫體, 머리꾸미개被之僮僮, 그復瞻被九蓋皆繼 등으로 쓰인다.

- 甲갑은 거북의 등딱지虎爪有甲를 본뜬 것으로 갑옷甲胄, 갑주甲胄, <u>갑병</u>甲兵, 첫째 천간(동방. 木. 角), 초목의 씨의 껍질雷雨作 而百果草木 皆甲坼, <u>무장한 병사</u>秦下甲攻趙, 첫째 갑北闕甲第, 우두머리가 되다能不我甲, 비롯하다甲于內亂, 친압하다能不我甲, 수급人頭空爲甲, 법률(先甲三日後甲三日)로 쓰인다.

- 兵병은 斤(도끼 근)＋廾(받들 공)의 회의자로 손에 무기를 든 <u>병사</u>兵士, <u>병기</u>兵器, <u>전쟁</u>兵者詭道也, 병법兵法 등으로 쓰인다.

- 措조는 手(손 수)＋昔(옛 석: 포개어짐)의 물건 위에 두다民無所措手足, 행하다時措之宜也, 버려둠學之弗能 弗措也, <u>조치</u>措置, 섞다內措齊晉 등으로 쓰인다.

- 爪조는 상형자로 손톱蠆無爪牙之利 筋骨之強, 깍지彈箏者以鹿角爲爪, 손톱ㆍ발톱의 구실予王之爪士로 쓰인다.

- 容용은 宀(집 면)＋谷(골 곡)의 형성자로 사람의 얼굴孔德之容을 나타내어 용모容貌, 몸가짐不爲容, <u>받아들이다</u>容其請託, 寬容, 용기容器, 용량容量, 조용하다從容 등으로 쓰인다.

- 刃인은 칼刀의 날을 가리키는 지사문자白刃可蹈也로 <u>병기의 총칭</u>兵刃으로도 쓰인다.

51장 · 존귀 尊貴 : 존귀한 것

道生之하고 德畜之하며 物形之하고 勢成之라
도 생 지   덕 축 지   물 형 지   세 성 지

是以로 萬物莫不尊道而貴德하나니
시 이   만 물 막 부 존 도 이 귀 덕

道之尊과 德之貴는 夫莫之命而常自然이니라
도 지 존   덕 지 귀   부 막 지 명 이 상 자 연

故로 道生之하고 德畜之하며
고   도 생 지   덕 축 지

長之育之하며 亭之毒之하며 養之覆之한다
장 지 육 지   정 지 독 지   양 지 부 지

生而不有하며 爲而不恃하며 長而不宰하니 是謂玄德한다
생 이 불 유   위 이 불 시   장 이 부 재   시 위 현 덕

도道는 낳고生之, 덕德은 기르며畜之, 물질物은 형태를 부여하고形之, 세력勢은
완성시킨다成之.
이런 까닭是以으로 (만물은) 도道를 높이고尊 덕德을 귀하게 여기지貴 않음이
없으니莫不, 도의道之 높음尊과 덕의德之 귀함貴은 대저夫 명령하지 않아도莫之
命 항상常 스스로 그러함自然이다.
그러므로故 도道는 (만물을) 낳고生之, 덕德은 (만물을) 기르고畜之,
(만물을) 키우고長之 기르며育之, (만물을) 형성하고亭之 완숙하게 하고毒之, 만
물을 감싸고養之 어루만져 준다覆之.
낳았으되生而 소유하지 않고不有, 이루되爲而 자랑하지 않고不恃, 키워주되長而
주재하지 않으니不宰, 이是를 일러謂 그윽한 덕玄德이라 한다.

먼저 만물의 형성과 발전을 네 단계로 나누어 설명했다.
도는 만물의 존재근거所由이다道生之. 도가 부여한 것을 만물이 얻어得

지니고 있는 것을 덕德이라고 한다德畜之. 도와 덕은 만물을 낳고 기르지만 형상이 없다. 형태를 지닌 어떤 물질적인 것이 만물에 형태를 부여한다物形之. 세勢는 자연의 추세, 환경, 내재적인 힘, 상대되는 힘으로 만물을 완성한다勢成之.

도와 덕은 어떠한 형상(지위, 명예)을 지니고 있지 않지만, 만물을 생겨나게 하고 길러준다는 점에서 만물은 도와 덕을 고귀하게 여기지 않을 수 없다. 그리고 현덕玄德에 대해 말했다. 현덕玄德은 상덕常德과 상관되는 개념이다. 상덕常德이란 "있음과 없음, 어려움과 쉬움, 김과 짧음, 높음과 낮음, 앞과 뒤"(2장) "암컷과 수컷, 검음과 흼, 영광과 치욕"(28장) 등 현상계의 상대성을 상반하여 "어린아이로 되돌아가고復歸於嬰兒, 무극으로 되돌아가고復歸於無極, 통나무로 되돌아가는 것復歸於樸"(28장)을 말한다. 그리고 이러한 상덕에 따라 근본根本, 무극無極, 무물無物, 박소樸素 등으로 복귀시키는 도의 작용과 공능을 현덕玄德이라고 말한다.

한자 해설

- 道도는 형이상적 본체形而上者謂之道이자 만물을 운행하는 법칙이며, 인간 및 만물이 따라가야 할 길이자 인간의 당위법칙의 의미를 지닌다. 즉 도는 <u>천지만물의 궁극 근원道生之</u>으로 만물이 마땅히 따라야 할 길(방법, 운행원리)을 제시하며, 목적 자체로서 만물에게 덕을 부여였으며, 만물은 그 부여된 덕을 구현함으로써 도의 운행에 동참할 수 있다.

- 德덕은 덕은 얻음得으로 사물(혹은 일)에서 마땅함을 얻은 것 혹은 본래 자기에게 갖추어진 것으로 외부로부터 충족을 기다릴 필요가 없는 것으로 정의된다. 그래서 주자朱子가 "습한 것은 물의 덕이며, 뜨거운 것은 불의 덕이다濕者 水之德 燥者 火之德"고 말하듯이, 덕이란 <u>얻어 지니고 태어난 고유한 본질적 특성</u>을 말한다.

- 畜축(휵)은 玄(검을 현←茲: 불어나다)＋田(밭 전)의 회의자로 개간한 밭玄田爲畜, 키우다君賜生必畜之, 양육하다君子以容民畜衆, 일으키다拊我畜我. 따르다畜 謂順於德敎, 가축家畜, 육축六畜, 축생畜生, 비축하다趣民收斂 務畜菜, 쌓이

다用儉則財畜, 만류하다畜君何尤 등으로 쓰인다.

- 物물은 牛(소 우)＋勿(말 물)의 형성자로 다양한 색의 얼룩소三＋維物에서 전의되어 천지간의 일체의 <u>모든 것</u>, 만물品物流行, 사물事物, <u>물질</u>物質, 일以鄕三物敎萬民, 무리是其生也 與吾同物, 재물辨其物, 외적 대상(外境: 人心之感於物也)로 쓰인다.

- 形형은 幵(평평할 견)＋彡(터럭 삼: 무늬, 빛깔, 머리, 꾸미다)의 형성자로 <u>생김새가 뚜렷이 보이다</u>形於動靜, 나타내다喜怒不形色, 형상形象, 지형地形, 형세形勢, 형태形態, 형성形成 등으로 쓰인다.

- 勢세는 埶(심을 예: 심다, 재주)＋力(힘 력)의 회의자로 심은 나무가 힘차게 자라 점차 큰 힘을 얻게 된다는 뜻으로 <u>기세</u>毋倚勢, 시세時勢, 세력勢力, 권세權勢, 불알去勢 등으로 쓰인다.

- 尊존은 酋(묵은 술 추)＋寸(마디 촌)의 회의자로 높은 분에게 공손히 술을 따르는 모습으로 <u>높다</u>天尊地卑, <u>높이다</u>尊其位 重其族, 우러러보다尊五美, 중히 여기다尊德樂義, 따르다君尊用之로 쓰인다.

- 貴귀는 臼(절구 구)＋土(흙 토)＋貝(조개 패)의 회의자로 양손으로 흙을 감싸고 있는 모습으로 <u>귀하다</u>不抶貴, 귀중貴重, 값이 비싸다貴買, 소중하다禮之用 和爲貴, 귀히 여기다賤貨而貴德, 두려워하다貴大患若身로 쓰인다.

- 育육은 子(아들 자)＋月(육달 월)의 회의자로 자궁 속의 아이를 <u>양육하다</u>長我育我, 교육敎育, 자라다飫生飫育, 낳다婦孕不育 등으로 쓰인다.

- 亭정은 高(높을 고)＋丁(못 정)의 상형자로 높은 곳에 지어진 정자林亭秋已晚, 역말驛亭, 평정하다決河亭水, 멈추다其水亭居, 양육하다, 곧다, 우뚝 솟다, 알맞다, 적당하다, 균등하다 등으로 쓰인다. 여기서 정亭은 성成과 고음이 같다는 점에서 일반적으로 <u>형성시키다</u> 혹은 정定으로 해석한다.

- 毒독은 艸(풀 초)＋母(어머니 모)의 회의자로 어미가 먹으면 안 되는 풀을 말하여 독毒, 독약毒藥, 독해毒害, 삼독三毒, 기르다亭之毒之 원망하다令人憤毒 등으로 쓰인다. <u>독毒은 숙熟과 고음이 같다</u>는 점에서 완숙시킨다, 혹은 <u>안安</u> 및 <u>독篤</u>으로 해석한다.

- 養양은 食(밥 식)＋羊(양 양)의 형성자로 양에게 먹이는 주는 모습으로 기

214

르다, 번식시키다, 성장시키다養育, 양성養成, 튼튼하게 하다我善養吾浩然
之氣, 젖먹이다父能生之 不能養之, 양육雨露之養, 부양하다常爲弟子都養, 봉양
하다不顧父母之養 등으로 쓰인다.

- 覆복은 襾(덮을 아)＋復(돌아올 복)의 회의로 무너지다毋越厥命以自覆也, 뒤집
  다鼎折足覆公餗, 전복顚覆, 도리어覆出爲惡, 되풀이하다欲反覆之, 상고하다覆
  之而角至, 덮어 싸다, 덮는 물건華蓋羽覆, 의복神之覆也 등으로 쓰인다.

- 恃시는 心(마음 심)＋寺(절 사)의 형성자로 믿다, 기대다는 뜻이다.

- 宰재는 宀(집 면)＋辛(매울 신: 칼)의 회의자로 벼슬아치乃命宰祝, 재상宰相,
  다스리다宰割天下, 주재主宰 등을 의미한다.

52장 • 수모守母: 어머니를 지킴

天下有始하야 以爲天下母니
천 하 유 시　　이 위 천 하 모

旣得其母에 以知其子하며 旣知其子에 復守其母하면 歿身不殆니라
기 득 기 모　 이 지 기 자　　기 지 기 자　 복 수 기 모　　몰 신 불 태

塞其兌하고 閉其門하면 終身不勤이요
색 기 태　　 폐 기 문　　 종 신 불 근

開其兌하고 濟其事하면 終身不救니라
개 기 태　　 제 기 사　　 종 신 불 구

見小曰明이요 守柔曰强이라
견 소 왈 명　　수 유 왈 강

用其光하고 復歸其明이면 無遺身殃이니 是謂習常이니라
용 기 광　　 복 귀 기 명　　 무 유 신 앙　　 시 위 습 상

천하天下에 시작始이 있어有 천하天下의 모태母라고 말하니以爲,
이미旣 그其 어미母를 증득得함에 그其 자식子을 알며, 이미旣 그其 자식子을
알知면서 다시復 그其 어미母를 지키면守, 몸身이 다할 때歿까지 위태롭지 않
다不殆.
(욕망을 추구하는 입口 등과 같은) 그其 구멍兌을 막고塞, (욕망에 따르는 이
목耳目 등과 같은) 그其 문門을 닫으면閉, 종신終身토록 힘들지 않다不勤.
(욕망을 추구하는) 그其 구멍兌을 열고開, (욕망을 추구하는) 그其 일事을 조장
하면濟, 종신終身토록 구제받지 못한다不救.
(극히) 작은 것(=도)小을 보는 것見을 일러曰 밝다明고 하고, 부드러움(도의작용)柔
을 지키는 것守을 일러曰 강强하다고 한다.
그(=도)其 빛光을 사용하여用, 그 밝음明으로 되돌아가면復歸, 몸身에 어떠한 재
앙殃도 남지 않을 것無遺이니, 이를를 일러曰 (도의) 항상 됨을 잇는다習常고
한다.

216

상도를 체득·계승하는 방법을 말하였다.

형상 없는 생성적 동기로서 도無가 드러나 만물이 된다. 도는 천하 만물의 어머니이고, 만물有은 도의 자식이다. 따라서 만물의 생성적 동기인 어머니로서 도를 알면, 그 자식인 만물 또한 알아야 한다.

막는다塞之는 것은 침묵하여 스스로를 지키면서 잡다한 말을 숭상하지 않음이며, 닫는다閉之는 것은 정신이 외적 대상에 치달지 않고 마음이 외적 대상에 집착하지 않는 것이다. 이렇게 하면 안으로 길러짐이 있어 만물이 다가옴에 자연스럽게 거기에 응하고, 모든 일을 처리함에서 있어서는 마땅함을 이루어 수고롭지 않고도 공이 저절로 이루어지고, 억지로 하지 않고도 일이 저절로 성취되니, 이는 곧 어머니(도)의 기운을 자연스럽게 지키는 것이다. 그러므로 그 구멍을 막고, 그 문을 닫으면 종신토록 고단하지 않다고 말했다. 〈탄허〉

제한되고 사사로운 자신의 빛少知이 아니라, 우주를 조명하는 빛 자체인 도의 빛으로 관조할 때, 비로소 본래 자기를 아는 밝음自知者明으로 복귀할 수 있다復歸其明. 본래 자기 자신을 알아 회복하여 복귀하면 도에서 벗어나지不道 않게 되어, 어떠한 재앙도 초래하지 않게 되는데無遺身殃, 이것이 곧 화하는 변화를 통해 자기 동일성을 유지하는 본래 자기를 계승하는 것習常이다.

- 始시는 女(여자 여)＋台(아이를 가져 기뻐할 태=怡)의 형성자로 여자가 처음 낳는다는 뜻始義爲女子初生으로 비로소, 시작萬物資始, 시초始初, 본시本始, 처음君子慎始, 근본天地者 生之始, 일으키다君子念始之者 등으로 쓰인다.
- 母모는 젖을 먹이는 여인을 형상화하여 어머니生曰父日母, 모자母子, 소생의 근원可以爲天下母, 모태母胎, 암컷五母鷄, 만물을 기르는 땅地爲母 등으로 쓰인다.

- **歿몰**은 歹(뼈 부서질 알)＋殳(몽둥이 수)의 회의자로 끝나다, 몰수沒收, 함몰陷沒, 베다 등으로 쓰인다.

- **復복**은 彳(조금 걸을 척)＋复(갈 복: 되돌아가는 모습)의 회의자로 (길을) 되돌아오다는 뜻으로 회복하다興復漢室, 보복報復하다, 실천하다言可復也, 복명함賓退 必復命曰 賓不顧矣, 복괘震下坤上, 다시復引兵而東, 부활復活 등으로 쓰인다.

- **塞색**은 土(흙 토)＋寒(막을 색)의 형성자로 벽돌을 양손으로 쌓아 집의 벽을 막는 모양으로 막다填塞耳, 막히다公道通而私道塞矣, 변방塞翁, 성채完要塞, 충만하다其心塞淵, 절개가 굳다不變塞焉 등으로 쓰인다.

- **兌태**는 儿(어진사람 인)＋口(입 구)＋八(여덟 팔)의 회의자로 입을 열어 기뻐서 웃음佞兌而不曲, 바꾸다兌換, 통하다行道兌矣, 눈·귀·입·코 등의 구멍塞其兌 閉其門, 괘 이름(☱), 곧다松柏斯兌 등으로 쓰인다. **왕필**: 兌는 입口 등을 비유한 것으로兌爲口(『주역周易』설괘說卦), 능동적으로 욕망을 추구하는事欲之所生 우리의 감각기관兌을 말한다.

- **門문**은 두 문짝의 상형자로 문在堂旁曰戶 在區域曰門, 문전有荷蕢而過門者, 집안將我門, 인재를 기르는 곳門下不見一賢者, 배움터願留而受業於門, 사물이 생겨나는 곳乾坤是易之門, 구별號曰通典 書凡九門 計二百卷, 직업이나 학술의 분야中世儒門 賈鄭名學 등으로 쓰인다. **왕필**: 門은 귀와 눈耳目 등과 같은 것을 비유한 것으로 외적 세계를 수동적으로 받아들이는 감각기관事欲之所由從으로, 수용된 대상은 우리의 욕망을 불러일으킨다.

- **濟제**는 水(물 수)＋齊(가지런할 제)의 형성자로 본래 제수濟水를 말했지만, 이후 물을 건너다濟河而西, 구제救濟, 제도濟度, 나루터濟有深涉, 결제決濟 등으로 쓰인다. 제기사濟其事는 욕망을 조장하는 것을 말한다

- **救구**는 求(구할 구)＋攴(칠 복)의 형성자로 막아내어 구호救護하다, 치료함是救病而飮之以菫也, 막다女弗能救與, 구원救援 등으로 쓰인다.

- **遺유**는 辵(쉬엄쉬엄 갈 착)＋貴(귀할 귀)의 형성자로 두 손에 삼태기를 들고 흙 속에서 건져내貴 다른 곳으로 옮기는辵 모습으로 버리다遺華反質, 유기遺棄, 남기다見馬遺財足, 유산遺産, 빠뜨림拾遺補過, 보내다凡遺人弓者, 파견

派遣 등으로 쓰인다.

- 殃앙은 歹(뼈 부서질 알)＋央(가운데 앙)의 형성자로 죽음에 이르는 재앙衆以爲殃, 해를 끼치다今爾以是殃文 등으로 쓰인다.

- 習습은 羽(깃 우)＋白(흰 백←日: 날 일)의 회의자로 새가 하늘을 나는 법을 익히다鷹乃學習, 되풀이하다學而時習之, 닦다不習无不利, 숙달하다不習於誦, 길들이다調習田馬, 습관性相近也 習相遠也, 쌓임習坎入于坎으로 쓰인다. 習(백서본의 습襲)은 계승한다는 뜻이다.

53장 • 대도大道 : 크나큰 도

使我介然有知하야 行於大道이나 惟施是畏니라
사 아 개 연 유 지　　행 어 대 도　　유 이 시 외

大道는 甚夷커늘 而民好徑이라
대 도　　심 이　　이 민 호 경

朝甚除하며 田甚蕪하며 倉甚虛커늘
조 심 제　　전 심 무　　창 심 허

服文采하고 帶利劍하며 厭飮食하고 貨財有餘하니
복 문 채　　대 리 검　　염 음 식　　화 재 유 여

是謂盜夸라 非道也哉인저
시 위 도 과　　비 도 야 재

가령使 나我에게 조그마한介然 앎(지혜)知이 있게 한다면有, 큰 길로於大道 가겠
지만行, 오직惟 삿된 길로 접어들까施(예악형정의 인위적인 정사의 시행施行이 있을까), 그
것是이 두렵다畏.
큰 길大道은 심히甚 평이하지만夷而, 백성民들은 지름길徑을 좋아한다好.
조정朝은 (거대한 누각들로) 아주甚 잘 정제除되어 있지만, (백성들의) 논밭田
은 매우甚 황폐蕪하고, 창고倉는 심甚하게 비어 있지만虛, (통치자들은) 아름
다운 비단에 수놓은文采 옷을 입고服, 번득이는 날카로운 검利劍을 차고帶, 물
리도록厭 마시고 먹으며飮食, 재화財貨는 남아도니有餘,
이是를 일러謂 도둑질을 자랑한다(도둑의 괴수)盜夸고 한다. (얼마나) 도道에서 어
긋나는가非也哉?

　도가 행해지지 않는 현실에 대한 노자의 비판이 잘 나타난 장이다.
　먼저 가령 나에게 조그마한 지혜가 있다면, 대도로 가면서 오직 삿된
길로 빠질까 두렵다는 견해를 피력했다. 그리고 혁파革罷되어야 할 비도
非道의 현실을 고발했다. 일반적으로 다음과 같은 뜻이다.

"조정은 착취를 통해 우람한 전대를 짓고 잘 소제되어 있지만, 백성들은 오랜 전쟁에 동원되어 농사지을 겨를이 없어 생활의 터전인 논밭은 잡초만 무성할 따름이다. 백성들의 곳간은 텅텅 비어 있지만, 위정자들은 채색된 아름다운 비단옷을 입고 번득이는 칼을 차고 맛있는 음식을 물리도록 먹지만 오히려 재화가 남아돈다. 이러한 위정자들의 호사스런 삶은 도둑질을 자랑하는 것에 다름 아니다. 그 얼마나 도에서 벗어나 있는가?"

한자 해설

- 使사는 人(사람 인)＋吏(관리 리)의 회의자로 실무를 맡은 아전, 사역使役, 사신使臣, 가령, ~이 ~한다면使我有洛陽負郭田二頃 豈能佩六國相印乎 등으로 쓰인다. 使는 가정하는 말이다. 노자는 무지無知·무욕無欲하기 때문에 가정법을 사용하였다.

- 介개는 人(사람 인) 아래에 두 개의 획이 그어져 갑옷을 끼어 입는다는 의미에서 사이에 끼다, 매개媒介, 소개紹介하다, 미세微細한 것, 사소些少한 것, 배우의 동작, 낱(물건을 세는 단위), 홀로, 외로이, 일개一介 등의 뜻이다. 개연介然은 일반적으로 미미하다微小는 뜻으로 겸손한 말투라고 한다.

- 施시(이)는 㫃(=旗깃발 기)＋也(어조사 야)의 형성자로 베풀다施三川而歸, 행하다施諸己而不願 亦勿施於人, 개구리得此咸施, 발어사孟施舍之所養勇也, 은혜를 베풀다博施於民, 자랑하다不施勞, 옮다施於中谷, 뻗다(이)施及三王로 쓰인다. 施는 이迆로 읽으면서 '삿된 길邪道' 즉 잘못된 길로 해석하는 것이 뒤의 구절들과 조화를 이룰 수 있다. 혹은 시施(베풀다)라 보고, 인위적인 예악형정禮樂刑政 등으로 해석해도 통한다. 만일 후자(예악형정禮樂刑政)로 해석한다면, "대도로 가면서 무위無爲의 정치를 시행하지 않고, (유교처럼) 인위적인 예악형정의 정치를 펼칠까 두렵다"는 뜻이 된다.

- 夷이는 大(큰 대)＋弓(활 궁)으로 큰 활을 지닌 동쪽 이민족(『說文』「大部」: "夷, 平也. 从大从弓, 東方之人也.")으로 평평하다大道甚夷, 오만하다不由禮則夷固僻違,

크다降福孔夷 등으로 쓰인다.

- 徑경은 彳(조금 걸을 척)＋巠(지하수 경)의 형성자로 지름길捷徑, 작은 길行不由徑, 논두렁길爲徑路, 올바르지 않음道而不徑, 직경於是量徑輪 등으로 쓰인다. 이夷는 평이平易하다는 뜻이고, 경徑은 지름길로, 굽고 좁은 길이다. 대도大道는 자연적으로 트여있는 길道法自然(25장)이므로 넓고 평탄하다. 그러나 교화되지 않은 백성은 욕심에 눈이 어두워 대로로 가지 않고 지름길로 가고자 한다.

- 朝조는 艹(풀 초)＋日(해 일)＋月(달 월)의 회의자로 아침朝夕, 비롯하는 때正月一日爲歲之朝, 조정朝臣, 정사暮年不聽朝, 왕조王朝, 흘러들다江漢朝宗于海로 쓰인다. 朝는 조정朝廷 · 궁궐宮室을 말한다.

- 除제는 阜(언덕 부)＋余(나 여)의 회의자로 본래 섬돌, 층계凝霜依玉除를 말했지만, 제거除去하다, 없애다除惡務本, 소제掃除, 깨끗이 쓸다帥其屬而修除, 닦다君子以除戎器 戒不虞, 깨끗하다朝甚除로 쓰인다. 여기서 除는 깨끗하고 좋다潔好也, 부폐하다廢, 다스리다(인위적으로 폐단을 제거하고자 한다) 등으로 해석되는데, 문장의 호응관계상 깨끗하고 화려하다는 뜻으로 보는 것이 좋다.

- 蕪무는 艹(풀 초)＋無(없을 무)의 형성자로 본래 순무蕪菁를 말했지만, 거친 풀白露生庭蕪, 황무지荒蕪地, 잡초가 우거지다田園將蕪胡不歸, 거친 풀白露生庭蕪 등으로 쓰인다.

- 倉창은 상형자로 창고倉庫, 슬퍼하다倉兄塡兮 등으로 쓰인다.

- 采채는 爪(손톱 조)＋木(나무 목)의 회의자로 나무의 열매나 뿌리를 채취하다薄言采之, 가리다持采其劉, 채지采地, 채읍采邑, 벼슬嚋咨若予采, 일嚋咨若予采, 폐백召公奭贊采, 채색以五采 彰施于五色, 문채衆不知余之異采, 꾸미다禮失而采, 겉모습天下想聞其風采 등으로 쓰인다.

- 服복은 (옷을) 입다衣는 뜻이며, 문채文采(絲)는 비단에 수를 놓은 것을 말한다.

- 帶대는 허리띠의 상형자로 매다, 속대束帶 등으로 쓰인다.

- 利리는 禾(벼 화)＋刂(칼 도)의 회의자로 병기구 혹은 농기구銛의 날이 지

니는 예리鋭利함, 이익 등을 뜻한다.

- 劍검은 僉(다 첨→검)＋刂(칼 도)의 형성자로 검爲劍鎧矛戟, 검무劍舞, 찌르다 手劍父讎 등으로 쓰인다.

- 厭염은 猒(물릴 염: 개고기를 싫증날 정도로 먹다)＋厂(기슭 엄)의 형성자로 염증을 느끼다, 싫어하다는 뜻이다. 싫어하다厭世, 미워하다無厭惡心, 물리다原憲不厭糟糠, 족하다求索無厭, 실컷弟子厭觀之, 진압하다於是因東游以厭之 숨기다厭然揜其不善 등으로 쓰인다. 염厭은 염饜으로, 물리도록 배불리 먹은 것을 말한다.

- 夸과는 大(큰 대)＋亏(어조사 우→과)의 형성자로 자랑·과장하다夸者死權今, 과언夸言, 헛되다非夸以爲名也 등으로 쓰인다.

54장 • 선건善建 : 가장 잘 세운 것

善建者는 不拔하고 善抱者는 不脫하여 子孫이 以祭祀不輟이니라
선 건 자 불 발 선 포 자 불 탈 자 손 이 제 사 불 철

修之於身에 其德이 乃眞하며 修之於家에 其德이 乃餘하며
수 지 어 신 기 덕 내 진 수 지 어 가 기 덕 내 여

修之於鄕에 其德이 乃長하며 修之於國에 其德이 乃豊하며
수 지 어 향 기 덕 내 장 수 지 어 국 기 덕 내 풍

修之於天下에 其德이 乃普라
수 지 어 천 하 기 덕 내 보

故로 以身觀身하며 以家觀家하며 以鄕觀鄕하며
고 이 신 관 신 이 가 관 가 이 향 관 향

以國觀國하며 以天下觀天下하나니
이 국 관 국 이 천 하 관 천 하

吾何以知天下之然哉아 以此니라
오 하 이 지 천 하 지 연 재 이 차

가장 잘善 세운 것建者은 뽑히지 않고不拔, 가장 잘善 껴안은 것抱者은 벗어나
가지 못하니不脫, 그러니以 자손子孫들의 제사祭祀가 그치지 않는다不輟.

(이러한 이치로) 자신에게서於身 닦으면修之 그其 덕德이 이에乃 참眞되며, 가
문에서於家 닦으면修之 그其 덕德이 이에乃 남는다乃餘.

향당에서於鄕 닦으면修之 그其 덕德이 이에乃 장구長하며, 나라에서於國 닦으
면修之 그其 덕德이 이에乃 풍부豊해지며, 천하에서於天下 닦으면修之 그其 덕德
이 이에乃 두루 미치게乃普 된다.

그러므로故 나 자신으로써以身 나 자신을 관조觀身하며, 집안으로써以家 집안
을 관조觀家하며, 향당으로써以鄕 향당을 관조觀鄕하며, 나라로써以國 나라를
관조觀國하며, 천하로써以天下 천하를 관조觀天下하나니, 내吾가 무엇으로何以
천하가 그러함天下之然哉을 알겠는가知? 이것此에 의해서以니라.

하나의 소우주로서 자기 자신에게 부여된 덕을 잘 닦으면, 그 덕이 천하에 두루 미치게 된다고 말하였다. 다음의 주석을 참조하자.

어떤 물건으로 세우면, 뽑히지 않는 것이 없다. 오직 도를 행하는 사람만이 언제나 없는 것으로 세우니, 곧 잘 세워서 뽑히지 않는다. 물건의 경우, 껴안으면 벗어나지 않는 것이 없다. 오직 도를 행하는 사람만이 고요함靜으로 신묘함을 껴안으니, 곧 잘 껴안아 벗어나지 않는다. 세우고 껴안는 것이 다만 이와 같을 뿐인데, 하물며 그것을 전하는 일에 서랴! 그러므로 자손의 제사가 그치지 않는 것이다. 〈여길보〉

만물에는 뿌리가 있고, 만사에는 근본이 있다. 그 뿌리가 확고하면 지엽은 저절로 무성하고, 그 근본이 닦으면 만사가 저절로 형성된다. 천하의 근본은 나라에 있고, 나라의 근본은 마을에 있고, 마을의 근본은 가정에 있고, 가정의 근본은 나 자신에게 있고, 나 자신의 근본은 덕에 있다. 이 덕이 이미 정립되면 나 자신이 수양되고, 가정이 가지런해지고, 향당이 화합하고, 나라가 다스려지고, 천하가 태평하다. 〈탄허〉

노자 특유의 관법觀法이 나타나 있다. 노자는 정신·물질, 주체·객체, 실재·현상 등과 같은 것들을 독단적으로 규정하기 이전에, 가장 일차적으로 주어지는 생생生生하는 자연(도)을 그 자체로부터 여여如如하게 근원적·절대적으로 관조해야 한다고 말했다. 따라서 자신으로써 자신을 관조한다以身觀身는 말은 하나의 주관으로서 나 자신이 또 다른 객체화된 나 자신을 본다는 것이 아니라, 주관·객관의 분리 이전의 인식하는 나 자신과 존재하는 나 자신이 동일한, 즉 존재과 사유가 일치하는 원 사태를 그대로 증득하는 것을 말한다. 가정·향당·나라·천하의 경우 또한 마찬가지다.

- 建건은 『설문』에 律(법칙 률)+廷(조정 정)의 회의자로 조정의 법률을 바르게 세우는 것을 나타내어 세우다, 건설建設, 건축建築 등으로 쓰인다.

- 拔발은 手(손 수)+犮(달릴 발)의 회의자로 손으로 뽑다拔茅茹以其彙, 공략하여 빼앗다攻碭三日拔之, 발군拔群, 발췌拔萃, 오늬舍拔則獲, 무성한 모양柞棫拔矣 등으로 쓰인다. 여기서 拔은 제거한다去는 말이다.

- 脫탈은 肉(고기 육)+兌(기쁠 태)의 뼈를 제거하고 살을 벗기다肉曰脫之, 벗다脫衣, 벗어나다解脫 등으로 쓰인다. 포抱가 심신이 항구적으로 합일함을 말한다면, 탈脫은 처음에는 얻었다가 종국에 가서는 잃는 것을 말한다.

- 孫손은 子(아들 자)+系(이을 계)의 회의자로 자손이 이어지다는 뜻으로 손자玄孫, 후손嗣孫, 움稻孫, 순종함民有孫心으로 쓰인다.

- 祭제는 月(육달 월)+又(또 우)+示(보일 시)의 회의자로 고기月를 손又에 들고 제단示에 올리는祭者 薦其時也 薦其敬也 薦其美也 非享味也 제사의 총칭祭百神, 사람과 신이 서로 접함而守其祭祀, 미루어 헤아리다祭者察也 言人事至於神也, 신에게 보답함旣祭 反命於國 등으로 쓰인다.

- 祀사는 示(보일 시)+巳(뱀 사: 자손)의 형성자로 제단과 자손을 나타내어 제사國之大事 在祀與戎, 제사지내다法施於民則祀之, 해, 은대의 연기夏曰歲 商曰祀 周曰年 唐虞曰載 등으로 쓰인다.

- 輟철은 車(수레 거)+徹(통할 철)의 형성자로 수레바퀴의 자국跨中州之輟迹, 흔적總會舊輟 創立新意, 멈추다輟市 등으로 쓰인다. 여기서 철輟은 철폐撤廢로 운을 맞추어 썼다.

- 修수는 攸(바 유: 攴+人+水: 물로 씻다)+彡(터럭 삼: 치장)의 회의자로 다듬어 정리하다內修政事, 수정修整, 엮어 만들다修國史, 다져 만들다宮室已修, 수식修飾, 배움修其身, 수양修養 등으로 쓰인다.

- 乃내는 위의 글을 받아 밑의 글을 일으키는 조사로 이에, 곧, 그래서, 더구나, 도리어, 겨우, 너, 당신, 이와 같다 등으로 쓰인다.

- 豊풍은 豆(콩 두: 제기)+曲(굽을 곡)의 상형자로 제기 위에 음식을 담아 올

린 모양으로 <u>풍부</u>豊富, <u>넉넉</u>하다其五穀豊滿, 풍년豊年多黍多稌, 무성하다在彼豊草, 풍괘(離下震上: 盛大光充) 등으로 쓰인다.

- 普보는 日(날 일)＋竝(함께 병: 모두)의 회의자로 햇볕을 모두에게 골고루 비춘다는 뜻으로 <u>두루 널리 미침</u>普天之下, 보급普及, 보편普遍, 보통普通 등으로 쓰인다.

- 觀관은 雚(황새 관)＋見(볼 견)의 형성자로 황새처럼 넓게 <u>보다</u>不知務內觀, 관찰觀察, 관법觀法, 관괘(坤下巽上: 內順外遜), 널리 보다觀其所由로 쓰인다

55장 • 함덕 含德 : 덕을 품음

含德之厚는 比於赤子이니
함 덕 지 후   비 어 적 자

毒蟲이 不螫하고 猛獸가 不據하고 攫鳥가 不搏하나니
독 충   불 석   맹 수   불 거   확 조   불 박

骨弱筋柔이나 而握固하고
골 약 근 유   이 악 고

未知牝牡之合이나 而朘(全)作은 精之至也요
미 지 빈 모 지 합   이 전 (전) 작   정 지 지 야

終日號而不嗄는 和之至也라
종 일 호 이 불 사   화 지 지 야

知和曰常이요 知常曰明이요 益生曰祥이요 心使氣曰强이니
지 화 왈 상   지 상 왈 명   익 생 왈 상   심 사 기 왈 강

物壯則老를 是謂不道이니 不道는 早已니라
물 장 즉 로   시 위 부 도   부 도   조 이

덕을德之 도탑게厚 머금음含은 사람은 갓난아기에於赤子 비유比할 수 있으니,
독벌레와 독뱀毒蟲이 쏘지 않고不螫, 사나운 짐승猛獸이 덮치지 않고不據, 사나
운 새攫鳥가 채지 않으니不搏, 뼈骨가 약하고弱 근육筋은 부드럽지만柔 움켜쥠
握은 단단하고而固, 암수의 교합牝牡之合은 알지 못하지만未知 음경朘이 일어
서니而(全)作 정력의精之 극치이며至也, 종일終日 울어도號而 목이 쉬지 않으니不
嗄 조화의和之 극치이다至也.

조화를 아는 것知和을 일러曰 항상 됨常이라 하고, 항상 됨을 아는 것知常을 일
러曰 밝음明이라 하고, 삶生을 (인위적으로) 늘리는 것益을 일러曰 재앙祥이라
하고, (욕심을 품어) 마음心이 기氣를 부리는 것使을 일러曰 강장함强이라 한다.
만물物은 강장壯하면 노쇠老하는데, 이是를 일러曰 도가 아니다不道고 하니,
도가 아니면不道 일찍무 끝난다已

자연의 도에 따라 덕을 도답게 쌓으면 순조롭지만, 그 반대로 인위적으로 강장強壯하여 도에서 벗어나면 파멸로 나아간다고 경고하고 있다. 다음의 주석들을 참조하자.

도는 형상이 없어 눈으로 볼 수 없는데, 하물며 그것에 어떻게 상처를 입힐 수 있겠는가? 사람이 마침내 형상을 지니게 된 것은 먼저 마음이 있었기有心에 그렇게 된 것이다. 그러므로 마음이 있는 뒤에 형상이 있고, 형상이 있는 뒤에 적敵이 있고, 적이 있어야 상처를 입는 것이다. 마음이 없는 사람無心之人은 물物이 그와 더불어 적이 되지 않으니, 어찌 그에게 상처를 입힐 수 있겠는가? 〈소자유〉

노자는 마음을 비워虛其心(3장), 기를 전일하게 하여 부드러움을 이루어 어린아이 상태로 돌아가專氣致柔 能嬰兒乎(10장), 본래의 도에로 복귀할 것을 주장하였다. 그런데 마음에 사욕을 품고 몸을 구성하는 기를 인위적으로 조장하면 강장強壯하게 된다(30장). 인위적으로 강장強壯하면 시들어 도를 벗어나며, 도를 벗어나면 일찍 죽는다.

한자 해설

- 含함은 今(이제 금)＋口(입 구)의 회의자로 지금 입에 머금다含哺鼓腹, 함유含有, 함의含意, 함축含蓄, 포함包含, 속에 넣음含萬物而化光 등으로 쓰인다.
- 比비는 人(사람 인) 자를 뒤집어 놓은 두 개의 匕(비수 비)로 구성된 회의자로 두 사람을 견주다竊比於我老彭, 비견比肩, 비교比較, 비례比例, 비율比率, 겨루다無比, 파당君子周而不比, 미치다比于文王 其德靡悔, 나란하다比爾干, 비괘(坤下坎上: 천하가 한 사람을 우러러 보는 상) 등으로 쓰인다.
- 赤적은 큰大 불火이 붉다崢嶸赤雲西, 진심以玆報主寸心赤, 적자지심赤子之心 등으로 쓰인다. 적자赤子는 간난아이를 말한다.
- 蟲충은 虫(벌레 충)자를 겹쳐 벌레의 총칭, 곤충昆蟲, 충재蟲災, 조충서鳥蟲書 등으로 쓰인다. 봉蜂은 벌, 채蠆는 전갈, 훼虺는 살무사와 같은 작

은 뱀이고, 그리고 사蛇는 뱀이다. 는 하상공본 등에는 독충毒蟲은 봉蜂(벌)·채蠆(전갈)·훼虺(작은 뱀)·사蛇(뱀)이라 되어 있는 본이 있지만, 의미상의 차이는 없다.

- 螫사는 虫(벌레 충)+赦(용서할 사)의 형성자로 독충이 쏘다自求辛螫, 독蠚ㄴ秦之毒螫, 성내다有如兩宮螫將軍 則妻子毋類矣 등으로 쓰인다. 螫는 독충 등이 꼬리로서 쏘는 것을 말한다. 뱀과 살무사는 비록 독 꼬리는 없지만 혀로써 사람을 문다.

- 猛맹은 犬(개 견)+孟(맏 맹)의 형성자로 사납다猛獸, 맹견猛犬, 맹호猛虎 용맹勇猛, 잔혹苛政猛于虎也, 맹렬猛烈하다의 뜻이다.

- 獸수는 單(홑 단)+犬(개 견)으로 네 발과 털이 달린 짐승四足而毛 謂之獸, 금수禽獸, 야수野獸, 야생 동물家養謂之畜 野生謂之獸 등으로 쓰인다.

- 據거는 手(손 수: 지팡이, 의지하다)+豦(원숭이 거: 호랑이虎와 돼지豕)의 회의자로 손에 무엇을 잡고 호랑이와 멧돼지를 막아내는 것으로 의지하다先據北山上者勝, 근거로 삼다引據大義 正之經典, 의탁하다亦有兄弟 不可以據, 자리잡고 살다不據其安, 덮다君賜 稽首據掌致諸地, 움켜쥐다見物如蒼犬 據高后掖 등으로 쓰인다. 據는 거豦와 통용되며, 짐승이 발톱으로 물건을 움켜잡는 것을 말한다.

- 攫확은 手(손 수)+矍(두리번거릴 확)의 형성자로 붙잡다鷙蟲攫搏, 움켜잡다一攫千金, 일확천금一攫千金 등으로 쓰인다. 여기서 확攫(사납게 응시하다)은 구瞿와 통용되며, 흉하고 사나운 새로 매와 송골매 종류를 말한다.

- 搏박은 手(손 수)+尃(펼 부)의 형성자로 손을 펴서 잡다搏謀賊, 취하다鑠金百鎰 盜跖不搏, 치다曰侮捽搏로 쓰인다. 여기서는 조류가 날개와 발톱으로 동물을 공격하는 것을 말한다.

- 筋근은 月(육달 월: 신체)+力(힘 력)의 회의자로 근육筋肉, 근력筋力, 근골筋骨, 힘줄凡藥以辛養筋 등으로 쓰인다.

- 握악은 手(손 수)+屋(집 옥)의 형성자로 손으로 쥐다握粟出卜, 악수握手, 장악掌握, 주먹을 쥐다終日握而手不挽 등으로 쓰인다.

- 固고는 古(옛 고)+口(에워쌀 위)의 회의자로 옛 것에 에워싸여 나가지 못

하는 모습으로 완고頑固, 고집固執, 견고堅固, 확고確固, 진실로 등으로
쓰인다.

- 朘최는 月(육달 월: 신체)＋夋(준→최)의 형성자로 어린아이 생식기를 말한다.
- 號호는 号(부를 호)＋虎(범 호)의 형성자로 일컫다自號隱君, 아호雅號, 별호別
號, 시호諡號, 호령號令, 상호商號, 기호記號, 명령渙汗其大號, 차례第五號, 부르
짖다下民號而上訴, 큰 소리로 울다禮以哭有言者爲號, 호곡號哭 등으로 쓰인다.
- 嗄사는 口(입 구)＋夏(여름 하→사)의 형성자로 (목이) 잠기다, 목메다, (목
이) 막히다, (울어서 목이) 쉬다(애), 밥을 먹다(하) 등으로 쓰인다.
- 精정은 米(쌀 미)＋靑(푸를 청→정: 깨끗하다)의 형성자로 곡식을 곱게 찧어
깨끗이 한 것, 정제精製, 정수精髓, 정자精子 등으로 쓰인다. 여기서 精은
생명의 기원으로서 만물을 생성하는 음양의 기운을 말한다吾欲取天地之精.
- 祥상은 示(보일 시)＋羊(양 양)의 회의자로 복과 재앙을 포함하는 하늘이
보여주는 조짐是何祥也 吉凶安在, 상서롭다祥瑞, 좋다夫佳兵 不祥之器, 재앙孔
子旣祥, 요괴亳有祥 등으로 쓰인다. 여기서 祥은 재앙, 재난을 말한다. 따
라서 인위적으로 억지로 살고자 하면 재앙이 몸이 미친다는 뜻이다.
- 壯장은 爿(나뭇조각 장←將)＋士(선비 사)의 형성자로 본래 큰 남자, 씩씩한
남자, 왕성하다老當益壯, 청장년靑壯年, 젊다迎官驚其壯, 장하다克壯其猶, 상
하다女壯로 쓰인다.
- 老노는 머리카락이 길고 허리가 굽은 노인이 지팡이를 짚고 서 있는
모양으로 오래 삶君子偕老, 늙다. 쉬다治之道美不老, 쇠하다師直爲壯 曲爲老,
늙은이及其老也, 천자의 대부天子之老, 어른의 높인 말卿老 등으로 쓰인다.
- 早조는 日(날 일)＋甲(첫째 천간 간→十)으로 해日가 처음甲 뜰 때인 새벽, 일
찍이란 뜻으로도 쓰인다.
- 巳이는 다 자란 태아가 이미 출산이 임박했다 혹은 巳를 거꾸로 한 자
형으로 양기陽氣가 나와서 음기가 숨는다는 데에서 그치다雞鳴不已, 이
미漢皆已得楚乎, 물러나다三之之, 매우不然則已慤, 반드시已然諾, 어조사 등으
로 쓰인다.

56장 • 도키 道貴 : 도의 귀함

知者는 不言이요 言者는 不知라
지 자 불 언 　 언 자 부 지

塞其兌하고 閉其門하며 挫其銳하고 解其紛하며
색 기 태 　 폐 기 문 　 좌 기 예 　 해 기 분

和其光하고 同其塵하니 是謂玄同이라
화 기 광 　 동 기 진 　 시 위 현 동

故로 不可得而親이요 亦不可得而疏요
고 　 불 가 득 이 친 　 역 불 가 득 이 소

不可得而利요 亦不可得而害요
불 가 득 이 리 　 역 불 가 득 이 해

不可得而貴요 亦不可得而賤이니
불 가 득 이 귀 　 역 불 가 득 이 천

故로 爲天下貴니라
고 　 위 천 하 귀

(도를) 아는 자知者는 말하지 않고不言, 말하는 자言者는 알지 못한다不知.
(욕망을 추구하는) 그其 구멍兌을 막고塞, (욕망에 따르는) 그其 문門을 달으며
閉, 그其 날카로움銳을 무디게 하고挫, 그其 분란紛을 풀고解, 그其 빛光을 조화
和시켜 그其 티끌塵과 동화同되니, 이是를 일러謂 그윽하게 하나가 된다玄同고
한다.
그러므로故 (사사로이) 친할 수 없으며不可得而親 또한亦 소원할 수도 없으며
不可得而疏, 이롭게 할 수 없으며不可得而利 또한亦 해를 끼칠 수도 없으며不可得
而害, 귀하게 여길 수도 없으며不可得而貴 또한亦 천하게 여길 수 없다不可得
而賤. 그러므로故 천하天下의 귀한 존재가 된다爲貴.

　무형의 도를 체득한 성인은 유형의 천지만물과 현묘하게 하나가 됨으
로써 천하에서 진정 귀한 존재가 된다는 것을 밝혔다.

도는 형상이 없으므로, 형상을 지닌 만물을 설명하는 언어 문자로는 도를 설명할 수 없다. 그래서 도를 깨달은 사람은 언어 문자로 도를 말하지 않으며, 그럼에도 불구하고 말하는 자가 있다면 그것은 도를 아직 체득하지 못했음을 반증한다.

그리고 형상을 지니지 않는 초월적인 도를 품고 있어 천지만물을 초월하면서도, 형상을 지니는 만물과 현묘하게 합일하는 것을 현동玄同이라고 하는데, 곧 개념상 구별되면서도 존재론적으로 함께 하는 것이며異卽同, 존재상 함께 하지만 개념상 구별되는 것同卽異이다.

성인은 비록 그 발을 세속에 두고 있지만 그 마음은 무형의 도를 품고 있고, 천지만물을 벗어나 있으므로 친함과 귀함, 이로움과 해로움, 귀함과 천함 등과 같은 상대적인 관계에 머무르지 않는다. 그러므로 천하에서 진정 귀한 존재가 된다.

한자 해설

- 挫좌는 手(손 수)＋坐(앉을 좌)의 형성자로 손으로 꺾다, 좌절挫折, 부러지다, 꺾이다 등으로 쓰인다.
- 銳예는 金(쇠 금)＋兌(날카로울 예)의 형성자로 칼의 날카로움銳而不挫을 뜻한다.
- 解해는 角(뿔 각)＋刀(칼 도)＋牛(소 우)의 회의자로 칼로 소의 뿔 등을 가르다庖丁爲文惠君解牛, 해체解體, 해석解析, 풀다至仁解網는 뜻이다.
- 紛분은 糸(실 사)＋分(나눌 분)의 회의자로 칼로 실타래를 잘라 어지러운 모양紛而封哉, 분란紛亂, 분규紛糾, 엉크러지다, 많다紛若 吉无咎 등으로 쓰인다.
- 和화는 禾(벼 화←龠: 피리 약)＋口(입 구)의 형성자로 피리 소리가 고르게 퍼져나간다는 의미에서 조화롭다를 뜻했다.
- 光광은 火(불 화)＋儿(사람 인)의 회의자로 사람이 머리 위에 불을 이고 있는 형상으로 빛髮髴若有光, 광채光彩를 말한다.
- 玄현은 幺(작을 요)＋亠(돼지해머리 두)의 회의자로 유원幽遠하다, 검다, 오묘

하다, 신묘하다, 아득하다 등으로 쓰인다.

- 同동은 凡(무릇 범: 큰 그릇, 모두)＋口(입 구)의 회의자로 모두가 같은 말을 하다는 뜻으로 한 가지歲歲年年人不同, 동일同一, 동화同化, 같이踏花同惜少年春 등으로 쓰인다.

- 塵진은 鹿(사슴 록)＋土(흙 토)의 형성자로 사슴이 떼 지어 달릴 때 이는 흙먼지弄塵復鬪草, 진토塵土, 속세遂與塵事冥, 風塵, 紅塵를 뜻한다.

- 親친은 나무木가 서도록효 지켜보듯이見 자식을 돌보는 것이 부모, 아주 가까운 사람燈火稍可親, 친척親戚을 뜻한다.

- 疏소는 疋(발 소)＋㐬(깃발 류)의 회의자로 길이 물 흐르듯이 순조롭다, 트이다疏通知遠 書敎也, 서투르다惜哉劍術疏 奇功遂不成, 멀리하다疏外, 먼 친척定親疏, 성기다天網恢恢 疏而不失, 거칠다疏屛 天子之廟飾也, 주注, 주석注釋, 상소문 · 주소奏疏 따위로 쓰인다.

57장 · 치국治國 : 나라를 다스림

以正治國하며 以奇用兵하며 以無事取天下니
이 정 치 국   이 기 용 병   이 무 사 취 천 하

吾何以知其然哉아 以此니라
오 하 이 지 기 연 재   이 차

天下多忌諱에 而民彌貧하며 人多利器에 國家滋昏하며
천 하 다 기 휘   이 민 미 빈   인 다 리 기   국 가 자 혼

人多伎巧에 奇物滋起하며 法令滋彰에 盜賊多有라
인 다 기 교   기 물 자 기   법 령 자 창   도 적 다 유

故로 聖人云하되 我無爲而民自化하며 我好靜而民自正하며
고   성 인 운   아 무 위 이 민 자 화   아 호 정 이 민 자 정

我無事而民自富하며 我無欲而民自樸이라 하니라
아 무 사 이 민 자 부   아 무 욕 이 민 자 박

올바름으로以正 나라를 다스리며治國, 기묘한 계책으로以奇 군대를 부리며用兵,
무사(인위적인 일삼음이 없음: 평화)로써以無事 천하를 취하니取天下,
내吾 무엇으로써何以 그것其이 그렇다然는 것을 알겠는가知哉? 이러한 것此들
때문以이다.

천하天下에 꺼리고 피해야 하는 것忌諱들이 많아지자多而 백성들民은 더욱彌
가난貧해지고, 사람人들에게 이로운 기물利器이 많아질수록多 국가國家는 점
점滋 혼란昏해지고, 사람들人이 기예와 기교伎巧가 많아질수록多 기이한(사특한)
것奇物들이 더욱더滋 일어나며起, 법령法令이 더 많이 공포滋彰되니 도적盜賊
이 많아졌다多有.

그러므로故 성인聖人이 이르기云를, 내我가 무위하니無爲而 백성民들이 스스로
교화되고自化, 내我가 고요함을 좋아하니好靜而 백성民들이 스스로 바르게 되고
自正, 내我가 일삼음이 없으니無事而 백성民들이 스스로 부유해지고自富, 내我가
무욕하니無欲而 백성民들이 스스로 (꾸밈없는) 통나무自樸가 되었다고 말한다.

천하는 인위적인 수단을 사용하여 다스릴 것이 아니라, 무위無爲 · 무사無事 · 호정好靜 · 무욕無欲으로 다스려야 한다고 주장하였다.

'정政'이란 '정正'을 요체로 한다. '정치政治'의 목표는 정의正를 구현乂하고, 공공의 이익을 크게合 하는 것(水=修)이다. 기이한 책략은 오직 전시 상황에서 병법으로만 원용할 수 있는 것이다. 무사無事로서 천하를 취하는데, 여기서 무사無事란 우선 인위적인 일삼음이 없는 것을 말하지만, 적극적으로 말하면 여기서 무無란 곧 도를 말한다는 점에서 무사無事란 곧 무(도)를 체득하여 무위無爲로서 일을 수행하니 만백성이 저절로 교화 · 열복悅服한다는 말이다. 그리고 인위적인 일삼음有事으로는 천하를 취할 수 없는 까닭을 밝혔다.

마지막으로 도를 체득한 성인이 도의 작용無之爲을 체득하여 무위로 다스리면, 다스려지지 않음이 없음을 밝혔다. 즉 성인이 폭력 · 형벌 · 전쟁 등과 같은 인위적인 수단을 사용하여 천하를 취하려고 하지 않고, 도의 작용을 체득하여 자연적으로 일을 수행하자마자 백성들은 만족할 줄 알고 저절로 부유하게 되었다는 말이다.

한자 해설

- **正정**은 一(한 일: 하늘, 평형, 균형, 조화, 시작)＋止(머무를 지)의 회의자로 절대적 표준인 하늘一을 좇아 평형, 균형, 조화를 이루어 옮겨가지 않는 것이 바르다剛健中正, 예기하다必有事焉而勿正, 올바름以順爲正者妾婦之道也, 정곡正鵠 등으로 쓰인다. 노자에게서 정正은 청정淸淨(45장), 무위無爲 · 무욕無欲(37장)을 말한다. 따라서 청정 · 무욕 · 무위함으로써 나라를 다스린다는 뜻이다.
- **治치**는 水(물 수)＋台(클 태, 기쁠 이)로서 범람하는 물길을 다스려 옥토가 되게 하듯이, 사람도 그렇게 다스려야 한다는 것을 말한다.
- **奇기**는 大(클 대)＋可(옳을 가)의 회의자로 곡괭이可 위에 올라가 있는 사람大으로 기괴奇怪하다, 기교奇巧, 기계奇計 기이奇異하다, 느닷없이奇襲, 속임以奇勝 등으로 쓰인다. 혹은 크다고 할 수 있다는 뜻으로 기특奇特하다, 기발奇拔하다, 홀수(↔偶數), 양수陽數, 奇數 등으로 쓰인다. 여기서

奇는 전시상황에 대응하는 임기응변의 기이한 계책을 말한다.

• 忌기는 己(자기 기)+心(마음 심)의 회의자로 자기의 마음속으로 두려워하여 멀리하며 기피忌避하다殺人不忌爲賊, 꺼림하게 여기다天下多忌諱, 기일忌日, 경계하다居德則忌, 생각日未就予忌, 어조사叔善射忌 등으로 쓰인다.

• 諱휘는 言(말씀 언)+韋(다룸가죽 위→휘)의 형성자로 기피하다罰不諱强大, 피휘避諱, 숨기다春秋爲尊者諱 爲親者諱 爲賢者諱, 죽은 이의 이름周人以諱事神 등으로 쓰인다.

• 滋자는 氵(물 수)+兹(이 자: 양육하다)의 회의자로 불어나다鳥獸阜滋, 자양분滋養分, 더욱其虐滋甚, 자라다遂滋民 등으로 쓰인다.

• 昏혼은 氏(성씨 씨)+日(날 일)의 회의자로 해가 지는 황혼黃昏, 어둡다時旣昏, 어리석다昏愚, 어지럽히다昏棄厥肆祀, 혼미昏迷, 혼수昏睡, 장가 들다宴爾新昏 등으로 쓰인다.

• 伎기는 人(사람 인)+支(지탱할 지)의 형성자로 기술人多伎巧, 재주, 재능, 배우, 기생 등으로 쓰인다.

• 巧교는 工(장인 공)+丂(공교할 교: 책략, 재주)의 회의자로 훌륭한 솜씨大巧若拙, 기교 꾸며서 말하는 솜씨가 있다巧言令色鮮矣仁, 예쁘다巧笑倩兮, 기능公輪子之巧로 쓰인다.

• 起기는 走(달릴 주)+己(몸 기→巳: 몸을 웅크리고 있는 태아) 회의자로 아이가 첫걸음을 떼려고 몸을 일으켜세운다起竝, 기동起動하다, 분기奮起하다, 기상起床하다, 기원起源하다, 기용起用하다, 계발하다起予者商也 등으로 쓰인다.

• 法법은 水(물 수: 물처럼 공평함)+廌(해태 치: 닿기만 해도 그 죄상을 안다는 영험한 짐승)+去(갈 거)의 회의자로 형법, 법령, 제도, 도리, 모범, 방법, 사물의 표준 등으로 쓰인다.

• 彰창은 彡(터럭 삼)+章(글 장)의 형성자로 밝게 드러내다彰往而察來, 표창장表彰狀, 창현彰顯, 창덕彰德, 창명彰明, 뚜렷함嘉言孔彰, 문채織文鳥彰 등으로 쓰인다.

• 賊적은 鼎(솥 정)+戈(창 과)의 회의자로 맹서 혹은 규율을 어긴 사람으로 도적賊盜如豺虎, 해치다賊夫人之子, 역적逆賊 등으로 쓰인다.

58장 • 찰정 察政 : 세밀하게 살피는 정치

其政이 悶悶에 其民이 淳淳하고 其政이 察察에 其民이 缺缺이라
기 정 민 민 기 민 순 순 기 정 찰 찰 기 민 결 결

禍兮福所倚요 福兮禍所伏이라 孰知其極이리요
화 혜 복 소 의 복 혜 화 소 복 숙 지 기 극

其無正耶인저 正復爲奇하고 善復爲妖커늘 人之迷가 其日固久로다
기 무 정 야 정 부 위 기 선 부 위 요 인 지 미 기 일 고 구

是以로 聖人은 方而不割하며 廉而不劌하며
시 이 성 인 방 이 불 할 염 이 불 귀

直而不肆하며 光而不耀하니라
직 이 불 사 광 이 불 요

그其 정치政가 어수룩하고 흐릿悶悶하면 그其 백성民이 순후해지고淳淳, 그其 정치政가 자세하고 빈틈이 없으면察察 그 백성其民이 각박해진다缺缺.

화라고 하는 것은禍兮 복福이 기대는 곳所倚이고, 복이라는 것은福兮 화禍가 잠재되어 있는 곳所伏이니, 누가孰 그其 결말極을 알겠는가知?

그其 고정正되어 있는 것이란 없는 것無耶인가? 바른 것正이 다시復 기괴한 것奇이 되고爲, 선한 것善이 다시復 요사스런 것妖이 되거늘爲, 사람들이 미혹된 지人之迷가 그其 시간日이 진실로固 오래久 되었도다.

이런 까닭是以으로 성인聖人은 방정方하면서도 자르지 않고而不割, 청렴廉하면서도 베지 않고而不劌, 곧으면서도直 함부로 하지 않고而不肆, 빛나면서도光 빛을 들추어내지 않는다而不耀.

먼저 무위정치의 효용과 유위정치有爲之治의 폐단을 지적하고, 상대성에 집착하는 일상인과 그것을 초월하여 무위자재無爲自在하는 성인의 모습을 제시하였다. 다음의 해설들을 참조하자.

세상 사람들이 도의 전체全體를 모르고, 다만 귀로 듣고 눈으로 보는 것으로만 앎으로 삼는다. 저들은 몸소 복을 짓는다고 하지만 그 뒤에 화가 따라오고 있음을 모르고, 몸소 선을 이룬다고 하지만 요사스러움이 그 속에 일어나고 있음을 알지 못한다. 샅샅이 살펴 밝지 않은 곳이 없게 하려고 그 살핌이 심하면, 오히려 물物을 상하게 하면서도 그것이 잘못인 줄 알지 못하니, 어찌 애석한 일이 아니랴? 〈소자유〉

방정함方으로 사물을 잘 이끌어 사악함邪을 버리게 하지만, 그 방정함으로 사물을 자르지 않으니, 이른바 큰 모는 모서리가 없다大方無隅(41장)는 것이다. 염廉은 청렴하다는 뜻이고, 귀劌는 훼상傷한다는 뜻이다. 청렴하여 백성들을 맑게 함으로써 사악함과 더러움을 버리게 하지만, 청렴으로 사물들을 훼상하지 않는다. 곧음으로 사물들을 인도하여 편벽됨을 버리게 하지만, 그 곧음으로 사물을 부딪쳐 들끓게 하지 않으니, 이른바 크게 곧음은 굽은 듯하다大直若屈(45장)는 것이다. 빛으로 그들이 미혹한 까닭을 비추어주면서도, 빛으로 숨긴 것을 들추어내려 하지 않으니, 이른바 밝은 도는 어두운 듯하다明道若昧(41장)는 것이다. 이것은 모두 근본을 숭상하여 말단을 쉽게 하는 것이지, 억지로 무찔러서 돌아가게 하는 것은 아니다. 〈왕필〉

한자 해설

- 政정은 正(바를 정)+攴(칠 복)의 형성자로 합법적 물리력攴을 행사하여 바르게 하는 것正, 즉 정당한 공권력을 통해 정의正義를 구현하는 것이 바로 정치의 목적이다.
- 悶민은 心(마음 심)+門(문 문)의 형성자로 마음의 문이 닫혀 답답하다悶則熱而悶, 고민苦悶, 근심하다處賤不悶, 어둡다悶悶 등으로 쓰인다. 悶悶은 흐릿하여 뚜렷하지 않는, 무지無知의 상태이다.
- 淳순은 水(물 수)+享(누릴 향→순)의 형성자로 물을 뿌려 적시다淳而漬之, 순박淳朴하다澆淳散樸, 도탑다淳化通於自然, 순백淳白 등으로 쓰인다. 淳淳은 온순하고 소박하며 도답다는 뜻이다.

- 察찰은 宀(집 면)＋祭(제사 제)의 회의자로 집안의 제사를 위해 자세히 살피다察所其由, 관찰觀察, 성찰省察, 알다察於人倫, 드러내다言其上下察也, 다스리다今君王不察로 쓰인다. 察察은 밝게 헤아리는 모습으로, 사람들의 잘못을 감시하고 형명刑名과 상벌로써 엄하고 가혹하게 다스리는 번쇄한 정치를 말한다.

- 缺결은 缶(항아리 부)＋夬(깨질 결)의 회의자로 한쪽 손잡이가 떨어져서 이지러지다甕破缶缺, 결점缺點, 흠결欠缺, 완전무결完全無缺 등으로 쓰인다. 缺缺은 실망스런 모습으로 부족하고 야박한 것이다

- 禍화는 示(보일 시)＋咼(화할 화: 앙상한 뼈와 입→재앙)의 회의자로 재앙君子愼以辟禍, 불행禍亂不作, 화복禍福, 화근天道福善禍淫 등으로 쓰인다.

- 福복은 示(보일 시)＋畐(가득할 복: 술이 가득 담긴 항아리)의 형성자로 제단에 술을 따르는 모습으로 하늘의 도움必受其福, 행복幸福, 복록福祿으로 쓰인다.

- 倚의는 人(사람 인)＋奇(기이할 기)로 다른 사람에게 기대어 의지하다設机而不倚, 치우치다中立而不倚, 의경倚傾, 인연하다禍兮福之所倚, 의복倚伏 등으로 쓰인다. 倚는 의존하여 따른다依從이다.

- 伏복은 人(사람 인)＋犬(개 견)의 회의자로 개가 사람 옆에 엎드려 있는 형상으로 복배伏拜, 항복降伏하다, 숨다伏兵, 잠복潛伏하다 등으로 쓰인다.

- 極극은 木(나무 목)＋亟(빠를 극)의 형성자로 본래 집의 맨 위쪽 마루대로 한계貢獻無極, 남극南極, 극좌極左, 끝北極, 다하다至晝夜長短之所極, 그만두다罔又極止 등으로 쓰인다.

- 耶야는 耳(귀 이)＋邑(우부 방)의 형성자로 의문王曰 齊無人耶, 감탄爾何相信之審耶, 선택天道是耶非耶의 어조사로 쓰인다.

- 妖요는 女(여자 여)＋夭(어릴 요)의 형성자로 아리땁다妖冶閑都, 요염妖艶, 요망妖妄하다辨妖祥於謠, 요사妖邪하다, 재앙, 요괴妖怪 등으로 쓰인다.

- 迷미는 辶(갈 착)＋米(쌀 미)의 형성자로 길을 잃어 헤매다實迷途其未遠, 헷갈리다先迷後得, 미혹迷惑되다, 혼미昏迷하다, 미란迷亂하다 등으로 쓰인다.

- 方방은 좌우에 손잡이가 있는 쟁기 모양의 상형자로 모毀方而瓦合, 정방

正方, 사방文王之囿 方七十里, 방정方正하다, 방향敎之數與方名, 나란하다方舟而
濟于河 등으로 쓰인다.

- 割할은 害(해칠 해)+刀(칼 도)의 회의자로 칼로 가르다, 할복割腹, 할부割
賦, 나누다割據, 빼앗다割耕, 해치다湯湯洪水方割, 재앙天降割於我家, 비율三割
등으로 쓰인다.

- 廉렴은 广(집 엄)+兼(함께 겸→염)의 형성자로 본래 집의 모퉁이로 모나다
古之務也廉, 청렴淸廉하다, 검소하다不以廉爲悲, 값싸다其價廉, 염가廉價, 간
략하다其業廉而事佚, 날카롭다其器廉以深, 곧다殺君以爲廉 등으로 쓰인다.

- 劌귀는 歲(해 세)+刂(칼 도)의 형성자로 칼로 찔러 상처 입히다劌目鉥心,
쪼개다廉而不劌 義也 등으로 쓰인다.

- 直직은 目(눈 목)+十(열 십)+乚(숨을 은)의 회의자로 열개+의 눈目으로 숨
어 있는乚 것을 바르게 보아 곧다其直如矢, 정직正直, 직할直轄, 굽히지 않
다骨直以立, 바름爰得我直, 공정하다王道正直, 꾸미지 않다尤簡直, 직면하다
直夜漬圍 등으로 쓰인다.

- 肆사는 镸(길 장)+隶(미칠 이)의 회의자로 방자하다寧貧賤而輕世肆志焉, 방사
放肆하다, 거리낌 없이 말하다古之狂也 肆, 진열함閒大夫之幣 侯于郊爲肆로 쓰
인다.

- 光광은 火(불 화)+儿(사람 인)의 회의자로 사람 머리 위의 빛髼髴若有光, 눈
에 띄는 재능이나 명성和其光 同其塵, 빛냄日月光 星辰靜, 경치觀光로 쓰인다.

- 耀요는 光(빛 광)+翟(꿩 적)의 형성자로 빛나다素甲日耀, 빛을 드러내다以耀
德於廣遠也, 빛建天地之功 增日月之耀 등으로 쓰인다.

59장 • 장생長生 : 오래 삶

治人事天에 莫若嗇이니
치 인 사 천　　막 약 색

夫唯嗇일새 是以(謂)早服이니 早服을 謂之重積德이니라
부 유 색　　시 이 (위) 조 복　　조 복　위 지 중 적 덕

重積德이면 則無不克이요 無不克이면 則莫知其極이요
중 적 덕　　즉 무 불 극　　무 불 극　　즉 막 지 기 극

莫知其極이면 可以有國이라
막 지 기 극　　가 이 유 국

有國之母는 可以長久니 是謂深根固柢하며 長生久視之道니라
유 국 지 모　가 이 장 구　시 위 심 근 고 저　　장 생 구 시 지 도

사람을 다스리고治人 하늘을 섬김事天에 아끼는 것嗇 만한 것이 없으니莫若,
대저夫 오직 아끼기唯嗇에 그 때문是以에 (도에) 일찍早 복종服할 수 있는 것이
니, 일찍早 복종服하는 것, 그것之을 일러謂 덕을 거듭重 쌓는다積고 한다.
덕을 거듭 쌓으면重積德 극복하지 못할 것不克이 없고無, 극복하지 못할 것不
克이 없으면無, 그其 한계極를 알 수 없으며莫知, 그其 한계極를 알 수 없을 정
도가 되면莫知 국가國를 소유할 수 있다可以有.
나라의 근본國之母이 있으면有 장구長久할 수 있으니可以, 이를를 일러謂 뿌리
가 깊고深根 밑둥이 견고하여固柢 길이 오래 살고 멀리 보는 도長生久視之道라
고 한다.

　뿌리를 깊게 하고 밑둥을 견고히 하여 길이 오래 사는 길을 제시하였
다. 치인治人이란 가정家 · 마을鄕 · 국가邦 · 천하에서 사람을 다스리는 것
을 말하며(54장 참조), 사천事天이란 타고난 자연적 본성을 보존하는 것을
말한다. 왕필은 '색嗇'을 농부로 보아, 다음과 같이 풀이했다.

농부가 밭을 가는 것을 보면 잡초를 힘써 제거하고, 밭을 깨끗이 만든다. 농부가 자연을 온전케 하는데 밭이 황폐해지고 병이 들어도 서두르지 않고, 황폐하거나 병들게 만든 원인을 다스린다. 위로 천명을 받들고 백성을 편안케 하는 일이 이보다 나은 것이 없다. …나라를 평안케 하는 것을 일컬어 '나라의 어미'라 한다. 거듭 덕을 쌓은 것만이 그 근본을 도모하는 것이니, 그렇게 하는 것만이 말단을 잘 경영하여 그 결과를 얻는 것이다. 나라를 평안케 하는 것을 일컬어 '나라의 어미'라 한다. 거듭 덕을 쌓은 것만이 그 근본을 도모하는 것이니, 그렇게 하는 것만이 말단을 잘 경영하여 그 결과를 얻는 것이다. 〈왕필〉

한자 해설

- 治치는 水(→修)＋台(兌·泰·太: 크다, 빛나다, 기름이자, 양육하다, 기쁘다 등)의 형성자로 범람하는 물길을 다스려 비옥한 옥토를 만들고, 농사지어 많은 곡식(재화)을 생산하여 사람들을 기쁘게 한다는 의미이다.
- 事사는 손又에 붓聿을 잡고 관리가 문서를 기록하는 모습으로 통상 일 혹은 직무事有終始를 말하는데, 왕조시대의 관료가 직무를 보는 것은 곧 임금을 섬기는 것이었으므로 섬기다事君以忠는 뜻이 나왔다.
- 嗇색은 來(올 래: 수확收穫)＋㐭(찰 름의 생략형)의 형성자로 수장收藏하여 잘 내지 않는다 혹은 쌀광㐭에 넣기만 하고 꺼내지 않아 인색吝嗇하다, 색부嗇夫, 아끼다嗇其大寶, 거두다順天嗇地, 아껴 쓰다治人事天 莫若嗇, 농사服田力嗇 등으로 쓰인다. 穡은 아낀다愛·절약한다儉(我有三寶 …… 二曰儉, 67장 참조)는 뜻이지만, 적극적으로 말한다면 수양·양성하다는 뜻이다.
- 服복은 月(달 월←)＋卩(병부 절)＋又(또 우)의 회의자로 무릎을 꿇은 사람卩을 이끌어又 배舟에 태우는 모습으로 복종服從시키다는 뜻이었지만, 의복被服, 옷을 입다非先王之法服 不敢服, 들어맞다五刑有服, 약을 먹다令更服 丸藥, 일其武之服, 복무服務, 마소에게 멍에를 메우다服牛乘馬 등으로 쓰인다. 조복早服은 조복상도早服常道로서 일찌감치 상도에 따르는 것을 말한다.

- 固고는 口(에워쌀 위)＋古(옛 고)의 회의자로 옛 것에 막혀 나가지 못하는 고집固執, 완고頑固를 뜻하며, 견고堅固·확고確固로도 쓰인다.

- 積적은 禾(벼 화: 곡식)＋責(빚 채: 가시가 돋친 돈→누적하다)의 형성자로 모아서 축적蓄積하다, 쌓다書衣流埃積, 미적분微積分, 저축無一日之積 등으로 쓰인다.

- 克극은 十(열 십: 투구)＋兄(맏 형: 人體)의 회의자로 투구를 쓰고 버터 내는 병사旣克反葬로 난관·고생·적 등을 이겨내다戰必克, 극복克服하다, 사욕에 끌리는 자신을 이겨내다克己復禮爲仁, 승벽克伐怨欲, 무게의 단위그램 등으로 쓰인다.

- 國국은 口(에워쌀 위)＋或(혹시 혹: 口＋戈)의 회의자로서 국경을 무기로 지키는 곳이라는 의미에서 나라分國爲九州, 국가國家, 나라를 세우다子長國之, 서울有狼人于國, 지방山國用虎節 등으로 쓰인다.

- 深심은 水(물 수)＋罙(점점 미: 햇불을 들고 동굴 속으로 들어가는 모습→探)의 회의자로 물이 깊다深則厲 淺則揭, 심도深度, 생각이 멀다其慮患也深, 인정이 두텁다情深而文明, 엄하다慘急刻深 등으로 쓰인다.

- 根근은 木(나무 목)＋艮(어긋날 간)의 회의자로 나무의 줄기와 어긋나게 자란 뿌리其民食草根木實, 근본根本(止水不波 浮雲無根), 근간根幹 등으로 쓰인다.

- 柢저는 木(나무 목)＋氏(각시 씨)의 형성자로 나무의 뿌리根柢, 근본, 기초, 뿌리를 내리다萌柢疇昔 등으로 쓰인다.

60장 · 치대국治大國 : 큰 나라 다스리기

治大國에 若烹小鮮이니라
치 대 국   약 팽 소 선

以道로 莅天下에 其鬼가 不神이라 非其鬼不神이라 其神不傷民이라
이 도   이 천 하   기 귀   불 신   비 기 귀 불 신   기 신 불 상 민

非其神不傷民이라 聖人도 亦不傷民이라
비 기 신 불 상 민   성 인   역 불 상 민

夫兩不相傷일새 故로 德交歸焉이니라
부 량 불 상 상   고   덕 교 귀 언

큰 나라大國를 다스리는治 경우에는 작은 생선小鮮을 조리하듯若烹 해야 한다.
도로써以道 천하天下에 나아가면莅, 그其 귀신鬼이 신통력을 부리지 않는다不
神. 그其 귀신鬼이 신통력을 부리지 않을 뿐만 아니라非不神, 그其 귀신神이 백
성民을 상하게 하지도 않는다不傷. 그其 귀신神이 백성民을 상하게 하지 않을
뿐만 아니라非不傷, 성인聖人 또한亦 백성民을 상하게 하지 않는다不傷.
저夫 양자兩(귀신과 성인)가 함께相 상하게 하지 않기不傷에 그러므로故 은덕德이
교대로交 돌아간다歸焉.

　성인이 도를 지니고 천하여 임하여 무위無爲로 다스리면, 귀신 또한 신
통력을 부리지 않고, 성인과 함께 백성들에게 은덕을 베푼다는 것을 말
하였다.
　"큰 나라를 다스리는 것은 작은 생선을 조리하듯 한다."는 것은 곧 큰
나라는 무심無心 · 무욕無欲 · 무위無爲로 자연스럽게 다스려야 하지, 사심
私心에 의해 인위적 · 강제적 무력으로 다스리지 말아야 한다는 의미이
다. 성인이 도로써 천하에 임하면 조화로운 기운이 몰려와, 귀신이 무엇
을 보탤게 없기 때문에 그 신통력으로 화복禍福을 부릴 수 없게 된다. 다

음의 해설을 참조하자.

> 귀신이 실제로 사람을 훼상하지 못하는 것이 아니라, 성인이 백성을 갓난
> 아기처럼 포근히 감싼 채 천지와 더불어 그 덕을 합하고, 귀신과 함께 길흉
> 을 같이하는 까닭에 백성이 아무런 상처를 입지 않는다는 것이다. 이에 귀
> 신도 조화에 따르며 복을 내려준다. 그러므로 귀신이 사람을 훼상하지 못
> 하고, 성인도 사람을 훼상하지 못한다고 하였다. 예컨대, 탕왕湯王 당시 7년
> 간 큰 가뭄이 지속된 일이 있었다. 왕은 직접 스스로 희생물이 되어 장작더
> 미에 올라 기원을 올렸는데, 얼마 지나지 않아 단비가 내렸다. 이에 백성들
> 은 탕왕의 지극한 정성이 비를 끌어 왔다고 입을 모았다. 이는 귀신과 성인
> 이 백성을 훼상하지 않기 때문이니, 그 덕이 차례로 백성들에게 돌아간 것
> 이다. 무위의 덕은 이처럼 백성을 복되게 한다. 〈감산〉

한자 해설

- 治치는 水(물 수)＋台(클 태)의 형성자로 범람하는 물길을 다스려 비옥한
  옥토를 만들듯이, 백성들을 양육 · 교육 · 수양시켜 위대한 자아 및 인
  류이상을 실현하게 하는 일체의 공적 행위이다.
- 烹팽은 亨(형통할 형: 솥)＋灬(불 화)의 형성자로 솥에 불을 가하여 삶다以烹魚
  肉, 삶아죽이다兎死狗烹, 팽형烹刑, 할팽割烹, 익힌 음식烹割 등으로 쓰인다.
- 鮮선은 魚(물고기 어)＋羊(양 양)의 회의자로 생선生鮮이나 날고기割芳鮮, 선
  명하다五色一何鮮, 맑고 깨끗함鮮耀於陽春, 싱싱하다芳草鮮美 등으로 쓰인
  다. 소선小鮮(작은 생선)을 조리할 때에는 자르거나 번잡하게 휘저으면 문
  드러지기 때문에 알맞게 열을 가하면서 그대로 자연스럽게 조리해야
  한다.
- 道도란 辶(쉬엄쉬엄 갈 착)＋首(머리 수: 목적, 목표)의 회의자로 도로道聽而塗說,
  이치道也者 不可須臾離也, 우주의 본체道者 萬物之始, 묘용一陰一陽之謂道, 방법
  吾未知吾道으로 쓰인다.
- 莅리는 艹(초두머리 초=艸)＋人(사람 인)＋호(설 립)의 사람이 서 있는 그 자

리에 임臨하다君子以莅衆, 임리臨莅, 군림하다莅中國而撫四夷, 맡아보다莅事惟
煩 등으로 쓰인다.

- 鬼귀는 가면을 쓰고 제사를 지내는 사람의 상형자로 두렵고 위대한 어
  떤 존재鬼神, 魂靈, 죽은 사람의 넋人死曰鬼, 제사를 받는 망령亡靈, 음의
  신령鬼神之爲德 其盛矣乎, 요귀貧鬼守門, 도깨비爲鬼爲蜮, 멀다高宗伐鬼方 등의
  뜻이다.

- 神신은 示(보일 시)＋申(아홉째지지 신)의 형성자로 본래 번개(申→電)로 하늘
  신天神을 말했지만 자연계에 인출자引出萬物者也가 되었고, 신령山林川谷丘
  陵 能出雲 爲風雨 見怪物 皆曰神, 신비神秘, 신통神通, 신성神聖, 정신精神, 불가
  사의한 것陰陽不測之謂神, 혼魂(費神傷魂), 덕이 아주 높은 사람聖而不可知之
  謂神 등으로 쓰인다.

- 傷상은 人(사람 인)＋昜(볕 양)＋矢(화살 시)의 회의자로 본래 화살에 맞아 다
  치다傷人乎, 상해傷害, 상처傷處, 부상負傷, 해치다中傷謀略 등으로 쓰인다.

61장 • 위하爲下 : 아래가 됨

大國者는 下流이니 天下之交요 天下之牝이니
대 국 자   하 류   천 하 지 교   천 하 지 빈

牝常以靜으로 勝牡하여 以靜으로 爲下라
빈 상 이 정   승 모   이 정   위 하

故로 大國이 以下小國하면 則取小國하고
고   대 국   이 하 소 국   즉 취 소 국

小國이 以下大國하면 則取大國이니라
소 국   이 하 대 국   즉 취 대 국

故로 或下以取하며 或下而取니라
고   혹 하 이 취   혹 하 이 취

大國은 不過欲兼畜人이요 小國은 不過欲入事人이니
대 국   불 과 욕 겸 축 인   소 국   불 과 욕 입 사 인

夫兩者는 各得其所欲인댄 故로 大者는 宜爲下니라
부 량 자   각 득 기 소 욕   고   대 자   의 위 하

큰 나라라는 것大國者은 하류下流(바다)와 같아, 천하가 교제하는 곳天下之交이요
천하의 암컷天下之牝이니, 암컷牝은 항상常 고요함으로써以靜 수컷牡을 이기며
勝 고요함으로써以靜 아래下가 된다爲.

그러므로故 큰 나라大國는 작은 나라小國의 아래下가 됨으로써以 곧則 작은 나
라小國를 취取하고, 작은 나라小國는 큰 나라大國로 내려감으로써以下 곧則 큰
나라大國에 취取해진다.

그러므로故 혹或 (큰 나라라는) 아래가 됨으로써下以 취取하고, 혹或 (작은 나
라는) 아래이기에下而 취取해진다.

큰 나라大國는 사람人들을 함께兼 기르고자 함欲畜에 불과不過하며, 작은 나라
小國는 들어가入 사람人들을 섬기고자 하는 것欲事에 불과不過하니,

저 둘은夫兩者은 모두 각기各 그其 바라는 바所欲를 얻을지니得, 그러므로故 큰
나라가大者 마땅히宜 아래下가 되어야爲 한다.

국가 간의 교린의 방법을 제시하였는데, 큰 나라가 마땅히 아래에 처해야만 각자가 목적하는 바를 이룰 수 있다고 말했다.

큰 나라는 작은 나라에 자기를 낮추어 아래 자리에 처하면, 작은 나라는 마치 온갖 계곡물이 강과 바다로 흘러 들어가듯이 큰 나라에 자연히 귀속하게 된다. 작은 나라는 마치 온갖 계곡물이 낮은 곳으로 흘러 큰 강과 바다로 들어가듯이, 자기를 낮음을 인정하여 낮게 처신함으로써 큰 나라에 취해진다. 그래서 작은 나라는 대국에 낮춤으로써 작은 나라에 취해진다. 그러므로 큰 나라는 낮춤으로써以 작은 나라를 취하고, 작은 나라는 작기 때문에 순리에 따라 낮춤으로서(이爲는 흐름에 따른다는 뜻이다: 감산) 큰 나라에 취해진다.

큰 나라가 아래에 처하여 작은 나라들이 모여들게 하는 것은 천하 사람들을 함께 양육하고자 하는 것에 지나지 않는다. 작은 나라가 큰 나라에 들어가는 것은 작은 나라로서 큰 나라를 섬기고자 하는 것에 지나지 않는다. 큰 나라와 작은 나라가 이러한 목적을 가지고 큰 나라가 아래에 처하고, 작은 나라가 아래로 모여들면 양자 모두 그들의 목적을 이룬다. 그런데 이렇게 양자가 목적한 바를 이루는데 가장 큰 관건이 되는 것은 큰 나라가 작은 나라에 군림하지 말고 마땅히 아래에 있어야 한다는 것이다. 『맹자』의 다음 언명을 참조하자.

제나라 선왕이 물었다. "이웃나라와 사귐交隣에 도가 있습니까?" 맹자가 말했다. "있습니다. 인자仁者라야 대국으로서 소국을 섬길 수 있으니 탕湯이 갈葛을 섬겼고, 문왕文王이 곤이昆夷를 섬긴 경우입니다. 지자智者만이 소국으로서 대국을 섬길 수 있으니, 태왕太王이 훈육獯鬻을 섬기고, 구천句踐이 오吳를 섬긴 경우입니다. 대국으로서 소국을 섬기는 것은 하늘의 이치天理를 즐기는 나라이고, 소국으로서 대국을 섬기는 것은 하늘의 이치를 두려워하는 나라입니다. 하늘의 이치를 즐기면 천하를 보전하고, 하늘의 이치를 두려워하면 국가를 보전하는 법입니다. – 『맹자』「양혜왕」하편

- 下하는 어떤 기준점보다 아래에 있는 것을 나타내어 낮은 곳天下, 아랫 사람上下階級, 뒷부분下午, 백성, 신하上之化下, 임금의 거처閣下, 내리다 등으로 쓰인다.

- 流유는 水(물 수)＋㐬(흐를 유)의 회의자로 물이 흘러내림流水, 유행流行, 흘러가는 물從流下而忘反, 교류交流, 상류上流, 하류下流, 옮기어 퍼지다德之流行, 유포流布, 유배舜流共工于幽州, 流刑로 쓰인다.

- 交교은 다리를 꼬고 있는 사람의 상형자로 교차交叉, 교류交流하다, 사귀다上交不諂 下交不瀆, 교제交際, 엇갈리다交叉點, 교착交錯, 교환交換, 교역交易, 교통交通, 주고받다獻酬交錯, 교호交互 등으로 쓰인다. 여기서 交는 교류하면서 모여들어 귀속한다는 뜻이다.

- 牝빈은 牛(소 우)＋匕(비수 비)의 형성자로 소의 암컷으로 종빈우種牝牛, 길짐승의 암컷牝牡, 牝鷄無晨, 음빈貞常慈, 빈모牝牡 등으로 쓰인다.

- 靜정은 靑(푸를 청: 고요함)＋爭(다툴 쟁: 쇠뿔을 쥐고 다툼)의 회의자로 와자지껄 했던 싸움이 끝난 고요하다至靜而德方, 동정動靜, 정숙靜肅, 맑다靜其巾羃, 바르다靜女其姝, 따르다民乃靜 등으로 쓰인다

- 牡모는 牛(소 우)＋士(선비 사)의 회의자로 길짐승의 수컷雉鳴求其牡, 양牝牡群貞, 왼쪽益左以爲牡, 열쇠, 모란牡丹 등으로 쓰인다. 빈牝은 암컷雌이란 뜻이고, 모牡는 수컷이란 뜻이다. 수컷은 적극적으로 움직이지만動, 암컷은 수동적이며 고요靜하다. 동적인 존재는 기르지 못하지만, 정적인 존재는 기른다.

- 兼겸은 禾(벼 화)＋秉(잡을 병)의 회의자로 벼를 손으로 움켜진 모습으로 함께 쥐다는 뜻으로 겸하다一擧而兼兩虎, 겸업兼業, 겸직兼職, 겸용兼用, 겸임兼任, 겸병兼倂, 다하다兼其情 등으로 쓰인다.,

- 宜의는 宀(집 면)＋且(또 차)의 회의자이로 집안에서 제사에 쓰기 위해 도마俎에 고기(月: 肉)를 가지런히 진설할 모습으로 마땅하다時宜, 宜當, 마땅히 해야 한다宜鑑于殷, 도리에 맞다不易其宜, 화목하다宜其室家, 제사 이름宜于冢土, 안주與子宜之 등으로 쓰인다.

62장 • 도오道奧 : 도의 그윽함

道者는 萬物之奧이니 善人之寶요 不善人之所保니
도 자　만 물 지 오　　선 인 지 보　　불 선 인 지 소 보

美言은 可以市요 尊行은 可以加人이니 人之不善을 何棄之有리요
미 언　가 이 시　존 행　가 이 가 인　　인 지 불 선　하 기 지 유

故로 立天子하고 置三公하고 雖有拱璧以先駟馬라도 不如坐進此道니라
고　입 천 자　치 삼 공　수 유 공 벽 이 선 사 마　　불 여 좌 진 차 도

古之所以貴此道者는 何오 不曰以求得하면 有罪以免耶아
고 지 소 이 귀 차 도 자　하　불 왈 이 구 득　　유 죄 이 면 사

故로 爲天下貴니라
고　위 천 하 귀

도란道者 만물의 그윽한 자리萬物之奧이니, 선한 사람의 보배善人之寶이며, 선하지 않는 사람을 지켜주는 것不善人之所保이다.

아름다운 말美言은 저자에 유통되며可以市, 존귀한 행위尊行는 남에게 영향을 미칠 수 있거늘可以加人, 하물며 사람이 선하지 않다고 하더라도人之不善 어찌何 버릴 수 있으리요棄之有.

그러므로故 천자를 세우고立天子 삼공을 배치置三公할 때, 비록雖 한아름의 큰 구슬拱璧을 실은 사두마차駟馬를 앞세워 선물함이 있어도有以先, 꿇어앉아坐 이此 도道를 진상進하는 것만 못하니라不如.

옛부터古之 이렇게 도此道를 귀하게 여긴 까닭은所以貴者 무엇何인가? (도를) 구하여以求 체득하면得 죄가 있어도有罪 사면된다고以免耶 말하지 않았는가不曰耶? 그러므로故 천하天下의 귀함이 된다爲貴.

　　도를 구하여 체득하면 죄가 있었어도 사면된다고 말하면서, 도가 진정 귀한 존재인 까닭을 밝혔다.

도는 선한 사람이 구하면 체득하여求以得 불생불멸하게 되며(50장), 불선한 사람도 도에 의지하면 죄를 사면하고 지켜준다. 아름다운 말 한마디도 유통되어 이익을 가져다주며, 한순간의 존엄한 행위도 사람에게 영향을 끼치거늘, 어찌 도에 의해 태어난 사람을 지금 불선不善하다고 해서 버릴 수 있겠는가? 천자를 세우고, 삼공을 두고, 한아름 되는 벽을 앞세우고 네 필의 말이 끄는 수레로 빙문하는 일보다, 도를 체득하여 실천하는 것이 더 귀중하다. 다음의 해설을 참조하다.

옛날에 이 도를 귀하게 여긴 까닭은 무엇인가? 도란 구하면 얻게 되고, 가령 죄가 있어도 면할 수 있게 된다고 왜 말하지 않는가? 은殷나라의 걸桀, 주周나라의 주紂는 천자天子였지만 죽임을 면치 못했고, 요임금 시대의 사악四岳은 삼공三公이라는 높은 관직에 있었어도 살육에서 벗어나지 못했다. 진귀한 구슬과 네 필의 말이 끄는 수레에 가득 실어 진상할 보물이 이들에게 없지 않았을 터인데, 결국 죽음을 면치 못한 게 아닌가? 백이伯夷·숙제叔齊가 무왕武王에게 군대를 일으키지 말라고 간언했어도 죽임을 당하지 않았고, 소보巢父와 허유許由는 천자를 비웃어도 힐책을 당하지 않았다. 이 어찌 도를 얻어서 죄를 면한 게 아니겠는가? 한 생각이 다시 참됨으로 돌아가 온갖 죄가 다 소진된다. 구하면 얻게 되고, 바로 그 자리에서 온갖 굴레를 초월하게 되기 때문에, 천하에서 귀한 존재가 된다. 〈감산〉

한자 해설

• 道도는 辶(갈 착)＋首(머리 수)의 회의자이다. '수首'는 사슴뿔(혹은 머리)로 매년 봄마다 새로 자란다는 점에서 생명의 주기적 순환을 상징하며, 따라서 도란 사슴의 머리首가 상징하는 순환과 생명의 운행辶을 형상화한 글자라 하겠다. 그렇다면 도란 그러한 자연의 순환을 따르는 것으로 곧 사람이 가야할 길이자 원리 방법이다. 그리고 머리라는 뜻에서 만물의 근원, 첫째, 시작, 근간, 목표를 의미한다.
• 奧오는 宀(집 면)＋釆(분별할 변)＋廾(두 손으로 받들 공)의 형성자로 집안에서

불을 때는 서남쪽 구석의 깊숙한 곳奧地, 오묘奧妙(經堂入奧), 심오深奧, 그 윽함冥反其奧, 따뜻하다安且奧兮 등으로 쓰인다. 奧는 방의 서남쪽 귀퉁이의 깊고 으슥한 곳室西南隅爲奧으로 가장 귀한 사람이 앉는 곳, 따라서 가장 존귀한 존재를 말한다.

- 實보는 宀(집 면)＋玉(옥 옥)＋貝(조개 패)＋缶(장군 부: 항아리)의 회의자로 집 안에 가득 차 있는 옥이나 돈으로 보배實者 玉物之凡名, 보물實物, 귀중한 사람今人愛惜其子 每呼之曰實, 학식과 미덕을 겸비한 사람 등을 말한다.

- 保보는 人(사람 인)＋呆(어리석을 태)의 회의자로 부모가 아이를 업고 있는 모습에서 보전保全, 보호保護, 지키다保邦于未, 보국保國, 보증保證, 보험保險, 기르다以保息六養萬民, 돕다保隣 등을 뜻한다.

- 市시는 亠(돼지해머리 두)＋巾(수건 건: 깃발)의 회의자로 상점에 걸린 간판으로 저자市井, 시장市場, 시가市街, 성시城市, 시민市民, 장사日中爲市, 사다沽酒市脯不食, 구획단위市邑面로 쓰인다. 美言 아름다운 말로 사교적인 언사를 말하며, 市는 교역하는 장소이니 통용되어 이익을 가져다준다는 말이다

- 加가는 力(힘 력: 농기구)＋口(입 구)의 회의자로 본래 노고를 격려한다는 뜻에서 보태어 많게 하다旣富矣 又何加焉, 부가附加, 더하다加減乘除, 가입加入, 베풀다老有加惠, 입다加之衣服 등으로 쓰인다. 가인加人은 사람들에게 영향을 끼친다는 말이다.

- 棄기는 양손(八←卄)에 쓰레받기를 들고 쓰레기를 내버린다㐬는 뜻으로 폐기廢棄, 내버림棄兒, 폐함棄稷不務, 꺼리어 멀리하다棄疾不仁也 등으로 쓰인다.

- 立립은 一(한 일)＋大(큰 대)의 회의자로 땅─ 위에 팔을 벌리고 서다豕人立而啼, 입지立地, 입장立場, 자립自立, 확고히 서다三十而立, 정립鼎立, 수립竪立하다立人之道 등으로 쓰인다.

- 置치는 网(그물 머리 망)＋直(세울 직)의 형성자로 일정한 곳에 위치位置하다, 배치配置하다, 설치設置하다, 장치裝置하다, 베풀다當置酒大會耆老, 세우다不可置妾之子, 역참速於置郵而傳命 등으로 쓰인다.

- **公**공은 厶(사사로울 사)＋八(여덟 팔: 깨다)의 회의자로 사사로움을 벗어난 공정公正, 공평公平, 숨기지 않고 나타냄公公然, 公開, 공적公的(天下爲公), 공공公共, 공평公平, 공개公開, <u>작위의 첫째</u>公侯伯子男, <u>천자의 보필</u>公卿大夫, 삼공三公으로 쓰인다.
- **拱**공은 手(손 수)＋共(함께 공)의 회의자로 두 손을 모아 맞잡다子路拱而立, 공립拱立, 공수拱手, 공읍拱揖하다, 팔짱을 지르다垂拱而天下治, 껴안다交拱之木, <u>아름</u>拱把之桐梓 등으로 쓰인다.
- **璧**벽은 玉(구슬 옥)＋辟(임금 벽)의 형성자로 얇게 고리 모양으로 만든 옥肉倍好謂之璧, <u>아름다운 옥</u>金璧以飾瑙, 흠이 없는 혹完璧, 쌍벽雙璧 등으로 쓰인다. 공拱은 두 손으로 맞잡다 · 두 팔로 <u>에워 싸다</u>는 뜻이며, 공벽拱璧은 커다란 옥으로 진귀한 보물을 말한다.
- **駟**사는 馬(말 마)＋四(넉 사)의 회의자로 <u>말 네 필</u>乃獻良馬十駟, <u>네 마리 말이 끄는 수레</u>駟介百乘로 쓰인다.
- **免**면은 사람의 머리에 투구를 쓴 모습으로 전장에서 투구 덕에 목숨을 건졌다는 의미에서 면했다免死, <u>벗어나다</u>民免而無恥, 면제免除, 면관免官, <u>허락하다</u>免許, 해산解産하다 등으로 쓰인다.

63장 • 무난無難: 어려움이 없음

爲無爲하고 事無事하며 味無味하고 大小하고 多少하며 報怨以德하나니
위무위　　사무사　　　미무미　　대소　　다소　　　보원이덕

圖難於其易하고 爲大於其細니라
도난어기이　　　위대어기세

天下難事는 必作於易하며 天下大事는 必作於細니라
천하난사　　필작어이　　　천하대사　　필작어세

是以로 聖人은 終不爲大일새 故로 能成其大니
시이　　성인　종불위대　　　고　　능성기대

夫輕諾은 必寡信이요 多易必多難이라
부경낙　필과신　　　다이필다난

是以로 聖人은 猶難之하나니 故로 終無難이니라
시이　　성인　　유난지　　　　고　　종무난

무위無爲를 실천爲하고, 무사無事를 일事로 삼고, 무미無味를 맛味으로 하여, 큰 것을 작게 하고大小(크든 작든), 많은 것을 적게 하며多少(많든 적든), 원한怨은 덕으로以德 갚으니報, 어려운 일難事은 그것其이 쉬울 때於易 도모圖하고, 큰일大은 그것其이 세미할 때에於細 처리한다爲.

천하天下의 어려운 일難事은 반드시必 쉬운 일에서於易 시작作하며, 천하天下의 큰일大事은 반드시必 세미한 일에서於細 시작作한다.

그러므로是以 성인聖人은 끝내終 큰일을 하지 않으니不爲大, 그런 까닭故에 능히能 그其 큰일을 이룬다成大.

대저夫 가볍게輕 승낙諾하는 것은 필시必 미더움信이 적고寡, 쉬운易 일이 많으면多 반드시必 어려운難 일이 많아多진다.

그러므로是以 성인聖人은 (쉬운 일을) 오히려猶 그것을 어렵게 여기나니難之, 그런 까닭故에 끝내終 어려운 일이 없느니라無難.

도를 체득하여 무위·무사·무미하게 일을 처리하는 성인의 모습을 형용하였다. 세상 사람들은 쉽고 작은 일들은 대수롭지 않게 생각하여 방기한다. 그러나 쉽고 어려운 일은 반드시 어렵고 큰 일이 되는데, 세상 사람들은 어렵고 큰 일이 되고 난 이후에 일을 도모하려고 하니 일을 그르치게 된다. 그러나 성인은 일이 쉽고 작은 때 삼가고 두려워하는 태도로 일을 처리하여, 어렵고 큰일이 없게 한다. 따라서 성인은 끝내 어렵고 큰 일을 하지 않지만, 결과적으로 볼 때 그가 한 일은 큰 것이라고 할 수 있는 것이다. 어렵고 큰 일이 일어나지 않게 하는 것이 최상이고, 인위적으로 크고 어려운 일을 일어난 이후에 해결하는 것은 그 다음인 것이다. 참고로 노자의 "보원이덕報怨以德"에 대해 공자는 『논어』에서 다음과 같이 평가했다.

> 어떤 사람이 물었다. "덕으로 원한을 갚으면 어떻습니까?" 공자께서 말씀하셨다. "그러면 무엇으로 덕을 갚겠는가? 곧음直으로 원한을 갚고, 덕으로 덕을 갚아야 하느니라." 或曰 以德報怨 何如 子曰 何以報德 以直報怨 以德報怨 ─『논어』 14.36

이렇게 공자는 "곧음直으로 원한을 갚고, 덕은 덕으로 갚는다以直報怨 以德報怨"고 말했다. 여기서 곧음直에 대해 주자朱子는 다음과 같이 말했다.

> 주자가 말했다. 비유컨대 남이 나에게 천금을 주었는데, 내가 천금으로 보답하는 것이 곧 당연한 일이지만, 혹시 어떤 사람이 내게 천금을 도둑질했는데도 내가 또한 천금을 준다면 이 무슨 이치랴! 천금을 준 사람과 경중이 없이 보는 것이니, 단연코 이런 일은 할 수가 없다. ─『논어집주대전』

『노자』에 나오는 말을 직접 인용하고, 약간의 비판을 가하고 있는 이 구절을 통해 유가와 도가의 차이를 찾아볼 수 있다. 즉 주자는 "원한을 품은 사람에게 사람과 미움, 취하고 버림을 한결 같이 하여 지극히 공형

하고 사사로움이 없는 것於其所怨者 愛憎取舍 一以至公而無私 所謂直也"이라고 주석을 했다. 이는 아마도 정명正名을 주장했던 공자의 입장에서 나온 것이라고 판단된다.

기독교 또한 신의 무조건적 사랑을 주장했기에 "원수를 사랑하라"는 언명을 했을 것이다. 『성서』에 원수사랑을 말한 구절은 다음과 같다.

나는 너희에게 이르노니 너희 원수를 사랑하며 너희를 박해하는 자를 위하여 기도하라. ─「마가」5:44

그러나 너희 듣는 자에게 내가 이르노니 너희 원수를 사랑하며 너희를 미워하는 자를 선대하며 ─「누가」6:27

오직 너희는 원수를 사랑하고 선대하며 아무 것도 바라지 말고 꾸어 주라 그리하면 너희 상이 클 것이요 또 지극히 높으신 이의 아들이 되리니 그는 은혜를 모르는 자와 악한 자에게도 인자하시니라. ─「누가」6:35

이러한 언명들에서 우리는 공자, 노자, 그리고 예수 사상 간의 차이점의 일단을 확인할 수 있다. 원수, 원한에 대처하는 방법: 노자, 기독교, 그리고 공자, 어느 것을 선택할 것인가?

한자 해설

- 報보는 幸(잡을 집)＋又(또 우)의 회의자로 붙잡아 대가를 치르다(갚다)는 뜻으로 보답報答(結草報恩), 보응報應하다, 보복報復하다, 보고報告하다行泣報壺子, 速報, 알리다日報, 나아가다毋報往 등으로 쓰인다.
- 德덕은 彳(조금 걸을 척)＋直(곧을 직)＋心(마음 심)의 회의자로 '곧은 마음으로 행하다'는 뜻이다. 도덕·덕성·품덕·덕행 등과 같이 행위일반과 그 행위를 가능하게 하는 내면의 상태를 의미한다.
- 怨원은 夗(누워 딩굴 원)＋心(마음 심)의 회의자로 원망怨望하다老使我怨, 고깝

게 여기다祿厚者民怨之, 슬퍼하다其民必怨, 원한怨恨(困以寡怨), 원수怨讎(外擧不辟怨) 등으로 쓰인다.

- **圖도**는 囗(에운담 위)＋鄙(더러울 비→변방)의 회의자의 변방 지역까지 그려진 지도地圖를 말하지만, 그리다, 그림山水圖, 꾀하다君與卿圖事, 기도企圖, 의도意圖, 도모圖謀, 하도河圖 등으로 쓰인다.

- **難난**은 佳(새 추)＋堇(노란 진흙 근)의 형성자로 날개가 묶여 진흙 속에서 고통스러워하는 새에서 어렵다爲君難 爲臣不易, 곤란困難, 험난險難, 꾸짖다於禽獸又何難焉 등으로 쓰인다.

- **易이(역)**는 日(해 일)＋勿(말 물: 月)의 상형자로 도마뱀 혹은 일월이 자리를 바꾸다易種于玆新邑, 만상의 변화生生之謂易, 도마뱀易在壁曰蠑蚖 在草曰蜥蜴, 쉽다乾以易知, 難易, 평이平易, 편안하다君子居易以俟命, 간이簡易, 기쁘다我心易也, 경시함能慮勿易, 다스리다易其田疇로 쓰인다.

- **大대**는 양팔을 벌린 사람의 상형자로 크다四大, 많다大家, 고귀하다畏大人, 훌륭하다子日大哉問, 거칠다衣大布는 뜻이다.

- **細세**는 糸(실 사: 가늘다, 잘다)＋田(밭 전: 나무다)의 형성자로 가늘다細流, 세세細細, 자세仔細, 세부細部, 작다沙土人細, 세포細胞, 잘다帛心薄細, 세밀細密하다 등으로 쓰인다.

- **輕경**은 車(수레 거)＋巠(지하수 경: 베틀)의 회의자로 본래 가벼운 수레前輕輬之鏘鏘兮라는 뜻인데 무게가 가볍다輕工業, 경솔輕率하다喜則輕而翻, 적다物曲輕少, 경박輕薄하다, 신분이 낮다養德辨輕重而已, 값이 싸다爲錢益多而輕, 세력이 없다無勢之謂輕, 경시輕視하다益輕季氏, 가볍게 하다刑罪世輕世重 등으로 쓰인다.

- **諾락**은 言(말씀 언)＋若(같을 약)의 회의자로 말로 뜻을 같이若 하는 것으로 예莫敢不諾, 응낙應諾(大師日 諾), 승낙承諾(子路無宿諾), 허락許諾하다一朝許人諾, 따르다敬諾 등으로 쓰인다.

- **寡과**는 宀(집 면)＋頁(머리 혈)＋分(나눌 분) 혹은 宀＋頒(나눌 반)의 회의자로 적다職寡者易守, 과소寡少하다, 약하다寡我襄公, 임금의 겸칭寡人之於國也, 홀어미時瑤石宮 有寡公主, 뒤돌아보다君子寡其言而行로 쓰인다..

258

64장 • 보물輔物 : 만물을 도움

其安은 易持요 其未兆는 易謀요 其脆는 易泮요 其微는 易散이니
기 안 이 지 기 미 조 이 모 기 취 이 반 기 미 이 산

爲之於未有하고 治之於未亂이니
위 지 어 미 유 치 지 어 미 란

合抱之木은 生於毫末하고 九層之臺는 起於累土하고
합 포 지 목 생 어 호 말 구 층 지 대 기 어 루 토

千里之行은 始於足下하니 爲者는 敗之하고 執者는 失之니라
천 리 지 행 시 어 족 하 위 자 패 지 집 자 실 지

是以로 聖人은 無爲하니 故로 無敗하며 無執이니 故로 無失이어니와
시 이 성 인 무 위 고 무 패 무 집 고 무 실

民之從事는 常幾於成而敗之하나니 愼終如始하면 則無敗事니라
민 지 종 사 상 어 기 성 이 패 지 신 종 여 시 즉 무 패 사

是以로 聖人欲不欲하야 不貴難得之貨하며
시 이 성 인 욕 불 욕 불 귀 난 득 지 화

學不學하야 復衆人之所過하고 以輔萬物之自然하야 而不敢爲니라.
학 불 학 복 중 인 지 소 과 이 보 만 물 지 자 연 이 불 감 위

그 안정其安되면 유지하기가 쉽고易持, 그 아직 조짐이 나타나지 않을 때其未兆에 도모하기 쉽고易謀, 그 연약한 것其脆은 나누기 쉽고易泮, 그 미미한 것其微은 흩어지기 쉬우니易散,

아직 생겨나지 않았을 때에於未有 처리하고爲之, 아직 어지럽지 않을 때에於未亂에 잘 다스려야 한다治之.

아름드리나무合抱之木는 터럭 끝만큼 작은 싹에서於毫末 생生겨나고, 구층의 누대九層之臺도 한 삼태기 흙을 쌓는 데서於累土 기인하며起, 천리 길을 가는 것千里之行도 한 걸음에서於足下 시작始되니, 작위하는 자爲者는 실패하고敗之, 잡는 자執者는 잃게 된다失之.

이런 까닭是以에 성인聖人은 무위無爲하니 그러므로故 실패가 없고無敗, 잡음

이 없으니無執 그러므로故 잃음이 없거니無失와, 사람들이 일을 함民之從事에 항상常 거의 이루었다가幾於成而 실패하니敗之, 마지막을 처음처럼 삼가 조심하면愼終如始則 낭패 보는 일敗事이 없을 것이다無.

이런 까닭是以에 성인聖人은 탐욕하지 않음을 희구하게 하여欲不欲, 얻기 어려운 보화難得之貨를 귀하게 여기지 않게 하며不貴, 배우지 않음을 배우도록 하여學不學 뭇사람들의 잘못하는 바衆人之所過를 회복시키고復, 만물이 스스로 그러함萬物之自然을 도와주지만以輔而 감히 작위하지 않는다不敢爲.

먼저 악과 환난의 근원을 주시하고, 그것이 일어나기 이전에 예방할 것을 권고했다. 그리고 성인의 무위의 공덕을 일반인의 작위의 결과와 비교하여 제시했다.

아무것도 일어나지 않았을 때에는 지키면서 삼가고 두려워하며, 아직 여리고 미미할 때에는 결단하고 흩어버리면 후에 악 혹은 환난이 일어나지 않는다. 한 아름의 큰 나무, 구층의 거대한 누각, 천리나 되는 먼 길(백 길이나 되는 높이) 등의 큰일은 미세한 씨앗, 한 삼태기의 흙, 한 걸음과 같은 아주 작은 것에서 시작하여 이루어진다. 따라서 선악, 화복, 치란 등도 이와 같이 작은 생각이 일어난 것에서 비롯되기 때문에 이러한 생각이 일어나는 초기에 잘 다스려야 한다.

인위적으로 힘을 쓰면 패하기 마련이고, 억지로 잡으려고 하면 잃기 마련이다. 이러한 일반인들과 대비되게 성인은 아직 형상이 생기기 전에 조심하고, 조짐이 막 일어나기 시작했을 때에 이미 잘 다스렸기에 무위無爲·무집無執하면 그만이다. 무위하므로 패할 일이 없으며, 무집하기에 잃을 것이 없다. 성인은 도를 체득하여 본받음으로써 도와 합일하여, 천하 만물과 만민이 스스로 그러함을 돕는 것일 뿐 감히 작위하지 않는다.

한자 해설

• 安안은 宀(집 면)＋女(여자 여)의 회의자로 마땅히 있어야 할 곳에 있어 편안便安하다靜而后安, 안전安全하다, 편안하게 하다安民 安百姓, 즐기다百姓安

之, 안으로安忘其志등으로 쓰인다. 노자에서 安은 '정靜(守靜篤, 16장)'과 상보적인 개념이다. 정靜이 마음이 탐욕을 품은 혼탁한 상태에서 근본으로 되돌아가는 것이라면, 안安은 근본에서 편안한 상태를 의미한다.

- 持지는 手(손 수)＋寺(절 사)의 형성자로 손에 쥐다, 지속持續하다, 다스리다, 관리하다 등의 뜻이다. 여기서 持는 전적으로 마음을 다해 힘을 쏟는 것을 말한다.

- 臺대는 高(높을 고)＋至(이를 지)의 형성자로 높은 평지를 뜻하는 돈대墩臺(登武子之臺), 누대樓臺(惟宮室臺榭), 높고 평평한 곳嚴子陵釣臺 在桐城縣, 조정中臺, 憲臺, 外臺, 낮은 벼슬아치蓋自是臺無餽也 등으로 쓰인다.

- 兆조는 거북등의 상형자로 징조徵兆, 마음에서 생각이 처음 일어나는 조짐兆朕을 말한다. 미조未兆는 어떤 한 생각도 일어나지 않은 상태로 아직 형체로서 존재하기 이전의 상태를 말한다.

- 謀모는 言(말씀 언)＋某(아무 모)의 형성자로 어떤 무엇을 의논하다周爰咨謀, 도모하다嗣王謀於廟也, 논의함二人對議 謂之謀, 계책弗詢之謀勿庸을 의미한다. 여기서 謀는 분별하여 도모하는 것이 아니라, 삼가고 두려워하는 것戒懼恐愼을 말한다.

- 脆취는 月(육달 월)＋絶(끊을 절→취)의 형성자로 육질이 연하여 끊기 쉬움을 말하여 연軟하다脆葉, 취약脆弱하다, 가볍다風俗脆薄 등의 의미이다. '취脆'와 '기미幾微'는 보이지 않는 무에서 벗어나서 바야흐로 어떤 무엇이 막 생겨날 때를 말하는데, 아직 여리고 미미한 것으로 곧 마음에서 한 생각이 처음으로 싹틈 혹은 어떤 일이 처음 일어날 맹아 상태이다.

- 泮반은 氵(물 수)＋半(반 반)의 형성자로 물가, (얼음이) 녹다, 풀리다는 의미이다. 여기서 '반泮'은 '판判'과 동일한 말로 결단決斷한다는 의미인데, 하상공본 등에서는 '파破'로 되어 있다.

- 毫호는 毛(터럭 모)＋高(높을 고)의 형성자로 길고 뾰족한 가는 털白毫, 추호秋毫, 호말毫末, 휘호揮毫, 1리釐의 10분의 1毫釐之失 差以千里 등으로 쓰인다.

- 九구는 구부린 사람의 팔뚝(肘: 팔꿈치 주)을 그린 상형자이나 아홉으로

가차되어 아홉 번中國之外 有赤縣神州者九, 수효의 끝天地之至數 始於一 終於九焉, 양효陽爻(九 潛龍 勿用), 합하다桓公九合諸侯 등으로 쓰인다.

- 層층은 尸(주검 시)＋曾(일찍 증)의 형성자로 지붕을 거듭한 집으로 층옥層屋, 층계層階, 층루層累, 층차層次. 계층階層 등으로 쓰인다.

- 起기는 走(달릴 주)＋己(몸 기→已: 몸을 웅크리고 있는 태아)의 회의자로 아이가 첫걸음을 떼기 위해 몸을 일으켜 세운다起立, 기동起動하다, 분기奮起하다, 기상하다孺子早寢晏起, 기원起源하다, 기용起用하다, 계발하다起子者商也 등으로 쓰인다.

- 累루는 糸(실 사)＋畾(포갤 뢰의 생략형)의 형성자로 묶다係累其子孫, 연루連累(坐小累下), 계루繫累, 포개다層臺累榭, 누세累世, 누계累計, 수고를 끼치다終累大德 등으로 쓰인다.

- 土토는 흙을 그린 상형자 토양土壤(禹敷土), 토사土砂, 땅降丘宅土, 토지土地, 나라年老思土, 국토國土, 오행의 하나木火土金水, 거주하다自土沮漆, 토지 신諸侯祭土, 뿌리徹彼桑土, 풍토風土 등으로 쓰인다.

- 千천은 인人의 다리 부분에 획을 그어 일천, 천 번人十能之 己千之, 많다周廬千列, 수천數千, 반드시千萬不復全 등으로 쓰인다.

- 里리는 田(밭 전)＋土(흙 토)의 회의자로 밭과 땅이 사이 사람이 사는 마을無踰我里, 거리連里竟街, 주거然後收其田里, 상점賦里以入, 이웃里 猶鄰也, 행정 구획의 명칭五家爲鄰 五鄰爲里, 근심하다云如何里로 쓰인다.

- 幾기는 戈(창 과: 베틀)＋人(사람 인)＋幺(작을 요)의 회의자로 베틀 혹은 베를 짜는 사람으로 살피다幾聲之上下, 기미幾微, 은미事父母幾諫, 위태하다維其幾矣, 거의七日幾絶, 시작하다幾事不密, 바라다毋幾爲君, 기하학幾何學, 자주幾爲之笑 등으로 쓰인다.

- 輔보는 車(수레 거)＋甫(보완할 보: 田＋屮으로 밭의 채소)의 형성자로 수레바퀴를 보완하는(甫＝補) 덧방나무로 돕다齊晉又輔之, 보좌輔佐하다爲之丞輔, 도와서 바르게 함爾尚輔予一人, 하급 관리置其輔, 광대뼈咸其輔頰舌, 턱咸其輔 등으로 쓰인다.

262

65장 • 현덕 玄德: 그윽한 덕

古之善爲道者는 非以明民이요 將以愚之니라
고 지 선 위 도 자 비 이 명 민 장 이 우 지

民之難治는 以其智多이니
민 지 난 치 이 기 지 다

故로 以智治國은 國之賊이요 不以智治國은 國之福이니라
고 이 지 치 국 국 지 적 불 이 지 치 국 국 지 복

知此兩者면 亦楷式이니 常知楷式을 是謂玄德이니
지 차 량 자 역 해 식 상 지 해 식 시 위 현 덕

玄德은 深矣遠矣하야 與物反矣이니 然後乃至大順이니라.
현 덕 심 의 원 의 여 물 반 의 연 후 내 지 대 순

옛날의 도를 잘 실천한 사람古之善爲道者은 백성民들을 명민明하지 않게 하고
非以, 장차將 그들을 어리숙하게 하였다以愚之.

백성들을 다스리기 어렵게 하는 것民之難治은 그其 지혜(잔꾀)智를 많이多 내기
때문以이니,

그러므로故 지혜로써 나라를 다스리는 것以智治國은 나라의 적(해악)國之賊이
며, 지혜로써 나라를 다스리지 않는 것以智不治國이 나라의 복國之福이다.

이 두 가지此兩者를 알면知, 또한亦 본보기楷式가 되니, 항상常 본보기楷式를 아
는 것知, 이것是을 일러謂 그윽한 덕玄德이라고 한다.

그윽한 덕玄德은 깊고深矣 아득하여서遠矣 만물과 더불어與物 (근원인 도로)
돌아가니反矣, 그런 뒤然後에야 이에乃 (스스로 그러한 도에) 크게 따르게 된
다至大順.

노자가 우민정치를 주장했다고 흔히 오해하는 장으로, 성인이 나라를
다스리는 요체가 인위적인 잔꾀를 쓰지 않고, 질박한 도를 따르는 데에
있다는 것을 말했다.

'명민明民'이란 위정자가 빈틈없이 예악형정을 제정하여 "백성들로 하여금 교묘한 속임수를 많이 드러내어, 그 순박함을 가리도록 하는 것明謂多見巧詐蔽其樸也"을 말한다. '우민愚民'이란 "성인이 도에 따라 무위로 정치를 시행하여 백성들로 하여금 무지無知하여 그 참됨을 지키고 스스로 그러함에 따르도록 하는 것愚謂無知守其眞順自然也을 말한다." 〈왕필〉

"지혜로써 나라를 다스리는 것은 나라의 적(해악)이며, 지혜로써 나라를 다스리지 않는 것이 나라의 복이 된다"는 것을 알아 무위·무지·무욕·무사·호정好靜하면, 천하 만민의 본보기가 된다. 이렇게 천하 만민의 본보기가 되는 사람을 현덕玄德이라 부른다. 여기서 노자는 '현덕玄德'을 말하면서 '상해식常楷式'이라 했다. 요컨대 '현덕玄德'은 10장·51장 등에서 나왔던 바, 상대성(유무, 난이, 장단, 고하, 전후, 자웅, 흑백, 영욕, 흡장, 약강, 폐흥, 탈여 : 2장·28장·36장)을 상반相反하여 되돌아오는 도의 작용을 말한다. 따라서 도의 작용으로서 현덕玄德은 도가 심원하듯이 심원하며, 심원하면 만물과 더불어 근본인 도로 되돌아가는 것이다.

한자 해설

- 古고는 十(열 십)＋口(입 구)의 회의자로 여러 세대에 걸쳐 입으로 전해온 옛날愾長思而懷古, 옛것信而好古, 고풍古風, 고전古傳, 상고尙古, 숭고崇古, 고아古雅 등으로 쓰인다.
- 明명은 日(날 일)＋月(달 월)의 회의자로 봉창囧으로 달빛이 비쳐 밝다月明星稀, 명백明白, 눈이 밝다離婁之明, 총명聰明, 시력眇눈失明, 사리에 밝다辨之不明不措也, 밝히다在明明德 등으로 쓰인다.
- 愚우는 禺(원숭이 우)＋心(마음 심)의 회의자로 슬기 없는 원숭이의 생각이란 뜻으로 우매愚昧하다靡哲不愚, 우직愚直하다柴也愚, 어리석은 사람嚇愚欺庸, 자기의 겸칭愚不識方今夷狄之憂爲末 등으로 쓰인다.
- 民민은 눈동자가 없는 눈을 바늘로 찌르는 모양을 본뜬 상형자로 백성民者國之本也, 인민, 민중, 어둡다苗民弗用靈 등으로 쓰인다.

• 賊적은 鼎(솥 정)＋戈(창 과)의 회의자로 맹서 혹은 규율을 어긴 사람으로 <u>도적</u>盜賊(賊盜如豺虎), 해치다賊夫人之子, 역적逆賊(誅賊臣辟陽侯) 등으로 쓰인다.

• 知지는 口(입 구)＋矢(화살 시)의 형성자로 화살矢이 과녁을 꿰뚫듯 상황의 <u>본질을 파악</u>하여 말口할 수 있는 능력을, 그리고 지智란 지식知이 세월(日. 月)이 지나 혹은 지식을 일이관지하여 활연관통한 상태에 도달하여 옳고 그름을 판단하는 능력是非之心 智之端也, 지혜智慧, 예지叡智, 지력智力, <u>지략</u>智略, 지자智者 등으로 쓰인다.

• 楷해는 木(나무 목)＋皆(모두 개)의 형성자로 가지·줄기·나뭇결이 모두皆 곧은 해나무에서 유래하여 <u>바르다</u>, 곧다强楷堅勁 用在楨幹 失在專固, <u>본보기</u>模楷, 모범今世行之後世以爲楷, 해서楷書(上谷王次仲始作楷法) 등으로 쓰인다.

• 式식은 工(장인 공: 공구의 대표)＋弋(주살 익→식)의 형성자로 표준爲天下式, 본받다古訓是式, <u>법식</u>法式, 격식格式, 형식形式, 의식儀式, 공식公式, 점치는 기구旋式正棊, 절하다式路馬, 쓰다式商受命, ～로써式敎爾後 등으로 쓰인다. 해식楷式은 본보기·모범·법식法式이란 뜻이다.

• 順순은 川(내 천)＋頁(머리 혈)의 회의자로 물이 흐르듯이 머리를 돌려 나아가는 것으로 순하다師衆以順爲武, <u>순종</u>順從하다, 도리를 따르다以順王與儀之策, <u>수순</u>隨順하다, 이순六十而耳順, 화순和順(豫順而動) 등으로 쓰인다.

66장 • 강해 江海: 강과 바다

江海가 所以能爲百谷王者는 以其善下之이니 故로 能爲百谷王이니라
강 해　소이능위백곡왕자　이기선하지　고　능위백곡왕

是以로 聖人은 欲上民인댄 必以言下之하며
시 이　성인　욕상민　필이언하지

欲先民인댄 必以身後之하니라
욕선민　필이신후지

是以로 聖人은 處上而民不重하며 處前而民不害니라
시 이　성인　처상이민부중　처전이민불해

是以로 天下樂推而不厭하나니 以其不爭일새
시 이　천하락추이불염　이기부쟁

故로 天下가 莫能與之爭이니라
고　천하　막능여지쟁

강江·바다海가 온갖 계곡의 왕百谷王이 될 수 있는 까닭所以能爲者은 그것其
이 아래에 처하기下之를 잘善 하기 때문以이다. 그러므로故 온갖 계곡의 왕百
谷王이 될 수 있다能爲.

이런 까닭是以으로 성인聖人은 백성들의 위上民가 되고자欲 할 때는, 모름지기
必 언사言를 낮추고以下之, 백성들民보다 앞서고자 하면欲先 모름지기必 자신身
을 뒤에 둔다以後之.

이런 까닭是以으로 성인聖人은 (백성들의) 위에 처하나處上 백성들은 중압감
으로 느끼지 않고而民不重, (백성들의) 앞에 처하나處前而 백성들에게 해가 되
지 않는다民不害.

이런 까닭是以으로 천하天下 사람들이 즐겨樂 (성인을) 추대推하고 싫어하지
않으니不厭, 그其(성인)가 다투지 않기 때문이니以不爭,

그러므로故 천하天下 사람들이 그와 더불어與之 다툴 수 없다莫爭.

강과 바다가 아래에 처함으로 온갖 시내의 왕이 되듯이, 성인 또한 사사로움 없이 천하에 임하기 때문에 모든 백성들이 그에게 귀속한다는 것을 말했다.

큰 나라가 작은 나라의 아래가 됨으로써 작은 나라를 취하는 것과 같은 논리로, 강과 바다는 온갖 하천의 아래에 처함으로 온갖 하천의 물이 강과 바다로 귀속하는 곳이 된다.

성인은 도를 체득하여 천하를 바르게 하므로 마땅히 백성의 위에 존재하는 귀한 존재이지만, 그 귀함을 천한 백성에 토대를 두고 있다는 것을 알고 있기 때문에 그 말을 낮추는 것이다. 따라서 성인은 백성들의 위에 고귀하게 존재하지만, 백성들이 성인을 무겁다고 여기지 않는다. 대도를 체득한 성인은 천하에 나아가 백성들을 해롭게 하는 것이 아니라, 평안하고 태평스럽게 하고, 위에 존귀하게 있어서 아래의 백성을 피곤하게 하지 않기 때문에 백성들은 성인을 기꺼이 추대하여 싫어하지 않는 것이다. 그리고 무형의 도를 체득한 성인은 사사로움이 없이無私 무지·무욕·무사·무위·호정好靜으로 작용하기 때문에 천하의 그 누구와도 다투지 않는다.

한자 해설

- 江강은 水(물 수)＋工(장인 공)의 형성자로 도구工로 흙을 물길을 다스려 대륙을 관통하는 강三江旣入, 양자강揚子江, 장강長江, 강수江水 등으로 쓰인다.
- 海해는 水(물 수)＋每(매양 매: 어머니)의 형성자로 모든 하천이 흘러들어 가는 물의 어머니로서 바다乘桴浮于海, 해양海洋, 해륙海陸, 해수海水, 사물이 많이 모이는 곳許下人物之海也, 거대함凡地大物博者 皆得謂之海 등으로 쓰인다.
- 百백은 白(흰 백)에 지사부호인 가로 획一을 첨가하여 1백이라는 숫자, 모든, 여러百官以治, 수백數百, 여러 번 행함人一能之 己百之으로 쓰인다.
- 谷곡은 水(물 수)＋口(입 구)의 회의자로 『설문』에서는 샘이 솟아나와 내

로 통하는 곳으로 계곡緗察谷底, 좁은 길(夾谷: 橫飛谷而南征), 앞이 막히다 進退維谷, 기르다谷神不死, 성장시키다谷風로 쓰인다. 백곡百谷은 모든 하천百川을 말한다.

- 王왕은 三(석 삼)＋丨(뚫을 곤)의 지사문자로 천지인을 관통하는 지배자(천자, 전국시대 이후의 제후, 진한이후 황족이나 공신에게 수여한 최고의 작위, 군주), 왕조王朝, 천자를 찾아뵙다四夷來王, 크다春獻王鮪, 성盛하다 등으로 쓰인다. 王은 "천하가 귀속하여 돌아가는 곳天下所歸往也(『설문』)"이라고 했듯이, 여기서는 '돌아가 귀속한다'는 말이다.

- 推추는 手(손 수)＋隹(새 추)의 회의자로 앞으로 밀다或輓之 或推之, 추진推進, 추측推測, 옮다寒暑相推而歲成焉, 추이推移, 추천推薦(推賢讓能), 넓히다推惡惡之心, 제거하다則不可推 등으로 쓰인다. 여기서 推는 추대推戴의 뜻이다.

- 厭염은 猒(물릴 염: 개고기를 싫증날 정도로 먹다)＋厂(기슭 엄)의 형성자로 염증을 느껴 싫어하다厭世, 염세주의厭世主義, 미워하다無厭惡心, 물리다原憲不厭糟糠, 만족하다求索無厭 등으로 쓰인다.

67장 · 삼보三寶 : 세 가지 보물

天下가 皆謂我道大하야 似不肖라하나니
천하 개위아도대 사불초

夫唯大일새 故로 似不肖니 若肖인댄 久矣라 其細也夫인저
부유대 고 사불초 약초 구의 기세야부

我有三寶하야 持而保之하나니
아유삼보 지이보지

一曰慈요 二曰儉이요 三曰不敢爲天下先이라
일왈자 이왈검 삼왈불감위천하선

夫慈故로 能勇하며 儉故로 能廣하며
부자고 능용 검고 능광

不敢爲天下先故로 能成器長이어늘
불감위천하선고 능성기장

今捨其慈且勇하며 捨其儉且廣하며 捨其後且先하나니 死矣로다
금사기자차용 사기검차광 사기후차선 사의

夫慈以戰則勝하고 以守則固니 天將救之하야 以慈衛之하나니라
부자이전즉승 이수즉고 천장구지 이자위지

천하天下 사람들은 모두皆 나의 도我道는 (너무) 커서大 무엇으로 형용(본뜸)할 수 없는 듯似不肖하다고 하니,

대저夫 오직唯 크기大 때문故에 형용(본뜸)할 수 없는 듯似不肖한 것이니, 만일若 형용(본뜸)肖할 수 있다면 오래 전久矣에 그것其은 하찮을 것 없는 것이 되었을 것이리라細也夫!

나我는 세 가지 보배三寶가 있어有, 그것之을 지니고持而 보존하는데保,

첫째一는 자애라 하고曰慈, 둘째二는 검약이라 하고曰儉, 셋째三는 감히 천하에서 앞서지 않는 것이라 한다曰不敢爲天下先.

대저夫 자애慈롭기 때문에故 능能히 용勇감할 수 있으며, 검儉약하기 때문에 능히 널리廣 미칠 수 있으며, 감히 천하에서 앞서지 않는不敢天下先 까닭故에,

능能히 만물의 어른器長이 될 수 있었는데成,

이제今 그其 자애를 버리고捨慈 용감하고자 하며且勇, 그其 검약함을 버리고捨儉 널리 미치려고 하며且廣, 그其 뒤따르는 것을 버리고捨後 앞으로 추대되고자 하니且先, 죽음을 당할 것이다死矣.

대저夫 자애로써慈以 싸운다면戰則 이기고勝, (자애로써) 지킨다면以守則 견고할지니固, 하늘天이 장차將 그之를 구제救할 때에 자애로써以慈 호위할 것이다衛之.

그 위가 없고, 그 밖에 없어 포용하지 않음이 없는 지극히 큰 도를 체득한 사람의 행위의 준칙이 되는 세 가지 보물을 설명하였다. '세 가지 보물三寶'은 세상에서 탐낼 만한 물건이 아니라不貴難得之貨 使民不爲盜不見可欲 使心不亂(3장)" 도를 체득하여 실천하는 것이다.

그 위가 없고, 그 밖이 없는 지극히 큰 도를 체득한 사람은 만물을 자식처럼 사랑하며 모든 것을 포용하는 사람은 어떠한 사사로움도 없이 초연자약超然自若하므로, 두려움 없이 능히 용감할 수 있다.

덕을 쌓아 극복하지 못할 것이 없고, 그 한계를 알 수 없는 경지에 나아가는 것이 바로 '검약함儉'이다. 이렇게 검약하면 한계를 알 수 없는 경지에 나아가므로, 검약하면 능히 널리 미칠 수 있다. 나아가 성인은 항상 무심하여 백성의 마음으로 자신의 마음으로 삼으며, 감히 앞서지 않기 때문에 오히려 능히 천하 만물의 어른이 될 수 있다.

천지만물을 자식처럼 자애롭게 보살피면, 삼라만상이 나 아닌 것이 없어 나는 어느 누구와도 다투지 않고 어느 누구도 나를 이기지 못한다. 나아가 "만일 하늘이 사람을 구제하려고 한다면, 반드시 모든 것을 포용하는 자애로움으로써 지켜준다"고 말했다. 즉 세상 사람들이 운명을 주재한다고 믿는 하늘의 구제하는 작용은 다름 아닌 자애로움이란 것이다.

- 大대는 양팔을 벌린 사람의 상형자로 크다四大, 많다大家, 고귀하다畏大
  人, 훌륭하다子曰大哉問, 거칠다衣大布는 뜻이다. '크다大'는 말은 높아서
  그 보다 위가 없고, 총망라해서 그 밖이 없어 포용하지 않음이 없음을
  말한다.

- 似사는 人(사람 인)＋以(써 이: 쟁기)의 형성자로 유사類似하다望之 不似人君,
  흡사恰似하다, ～인 듯하다壺似重有憂者 등으로 쓰인다.

- 肖초는 小(작을 소)＋月(육달 월)의 형성자로 닮다逮哉 七十子之肖仲尼也, 불초
  不肖, 초상화肖像畵, 법규肖 法也, 좋다若肖久矣 등으로 쓰인다. 불초不肖는
  부모의 덕을 닮지 못해 어리석고 변변히 못함, 착하지 못함, 구체적인
  무엇으로 규정하여 형언하지 못함, 세상의 사물로 본 뜰 수 없음 등으
  로 해석할 수 있다.

- 慈자는 心(마음 심)＋玆(이 자: 실타래가 드리워진 모습으로 자라나다. 기르다)의 형성
  자로 자식에 대한 부모의 사랑爲人父 止於慈, 자애慈愛(慈保庶民), 자비慈悲,
  어머니嚴父慈母, 자당慈堂 등으로 쓰인다.

- 儉검은 人(사람 인)＋僉(모두 첨: 많은 물건을 한 곳에 모아놓음)의 회의자로 산만하
  지 않고 정연한 생활 태도를 근검勤儉, 검소儉素, 검약儉約하다量入儉用,
  넉넉하지 않다弘微家素貧儉, 험하다動乎儉中, 겸손하다 등으로 쓰인다.

- 捨사는 手(손 수)＋舍(집 사: 떼어버리다→내리는 일)의 형성자로 손가락을 펴서
  버리다取捨選擇, 취사取捨, 베풀다捨撒淨財, 희사喜捨하다 등으로 쓰인다.

- 守수는 宀(집 면)＋寸(마디 촌)의 회의자로 집안의 일을 보아 지키다設險守
  其國, 준수遵守하다, 수비守備, 벼슬 이름郡守, 太守, 수관守官, 임지境守淸靜
  로 쓰인다.

- 衛위는 行(갈 행)＋韋(에워쌀 위)의 형성자로 성을 둘러싸고 호위護衛하다,
  방위防衛하다爪牙不足以自守衛, 군위軍衛, 위복衛服, 위생衛生, 영위하다有貨
  以衛身也 등으로 쓰인다.

68장 • 부쟁 不爭 : 싸우지 않음

善爲士者는 不武하고 善戰者는 不怒하며
선 위 사 자　　　불무　　　선 전 자　　　불 노

善勝敵者는 不與하고 善用人者는 爲之下하나니
선 승 적 자　　　불 여　　　선 용 인 자　　　위 지 하

是謂不爭之德이며 是謂用人之力이며
시 위 부 쟁 지 덕　　　시 위 용 인 지 력

是謂配天이니 古之極이니라
시 위 배 천　　　고 지 극

훌륭한 무사(장수)善爲士者는 무용을 드러내지 않고不武, 훌륭한 전술가善戰者는
분노를 드러내지 않으며不怒, 적을 잘 이기는 자善勝敵者는 더불어 싸우지 않
으며不與, 남을 잘 부리는 자善用人者는 아래에 처한다爲之下.
이를를 일러謂 싸우지 않는 덕不爭之德이라 하고, 이를를 일러謂 사람을 부리
는 능력用人之力이라 하며, 이를를 일러謂 하늘을 짝한다配天고 하니, 옛날의
지극함古之極이다.

　무용과 분노를 드러내지 않고, 아래에 처하여 싸우지 않고 이기는 성
인의 부쟁지덕不爭之德을 말하였다.

　공명심에 의해 무용을 드러내려고 하는 장수와 분노에 의해 판단을
그르친 전술가는 패하기 마련이다. 전쟁은 비록 승리가 예견되는 것이
라고 할지라도, 부득이 할 경우에 동원되는 최후의 수단이다. 싸워서 이
기는 것은 차선이고, 싸우지 않고 이기는 것이 최선이다. 성인의 전쟁은
오직 자애로움의 전쟁일 따름이다.

　절대적인 도를 체득하여 그 누구와도 다투는 일이 없고, 싸우지 않고
도 이기는 법을 체득하였지만 항상 물처럼 아래에 처하여 천하 만민을
잘 이롭게 하는 것이다. 이는 곧 자애로써 사람을 구제하는 하늘에 짝하

는 길이며, 천지가 개벽한 이래 도를 부여받은 만물이 따라야 할 준칙이다. 이를 『주역』의 괘卦의 형상을 통해 설명하면 다음과 같다.

『주역』을 보면 하늘乾이 위에 있고 땅坤이 아래에 있는 괘卦를 '비否'라 했는데, 이 괘를 '천지비괘天地否卦'라 해서 모든 것이 막히고 뒤집히는 형상으로 풀었다. 반대로 하늘이 아래에 있고 땅이 위에 있는 괘를 '지천태괘地天泰卦'라 했다. 땅이 위에 있고 하늘이 아래에 있으면 모든 것이 안정되고 제대로 어울리고 태연하다는 것이다. 땅이란 그 기운이 아래로 내려오고 하늘은 그 기운이 위로 올라간다. 그러므로 하늘이 아래에 있고, 땅이 위에 있어서 두 기운이 서로 만나서 온갖 조화를 이루게 되는 것이다. 반대로 하늘이 위에 있고 땅이 아래에 있으면 두 기운이 제각각 등을 지고 멀어지니까 거기서 무슨 조화가 이루어지겠는가? 〈감산, 장일순〉

한자 해설

- 士사는 일事을 처리한다는 뜻으로 一(한 일)과 十(열 십)의 회의자로 선비士民其擦, 지식인智能之士, 병사, 일軍執鞭之士, 일삼다勿士行枚 등으로 쓰인다. 士는 갑옷과 투구로 무장한 병사兵士, 혹은 장수卒之帥也를 말한다.
- 武무는 戈(창 과)＋止(그칠 지)의 회의자로 무기戈로써 병란을 방지防止한다는 뜻으로 무반武班, 무기武器, 무력武力, 굳세다孔武有力, 자랑하다善爲士者不武, 병법講武習御, 무덕乃武乃文, 계승하다下武惟周, 유업繩其祖武, 무왕의 음악謂武 盡美矣 未盡善矣 등으로 쓰인다. 불무不武는 무용武勇(앞서는 것을 높이고, 남을 가볍게 보는 것)을 드러내지 않는 것이다.
- 戰전은 單(홑 단: 사냥도구)＋戈(창 과)의 형성자로 서로 다툰다는 뜻이다. 싸움大戰于甘, 전쟁戰爭, 분전奮戰, 전율戰慄, 흔들리다怯敎蕉葉戰 등으로 쓰인다.
- 怒노는 心(마음 심)＋奴(종 노: 함부로 울컥 치밀어 오르다)의 형성자로 치밀어 오르는 분노忿怒, 성내다非怒王 則疾不可治 등으로 쓰인다.
- 敵적은 啇(밑동 적)＋攵(칠 복)의 형성자로 맞서는 상대仁者無敵, 필적匹敵,

<u>대적</u>對敵, 적의敵意, 적개심敵愾心, 원수鄰國敵也, 맞서다敵子路 등으로 쓰인다.

- **爭**쟁은 爪(손톱 조)＋又(또 우)＋亅(갈고리 궐)의 회의자로 소의 뿔을 놓고 서로 잡아당기며 <u>겨루다</u>天下莫與汝爭能, <u>전쟁</u>戰爭, 정쟁政爭, 논쟁論爭, 소송하다使人不同功 故莫爭訟 등으로 쓰인다.

- **配**배는 酉(닭 유)＋己(자기 기)의 회의자로 술 단지 앞에 무릎을 꿇고 있는 사람으로 <u>짝</u>迪配于前人, 배우자配偶者. 아내天位厥配, 배필配匹, 부부가 되다男女相配, 적수推光武以爲配, 배향配享, 배당하다割配鄉村, 유배流配 등으로 쓰인다.

- **極**극은 木(나무 목)＋亟(빠를 극)의 형성자로 본래 집의 맨 위쪽 마루대로 한계貢獻無極, 다하다至晝夜長短之所極, 지극至極, 등극登極, <u>표준</u>標準, 황극皇極, 인극人極, 중정莫匪備極, <u>근본</u>辭足以見極, 북극성極建中央, 흉사成用六極, 괴롭히다又極之於其所在, 바로잡다王國來極로 쓰인다. 極은 준직·표준 혹은 <u>지극한 최고의 이치</u>란 뜻이다.

69장 • 용병 用兵: 군대의 운용

用兵에 有言호되
용병 유언

吾不敢爲主而爲客하며 不敢進寸而退尺이라 하니
오 불 감 위 주 이 위 객 불 감 진 촌 이 퇴 척

是謂行無行이며 攘無臂며 仍無敵이며 執無兵이니라
시 위 행 무 행 양 무 비 잉 무 적 집 무 병

禍莫大於輕敵이니 輕敵則幾喪吾寶라
화 막 대 어 경 적 경 적 즉 기 상 오 보

故로 抗兵相加에 哀者가 勝矣니라
고 항 병 상 가 애 자 승 의

군대를 부림用兵에 관해 (전해 오는) 말이 있는데有言,
나吾는 감敢히 (전쟁의) 주체가 되지 않고不爲主而 객체가 되며爲客, 감敢히 한
치 나아가지 않고不進寸而 한 자 물러난다退尺고 했다.
이是를 일러謂 행군하였으나(진을 펼쳤으나) 행군함이 없고(진을 펼침이 없고)行無行, 소
매를 걷어올렸으나攘 팔뚝이 보이지 않고無臂, (적과) 근접仍했으나 대적함이
없고無敵, (병기를) 잡고 있지만執 병기가 보이지 않는 것이다無兵고 말한다.
화(재앙)禍는 적을 가벼이 여기는 것보다於輕敵 더 큰 것이 없으니莫大, 적을 가
벼이 여기면輕敵 곧則 나의 보물吾寶을 거의幾 잃는다喪.
그러므로故 군대를 일으켜抗兵 서로 싸울 때相加에는 슬퍼하는 자哀者가 승리
한다勝矣.

  67장, 68장을 이어 세 가지 보물로써 싸우지 않고도 이기는 법을 밝
히면서, 이기고 난 후에도 자만하지 말 것을 권고하고 있다.
  부쟁의 덕을 체득한 자는 절대적으로 강한 자이기 때문에 상대적인
적과 더불어 싸울 일이 없다. 다음의 주석을 참조하다.

나는 불쌍히 여기고 자애하고 겸손히 물러설 따름이지, 강함을 취하여 천하에서 무적이 되고자 하는 것이 아니다. 마지못해 마침내 천하에서 무적이 되면, 이것이야말로 내가 큰 화로 여기는 것이라는 말이다. 〈왕필〉

진정 군대를 강하게 만드는 세 가지 보물은 자애, 검약, 감히 앞서지 않음이라고 말할 수 있다. 이 세 가지 보물을 가지고 교전하는 자는 살인을 즐기지 아니한다. 따라서 "군대를 일으켜 서로 교전할 때에는 군대를 진정 강하게 만드는 세 가지 보배를 지니고, 진정 생명을 아끼고 애달파하는 자가 싸우지 않고도 이기게 된다."

한자 해설

- 兵병은 斤(도끼 근)+廾(받들 공)의 회의자로 양손에 무기를 들고 있는 병사兵士, 병기兵器, 전쟁兵者詭道也, 병법兵法 등으로 쓰인다.
- 主주는 王(임금 왕)+丶(점 주)의 상형자로 긴 촛대 위에 심지를 말하는데, 핵심이라는 뜻에서 주인, 주류, 주체主體, 주도主導, 주장主將, 주의主義 등의 뜻이 나왔다
- 客객은 宀(집 면)+各(각각 각)의 회의자로 집에 이르러 멈추다各는 뜻으로 손님主人敬客 則先拜客, 빈객賓客, 객체客體, 나그네光陰者百代之過客, 식객食客(跖之客可使刺由) 등으로 쓰인다. 위주爲主는 전쟁의 구실을 만들어 주도적으로 상대방을 먼저 공격하는 것이며, 위객爲客은 공격해 오기 때문에 마지못해 염담하게 전쟁에 임하는 것兵者不祥之器 非君子之器 不得已而用之 恬淡爲上(31장)을 말한다. 여기서 '주主'가 노자에서 자주 등장하는 수컷雄·움직임動에 대응하고, '객客'은 노자가 도의 작용으로 자주 비유한 암컷雌·고요함靜(10장, 28장, 45장, 61장)과 일치하는 개념이다.
- 寸촌은 又(또 우: 손)+一(한 일: 손목)의 지사문자로 손가락 하나의 너비鋪四指日扶 一指案寸, 치十分爲寸 十寸爲尺, 조금寸刻, 마음方寸之間, 촌수三寸 등으로 쓰인다.
- 進진은 辶(쉬엄쉬엄 갈 착)+隹(새 추)의 회의자로 새가 앞으로 나아가는 것

276

으로 진보進步, 진출進出, 승진昇進 등으로 쓰인다.

- 退퇴는 辵(갈 착)＋艮(어긋날 간)의 회의자로 앞으로 나아가는 것과 어긋나 게 퇴보退步, 물러나다賓三退負序, 소극적으로 행동하다求也退, 쇠약해지 다外强火未退 中銳金方戰, 퇴색退色 등으로 쓰인다.

- 攘양은 手(손 수)＋襄(도울 양)의 형성자로 손으로 물리치다外攘四夷, 양이攘 夷, 덜다攘之剔之, 걷어 올리다攘袂而正議, 훔치다其父攘羊, 사양하다左右攘辟, 보내다攘其左右 등으로 쓰인다.

- 臂비는 肉(고기 육)＋辟(임금 벽)의 형성자로 어깨肩와 손목 사이의 팔交臂而 債, 희생의 네 다리 등을 말한다. 양비攘臂는 분노하여 싸우려고 "팔의 소매를 걷어 올리는 것을 말한다. 따라서 양무비攘無臂란 마지못해 응 전하기 위해 팔의 소매를 걷어 올렸으나 때릴 팔이 없다는 뜻이다.

- 仍잉은 人(사람 인)＋乃(이에 내)의 형성자로 인因하다, 그대로 따름仍舊貫, 거듭되다仍世, 여전히仍然, 7대손仍孫, 이에仍父子再亡國 등으로 쓰인다. 仍은 적과 마주치다就敵 혹은 접전을 벌린다는 뜻이다

- 抗항은 手(손 수)＋亢(오를 항)의 형성자로 손을 높이 올려 적에게 대항對 抗, 저항抵抗, 항거抗拒하다, 항명抗命하다, 들다大侯旣抗 등으로 쓰인다. 항병抗兵은 군대를 일으키다擧兵는 뜻이며, 상가相加는 서로 교전한다는 뜻이다.

70장 • 회옥懷玉 : 구슬을 품음

吾言은 甚易知며 甚易行이어늘 天下莫能知하며 莫能行이로다
오언 심이지 심이행 천하막능지 막능행

言有宗하고 事有君이어늘 夫惟無知라 是以로 不我知니
언유종 사유군 부유무지 시이 불아지

知我者는 希일새 則我는 貴矣라
지아자 희 칙아 귀의

是以로 聖人은 被褐懷玉이니라
시이 성인 피갈회옥

나의 말吾言은 알기知 매우 쉽고甚易, 행行하기도 매우 쉽지만甚易, 천하天下 사람들은 능能히 알지 못하고莫知, 능能히 행하지도 못하는莫行구나!

말言에는 근간이 있고有宗, 일事에는 주재자가 있지만有君, 대저夫 오직惟 (이러한 근간과 주재자를) 알지 못하니無知, 이런 까닭으로是以 나我를 알지 못하는不知 것이니,

나를 아는 자知我者가 드무니希, 나를 본받는 자則我는 귀한 것이다貴矣.

이런 까닭으로是以 성인聖人은 갈옷을 걸치고被褐 옥을 품는다懷玉.

   스스로 그러한 도를 쉽게 알고 행할 수 있지만, 세상 사람들은 그렇게 하지 못하는 것을 지적하였다.

   진정한 말正言은 빈말虛言이 아니라, 진실을 지닌 말實言·참말眞言이어야 한다. 그런데 말言을 성립成시켜 주는 말의 논리는 바로 도라고 할 수 있다. 실재를 담지하면서 논리를 갖춘 말·참말(진실한 말)은 바로 도가 드러난 말이다. 말에는 말을 성립시키는 도를 지니고 있어야, 비로소 말로 성립한다. 일어나는 만사·만물에는 그것을 조화·발육하는 도가 있다.

   도란 고정된 어떤 사물定在이 아니기 때문에, 도에 대한 앎은 대상사물

에 대한 분별적·표상적 지식이 아니라 오히려 무지無知라고 해야 한다. 도에 대한 앎을 뜻하는 무지란 인식하는 자의 인식기능이나 양상을 지시하는 것이 아니라, 오히려 "인식이 곧 존재 자체"인 인식의 가능성이자 원천적·원본적으로 인식하는 존재 그 자체를 말한다고 하겠다. 이렇게 나(노자)는 무지無知하기 때문에, 대상적·표상적으로 인식하려고 하는 세상 사람들은 나의 무지의 경지에 대해 전혀 알지 못한다는 것이다. 노자의 이러한 말을 다음과 같은 공자의 탄식과 상통하는 측면이 있다.

> 공자께서 말씀하셨다. "나를 알아주는 이가 없구나!" 자공이 말했다. "어찌하여 선생님을 알아주는 이가 없다고 하십니까?" 공자께서 말씀하셨다. "하늘을 원망하지 않으며, 사람을 탓하지 않고, 아래에서 배워 위로 통하니, 나를 아는 자는 하늘일 것이다!"子曰 莫我知也夫 子貢曰何爲其莫知子也 子曰 不怨天 不尤人 下學而上達 知我者 其天乎. ─「논어」14.36

한자 해설

- 言언은 입口에서 소리가 퍼져나가는 형상으로 언어言心聲也, 가르치는 말受言藏之, 언설言說, 발언發言, 맹세하는 말士載言, 말하다言而不語, 말씨婦德婦言 등으로 쓰인다.
- 甚심은 甘(달 감)＋匕(비수 비)의 회의자로 입에 음식을 가득 집어넣으려는 모습으로 편안하고 즐겁다甚 尤安樂也, 심하다甚矣 吾衰也, 심심甚深, 두텁다鄕者宰穀臣之饋吾子也甚歡, 깊다王之不說嬰也甚로 쓰인다.
- 宗종은 宀(집 면)＋示(보일 시)의 회의자로 조상의 사당을 존숭尊崇하는 것을 말하여, 근본禮之宗也, 종지宗旨, 사당設爲宗祧, 우두머리爲世儒宗, 제사陳其宗器, 제사 받는 주체禋于六宗, 제사·예의 등을 맡은 벼슬宗伯, 유파禪宗, 적장자敬宗故收族, 높이다學者宗之, 덕망 있는 조상殷王中宗으로 쓰인다.
- 君군은 尹(벼슬 윤: 다스리다)＋口(입 구)의 회의자로 신성한 지팡이神杖를 손에 잡고 의례를 행하거나 정사를 관장하며 명령을 내리는 자로 임금과 통치자를 나타낸다.

- 則칙은 鼎(솥 정→貝)＋刀(칼 도)의 회의자로 청동기 시대 솥에 새긴 법칙法則, 준칙準則明哲實作則, 학칙學則, 천리有物有則, 천칙天則, 본받다惟堯則之, 칙효則效, 곧바로 등으로 쓰인다. 則은 준칙으로 본받다法는 뜻이다.
- 被피는 衣(옷 의)＋皮(가죽 피)의 형성자로 덮는 침구翡翠珠被, 미치다西被于流沙, 덮다皐蘭被徑兮, 옷을 입다被衿衣, 피해附險被創, 피동被動, 쓰다被髮衣皮, 갓이나 옷 따위의 총칭被練三千, 당하다信而見疑 忠而被謗, 머리꾸미개被之僮僮, 깎다被髮文身, 두르다被苫蓋, 띠를 안 맨 모양襏被, 긴 모양被被 등으로 쓰인다.
- 褐갈은 衤(옷 의)＋曷(어찌 갈)의 형성자로 갈색褐色, 털옷無衣無褐, 거친 베옷裋褐不完, 솜옷, 미천한 사람余與褐之父睨之 등으로 쓰인다. '피갈被褐'이란 거친 베로 맏든 옷(평민들의 옷)을 입는다는 말이다. 나를 알아보고 · 본받는 자가 희귀하기 때문에 도를 체득한 성인이 (추대되지 못하고) 은둔하여, 평범한 일상생활을 영위한다는 뜻이다
- 懷회는 心(마음 심)＋褱(품을 회: 衣자 안에 눈과 눈물)의 회의자로 마음속에 정懷情懷(有女懷春), 정情(從懷如流), 회포懷抱, 편안히 하다願言則懷, 둘러쌈懷山襄陵, 이르다有懷于衛, 오다曷又懷止, 보내어 위로함懷之好音으로 쓰인다.
- 玉옥은 구슬 세 개를 끈으로 꿴 모양으로 아름다운 돌의 총칭鼎玉鉉, 옥으로 만든 홀執玉, 패옥玉不去身, 남의 것에 대한 미칭得見君之玉面, 아껴 소중히 여기다毋金玉爾音, 갈다王欲玉女로 쓰인다. 『설문』에서는 "옥은 다섯 가지 미덕을 갖추었으니, 윤리가 흘러 온화한 것은 인仁의 덕이고, 무늬가 밖으로 흘러 나와 속을 알 수 있게 하는 것은 의義의 덕이며, 소리가 낭랑하여 멀리서도 들을 수 있는 것은 지智의 덕이고, 끊길지언정 굽혀지지 않은 것은 용勇의 덕이며, 날카로우면서 남을 해치지 않는 것은 결潔의 덕이다."고 했다. '옥을 품고 있다懷玉'는 말은 도를 체득하여 무위無爲를 실천하여 다스리지 않음이 없는 이상을 지니고 있다는 뜻이다.

71장 · 불병 不病 : 병이 되지 않음

知不知는 上이요 不知知는 病이니
지 부 지   상   부 지 지   병

夫唯病病일새 是以不病이니라
부 유 병 병   시 이 불 병

聖人不病은 以其病病이라 是以不病이니라
성 인 불 병   이 기 병 병   시 이 불 병

알지 못한다不知는 것을 아는 것知(무지를 자각하는 것)이 최상上이며,
알고 있는 것知도 자각하지 못하는 것不知은 병폐病이다.
대처夫 오직唯 병폐病를 병폐病로 여기니, 이런 까닭是以에 병폐가 되지 않는
것이다不病.
성인聖人이 병폐가 없는 것不病은 그其 병폐病를 병폐病로 여기기 때문以이니,
이런 까닭是以에 병폐가 없는 것不病이다.

　무지를 자각하는 것이 최상이며, 진정한 지혜는 무지의 자각에 있음
을 말하였다. "참된 앎은 무지의 자각에서 출발한다."는 이른바 '인식론
적 역리逆理'는 잘 알려져 있는 이야기이다. 무지의 자각에서 출발하여
모호하게 알고 있는 것에서 점차 분명한 앎으로 나아가서 궁극적으로
존재와 인식이 완전히 동일한 도달하는 것이 주체적·자각적 지혜의 특
징이다. 공자는 '지知'에 대해 다음과 같이 말했다.

　　공자께서 말씀하셨다. "유야! 너에게 안다는 것知이 무엇인지를 가르쳐 주
　　겠다. 아는 것을 안다고 하고, 모르는 것을 무른다고 하는 것이 바로 아는
　　것이니라." 子曰 由 誨女知之乎 知之爲知之 不知爲不知 是知也 ―『논어』 2.17.

- 知지는 口(입 구)＋矢(화살 시)의 회의자로 단옥재는 "아는 것이 민첩하여, 입에서 나오는 말이 빠르기가 마치 화살과 같다識敏, 故出於口者疾如矢也"고 풀이했다. '지부지知不知'는 알고 있으면서도 오히려 스스로 알지 못한다고 여기는 것, 자신이 알지 못하고 있다는 것을 아는 것(무지의 자각)으로 풀이할 수 있다.

- 病병은 疒(병들어 기댈 녁)＋丙(남녁 병)의 형성자로 병들어 누운 사람을 나타내어 위독한 병疾病外內皆埽, 성벽好辭工書皆辭病也, 앓다病瘉 我且往見, 위독해지다曾子寢疾病, 질병疾病, 병폐病弊, 병원病院, 근심하다君子病無能焉 어려워하다堯舜其猶病諸, 피곤하다今日病矣 주리다從者病 등으로 쓰인다.

72장 • 외위 畏威 : 위세를 두려워함

民不畏威면 則大威가 至라
민불외위 즉대위 지

無狎其所居하며 無厭其所生이니 夫唯不厭이라 是以不厭이니라
무압기소거 무염기소생 부유불염 시이불염

是以로 聖人은 自知不自見하며 自愛不自貴하나니
시이 성인 자지부자견 자애부자귀

故로 去彼取此니라
고 거피취자

백성民들이 위세威를 두려워하지 않게 되면不畏 곧則 크나큰 위협大威이 닥치게 된다至.

그其(백성들) (삶의) 터전所居을 속박하지 말고無狎, 그其 삶의 양식所生를 억압하지 말라無厭. 대저夫 오직唯 억압하지 않기에不厭 이런 까닭에是以 싫어하지 않는 것이다不厭.

이런 까닭으로是以 성인聖人은 (본래의) 자신을 알지만自知 (세속에서) 스스로를 현창하지 않고不自見, 자신을 사랑自愛하지만 (세속에서) 스스로 귀하다고 하지 않는다不自貴.

그러므로故 저것彼(상대적, 세속적인 자기현창과 부귀)을 버리고去, 이것此(본래적인 자신에 대한 앎과 사랑)을 취取한다.

　세속적인 탐욕에 빠져 살 것이 아니라, 진정 본래적 자기를 알고 그것을 소중히 여기는 것이 중요하다는 것을 말했다.

　맑고 고요함을 잃고서 조급하게 욕망에 따라 행하고, 겸손히 뒤에 있지 못해서 위세와 권위에 맡기면 사물은 동요되고 백성들은 사악해진다. 위엄

으로 백성들을 다시 통제할 수 없고 백성들도 그 위엄을 감당할 수 없게 되면, 상하가 크게 혼란스러워지니 하늘의 주벌이 닥칠 것이다. 그러므로 "백성들이 위엄을 두려워하지 않으면, 큰 위세가 닥친다고" 말했다. 〈왕필〉

성인은 도를 부여받고 태어난 자기를 알 뿐, 남들이 성인이라고 칭한다고 하더라도 자신의 아상我相을 고의로 들어내려고 하지 않으므로 오히려 밝게 드러난다. 그리고 본래적 자기를 아끼고 소중히 여길 뿐, 다른 사람으로부터 추대되어 부여된 성인으로서의 귀함을 스스로 자임하지 않는다. 왜냐하면 성인의 귀함은 천함에 근본을 두고 있기 때문이다. 버려야할 저것去彼은 스스로를 현창하려고 하는 것自見과 스스로 귀함을 자임함自貴이며, 취하는 이것取此은 본래적 자기를 아는 것自知과 본래적 자기를 소중히 여김自愛이다.

한자 해설

- 畏외는 가면을 쓴 무서운 귀신의 형상으로 겁을 내다永畏惟罰, 꺼리다魚不畏綱, 경외敬畏하다畏天命, 외람猥濫되다, 심복하다畏而愛之, 삼가고 조심하다子畏於匡, 두려워하다君子有三畏 등으로 쓰인다.
- 威위는 女(여자 여)+戌(개 술: 도끼날이 달린 무기)의 회의자로 도끼 앞에 겁에 질린 여자로 본래 시어머니의 위엄威嚴(有威而可畏), 권위權威, 위력威力, 위세威勢, 세력威行南服, 두려워하다死喪之威, 침해하다民不畏威 등으로 쓰인다. '위威'는 앞의 '민民'자와 결부하여 정치적인 것으로 가혹한 정치와 포악한 형벌을, '대위大威'는 백성의 반란으로 나라가 위태롭게 되는 것을 말한다.
- 至지는 화살矢이 땅—에 꽂힌 모습으로 목표에 이르다, 도달했다, 지극至極하다, 지향하다, 지극히, 크게, 최고로, 반드시, 마침내 등으로 쓰인다.
- 狎압은 犭(큰 개 견)+甲(첫째 천간 갑→압)의 형성자로 친근하다賢者狎而敬之, 업신여기다狎大人, 친압親狎하다雖狎必變, 압구정狎鷗亭 등으로 쓰인다. 여

기서 押은 '협狹'(하상공본)과 통용되는 것으로 '좁고 막히다'는 뜻이다

- 厭염은 猒(물릴 염: 개고기를 싫증날 정도로 먹다)+厂(기슭 엄→염)의 형성자로 실 컷弟子厭觀之, 물리다原憲不厭糟糠, 염증厭症을 느끼다, 싫어하다厭世, 미워 하다無厭惡心, 족하다求索無厭, 진압하다於是因東游以厭之, 억누르다(엽) 등으 로 쓰인다. 일반적으로 厭은 (배불리 먹어) 만족하다, (너무 먹어 물려 서) 싫어하다, 버리다는 상반된 뜻을 지니고 있다. 그런데『설문』에서 는 염厭은 착窄과 같으며 '억압하다厭'는 뜻이라고 했다. 따라서 본문에 서 첫 번째와 두 번째 '염厭' 자는 앞의 압押과 마찬가지로 억압하다는 뜻이며, 세 번째는 싫어하다는 뜻이다.

73장 • 천망天網 : 하늘의 그물

勇於敢則殺하고 勇於不敢則活이니라
용 어 감 즉 살　　　용 어 불 감 즉 활

此兩者는 或利或害하니 天之所惡를 孰知其故리요
차 량 자　혹 리 혹 해　천 지 소 오　숙 지 기 고

是以로 聖人은 猶難之니라
시 이　성 인　유 난 지

天之道는 不爭而善勝하며 不言而善應하며
천 지 도　부 쟁 이 선 승　　불 언 이 선 응

不召而自來하며 繟然而善謀하나니 天網은 恢恢하여 疎而不失이니라
불 소 이 자 래　천 연 이 선 모　　천 망　회 회　　소 이 불 실

(무모하게) 감히 달려드는 것於敢에 용감勇하면則 죽고殺, (무모하게) 감히 달려들지 않음에於不敢 용감勇하면則 살아남는다活.

이 두 가지는此兩者 혹或 이롭기도 하고利 혹或 해가 되기도 하니害, 하늘이 미워하는 것天之所惡을 누가孰 그其 까닭故을 알겠는가知?

이런 까닭으로是以 성인聖人은 오히려猶 그것을之 어렵게難 여긴다.

하늘의 도天之道는 싸우지 않고도不爭而 잘 이기고善勝, 말하지 않고도不言而 잘 순응하고善應, 부르지 않아도不召而 스스로 찾아오고自來, 느릿느릿한 것 같으나繟然而 잘 도모하니善謀, 하늘의 그물天網은 넓고도 넓어恢恢 성긴 듯해도疎而 (어느 하나도) 놓치지 않는다不失.

　하늘의 도는 오묘하여 알기 어렵지만, 만물에 빠짐없이 작용하므로 소홀히 할 수 없음을 말하였다.

　무용과 분노를 드러내고, 헤아리지 않고 과감하게 달려들어 결판을 내고자 하는 데에 용감하여 견강堅强하면 죽음에 이르고, 주도면밀하게 앞뒤를 헤아리고 치욕을 당하더라도 참을 줄 아는 용기를 지니고 유약柔

弱하면 생명을 유지할 수 있다.

일상 사람들의 생각에는 부귀영화를 누리면서 장수한 악한 사람이 하늘의 복을 받았고, 청빈하게 살다가 요절한 선한 사람은 하늘의 화를 받은 사람이다. 그런데 몸은 죽어도 도를 체득하여 덕을 쌓아 선하게 산 사람이 진정으로 장수한 사람이며, 도를 버리고不道 구차하게 목숨을 구하여 악하게 오래 사는 것은 진정으로 사는 것이 아니다. 이것이 바로 천도의 오묘함이다.

하늘의 도는 간절히 부르지 않아도 따스한 햇볕을 비추면서 봄날이 찾아오고·무더운 여름이 오고·결실의 가을이 오고·차가운 겨울이 찾아와서, 새싹이 트고元 자라서 성숙하여亨 열매 맺고利 갈무리 짓도록 貞 해준다. 하늘의 도는 드넓어 성긴 것 같지만, 존재하는 모든 것에 빠짐없이 작용하여 그 어느 하나도 놓치지 않는다.

한자 해설

- 敢감은 爪(⺥: 손톱 조)＋又(또 우)＋攵(칠 복)의 형성자로 본래 맹수의 꼬리를 붙잡는 모습으로 감히臣敢辭, 과단성 있게誰敢不讓, 과감果敢, 감행敢行, 감당하다若聖與仁 則吾豈敢 등으로 쓰인다. '용勇'이 결판을 내리고 달려드는 것이라면, '감敢'은 아무 것도 헤아리지 않은 채 무모하게 감행敢行하는 것을 말한다.

- 殺살(쇄)은 杀(죽일 살)＋殳(몽둥이 수)의 회의자로 몽둥이로 죽이다刺人而殺之, 살생殺生, 희생물牲殺器皿, 말살抹殺, 쇄하다降殺, 등차親親之殺也, 감하다 등으로 쓰인다.

- 活활은 水(물 수)＋舌(혀 설→활)의 형성자로 물이 힘차게 흐르는 것北流活活에서 생활生活, 활동活動, 생계共汝掃市作活也, 태어나다實函斯活, 살리다項伯殺人 臣活之, 부활復活 등으로 쓰인다.

- 召소는 刀(칼 도←匕: 수저)＋口(입 구)의 회의자로 수저에 담긴 음식을 입에 가져다 대는 모습으로 손님을 초대하다況陽春召我以煙景, 부르다召門弟子, 소환召喚, 초래하다遠禍召福로 쓰인다.

- 應응은 雁(매 응)+心(마음 심)의 회의자로 매사냥에서 매가 나의 요구에 부응副應하듯이 상대방이 나의 요구에 응한다齊王不應, 응대應對하다, 대응對應하다, 승낙하다汝可去 應之, 화동함同聲相應, 조짐關雎之應也, 응당 ~ 해야 한다罪應誅로 쓰인다.
- 繟천은 糸(실 사)+單(홑 단)의 형성자로 띠가 늘어지다, 느릿느릿하다, 연달아 대다의 뜻이다. '천연繟然'이란 무심하면서도 드넓고坦, 여유 있는 모습을 말한다.
- 網망은 糸(가는 실 멱)+罔(그물 망)의 형성자로 실로 엮은 그물魚網之設, 통신망通信網, 규칙天網恢恢 疎而不失, 그물로 잡다以釣以網, 법망을 씌우다是網民也, 망라網羅하다網羅天下異能之士 등으로 쓰인다.
- 恢회는 心(마음 심)+灰(재 회)의 회의자로 넓고 크다恢廓, 넓히다恢我疆宇 外博四荒, 회광恢廣, 돌이키다恢復 등으로 쓰인다. '회회恢恢'는 광대한 모양이다.
- 疎소는 소疏와 같은 뜻으로 성글다外親內疎, 소외疎外, 트이다, 소탈疎脫 등으로 쓰인다.

74장 • 사살司殺 : 죽임을 맡는 자

民常不畏死커늘 奈何以死懼之리오
민 상 불 외 사   나 하 이 사 구 지

若使人常畏死하여 而爲奇者를 吾得執而殺之인댄 孰敢이리요
약 사 인 상 외 사   이 위 기 자   오 득 집 이 살 지   숙 감

常有司殺者가 殺이니 夫代司殺者殺이면 是謂代大匠斲이라
상 유 사 살 자 살   부 대 사 살 자 살   시 위 대 대 장 착

夫代大匠斲者는 希有不傷其手矣니라
부 대 대 장 착 자   희 유 불 상 기 수 의

백성民들이 항상常 죽음死을 두려워하지 않으면不畏, 어떻게奈何 죽음으로써
以死 백성之들을 두려움懼에 떨게 할 수 있으랴!

만일若 사람人들을 항상常 죽음死을 두려워하게畏 만들면서使而 기괴한 짓을
하는 자爲奇者를 내吾가 잡아서 죽인다면執而殺之, 누가孰 감히敢 (기괴한 짓을)
하겠는가?

항상常 죽이는 일을 관장하는 이司殺者가 있어有 죽일지니殺, 대저夫 죽이는
일을 관장하는 이司殺者를 대신代하여 죽이면殺, 이是를 일러謂 훌륭한 목수大
匠를 대신代하여 (나무를) 깎는다斲고 하니,

대저夫 훌륭한 목수大匠를 대신代하여 (나무를) 깎는 사람斲者치고, 그 손其手
을 다치지 않는不傷 자는 거의 드무니라希有矣.

도가 무위 · 무사 · 무심으로 만물의 생사를 관장하듯이, 위정자 역시
무심으로 그 권한을 행사해야 함을 역설했다.

위정자가 예악형정禮樂刑政을 남발하여, 백성들을 형벌로 죽임을 당하
는 것이 일상화되면, 백성들이 오히려 법령과 형벌을 무서워하지 않아
심각한 혼란 상태에 빠지게 된다. 그런데 이와 다르게 백성들의 생활을

안정시켜 줌으로써 삶을 좋아하고 죽음을 두려워하게 하며, 이치에 어긋하고 공동체를 어지럽히는 기괴한 행위를 하는 자를 정당한 형벌로써 처리한다면 그 누구도 죽임이 두려워 법령을 어기지 않을 것이다.

　죽이는 것을 관장하는 것은 도 혹은 천도를 말한다. 도의 작용은 무심·무욕·무사로써 결에 따라 대패를 움직여 신묘하게 나무를 깎아내는 훌륭한 목수에 비유할 수 있다. 생사와 연관한 도의 작용이 이와 같다면, 이러한 도를 계승하며 정치를 집행하는 자 또한 마땅히 무위·무심·무사로 임해야 하여야 한다. 위정자가 도를 대신하여 백성에 대한 생사여탈生死與奪의 권한을 가지고 있다고 해서, 자의적으로 그 권한을 남용하는 것은 곧 훌륭한 목수를 제쳐놓고 서투른 솜씨를 자랑하면서 결에 따르지 않고 마음대로 대패질하는 것과 같다.

한자 해설

- **司**사는 后(임금 후)자를 거꾸로 그린 것으로 제사를 주관하는 사람으로 맡다欽乃攸司, 司法, 관리簿豆之事則有司存, 所司, 司務, 유사有司, 관아크司, 사법부司法府 등으로 쓰인다.
- **代**대는 人(사람 인)＋弋(주살 익)의 형성자로 사람이 번갈아 들어 대신代身하다, 대속代贖하다, 대리代理하다, 대행代行하다, 교체하다及瓜而代, 번갈아 드는 세상亂臣賊子 何代無之, 현대現代, 한 왕조의 치세, 사람의 한평생, 세대世代, 당대當代, 가계의 혈통四代奉祀 등으로 쓰인다.
- **匠**장은 匚(상자 방: 곱자 혹은 상자)＋斤(자귀 근)의 회의자로 장인匠人(能斷削柱梁謂之木匠), 목수巫匠亦然, 우두머리豪梁之宗匠 등으로 쓰인다.
- **斷**착은 斤(도끼 근)에서 유래한 형성자로 나무를 베다巧研不斷今, 깎다斷之舋之, 새기다木不成斷 등으로 쓰인다.

75장 · 귀생貴生 : 삶을 귀하게 여김

民之饑는 以其上食稅之多이니 是以로 饑니라
민 지 기   이 기 상 식 세 지 다   시 이   기

民之難治는 以其上之有爲이니 是以로 難治니라
민 지 난 치   이 기 상 지 유 위   시 이   난 치

民之輕死는 以其求生之厚이니 是以로 輕死니라
민 지 경 사   이 기 구 생 지 후   시 이   경 사

夫唯無以生爲者는 是賢於貴生이니라
부 유 무 이 생 위 자   시 현 어 귀 생

백성들이 굶주리는 것民之饑은 그其 위上에 있는 자들이 세금을 많이 먹기食稅之多 때문以이다. 이런 까닭으로是以 굶주리게饑 되었다.

백성을 다스리기 어려운 것民之難治은 그其 위에 있는 자들이 유위上之有爲하기 때문以이다. 이런 까닭으로是以 다스리기 어려운 것難治이다.

백성이 쉽게 죽음으로 내몰리는 것民之輕死은 그其(윗사람들이) 살기를 갈구함이 너무 두텁기求生之厚 때문以이다. 이런 까닭으로是以 쉽게 죽게 된다輕死.

대커夫 오직唯 살려고 작위함이 없는 사람無以生爲者, 바로 그 사람是이 (상대적인) 삶을 귀하게 여기는 사람보다於貴生 더 현명賢하다.

　도를 체득하여 무욕·무위로 사는 것이 욕심을 부려 부를 채우거나 작위하여 생명을 연장하려고 하는 것보다 더 현명하다는 것을 말하였다. 고대의 조세법을 보면, 농사짓는 사람들에게는 정전제井田制를 시행하여 1/9(조법助法), 혹은 1/10(철법撤法)을 세금으로 거둬들이는 것(부賦)이 원칙이었다. 그러나 이러한 조세법은 무너지고, 춘추전국시대에는 전쟁을 위한 부국강병에 힘을 기울인 결과 세금을 마구잡이로 거두어 백성들은 굶주리게 되었다. 그런데 귀함이 천함을 근본으로 하듯이, 백성들

이 굶주려 죽게 되면 결국에는 윗사람마저 그 기반이 무너져 굶어 죽게된다.

생사를 초월하는 절대적인 도를 체득하여 덕을 쌓고 무위로 사는 것이 죽지 않고 장생불멸長生不滅하는 길이다. 그러나 삶과 죽음을 상대적인 보면서 삶을 귀하여 여겨 비록 삶을 연장하는 사람이 있다고 할지라도 그는 결국에는 죽기 마련이다. 그래서 노자는 "억지로 살려고 작위하지 않고, 무위자연으로 절대적으로 사는 자가 상대적인 삶을 귀하여 여기는 자보다 더 현명하다."고 말했다.

한자 해설

• 饑기(주리다=飢)는 食(밥식)＋幾(드물 기)의 형성자로 먹을 것이 드물어 굶주리다寧─月饑, 기민饑民, 기갈饑渴, 흉년五穀不收 謂之饑, 기근饑饉 등으로 쓰인다.

• 稅세는 禾(벼 화)＋兌(기쁠 태→세: 빼내다)의 형성자로 조세租稅, 세금稅金, 관세關稅, 국세國稅, 징수하다初稅畝 등으로 쓰인다. '식세食稅'란 당시에 곡물로 거두었기 때문에 '식세食稅'라고 했을 수도 있지만, '세금을 가로채어 먹었다'는 뜻으로 해석할 수도 있다.

76장 · 유약柔弱 : 부드러움과 약함

人之生也에 柔弱하고 其死也에 堅强하며
인 지 생 야　유 약　　　기 사 야　　견 강

萬物草木之生也에 柔脆하고 其死也에 枯槁하니
만 물 초 목 지 생 야　유 취　　　기 사 야　　고 고

故로 堅强者는 死之徒요 柔弱者는 生之徒니라
고　견 강 자　사 지 도　유 약 자　생 지 도

是以로 兵强則不勝하고 木强則兵하며
시 이　병 강 즉 불 승　　　목 강 즉 병

堅强은 處下하고 柔弱은 處上이니라
견 강　처 하　　　유 약　처 상

사람이 살아있을 때人之生也는 부드럽고 약柔弱하지만, 그其가 죽으면死也 굳고 강해지며堅强,

만물萬物과 초목이草木之 살았을 때生也는 부드럽고柔 나긋나긋하지만脆, 그其 것이 죽으면死也 딱딱하게 마른다枯槁.

그러므로故 굳고 강한 것堅强者은 죽음의 무리死之徒요, 부드럽고 약한 것柔弱者은 삶의 무리生之徒이다.

이런 까닭是以에 군대가 강하면兵强則 이기지 못하고不勝, 나무가 강성하면木强則 부러지니兵(=折), 굳고 단단한 것堅强은 아래에 처하고處下, 부드럽고 약한 것柔弱은 위에 처한다處上.

　사람과 초목이 생존할 때는 유약하고 죽었을 때는 견강堅强하다는 사실을 들어, 유약함으로써 도와 합일할 것을 권고하였다.
　여기서도 노자는 부드럽고 약한 것을 중시하고, 딱딱하고 강건한 것을 경계하였다. 그런데 비록 노자가 삶과 죽음을 대비시키면서 '딱딱하고 강함'에 대해 '부드럽고 유약함'을 상대적 중시하더라도, 이 '부드럽고

약함'을 상대적인 것으로 간주할 수는 없다. 왜냐하면 노자는 무사·무위·무욕으로 작용하는 절대적인 도의 작용을 일반인들에게 보여주기 위해서 상징적으로 그것이 유약하다弱者 道之用(40장)고 말했기 때문이다.

군대가 강하면 적을 가벼이 여긴다. 나무가 강성하게 자라면 태풍이 불 때에 부러지거나, 재목材木으로 쓰기 위해 잘린다. 딱딱하고 강한 것은 무거워서 아래로 내려고, 부드럽고 약한 것은 가벼워 위로 올라간다. 단단하거나 강하지 말고 부드럽고 약해지는 것은 도와 합일하는 방법인 허정致虛極 守靜篤(16장)과 관계된다.

- 脆취는 月(육달 월)+絶(끊을 절→취)의 형성자로 육질이 <u>연軟하다</u>脆軟, 취약脆弱하다, 가볍다風俗脆薄 등으로 쓰인다.

- 枯고는 木(나무 목)+古(옛 고)의 회의자로 오래된 나무로 <u>마르다</u>枯木, 고엽枯葉, 고사枯死, 고갈枯渴, 야위다形容枯槁 등으로 쓰인다.

- 槁고는 木(나무 목)+高(높을 고)의 형성자로 <u>마르다</u>七八月之間 旱則苗槁矣, 고목槁木, 고고枯槁, 말리다槁魚日商祭 등으로 쓰인다. 고고枯槁는 초목이 물기가 없어 말라 딱딱해진 것을 말한다.

- 兵병은 斤(도끼 근)+廾(받들 공)의 회의자로 양손에 무기를 들고 있는 병사能用兵, 병기兵器, <u>무기</u>掌五兵, 전쟁兵者詭道也, 재앙反以自兵, 병법兵法 등으로 쓰인다. 여기서 兵은 공共 혹은 공拱으로 되어 있는 통행본도 있지만, 뜻이 불분명하다. 그러나 『열자列子』「황제편」 및 『회남자』「원도훈」 노담의 말로 나오는 "병강즉멸兵强則滅 목강즉절木强則折"이라는 구절을 전거로 하여 일반적으로 '절折(부러지다)'로 해석한다. 혹은 兵을 동사로 보고 쪼개지고 찍힌다伐로 해석하기도 한다**(여배림)**.

- 柔유는 木(나무 목)+矛(창 모)의 회의자로 창矛의 자루로 쓰는 <u>탄력 있고 부드러운</u> 나무로 부드럽다外柔內剛, 유연柔軟, 유약幼弱, 편안하게 하다柔遠人 등으로 쓰인다.

- 弱약은 두 개의 弓(활 궁)에 羽(깃 우: 부드러움)의 회의자로 <u>구부러진 것은</u>

약하다弱而能强 柔而能剛, 강약强弱, 약세弱勢 등으로 쓰인다.

• 堅견은 土(흙 토)＋臤(굳을 간)의 회의자로 흙의 단단함을 견고堅固, 견지堅持, 견실堅實, 굳셈堅剛, 갑옷堅甲으로 쓰인다.

• 强강은 弘(넓을 홍)＋虫(벌레 충: 쌀벌레)의 넓고 생명력이 강하여 세력이 크다富國强兵, 强國, 강호强豪, 강성强性, 마흔 살四十日强 而仕, 억지로强飮强食, 강제强制 등으로 쓰인다.

77장 · 천도天道 : 하늘의 도

天之道는 其猶張弓乎인저
천 지 도   기 유 장 궁 여

高者를 抑之하고 下者를 擧之하며 有餘者를 損之하고 不足者를 補之니라
고 자 억 지   하 자 거 지   유 여 자 손 지   부 족 자 보 지

天之道는 損有餘하여 而補不足커늘
천 지 도   손 유 여   이 보 부 족

人之道는 則不然하야 損不足하여 以奉有餘하나라
인 지 도   즉 불 연   손 부 족   이 봉 유 여

孰能有餘로 以奉天下리요 唯有道者니라
숙 능 유 여   이 봉 천 하   유 유 도 자

是以로 聖人은 爲而不恃하며 功成而不處하나니 不欲見賢耶니라
시 이   성 인   위 이 불 시   공 성 이 불 처   불 욕 현 현 야

하늘의 도天之道는 아마도其 활시위를 당기는 것張弓과 같을 것이라猶乎!
높은 자高者를 억누르고抑之 낮은 자下者를 들어올리며擧之, 남음이 있는 것有
餘者은 덜어내어損之 모자라는 것不足者에는 보랜다補之.
하늘의 도天之道는 남음이 있는 것을 덜어서損有餘 모자라는 것에 보태주거
늘而補不足, 사람의 도人之道의 경우에는則 그렇지 않아不然 모자라는 자의 것
을 덜어내어損不足 남음이 있는 자에게 바친다以奉有餘.
누가孰 능能히 남음이 있는 것으로써有餘以 천하를 봉양할 것인가奉天下? 오
직唯 도 있는 자有道者뿐이니라.
이런 까닭으로是以 성인聖人은 이루고도爲而 자랑하지 않고不恃, 공을 이루고
도功成而 거기에 처하지 않아不處, 현명賢함을 드러내려고 하지 않는 것이니
라不欲見耶!

공평하게 작용하는 하늘의 도와 그 반대로 오히려 모자라는 자의 것을 덜어내어 남는 자에게 보태어주는 사람의 생활상을 대비하여, 성인의 길이 무엇인지를 나타내었다.

활이란 것은 본래 가운데 손잡는 중심부는 높아 여유가 있고 양끝은 낮아 부족하므로 느슨하게 해서는 활을 쏠 수가 없다. 활대를 팽팽하게 하여 위로 당기고 아래를 들어주며 쥠 통 부위의 남은 힘을 덜어 부족한 데 보태줌으로써 위아래가 균등해진 연후에야 적중하게 된다. 그렇지 않으면 균형이 잡히지 않아 활의 명인이라도 그 재주를 쓸 수 없다. 〈감산〉

하늘의 도는 활시위를 당기는 것처럼 공평하게 작용하여, 남는 것을 덜어서 모자라는 것에 보태주는 방식으로 작용한다. 그러나 현재 사람이 사는 방식을 보면 권력을 지녀 넉넉하게 소유하고 있는 사람들이 힘 없이 모자라게 소유하고 있는 사람들의 것을 더욱더 착취하고 있다.

남는 것을 덜어서 모자라는 것에 보탬으로 천하 사람들을 봉양하여 하늘의 도를 본받는 성인은 무심·무욕·무위·무사로서 일을 행하기 때문에 일을 이루고도 자랑하기 않고, 사사로움이 없기 때문에 공을 이루고도 그 공로를 자기의 것으로 자처하지 않는다. 그리고 남는 것을 덜어서 모자라는 것에 보탬으로써 천하 사람들을 봉양할 줄 아는 현명함을 지니고 있지만, 그것은 오직 무심한 가운데 무위·무사로 행한 것이기 때문에 스스로 현명하다고 내세우지고 싶어 하지도 않는다.

한자 해설

- 張장은 弓(활 궁)＋長(길 장)의 회의자로 활시위를 길게 늘려 당기다先張之弧, 확장擴張, 과장誇張, 벌여놓음張樂設飮, 넓히다將欲翕之 必故張之, 사기를 떨침軍威必張 등으로 쓰인다.
- 弓궁은 활의 상형자弧弓射獵로 양궁洋弓, 궁도弓道, 궁술弓術, 길이의 단위侯道五十弓 등으로 쓰인다. '장궁張弓'은 활시위를 당기는 것을 말한다.

• 補보는 衣(옷 의)＋甫(클 보)의 형성자로 옷을 꿰맨다衣裳綻裂 紉箴請補綴, 고치다疾其過而不補也, 보수補修하다, 보완補完하다, 돕다則令膊補之, 보조補助하다 등으로 쓰인다.

• 奉봉은 丰(신령 봉)＋収(두 손 수)의 형성자로 신령을 맞이하여 두 손으로 받든다後天而奉天時, 봉명奉命, 봉사奉事, 바치다貢奉不絕, 봉헌奉獻, 봉양奉養, 편듦風雨奉之, 힘쓰다春以奉耕, 녹봉祿俸, 참봉參奉 등으로 쓰인다.

78장 · 수덕 水德 : 물의 덕

天下에 莫柔弱於水로되 而攻堅强者는 莫之能勝하니 以其無以易之니라
천하   막유약어수   이공견강자는 막지능승   이기무이역지

故로 柔之勝剛과 弱之勝强을 天下가 莫不知이나 天下莫能行이니라
고   유지승강   약지승강   천하   막부지   천하막능행

是以로 聖人云하되 受國之垢를 是謂社稷主요
시이   성인운   수국지구   시위사직주

受國不祥을 是謂天下王이라 하니
수국불상   시위천하왕

正言은 若反이니라
정언   약반

천하天下에서 물보다於水 더 유약柔弱한 것은 없지만莫, 굳세고 강한 것堅强者을 공격攻하는 데에서는 물之을 능能히 이기는勝 것은 없으니莫, 그것(물)其은 그것之(굳세고 강한)을 가볍게 여김易(대체할 수 있는 것)이 없기無 때문以이다.

그러므로故 부드러움이柔之 굳셈剛을 이기고勝, 약함이弱之 강함强을 이긴다勝는 것을 천하天下 사람들은 알지 않음이 없지만莫不知, 천하天下에서 능能히 실행行하지는 못한다莫.

이런 까닭是以으로 성인聖人은 말하길云, 나라의 (온갖) 더러운 때國之垢를 받아 덮어쓰는受 그 사람是을 일러謂 사직의 주인社稷主이라 하고, 나라의 (온갖) 상서롭지 못한 재앙國不祥을 받아 감내受하는 그 사람是을 일러謂 천하의 왕天下王이라고 한다.

바른 말正言은 (세상의 일반적인 이치와) 상반되는 듯若反하다.

유약한 도의 작용을 체득하여 실천할 것을 강조하였다.

천하에서 물보다 더 유약한 것이 없다. 그런데 물은 이렇게 유약하지만, 견강堅强한 철을 녹이고 바위를 뚫는다. 겸손하고 유약한 물이 불을

끄고, 견강한 쇠를 녹여 이긴다는 것은 상식적으로 누구나 알고 있다. 그러나 세상 사람들은 물처럼 유약하게 낮은 자리에 처하려고 하지 않고, 오히려 쇠처럼 강해지고 높은 자리에 오르려고 한다.

군주의 고귀함은 천하고 낮음을 기반으로 하여 상대적으로 성립된다. 따라서 군주는 그 직위의 고귀함을 누리는 만큼 나라의 온갖 수모와 상서롭지 못한 일을 감내해야 한다. 나아가 상대적인 것을 서로 돌이켜서 근본으로 되돌아오게 하는 도의 작용에 의해 고귀한 군주가 오히려 "온갖 더러운 때를 덮어써야 하고, 온갖 상서롭지 못한 재양을 받아 감내해야 한다."는 바른 말은 일반적인 세상 사람들이 생각하는 것과 완전히 상반되는 듯하다.

한자 해설

- 水수는 흐르는 물의 상형자로 물上善若水, 흐르는 물知者樂水, 若涉大水, 낙수洛水, 위수渭水, 물의 범람堯禹有九年之水, 오행의 하나(북, 흑黑, 겨울, 우羽, 임壬과 계癸)로 쓰인다.

- 攻공은 工(장인 공)＋攴(칠 복)의 회의자로 땅을 세차게 내리치는 도구工로 세차게 공격攻擊하다, 공수攻守, 꾸짖다小子鳴鼓而攻之, 공박攻駁, 다듬다他山之石 可以攻玉, 연구함攻乎異端, 전공專攻, 짓다庶民攻之, 공급함左不攻于左, 굳다我車旣攻 등으로 쓰인다.

- 剛강은 岡(산등성이 강)＋刀(칼 도)의 회의자로 칼刂로 위협해도 산岡처럼 버티고 서서 굴하지 않는 강직剛直, 견강堅剛, 의지가 굳세다吾未見剛者, 굳다剛性, 기수奇數의 날外事以剛日, 양陽, 수컷剛柔相推, 임금得中而應乎剛 등으로 쓰인다.

- 垢구는 土(흙 토)＋后(뒤 후)의 형성자로 먼지, 때不纓垢氛, 무구無垢, 진구塵垢 등으로 쓰인다.

- 社사는 示(보일 시)＋土(흙 토)의 회의자로 토지 신社 所以神地之道也, 제사 이름擇元日命民社, 단체(25호戶의 자치 단체), 사회社會, 사창社倉, 사직社稷 등으로 쓰인다.

- 稷직은 禾(벼 화)＋畟(날카로울 측)의 회의자로 기장彼稷之苗, 오곡의 신祭社稷 五祀五嶽, 농관農官(稷 田正也), 빠르다旣齊旣稷 등으로 쓰인다. 사직社稷은 본래 토지 신과 곡식 신을 말했지만, 전의되어 '국가'를 말한다.

- 主주는 등잔대와 등잔 받침과 불꽃 심지의 상형자로 등잔불의 핵심, 가장 중요한 부분이라는 뜻에서 주인主人, 주류主流, 주체主體, 주석主席, 주요主要, 주장主張, 주의主義 등으로 쓰인다.

- 受수는 爫(손톱 조)＋冖(덮을 멱)＋又(또 우)의 회의자로 손이 손에 받아 쥐다拜而受之, 받아들이다太子受而舍之, 수용受容, 어려운 경우를 맞다幽囚受辱, 당하다忘受欺於姦諛의 뜻이다.

- 王왕은 지사문자로 천지인三을 두루 꿰뚫어서 ㅣ 다스리는 지배자를 말한다.

79장 • 좌계左契: 왼쪽 부절

和大怨이라도 必有餘怨이니 安可以爲善이리요
화 대 원　　　필 유 여 원　　　안 가 이 위 선

是以로 聖人執左契이나 而不責於人이니라
시 이　성 인 집 좌 계　　　이 불 책 어 인

故로 有德은 司契하고 無德은 司徹하나니
고　유 덕　사 계　　　무 덕　사 철

天道는 無親하야 常與善人이니라
천 도　무 친　　　상 여 선 인

큰 원한大怨이 풀어져도和 반드시必 남은 원한餘怨이 있을지니有, 어찌安 잘했
다爲善고 할 수 있겠는가可以?
이런 까닭是以으로 성인聖人은 왼쪽 부절左契(채권자가 잡는 부절)을 잡고執 남에게
於人 책무를 요구하지 않는다不責.
그러므로故 덕 있는 사람有德은 (책무의) 부절을 맡고司契, 덕 없는 사람無德은
세금 징발하듯 한다司徹.
하늘의 도天道는 (차별적, 사적으로) 친함이 없고無親, 항상常 선한 사람善人과
함께與 한다.

　큰 원한은 인위적인 화해로써는 해결되지 않으며, "낳지만 소유하지
않고, 이루지만 자랑하지 않고, 기르지만 거느리지 않는" 현덕처럼 단지
무심으로 베풀기만 할 때에 해소될 수 있다고 말했다.
　당시 제후들 간 큰 원한이 있으면, 힘 있는 제후가 화해시켜 맹약盟約
하게 하였다. 그런데 힘 있는 제후의 강요에 의해 마지못해 맹약과 화해
를 하였지만, 이러한 강요에 의한 화해로는 모든 원한이 풀렸다고 할 수
없다.

성인은 채무자처럼 유약하고 낮은 자리에 처하면서, 채권을 요구하는 자가 있으면 그에게 내어줄 뿐 남에게 빚을 요구하지 않거나, "낳지만 소유하지 않고, 이루지만 자랑하지 않고, 기르지만 거느리지 않는" 현덕처럼, 베풀 되(채권) 그 보답을 바라지 않는다.

한자 해설

- 和화는 口(입=侖: 피리 약)＋禾(벼 화)의 형성자로 악기 소리가 어울려 조화調和롭다, 화합和合하다, 화해和諧, 화목和睦하다, 강화講和를 맺다 등으로 쓰인다.

- 怨원은 心(마음 심)＋夗(누워 딩굴 원)의 회의자로 원망하는 마음으로 원한怨恨, 원망怨望, 원통怨痛, 애원哀怨 등으로 쓰인다. 대원大怨은 제후 국가들 간의 큰 원한을 말한다.

- 契계는 大(큰 대)＋初(새길 계: 칼로 무늬를 새기다)의 형성자로 크게 잘라契滅殄絶也, 새기다契臂以誓, 새겨서 맹세하고 계약契約을 맺다獨知之契也, 묵계默契, 계契 등으로 쓰인다. 契는 오늘날의 계약서와 같은 것으로 옛날에는 나무에 새겨 계契를 만들었는데, 좌우로 나누어 그 부절符節을 각자 그 하나씩 갖고 있다가 합쳐 나중에 신표로 삼았던 것이다. 일반적으로 좌계左契는 채무자가 체결한 것으로 채권자에게 보관하도록 한 것으로 지금의 차용증과 같은 것으로 해석한다(진고웅). 즉 『설문』에서 계는 나라간의 맹약을 말하며契大約也, 권은 계약문서券契也라고 말하고 있는데, 옛말에 오른쪽을 높게 여겼다."(고형)고 한다.

- 責책은 貝(조개 패)＋朿(가시 자)의 회의자로 가시가 돋친 돈이라는 뜻으로 요구하다宋多責賂於鄭, 책무責務, 꾸지람하다痛自刻責, 견책見責, 부채負責, 질책叱責, 책임責任 등으로 쓰인다.

- 司사는 后(임금 후)자를 거꾸로 그린 것으로 제사를 주관하는 사람으로 맡다欽乃攸司, 사법司法, 사구司寇 사법부司法府, 유사有司, 관리簿豆之事則有司存, 所司, 司務, 관아三司로 쓰인다.

- 徹철은 본래 鬲(솥 력)＋又(또 우)의 회의자로 식기 도구를 치우는 모습으

로 거두다는 뜻이었지만, 통하다_{透徹}, 구실 이름(전조田租제도로 1/10을 거둬 들이는 세법: 撤法) 등으로 쓰인다. 徹은 주나라의 세법으로 취取한다는 뜻 이다. '현덕을 체득한 사람이 계를 맡는다_{有德司契}'는 것은 단지 무심으 로 베풀기만 할 뿐 남에게 채무를 강요하지 않는다는 뜻이며, '덕이 없 는 사람이 철을 맡는다_{無德司徹}'는 것은 빌린 사람의 변제능력을 불문하 고 마치 세금을 징발하듯 채무를 강요한다는 것이다.

80장 • 부종不從 : 따르지 않음

小國寡民에 使有什佰之器라도 而不用하며 使民重死하여 而不遠徙니라
소국과민 사유십백지기 이불용 사민중사 이불원사

雖有舟輿이나 無所乘之하며 雖有甲兵이나 無所陳之하고
수유주여 무소승지 수유갑병 무소진지

使民復結繩而用之하여
사민부결승이용지

甘其食하고 美其服하며 安其居하고 樂其俗하야
감기식 미기복 안기거 낙기속

隣國이 相望하며 鷄犬之聲이 相聞호대 民至老死토록 不相往來니라
인국 상망 계견지성 상문 민지로사 불상왕래

나라가 작고小國 백성이 적어寡民 열 사람 백 사람 몫의 그릇什佰之器이 있다고 할지라도使有而 사용할 필요가 없고不用, 백성들로 하여금使民 죽음死을 중重히 여기도록 하여 멀리遠 옮겨가지 않게 한다不徙.

비록雖 배舟와 수레輿가 있어도有 탈 바所乘가 없으며無, 비록雖 갑옷甲과 병기兵가 있어도有 진을 펼칠 바所陳之가 없고無, 백성들로民 하여금使 다시復 결승문자結繩를 사용하게 하여而用之,

(지금 자기가 먹는) 그其 음식食을 달게 먹고甘, (지금 자기가 입는) 그其 의복服을 아름답게 여기고美, (지금 자신이 기거하는) 그其 거처居를 편안히 여기고安, (지금 자신이 향유하는) 그其 풍속俗을 즐기게 한다.

이웃 나라隣國가 서로相 바라다보이고望 닭 울고 개 짖는 소리鷄犬之聲가 서로相 들려도聞, 백성民들이 늙어老 죽을死 때에 이르러도至 서로相 왕래往來할 일이 없다不.

일반적으로 노자가 그린 이상사회가 기술되어 있다고 평가한다.

큰 나라를 만들어 백성이 많게 하려고 하는 인위적인 욕심을 버리고, 무위·무사로 나라를 다스려 온 천하 사람들이 자족自足·자부自富해지면, 편리한 도구나 무기를 사용할 필요가 없고, 굳이 능력 있는 이를 발탁하여 인위적으로 다스리도록 할 필요가 없다. 무위로 다스리면 모든 백성들이 편안해 하고, 지금 거기에 사는 것에 만족하여 죽음을 중하게 여겨 떠나려 하지 않는 것이다. 또한 멀리 갈 필요가 없기 때문에 배舟와 수레輿가 있어도 탈 일이 없다.

나아가 자족自足·자화自化하여 욕심을 일으키지 않으므로, 전쟁을 하지 않는다. 그리고 사람들은 간교한 지혜를 쓰거나 하려한 미사어구로 남을 속이는 일이 없이, 흡사 재단하지 않은 통나무처럼 소박할 따름이다.

백성들이 자화·자정·자부·자박·자족自足하므로, 절대로 다른 것을 흠모하지 않아 자신의 평소의 먹는 음식을 달게 먹고, 평소의 입는 의복을 아름답게 여기고, 자기가 기거하는 곳을 평안하게 여기고, 그 마을의 풍속을 즐기는 것이다. 그리고 닭과 개 짖는 소리가 들린 정도로 이웃나라가 가깝지만, 만족하여 왕래할 필요를 느끼지 않는 것이다.

한자 해설

- 什십은 亻(사람 인)＋十(일십 십)의 회의자로 열什三, 열 사람什長, 열 집十家爲什, 10배什佰, 10등분逐什一之利, 시편託情風什, 시십詩什, 편십篇什 등으로 쓰인다.
- 佰백은 人(사람 인)＋百(일백 백)의 회의자로 일백(=百), 백 사람佰之器, 밭두둑南以閩佰爲界 등으로 쓰인다. '십백지기什佰之器'는 열·백 사람이 사용하는 편리하고 중요한 기물 혹은 무기, 혹은 열·백 사람을 당할 수 있는 뛰어난 인재 등으로 해석할 수 있다.
- 徙사는 彳(조금 걸을 척)＋步(걸을 보)의 회의자로 발을 끌며 간다는 뜻으로 옮기다范蠡三徙 成名於天下, 이사移徙, 이행移行, 감화됨使人日徙善遠罪 而不自知也, 넘기다是月禪 徙月樂 등으로 쓰인다. '불원사不遠徙'는 '멀리 이사하지

않는다'라는 뜻이다.

- 舟주는 배의 상형자刳木爲舟 剡木爲楫, 방주方舟, 일엽편주一葉片舟, 띠다何以舟之 維玉及瑤, 나라 이름舟人之子 등으로 쓰인다.
- 輿여는 車(수레 거)+舁(마주들 여)의 회의자로 수레의 총칭輿者 車之總名也, 상여喪輿, 거상車箱, 싣다扶傷輿死 履腸涉血, 메다, 들다輿轎而隃嶺, 가마乘籃輿 등으로 쓰인다.
- 甲갑은 거북의 등딱지虎爪有甲를 본뜬 것으로 갑옷甲冑, 갑병甲兵, 무장한 병사秦下甲攻趙 등으로 쓰인다.
- 陳진은 阜(언덕 부)+車(수레 거)의 회의자로 늘어놓다陳竽瑟兮浩倡, 진법陳法, 펴다陳錫哉周, 두다不成三瓦 而陳之, 말하다事君欲諫不欲陳, 진법胡逝我陳, 衛靈公 問陳於孔子으로 쓰인다. 陳은 군사 항오의 대열軍師行伍之列을 말한다.
- 結결은 糸(가는 실 사)+吉(길할 길)의 형성자로 실로 묶다結束相連, 연결連結 하다, 결과結果, 결속結束, 매듭을 짓다上古結繩而治, 약속하다好以義結, 완 성하다使陰里結之, 결론結論 등으로 쓰인다.
- 繩승은 糸(가는 실 사)+蠅(맹꽁이 승)의 형성자로 실로 만든 노끈, 새끼繩索之貫, 捕繩, 繩墨, 묶다繩檢之, 먹줄背繩墨而追曲今, 헤아리다以繩德厚, 훈계하 다繩其祖武 등으로 쓰인다.
- 甘감은 口(입 구)에 가로획一을 더한 지사문자로 입안에 들어온 맛있는 음식으로 달다, 맛이 좋다, 감미甘味, 쾌하다, 좋다고 하다甘易牙之和, 즐 기다甘酒嗜音, 甘與子同夢, 만족해하다甘心首疾, 맛좋은 음식爲肥甘不足於口歟 로 쓰인다.
- 鷄계는 奚(어찌 해)+鳥(새 조)의 형성자로 새벽을 알리는 새로서 닭(꿩과의 새), 화계花鷄, 양계養鷄, 계란鷄卵, 폐백의 하나 등으로 쓰인다.
- 犬견은 개의 상형자吠犬 短喙善守, 견마犬馬, 투견鬪犬, 하찮은 것의 비유不任犬馬之誠, 서방 이민족犬戎 등으로 쓰인다.

81장 • 부적 不積: 쌓아 두지 않음

信言은 不美하며 美言은 不信이요
신 언 불 미 미 언 불 신

善者는 不辯하며 辯者는 不善이요
선 자 불 변 변 자 불 선

知者는 不博이며 博者는 不知니라
지 자 불 박 박 자 부 지

聖人은 不積하야 旣以爲人이면 己愈有요 旣以與人이면 己愈多니라
성 인 부 적 기 이 위 인 기 유 유 기 이 여 인 기 유 다

天之道는 利而不害하며 聖人之道는 爲而不爭이니라
천 지 도 이 이 불 해 성 인 지 도 위 이 부 쟁

신실한 말信言은 아름답게 꾸미지 않고不美, 아름답게 꾸민 말美言은 신실하지 않다不信. 잘하는 사람(선한 사람)善者은 변명하지 않고不辯, 변명하는 사람辯者은 잘하지 못하는(불선한) 사람不善이다.

아는 사람知者은 범박하지 않고不博, 범박한 사람博者은 알지 못한다不知.

성인聖人은 쌓아 두지 않아不積 이미旣 남을 위해 사용하지만以爲人 자기己는 더욱愈 지니게 되고有, 이미旣 남에게 주었지만以與人 자기己는 더욱愈 많이 지니게 된다多.

하늘의 도天之道는 이롭게 하면서利而 해를 끼치지 않고不害, 성인의 도聖人之道는 이루어 주면서爲而 다투지 않는다不爭.

　　도와 언어의 관계를 설명하고, 하늘의 도와 이를 체득한 성인의 도를 재차 천명하였다.

　　도는 원리상 언어로 표현할 수 없지만(1장), 역설적이게도 언어를 통해서 드러낼 수밖에 없다. 도를 충실히 담지하고 드러내는 말은 소박할 뿐, 결코 화려하게 꾸민 말이 아니다. 도는 아는 사람은 무지無知할 뿐,

잡박雜博하게 많이 알지 않는다. 도를 체득하여 그 도를 잘 표현하는 자는 오직 무언無言으로 가르칠 뿐, 떠들썩하게 변론할 필요가 없다. 떠들썩하게 변론하면 궁색해질 뿐이다.

형상이 없는 도는 차라리 '무無'라고 할 수 있다. 따라서 형상 없는 도를 체득하려면 끊임없이 허정하여야 한다. 끊임없이 자기를 비움으로써 무형한 도를 체득하여 "자기에게 쌓아 두지 않고" 무위로써 일을 처리하여 이루지 않은 바가 없어 "이미 항상 남을 위하고 남에게 주지만, 자기는 더욱 많이 지니게 된다."

사사로이 자신만 살고자 하지 않는 하늘의 도는 "(만물을) 낳고 기름에 있어 낳지만 소유하지 않고·이루지만 자랑하지 않고·기르지만 거느리지 않듯이, 하늘의 도를 체득한 성인 역시 만백성을 교화시키지만 더불어 싸우지 않는다.

한자 해설

- 信신은 사람人의 말言은 진실한 마음의 표현으로 믿을 수 있음朋友有信, 미쁘다信實, 신표印信, 진실로, 참됨, 맡기다歸帆但信風, 등으로 쓰인다. 『맹자』에서 "추구할 만 것을 일러 선善이라고 하고, (그 선이) 자기에게 갖추어져 있는 것을 일러 신信이라고 한다可欲之謂善 有諸己之謂信."(「진심하」)고 말했다. 여기서 '신언信言'은 도를 충실히 담지하고, 도를 드러내는 말이다.

- 美미는 羊(양 양)＋大(큰 대)의 회의자로 아름답다(모양이 예쁘다, 경치가 아름답다, 소질이 훌륭하다, 예술성이 강하다, 순박하고 선량하다), 아름다운 품덕品德(君子成人之美), 아름답게 하다夫明王不美宮室, 찬미하다美齊侯之功也 등으로 쓰인다.

- 善선은 羊(양 양: 吉祥)＋口(입 구)의 회의자로 군자의 아름답고 바른 말로 착하다隱惡而揚善, 덕목又盡其善, 잘故善戰者服上刑, 많이女子善懷, 크게覆背善詈, 친절히齊善待之, 닦다善刀而藏之, 길하다善必先知之 등으로 쓰인다.

- 辯변은 辡(따질 변)＋言(말씀 언)의 회의자로 말을 잘하다辯者不善, 말다툼하다辯而不德, 송사訟事하다, 편녕하다友辯佞, 언행의 시비와 진위眞僞를 논

하는 글 등으로 쓰인다.

- 博박은 十(열 십)＋尃(펼 부)의 회의자로 모든 실을 풀어 '넓게 하다'는 뜻으로 학식이나 견문이 많다博學, 博識, 너르다壤土之博, 잡박雜博하다, 두루 미치다博愛之謂仁, 크다爲利博矣, 넓히다博我以文, 도박不有博弈者乎, 넓이純博寸 등으로 쓰인다.

- 積적은 禾(벼 화)＋責(꾸짖을 책→적)의 형성자로 벼를 쌓다書衣流埃積, 곡식을 모으다素積, 오래되다其不用天下之法度 非一日之積也, 곱하여 얻은 결과積分, 적극積極, 누적累積. 등으로 쓰인다.

부록

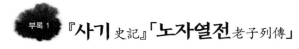

사마천(司馬遷)에 의해 B.C 91년에 완성된 이 글은 노자라는 인물에 대한 현존하는
최고(最古)의 기록이라고 할 수 있다.

　　노자는 초楚나라 고현苦縣 여향厲鄕 곡인리曲仁里 사람이다. 성은 이李, 이름
은 이耳, 자는 담聃이며, 주周나라 수장실守藏室의 사관이었다. 공자孔子가 주
나라에 가서 노자에게 예禮를 물으니, 노자는 이렇게 대답했다.

　　"그대가 말한 사람은 이미 뼈마저 모두 썩어버렸고 다만 그 말만 남아 있
을 뿐이오. 또한 군자도 때를 잘 만나면 마차를 타는 귀한 몸이 되지만, 때를
만나지 못하면 쑥대강이처럼 이리저리 떠돌아다닐 뿐이오. 내가 들으니, 훌
륭한 장사꾼은 물건을 깊숙이 감추어서 아무것도 갖지 않은 듯하고, 군자는
덕을 많이 지니고 있으면서도 겉보기에는 마치 어수룩하게 보인다고 했소.
그대도 그 교만과 욕심 그리고 그럴 듯한 자태와 잡념을 버리는 것이 좋을
것이오. 이런 것들은 그대에게 무익한 것들이오. 내가 그대에게 당부하고 싶
은 말은 이것뿐이오."

　　공자는 돌아가서 제자들에게 이렇게 말했다.

　　"나는 새가 어떻게 날 수 있는지를 알며, 물고기는 어떻게 잘 헤엄치며 짐
승이 어떻게 잘 달리는지를 알고 있다. 달리는 놈은 빗줄로 잡을 수 있고, 헤
엄치는 놈은 그물로 잡을 수 있고, 나는 놈은 주살로 쏘아 잡을 수 있다. 그
러나 용龍에 이르러서는 어떻게 구름과 바람을 타고 하늘로 올라가는지 알
지 못한다. 내가 오늘 만나본 노자는 마치 용과 같은 인물이었다."

　　노자는 도덕道德을 닦았으나, 그 배움으로 자신의 이름을 드러내지 않고

자(自隱無名) 힘썼다. 오랫동안 주나라에 있었으나 주나라가 쇠해진 것을 보고 그곳을 떠났다. 관關에 이르자 관령關令인 윤희尹喜가 "선생께서는 지금 은둔하려 하시니, 억지로라도 우리를 위해 책을 써주십시오."라고 했다. 그래서 노자는 상·하 두 권의 책을 저술하여 도덕의 뜻을 5,000여 글자로 남기고 떠났는데, 어디로 갔는지 아무도 알지 못한다.

어떤 사람은 "노래자老萊子 또한 초나라 사람으로, 15편의 책을 저술하여 도가道家의 운용을 논했고, 공자와 동시대 사람이다."라고 말한다.

대략 노자는 160여 세까지 살았다고 하며, 혹은 200여 세까지 살았다고 한다. 도를 닦아 목숨을 길렀기 때문이다.

공자가 죽은 지 129년 뒤에 사관은, 주나라의 태사太史 담儋이 진나라의 헌공獻公을 뵙고 이렇게 말하였다고 기록하고 있다.

"처음에 진나라는 주나라와 합쳐졌지만, 합쳐진 지 500년 만에 분리되고, 분리된 지 70년 만에 패왕이 될 자가 나타날 것입니다." 어떤 사람은 "담이 곧 노자다"라고 하고, 또 어떤 사람은 "그렇지 않다"고 하는데, 세상 사람들은 그런지 아닌지 알지 못한다. 노자는 숨은 군자(隱君子)다.

노자의 아들은 이름은 종宗이니, 종은 위魏나라의 장군이 되어 단간段干에 봉해졌다. 종宗의 아들은 주注이고, 주注의 아들은 궁宮이며, 궁宮의 현손은 가假이니, 한나라 효제孝帝와 문제文帝 때에 벼슬하였다. 가假의 아들 해解는 교서왕膠西王 앙卬의 태부太傅가 되어 제나라에서 일가를 이루었다.

세상에서 노자를 배우는 자들은 유학을 배척하고, 유학 또한 노자를 배척한다. "도가 같지 않으면 서로 함께 할 수 없다"는 것은 이것을 말하는 것이 아닐까? 이이는 무위無爲하여 사람들을 스스로 교화하게 하고(自化), 맑고 고요하게 있으면서(淸靜) 스스로 올바르게 만들었다(自正).

• 强강

: 남을 이기는 힘 있는 자를 넘어서勝人者有力, 자기를 이기는 자自勝者를 말한다.

3장 强其骨 / 15장 故强為之容 / 25장 强為之名曰大 / 29장 或强或羸 / 30장 不以兵强天下 不敢以取强 果而勿强 / 33장 自勝者强 强行者有志 / 36장 必固强之 柔弱勝剛强 / 42장 强梁者不得其死 / 52장 守柔曰强 / 55장 心使氣曰强

• 谿계

: 움직임의 이치를 알고 고요함의 근원을 지키면 천하의 귀의처가 되는 것을 계곡이라고 말한다.

28장 為天下谿 為天下谿

• 谷곡

: 여성의 생식기를 형상 · 지칭하며, 그 자체 텅 비어 있는 무無적인 도의 본체를 형용한다.

6장 谷神不死 / 15장 曠兮其若谷 / 28장 為天下谷 為天下谷 / 32장 猶川谷之與 江海 / 39장 谷得一以盈 谷無以盈 / 41장 上德若谷 / 66장 江海所以能為百谷王 者 故能為百谷王

• 國국

: 나라를 의미하며, 한 고조 유방劉邦의 휘를 피하여 왕필본에서는 방邦을 국國으로 기록하였다.

10장 愛民治國 / 18장 國家昏亂 / 36장 國之利器不可以示人 / 54장 修之於國 以國觀國 / 57장 以正治國 國家滋昏 / 59장 可以有國 有國之母 / 60장 治大國 若烹小鮮 / 61장 大國者下流 故大國以下小國 則取小國 小國以下大國 則取大國 大國不過欲兼畜人 小國不過欲入事人 / 65장 故以智治國 國之賊 不以智治國 國 之福 / 78장 受國之垢 受國不祥

• 君 군

: 신장을 손에 잡은 성직자로서 의례를 행하거나 정사를 관장하는 사람, 명령을 내리고 다스리는 자라는 뜻으로 임금과 통치자를 말한다.

26장 靜爲躁君 躁則失君 / 31장 君子居則貴左 非君子之器 / 70장 事有君

• 君子 군자

: 본래 임금의 아들이나 귀족을 의미했지만, 공자에 의해 결정적인 의미 전환을 겪으면서 이상적 인격의 전형으로 정립되었다.

31장 君子居則貴左 非君子之器

• 根 근

: 하늘을 향해 무성한 자리를 뻗으며 자란 나무木의 속성에 배치되게艮 아래의 땅속으로 들어가는 뿌리, 즉 근거根據, 근본根本을 말한다.

6장 是謂天地根 / 16장 各復歸其根 歸根曰靜 / 26장 重爲輕根 / 59장 是謂深根固柢

• 氣 기

: 우리 몸과 우주 구성하는 유형적인 구성 요소의 총칭이다.

10장 專氣致柔 / 42장 沖氣以爲和 / 55장 心使氣曰强

• 大丈夫 대장부

: 충忠·신信이 두터운 곳에 처하고 그 엷음에 기거하지 않으며, 도道의 열매(충실)에 처하지 헛된 꽃에 기거하지 않는 사람을 가리킨다.

38장 是以大丈夫處其厚

• 德 덕

: 주로 '득得' 자와 연관하여 설명되어 왔다. 즉 "덕德은 득得인데, 사물(혹은 일)에서 마땅함을 얻은 것을 말한다." 혹은 "예악을 모두 얻은 것을 일러 덕이라고 하는데, 덕이란 얻은 것이다."는 것이다. 글자의 유래에서 살펴본다면, 덕德 자의 본래 의미는 '彳(=行)' 자가 형성한다. 그래서 덕德은 갑골문甲骨文에서 천자天子의 순행巡行·순시巡視·은혜恩惠·전렵田獵·원정征伐 등과 정치적·군사적 행위를 의미하다가, 『서경』에서 약 20회 내외, 『시경』에서는 약 90회 내외로 나타나면서 점차 가치 정향적 행위를 의미하게 되며, 후대에는 점차 가치 정향적 행위를 가능하게

하는 '내적 상태'에 주목하면서 '심心' 자가 부가되었다. 노자는 덕이란 도에 따름으로 우리에게 체득되는 것이라고 했다. 그래서 "큰 덕의 모습은 오직 도를 따를 따름이다."고 말했다.

10장 是謂玄德 / 21장 孔德之容 / 23장 德者 同於德 同於德者 德亦樂得之 / 28장 常德不離 常德不忒 常德乃足 / 38장 上德不德 是以有德 下德不失德 是以無德 上德無為而無以為 下德為之而有以為 故失道而後德 失德而後仁 / 41장 上德若谷 廣德若不足 建德若偷 / 49장 德善 德信 / 51장 德畜之 是以萬物莫不尊道而貴德 德之貴 / 54장 其德乃餘 其德乃長 其德乃豐 其德乃普 / 55장 含德之厚 / 59장 早服謂之重積德 重積德則無不克 / 60장 故德交歸焉 / 63장 報怨以德 / 65장 是謂玄德 玄德深矣 / 68장 是謂不爭之德 / 79장 有德司契 無德司徹

● 道 도

: 『주역』「계사전」에 "형상을 넘어서는 것을 일러 도라 하고, 형상 아래의 것을 일러 기라고 한다(形而上者謂之道 形而下者謂之器)."고 했다. 끊임없이 생성하는(道生之, 51장) 천하 만물의 어머니로서 도(可以為天下母, 25장)는 형상을 지닌 어떤 하나의 사물(器: beings)이 아니다. 도란 형상을 지닌 사물의 속성을 기술하는 언어로서, "그것은 어떠하다"고 설명할 수 없다. 또한 도란 형이하의 사물이 지닌 본질(개념, 자체동일성)로도 정의할 수 없기 때문에, 사물을 지칭하는 이름(名)으로 명명할 수 없다. 만물의 모태로써 형상을 넘어서는 '상도常道'는 형이하자인 만물처럼 어떠하다고 설명하거나 혹은 무엇으로 정의하여 명명하는 바로 그 순간에도 끊임없이 만물을 화생하면서 작용하기에, 원리상 고정된 어떤 설명과 이름을 부여할 수 없다. 그래서 상도常道는 말로써 설명할 수 없고, 상명常名은 이름으로 명명할 수 없다고 했다. 원리적으로 어떠하다고 설명하거나 무엇으로 명명할 수 없지만, 일반인들을 위한 방편으로 환기시킬 필요가 있기 때문에 노자는 '자字'를 지어 임시적으로 도(字之曰道, 25장)라고 한다. 따라서 도道를 몇 가지로 임시적으로 풀이하면 다음과 같다.

① 원리상·순서상 가장 앞서는 것(천지만물의 근본: 似萬物之宗, 4장)으로, 스스로 그와 같은(道法自然) 자기 충족적인 본래 자재함(자기원인: 象帝之先, 4장)이다. 형상을 지닌 만물을 초월하지만(無, 無名), 언제 어디서나 만물을 만물이게(道生之, 51장) 한다.

② 물리적 공간으로 말하면, 공간 이전의 공간으로 공간을 공간이게 하는 것이다(공간화작용). 공간의 범주를 넘어서지만, 또한 모든 공간에 작용한다. 따라서 지극히 커서 모든 곳에 편재하지만(至大無外, 25장), 어떠한 형상도 지니지 않는다는 점에서 지극히 작은(至小無內, 32장) 공간을 지닌 만물의 모태(萬物之母, 1장)이다.

③ 물리적 시간으로 말하면, 시간 이전의 시간으로 시간을 시간이게 하는 것이다(시간화작용:天地之始, 1장). 시간의 범주를 넘어서, 시작도 끝도 없어 물리적 시간을 초월하지만(無始無終: 先天地生, 25장), 그 언제나 시간을 시간이게 하면서 시간과 함께 한다.

1장 道可道 非常道 / 4장 道沖而用之或不盈 / 8장 故幾於道 / 9장 功遂身退天之道 / 14장 執古之道 是謂道紀 / 15장 保此道 / 16장 天乃道 道乃久 / 18장 大道廢 / 21장 唯道是從 道之爲物 / 23장 故從事於道者 道者 同於道 同於道者 道亦樂得之 / 24장 其在道也 故有道者不處 / 25장 字之曰道 天法道 道法自然 / 30장 以道佐人主者 是謂不道 不道早已 / 31장 故有道者不處 / 32장 道常無名 / 34장 大道氾兮 / 35장 道之出口 / 37장 道常無爲而無不爲 / 38장 道之華 / 40장 反者道之動 弱者道之用 / 41장 上士聞道 中士聞道 下士聞道 不笑不足以爲道 故明道若昧 進道若退 夷道若纇 / 42장 道生一 / 46장 天下有道 天下無道 / 47장 不闚牖見天道 / 48장 爲道日損 / 51장 道生之 是以萬物莫不尊道而貴德 道之尊 故道生之 / 53장 大道甚夷 非道也哉 / 55장 謂之不道 不道早已 / 59장 長生久視之道 / 60장 以道莅天下 / 62장 道者萬物之奧 不如坐進此道 / 65장 古之善爲道者 / 67장 天下皆謂我道大 / 73장 天之道 / 77장 天之道 天之道 人之道 / 79장 天道無親 / 81장 天之道 聖人之道

• 靈령
: (물질과 차원을 달리하는) 귀신 혹은 정신이 지니고 있는 신령스러운 속성을 의미한다.

39장 神得一以靈 神無以靈

• 明명
: 항상 됨을 아는 것, 본래 자기를 아는 것을 '명明(밝다)'고 한다. 즉 "자지自知 = 지상知常 = 견소見小 = 명明"라고 할 수 있으며, 여기서 지知 = 견見이며, 자自 = 상常 = 소小라 할 수 있다. 지知 = 견見은 단순히 사물에 대한 대상적인 앎·봄이 아니라, 사유가 곧 존재이고 존재가 곧 사유인, 사유와 존재가 일치하는 원 사태를 말한다. 자自 = 상常 = 소小라면, '소小'는 곧 소천지·소우주로서의 '본래 자기'를 의미할 따름이다. 본래의 자기가 되기 위해서는 부단히 사사로운 자신을 비우고(致虛極 守靜篤), 복귀하는 것이 필요하다(歸根日靜 是謂(靜日)復命 復命日常, 16장). 따라서 '밝음明'이란 본래적 자기를 아는 것, 즉 본래적 자기 자신으로의 복귀되어 있는 상태를 뜻한다.

10장 明白四達 / 16장 是謂復命 復命日常 知常日明 / 22장 不自見故明 / 24장 自見者不明 / 27장 是謂襲明 / 33장 自知者明 / 36장 是謂微明 / 41장 明道若昧 隱無名 / 52장 復歸其明 / 55장 知常日明

• 名명

: 명名은 사물의 명칭, 물목物目 그리고 문자文字라는 뜻이다. 그런데 노자에서 중요한 것은 '상명常名'이다. 상명常名이란 만물을 화생하는 본래 그러한 자의 자기 언명이다. 외적 대상인 화생된 만물은 자체동일성 즉 개념을 지닌 어떤 무엇이라고 명명할 수 있다(可名). 그런데 이러한 '무엇'으로 명명된 것은 명명할 수 없는 명명하는 자(근원적인 명명)를 전제한다. 즉 상명은 명명하는 자의 자기 확인self-identification이라는 점에서 자명自名이며, 나아가 명명되어 이름을 지니는 자(可名)와는 다르게 무명無名이라고 할 수 있다. 이러한 상명常名은 곧 설명할 수 없는 상도常道와 같다.

1장 名可名 非常名 無名天地之始 有名萬物之母 同出而異名 / 14장 名曰夷 名曰希 名曰微 繩繩不可名 / 21장 其名不去 / 25장 吾不知其名 强爲之名曰大 / 32장 道常無名 始制有名 名亦旣有 / 34장 功成不名有 可名於小 可名爲大 / 37장 吾將鎭之以無名之樸 無名之樸 / 41장 道隱無名 / 44장 名與身孰親 / 47장 不見而名

• 命명

: 도의 명령, 유행을 말한다. 노자는 "탐욕을 버리고 고요한 것이 명命을 회복하는 방법이다."고 말했다.

16장 是謂復命 復命曰常 / 51장 夫莫之命常自然

• 母모

: 만물에 대한 도의 근원성을 말한다. 낳고 길어주는 자를 말한다.

1장 有名萬物之母 / 20장 而貴食母 / 25장 可以爲天下母 / 52장 復守其母 / 59장 有國之母

• 無무

: 시원의 형이상적인 도는 형이하의 만물(器)처럼 형상을 지니거나 혹은 어떤 무엇으로 제한되지 않기 때문에, 노자는 무無(1장)·무물無物(14장)·무명無名(1, 32장) 등으로 표현했다. 그러나 이 무는 유에 반대되는 그야말로 아무것도 아닌 무無(도무都無, 공무空無)는 아니라는 점에서, 차라리 (만물을 낳는 작용을 하기 때문에) 유有(1장)·대大(强謂之名曰大, 25장)·일一(10, 14, 22장)이라고 했다. 요컨대 명칭과 결부해서 노자는 만물을 낳는 도가 생겨난 만물과는 근본적으로 다르다는 점에서 부정적인 명칭인 무·무명·무물·소小(32장)라 했다. 그러나 무·무명·무

물·소小와 같은 부정적인 명칭이 유有에 대립되는 공무空無(도무都無)로 오인될 것을 염려하여, 오히려 존재 전체를 포괄하면서 그것을 넘어선다는 것을 나타내기 위하여 대大(號: 25장)라고 불렀다.

1장 無名天地之始 故常無欲 / 2장 故有無相生 / 3장 常使民無知無欲 為無為 則無不治 / 7장 非以其無私耶 / 8장 故無尤 / 10장 能無疵乎 愛民治國 能無知乎 天門開闔 能無知乎 / 11장 當其無 當其無 當其無 無之以為用 / 13장 及吾無身 / 14장 復歸於無物 是謂無狀之狀 無物之象 / 19장 盜賊無有 / 20장 儽儽兮若無所歸 飂兮若無止 / 24장 自伐者無功 / 27장 善行無轍迹 善言無瑕讁 善閉無關楗而不可開 善結無繩約而不可解 故無棄人 故無棄物 / 28장 復歸於無極 / 32장 道常無名 / 34장 常無欲 / 35장 淡乎其無味 / 37장 道常無為而無不為 吾將鎮之以無名之樸 無名之樸 夫亦將無欲 / 38장 是以無德 上德無為而無以為 上仁為之而無以為 / 39장 天無以清 地無以寧 神無以靈 谷無以盈 萬物無以生 侯王無以貴高 將恐蹶 故致數譽無譽 / 40장 有生於無 / 41장 大方無隅 大象無形 道隱無名 / 43장 有入無間 吾是以知無為之有益 無為之益 / 46장 天下無道 / 48장 以至於無為 無為而無不為 取天下常以無事 / 49장 聖人無常心 / 50장 兕無所投其角 虎無所措其爪 兵無所容其刃 以其無死地 / 52장 無遺身殃 / 57장 以無事取天下 我無為 我無事 我無欲 / 58장 其無正 / 59장 重積德則無不克 無不克則莫知其極 / 63장 為無為 事無事 味無味 故終無難矣 / 64장 無為故無敗 無執故無失 / 69장 是謂行無行 攘無臂 扔無敵 執無兵 / 70장 夫唯無知 / 72장 無狎其所居 無厭其所生 / 75장 夫唯無以生為者 / 78장 其無以易之 / 79장 無德司徹 天道無親 / 80장 無所乘之, 無所陳之。

• **無爲** 무위

: '무위無爲'란 곧 '무지위無之爲'(여기서 무無는 도道를 말한다)로 긍정적·적극적인 도의 작용을 말한다. '무위지사無爲之事'란 '무(=도)가 행하는 일(自然)'이라고 할 수 있다. 바로 이 때문에 노자는 "도는 항상 무위하지만 이루지 않음이 없다(道常無爲而無不爲, 27장)"고 말했다. 위무위爲無爲(3장), 무사無事·무욕無欲(57장), 위무위爲無爲·사무사事無事·미무미味無味(63장) 등도 같은 의미이다. 요컨대 무위無爲란 ① 우선 부정적으로 어떤 인위적·강제적 작위가 없음을 말하며, ② 적극적으로는 도의 작용, 곧 스스로 그러함(자연)·내맡김을 의미한다.

2장 處無為之事 / 3장 為無為 / 37장 道常無為而無不為 / 38장 上德無為而無以為 / 43장 吾是以知無為之有益 無為之益 / 48장 以至於無為 無為而無不為

57장 我無爲 / 63장 爲無爲 / 64장 無爲故無敗

● 美미

: 큰 양이 유용하다는 것에서, 유용한 것이 아름답다, 선하다, 훌륭하다, 찬미하다, 좋게 여기다
는 뜻이 나왔다. 노자는 아름다움은 추함과 상대적으로 성립되는 것이라고 말한다.

  2장 天下皆知美之爲美 / 31장 勝而不美 而美之者 / 62장 美言可以市 / 80장 美
  其服 / 81장 信言不美

● 民민

: 피지배층 일반을 뜻한다. 노자는 군주의 귀함은 민을 기반으로 상대적으로 성립되는 것이라고
말한다.

  3장 使民不爲盜 常使民無知無欲 / 10장 愛民治國 / 19장 民利百倍 民復孝慈 /
  32장 民莫之令而自均 / 53장 而民好徑 / 57장 而民彌貧 民多利器 而民自化 而民
  自正 而民自富 而民自樸 / 58장 其政淳淳 其民缺缺 / 64장 民之從事 / 65장 民
  之難治 / 66장 是以聖人欲上民 欲先民 是以聖人處上而民不重 處前而民不害 /
  72장 民不畏威 / 74장 民不畏死 若使民常畏死 / 75장 民之飢 民之難治 民之輕死
  / 80장 小國寡民 使民重死而不遠徙 使民復結繩而用之 民至老死

● 樸박

: 가공하지 않은 원목으로서 순수 자연 그 자체를 나타내며 도를 상징한다. 가공하지 않은 원목
즉 통나무가 흩어 나누어져(마름질되어) 그릇이 되듯이(樸散則爲器, 28장), 도가 전개되어 세계
(만물)가 형성된다.

  15장 敦兮其若樸 / 19장 見素抱樸 / 28장 復歸於樸 樸散則爲器 / 32장 樸雖小 /
  37장 吾將鎭之以無名之樸 無名之樸 / 57장 而民自樸

● 反반

: 『설문』에서는 '손(又)을 뒤집다'는 뜻이라고 했다. 뒤집으면 원래의 위치와 반대가 되기에 반대
反對라는 뜻이 되었고, 거기에서 되돌아가다는 뜻이 나왔다. 노자는 "되돌아오는 것을 도의 움직
임이다."고 말했다. 멀리, 궁극에 가면 되돌아온다는 말이다.

  25장 遠曰反 / 40장 反者道之動 / 65장 與物反矣 / 78장 正言若反

• 魄백

: 땅으로부터 부여받은 정신의 음陰적인 측면을 지칭한다.

  10장 載營魄抱一

• 百姓백성

: 피지배계층 일반을 말하지만, "성인은 말할 수 없는 상도常道의 가르침을 베풀어, 백성들이 스스로 교화되고(自化), 스스로 바르게 되고(自正), 스스로 부유해지며(自富), 스스로 소박해진다(自樸, 57장)."고 말했듯이, 노자는 백성들을 상당히 자율적 주체적 존재로 파악하였다.

  5장 以百姓為芻狗 / 17장 百姓皆謂我自然 / 49 以百姓心為心 百姓皆注其耳目

• 復복/부

: 포대 모양의 대형 풀무를 발(夂)로 밟아 작동시키는 모습으로, 밀었다 당겼다는 하는 동작이 반복反復하는 특성이 있어 반복反復, 회복回復의 뜻이 나왔다. 이로부터 '다시'란 뜻이 나왔다(이때는 부로 읽는다). 노자는 '복명復命(도의 명령을 다시 회복)'이란 말에 각별한 의미를 부여하였다.

  14장 復歸於無物 / 16장 吾以觀復 各復歸其根 是謂復命 復命曰常 / 19장 民復孝慈 / 28장 復歸於嬰兒 復歸於無極 復歸於樸 / 52장 復守其母 復歸其明 / 58장 正復為奇 善復為妖 / 64장 復眾人之所過 / 80장 使民復結繩而用之

• 士사

: ① 선비(학식이 있으나 벼슬하지 않은 사람), ② 남자(성인남자, 남자의 미칭), ③ 벼슬 이름(제후가 두었던 대부 다음의 자리: 諸侯之上大夫卿 下大夫 上士 中士 下士 凡吾等), ④ 관리(殷士膚敏), ⑤ 병사, ⑥ 일(雖執鞭之士), ⑦ 일삼다(勿士行枚), ⑧ 벼슬하다, ⑨ 전문적 학식을 지닌 사람 등의 의미이다.

  15장 古之善為士者 / 41장 上士聞道 中士聞道 下士聞道 / 68장 善為士者

• 常상

: 아我·자연自然·자기自己 등과 같은 말로 만물을 화생化生하면서 끊임없이 자기 자신으로 되돌아오는(反復) 도의 작용(40장) 혹은 도의 단순성(樸, 素)으로서, 본래 자기·자유·자연을 의미한다.

  1장 非常道 非常名 故常無欲 常有欲 / 3장 常使民無知無欲 / 16장 復命曰常 知常曰明 不知常 知常容 / 27장 是以聖人常善救人 常善救物 / 28장 常德不離 常

德不忒 常德乃足 / 34장 常無欲 / 37장 道常無為而無不為 / 46장 常足矣 / 48장
取天下常以無事

• 善선

: 길상한 것으로 의롭고(義) 아름다운 것(美)이라는 의미를 함께 지닌다. 그리고 여기서 양羊은
양의 머리를 쓴 절대자(羊人爲美)를 상징한다고 할 수 있다. 착하다, 선행善行, 좋은 일, 선하다,
훌륭하다, 좋아하다, 능력 있다 등의 의미이다.

2장 皆知善之為善 斯不善已 / 8장 上善若水 水善利萬物而不爭 居善地 心善淵
與善仁 言善信 正善治 事善能 動善時 / 15장 古之善為士者 / 20장 善之與惡 /
27장 善行無轍迹 善言無瑕讁 善數不用籌策 善閉無關楗而不可開 善結無繩約而
不可解 是以聖人常善救人 常善救物 故善人者 不善人之師 不善人者 善人之資 /
30장 善有果而已 / 41장 善貸且成 / 49장 善者 吾善之 不善者 吾亦善之 德善 /
50장 蓋聞善攝生者 / 54장 善建不拔 善抱者不脫 / 58장 善復為妖 / 62장 善人
之寶 不善人之所保 人之不善 / 65장 古之善為道者 / 66장 以其善下之 / 68장
善為士者 善戰者 善勝敵者 善用人者 / 73장 不爭而善勝 不言而善應 繟然而善
謀 / 79장 安可以為善 常與善人 / 81장 善者不辯 辯者不善

• 善人선인

: 도를 잘 체득하여 훌륭하게 실천하는 사람을 말한다.

27장 故善人者 不善人之師 不善人者 善人之資 / 62장 善人之寶 不善人之所保 /
79장 常與善人

• 聖人성인

: 도를 온전히 체득하여 무위로 실천하고, 잘 구제하고 교화시키는 사람이다. 즉 성인聖人이란 ①
무형의 도를 묘찰하고 미묘하게 통하고, ② 극심한 것을 버리고, 사치스러움을 버리고, 교만함도
버리며, ③ 무위·무사·무욕으로 작용하기 때문에, 천하 사람들이 귀순해 와도(나아가도) 아무
런 해를 끼치지 않으며, ④ 돌아다니지 않아도 알고, 보지 않아도 이름을 알며, 작위하지 않고도
이루며, ⑤ 순수 결백 그 자체이지만, 자비심에 의해 그 결백함을 조화시키고 속인의 온갖 더러움
과 하나가 되며, ⑥ 고정된 마음이 없고 백성의 마음으로 (자기의) 마음으로 삼아 천하에 임함에
있어 천하 사람들의 마음을 잘 모으면서 백성들 모두를 어린아이처럼 되게 하는 존재이다.

2장 是以聖人處無為之事 / 3장 是以聖人之治 / 5장 聖人不仁 / 7장 是以聖人後

其身而身先 / 12장 是以聖人為腹不為目 / 22장 是以聖人抱一為天下式 / 26장 是以聖人終日行不離輜重 / 27장 是以聖人常善救人 / 28장 聖人用之 / 29장 是以聖人去甚 / 47장 是以聖人不行而知 / 49장 聖人無常心 聖人在天下 聖人皆孩之 / 57장 故聖人云 / 58장 是以聖人方而不割 / 60장 聖人亦不傷人 / 63장 是以聖人終不為大 是以聖人猶難之 / 64장 是以聖人無為故無敗 是以聖人欲不欲 / 66장 是以聖人欲上民 是以聖人處上而民不重 / 70장 是以聖人被褐懷玉 / 71장 聖人不病 / 72장 是以聖人自知不自見 / 73장 是以聖人猶難之 / 77장 是以聖人為而不恃 / 78장 是以聖人云受國之垢 / 79장 是以聖人執左契 / 81장 聖人不積 聖人之道

● 始시
: ① 비로서, ② 시작(萬物資始), ③ 처음(君子慎始), ④ 근본(天地者 生之始), ⑤ 일으키다(君子念始之者), ⑥ 바야흐로 등의 뜻이다.

1장 無名天地之始 / 14장 能知古始 / 32장 始制有名 / 38장 而愚之始 / 52장 天下有始 / 64장 始於足下 慎終如始 /

● 神신
: 본래 번개(申 → 電) 신(示)을 말했다. 번개는 사악한 사람을 경계하고, 신의 조화가 생길 어떤 변화를 알려주는 계시로 생각되어 자연계에 존재하는 각종 신을 나타내었다. 귀신鬼神, 평범하지 않은 것, 신비神秘, 신성神聖, 정신精神 등의 의미이다.

6장 谷神不死 / 29장 天下神器 / 39장 神得一以靈 神無以靈 / 60장 其鬼不神 非其鬼不神 其神不傷人 非其神不傷人

● 信신
: 사람의 본마음에서 표출된 말은 거짓이 없기(誠實無欺)에 믿을 수 있다. 혹은 사람(人)의 말(言)은 언제나 진실되고 신뢰가 있어야 한다는 의미이다. "가치상 추구할 만한 것을 선(좋음)이라고 하고, 이러한 선을 자기 안에 지니고 있는 것을 신信이라고 한다."고 한 맹자의 말처럼, 신信이란 도덕적으로 선한 본성(仁義禮智)을 실현하기 위해 신실하게 행하는 것을 말한다.

8장 言善信 / 17장 信不足 焉有不信焉 / 21장 其中有信 / 23장 信不足 焉有不信焉 / 38장 忠信之薄 / 49장 信者 吾信之 不信者 吾亦信之 德信 / 63장 夫輕諾必寡信 / 81장 信言不美 美言不信

• 心 심
: 심장의 실재모습을 그린 것으로 우리 몸을 주재하는 것을 말한다. 생각(思)이나 상상(想)이 유래하는 곳을 말한다.

3장 使心不亂 虛其心 / 8장 心善淵 / 12장 令人心發狂 / 20장 我愚人之心也哉 / 49장 聖人無常心 以百姓心爲心 歙歙爲天下渾其心 / 55장 心使氣曰强

• 弱 약
: 도의 작용을 말한다. 노자에 따르면 "부드럽고 약한 것이 단단하고 강한 것을 이긴다."

3장 弱其志 / 36장 將欲弱之 / 40장 弱者道之用 / 55장 骨弱筋柔而握固 / 76장 人之生也柔弱 柔弱者生之徒 柔弱處上 / 78장 天下莫柔弱於水 弱之勝强

• 言 언
: 입과 혀 그리고 거기서 나오는 말을 상징한다. 임금의 정령政令을 의미하기도 한다. 도와 성인은 항상 무언無言 혹은 불언不言한다.

2장 行不言之教 / 5장 多言數窮 / 8장 言善信 / 17장 其貴言 / 22장 豈虛言哉 / 23장 希言自然 / 27장 善言無瑕謫 / 31장 言以喪禮處之 / 41장 故建言有之 / 43장 不言之教

• 嬰兒 영아
: 지극한 부드러움을 상징하며, 타고난 자연 그대로의 상태를 말한다.

10장 能嬰兒乎 / 20장 如嬰兒之未孩 / 28장 復歸於嬰兒

• 禮 예
: 옥과 북 등을 동원해(豊) 경건하게 신을 모시던 제사(示) 행위를 말한 것으로부터 예도禮度, 예절禮節 등의 의미가 나왔다. 노자에 따르면, 예禮란 인위적·강제적인 것으로 의義를 상실한 이후에 강요된 것이다.

31장 言以喪禮處之 戰勝以喪禮處之 / 38장 上禮爲之而莫之應 夫禮者

• 惡 오/악
: 추한 것으로 사람들이 싫어하는 것이다. 노자에 따르면, 추한 것은 아름다운 것과 상대적으로 성립되는 것이다.

2장 斯惡已 / 8장 處衆人之所惡 / 20장 善之與惡 / 24장 物或惡之 / 31장 物或惡之 / 42장 人之所惡 / 73장 天之所惡

• 王 왕
: 하늘(天)과 땅(地), 사람(人)을 의미하는 삼三을 하나로 꿰뚫는(丨) 지배자를 말한다.

16장 公乃王 王乃天 / 25장 王亦大而王居其一焉 / 32장 侯王若能守之 / 37장 侯王若能守之 / 39장 侯王得一以為天下貞 侯王無以貴高將恐蹶 是以侯王自稱孤 / 42장 而王公以為稱 / 66장 江海所以能為百谷王者 故能為百谷王 / 78장 是謂天下王

• 欲 욕
: ① 하고자 하다, ② 욕심(慾), ③ 온순하다 ④ 마땅히(응당 하여야 한다) ⑤ 하기 시작하다, ⑥ 편안하다, ⑦ 희구하다 등의 의미이다. 노자에게서 "윤리적으로, 마땅히 희구希求(화동和同·수순隨順)하다." 등의 의미로 쓰인 곳이 많다.

1장 故常無欲 常有欲 / 3장 不見可欲 使民無知無欲 / 15장 不欲盈 / 19장 少私寡欲 / 29장 將欲取天下而為之 / 34장 常無欲 / 36장 將欲歙之 將欲弱之 將欲廢之 將欲奪之 / 37장 化而欲作 夫亦將無欲 不欲以靜 / 39장 不欲琭琭如玉 / 46장 咎莫大於欲得 / 57장 我無欲 / 61장 大國不過欲兼畜人 小國不過欲入事人 夫兩者各得其所欲 / 64장 是以聖人欲不欲 / 66장 是以聖人欲上民 欲先民 / 77장 其不欲見賢

• 勇 용
: 힘을 지니고 과감하다, 결단력 있다 등의 뜻이다. 자애롭기 때문에 용감할 수 있다.

67장 慈故能勇 今舍慈且勇 / 73장 勇於敢則殺 勇於不敢則活

• 柔 유
: 나무가 부드러워 휘어지는 것에 유래한 말이다. 노자는 도의 작용을 일컫는 말로 사용했다.

10장 專氣致柔 / 36장 柔弱勝剛強 / 43장 天下之至柔 / 52장 守柔曰强 / 55장 骨弱筋柔而握固 / 76장 人之生也柔弱 萬物草木之生也柔脆 柔弱者生之徒 柔弱處上 / 78장 天下莫柔弱於水 柔之勝剛

• 義 의
: 톱날이 있는 칼을 손으로 잡고(我) 희생물(羊)을 잡아 신神들이 흠향할 수 있도록 알맞게 잘 다

들어 놓은 것으로, ① '알맞다' '적당하다' '마땅하다'는 의미를 지닌다. 그리고 '양을 잡아서 고기를 나눈 것(分)'이란 의미에서 확대되어 ② '분배分配한 것이 이치에 알맞음', '이치에 알맞음(義理)'이라는 뜻으로 발전했다. 또한 이렇게 분배적 정의를 나타내는 의義는 '정의正義의 구현으로서의 의식과 형벌'이라는 의미를 지닌다. 노자는 "진정한 덕을 상실한 이후에 인仁이 있고, 인을 상실한 이후에 의義가 있다."고 말하여, '의義' 개념을 도로부터 전락된 덕목으로 파악하고 있다.

18장 有仁義 / 19장 絶仁棄義 / 38장 上義為之而有以為 失仁而後義 失義而後禮

• 仁 인

: 친애한다는 의미로 두 사람(人+二)에서 유래했다. 공자의 『논어』에서 전체 499장 가운데 59장에서 109회 출현하는 유가의 주도적인 덕목이다. 노자는 '인仁' 개념을 인위적 작위로 행해지는 인격적 존재의 '편애偏愛'라고 비판하고, 진정한 덕이 상실한 이후에 출현한 것이라고 주장한다.

5장 聖人不仁 / 8장 與善仁 / 18장 有仁義 / 19장 絶仁棄義 / 38장 上仁為之而無以為 失德而後仁 失仁而後義

• 一 일

: ① 모든 것의 근원(시발지이자 귀착처)으로 실체·본위이며, ② 모든 명상名相과 사물·사태가 일치를 이룬 것(명실상부 : 적합 혹은 적중), ③우주에서 모든 존재가 각자의 위치와 공능을 균등하게 부여받고 발휘된 결과가 상호 조화와 균형을 이루는 것(공평과 균형) 등을 의미한다. 노자는 도의 전일성(一卽全)을 나타내는 말로 사용했다.

10장 載營魄抱一 / 11장 共一轂 / 14장 故混而為一 / 22장 是以聖人抱一為天下式 / 25장 而王居其一焉 / 39장 昔之得一者 天得一以清 地得一以寧 神得一以靈 谷得一以盈 萬物得一以生 侯王得一以為天下貞 / 42장 道生一 一生二 / 67장 一曰慈

• 自 자

: ~로부터(유래처), 스스로, 자기 자신 등의 뜻이다. 사사로운 자아(私我) 혹은 도를 부여받은 본래 자아라는 의미로도 쓰였다.

7장 以其不自生 / 9장 自遺其咎 / 17장 百姓皆謂我自然 / 21장 自古及今 / 22장 不自是 不自伐 不自矜 / 23장 希言自然 / 24장 自見者不明 自是者不彰 自伐者無功 自矜者不長 / 25장 道法自然 / 32장 萬物將自賓 民莫之令而自均 / 33장 自知者明 自勝者强 / 34장 以其終不自為大 / 37장 萬物將自化 天下將自定 / 39

장 是以侯王自稱孤 / 51장 夫莫之命常自然 / 57장 而民自化 而民自正 而民自富 而民自樸 / 64장 以輔萬物之自然 / 72장 是以聖人自知不自見 自愛不自貴 / 73장 不召而自來

• 慈자
: 마음(心)을 한없이 불려(玆) 남에게 베푸는 자애로운 사랑(愛)을 말한다. 노자의 삼보三寶 중의 하나이다.

18장 有孝慈 / 19장 民復孝慈 / 67장 一曰慈 慈故能勇 今舍慈且勇 夫慈以戰則勝 以慈衛之

• 自然자연
: 생생불이生生不已하는 도의 본원 상태, 본래 그러함을 말하며, 물리적 자연(소산적 자연)을 말하지 않는다.

17장 百姓皆謂我自然 / 23장 希言自然 / 25장 道法自然 / 51장 夫莫之命常自然 / 64장 以輔萬物之自然

• 赤子적자
: 덕을 두텁게 머금고 있는 갓난아기를 말한다. 덕을 두텁게 머금은 갓난아이는 사사로운 분별의 마음을 내지 않기 때문에, 사사로운 자아가 없고, 사사로운 자아가 없기에 그에 대립되는 외물外物 또한 없다. 그러므로 독벌레와 독뱀이 쏘지 않고, 사나운 짐승이 덮치지 않고, 사나운 새가 공격하지 않는다는 것이다. 유교의 맹자 또한 "대인이란 어린아이의 마음(赤子之心)을 그대로 간직하고 있는 사람이다."고 말하였다.

55장 比於赤子

• 正정
: 절대적 표준인 하늘(一)에 나아가 합일하여 머무르는 것이 '바르다'는 뜻이다. ① 바르다(치우치지 않다, 단정하다, 반듯하다, 곧다, 정확하다), ② 올바르다(정직하다, 공정하다), ③ 바로잡다(도리나 원칙에 어긋난 것을 바로잡다), ④ 결정하다, ⑤ 다스리다, ⑥ 관장하다, ⑦ 정실(정처, 본처, 적장자), ⑧ 정(주主가 되는 것), ⑨ 바로 · 막, ⑩ 정사(=政), ⑪ 상법常法, ⑫ 군대 편제의 단위(三領爲一正), ⑬ 정벌하다(天子失義 諸侯力正), ⑭ 노역勞役.

8장 正善治 / 45장 清靜爲天下正 / 57장 以正治國 而民自正 / 58장 孰知其極其

無正 正復為奇 / 78장 正言若反

• 政정
: 합법적 물리력(攵)으로 바르게(正) 되게 하는(바로잡음) 것, 즉 공권력을 행사하여 정의正義를 구현하는 것이 정치이며, 정사임을 나타낸다. ① 정사(夫子至於是邦也 必聞其政), ② 정권(天下有道 則政不在大夫), ③ 정책(政寬則民慢), ④ 금령(道之以政), ⑤ 직책(棄政而役), ⑥ 사무, ⑦ 정사를 행하는 사람(均五政), ⑧ 바루다(寬以政之), ⑨ 정벌하다(臨衛政殷).
58장 其政悶悶 其民淳淳 其政察察

• 定정
: 집안(宀=>나라)에 나아가(正) 제 자리를 잡고 편안하게 쉬다, 즉 안정安定 · 평정平正 · 확정確定 · 규정規定하다의 의미이다.
37장 天下將自定

• 靜정
: 맑고 고요하다, 정지하다, 안정되다는 뜻이다. 노자는 탐욕을 버리고, 마음을 안정되게 하여, 도를 체득하는 방법으로 '정靜'개념을 제시했다.
15장 孰能濁以靜之徐淸 / 16장 守靜篤 歸根曰靜 / 26장 靜為躁君 / 37장 不欲以靜 / 45장 躁勝寒靜勝熱 淸靜為天下正 / 57장 我好靜 / 61장 牝常以靜勝牡 以靜為下

• 帝제
: ① 천상天上에 존재하면서 신들의 위계에 가장 높은 지위를 지니며, ② 비, 천둥, 바람과 같은 자연현상과 운행을 주재하여 농업에 영향을 주어 경제적 풍흉豊凶을 좌우하고, ③ 인간만사를 주관하여 형벌을 내리는 권능을 지닌 동시에 왕권을 성립시키는 힘을 지닌 존재를 말한다.
4장 象帝之先

• 志지
: 마음이 가는 것(心之所之之謂)이라는 의미에서의 지향志向, 혹은 마음이 가는 곳으로서의 의미 意味(뜻), 선비(士)의 굳은 마음(心) 곧 의지意志를 강조하여 주재主宰라는 의미도 지닌다.
3장 弱其志 / 31장 則不可以得志於天下矣 / 33장 强行者有志

● 知지

: 많은 것을 알아서 화살처럼 빠르게 입을 통해 표현한다는 뜻이다. 노자는 개별적 혹은 부분적인 앎(小知)과 도에 대한 자각(大知)을 구분하고 있다.

2장 天下皆知美之為美 皆知善之為善 / 3장 常使民無知無欲 使夫知者不敢為也 / 4장 吾不知誰之子 / 10장 能無知乎 能無知乎 / 14장 能知古始 / 16장 知常曰明 不知常 知常容 / 17장 下知有之 / 21장 自古及今 / 25장 吾不知其名 / 28장 知其雄 知其白 知其榮 / 32장 夫亦將知止 知止所以不殆 / 33장 知人者智 自知者明 知足者富 / 43장 吾是以知無為之有益 / 44장 知足不辱 知止不殆 / 46장 禍莫大於不知足 故知足之足 / 47장 不出戶知天下 其知彌少 是以聖人不行而知 / 52장 以知其子 既知其子 / 53장 使我介然有知 / 54장 吾何以知天下然哉 / 55장 未知牝牡之合而全作 知和曰常 知常曰明 / 56장 知者不言 言者不知 / 57장 吾何以知其然哉 / 58장 孰知其極 / 59장 無不克則莫知其極 莫知其極 / 65장 知此兩者亦楷式 常知楷式 / 70장 吾言甚易知 天下莫能知 夫唯無知 是以不我知 知我者希 / 71장 知不知上 不知知病 / 72장 是以聖人自知不自見 / 73장 孰知其故 / 78장 天下莫不知 / 81장 知者不博 博者不知

● 智지

: 본래 진정한 지혜를 의미한다. 그런데 노자는 "지혜가 나오자 큰 거짓이 생겨났으며" "성스러움을 끊고 지혜를 버리면 백성의 이익이 백 배 더해진다."고 했다. 또한 남을 아는 자를 말하기도 한다.

18장 智慧出 / 19장 絕聖棄智 / 27장 雖智大迷 / 33장 知人者智 / 65장 以其智多 故以智治國 不以智治國

● 地지

: 만물을 생성하는 대지라는 뜻이다. 대지, 지구, 육지, 영토, 토지, 지방, 지위, 바탕을 뜻한다. 하늘과 짝을 이루며, 만물의 공간적인 측면을 형성하는 계기를 말한다.

1장 無名天地之始 / 5장 天地不仁 天地之間 / 6장 是謂天地根 / 7장 天長地久 天地所以能長且久者 / 8장 居善地 / 23장 孰為此者 天地 天地尚不能久 / 25장 先天地生 地大 人法地 地法天 / 32장 天地相合 / 39장 地得一以寧 地無以寧 / 50장 動之死地 以其無死地

● **知人** 지인
: 남(사람)을 아는 지혜로움을 말한다.

33장 知人者智

● **天** 천
: 팔을 벌린 사람(人→大)의 머리를 크게 그린 데에서 출발하여, 머리끝에 맞닿는 것이 하늘임을 나타내어 위에 있는 것, 꼭대기, 최고의 뜻이 나왔다고 한다. 후에 자연적인 것, 기후, 하느님 등의 뜻도 파생되었다. 모든 존재의 궁극 근원이자 도덕의 기원으로서 천天은 단적으로 하나의 큰 존재(一+大)로서 그 자체에 하늘과 땅(二), 그리고 사람(人)까지 포함한다. 천은 물질천, 자연천, 주재천, 운명천, 의리천, 조생천造生天, 재행천載行天, 계시천啓示天, 심판천審判天 등으로 나누기도 한다. 노자에서 천은 지地와 짝을 이루는 자연만물의 양陽의 측면으로, 도의 하위개념이다.

1장 無名天地之始 / 2장 天下皆知美之為美 / 5장 天地不仁 天地之間 / 6장 是謂天地根 / 7장 天長地久 天地所以能長且久者 / 9장 功遂身退天之道 / 10장 天門開闔 / 13장 故貴以身為天下 若可寄天下 愛以身為天下 若可託天下 / 16장 王乃天 天乃道 / 22장 是以聖人抱一為天下式 / 23장 天地 天地尚不能久 / 25장 先天地生 可以為天下母 天大 地法天 天法道 / 26장 而以身輕天下 / 28장 為天下谿 為天下谿 為天下式 為天下式 為天下谷 為天下谷 / 29장 將欲取天下而為之 天下神器 / 30장 不以兵强天下 / 31장 則不可以得志於天下矣

32장 天下莫能臣也 譬道之在天下 / 37장 天下將自定 / 39장 天得一以清 天無以清 / 40장 天下萬物生於有 / 43장 天下之至柔 馳騁天下之至堅 天下希及之 / 45장 清靜為天下正 / 46장 天下有道 / 47장 不出戶知天下 不闚牖見天道

48장 取天下常以無事 不足以取天下 / 49장 聖人在天下 歙歙為天下渾其心 / 52장 天下有始 以為天下母 / 54장 修之於天下 以天下觀天下 吾何以知天下然哉 / 56장 故為天下貴 / 57장 以無事取天下 天下多忌諱 / 59장 治人事天莫若嗇 / 60장 以道莅天下 / 61장 天下之交 天下之牝 / 62장 故立天子 故為天下貴 / 63장 天下難事 天下大事 / 66장 是以天下樂推而不厭 故天下莫能與之爭 / 67장 天下皆謂我道大 三曰不敢為天下先 不敢為天下先 天將救之 / 68장 是謂配天古之極 / 70장 天下莫能知 / 73장 天之所惡 天之道 天網恢恢 / 77장 天之道 天之道 孰能有餘以奉天下 / 78장 天下莫柔弱於水 天下莫不知 是謂天下王 / 79장 天道無親 / 81장 天之道

• 天子 천자

: 천하만물의 궁극자인 하늘의 아들이란 의미에서 출발하여, 병거 일 만대를 낼 수 있는 나라(萬乘之國)의 주인을 의미한다.

62장 故立天子

• 忠 충

: 어느 한 쪽으로도 치우치지 않고(中) 공평무사하게 원칙을 견지하는 마음(心)을 의미한다.

18장 有忠臣 / 38장 忠信之薄

• 治 치

: 범람하는 물길을 다스려 옥토가 되게 하듯이, 사람도 그렇게 다스려야 한다는 것을 말한다. 따라서 정치의 본령이란 위정자가 스스로 올바르면서 또한 일을 바르게 처리하고, 교육이나 훈육을 통하여 백성들을 훌륭한 사람으로 양성하는 데에 있다.

3장 是以聖人之治 則無不治 / 8장 正善治 / 10장 愛民治國 / 57장 以正治國 / 59장 治人事天莫若嗇 / 60장 治大國若烹小鮮 / 64장 治之於未亂 / 65장 民之難治 故以智治國 不以智治國 / 75장 民之難治 是以難治

• 學 학

: 미몽에 가려 있는 자식을 가르치기 위해 두 손으로 떠밀어 학교에 넣어 본받게 한다(效), 집안(宀)에서 두 손(臼)으로 새끼 매듭(爻=결승문자)을 지우는 법을 아이(子)가 배우다'는 뜻에서 '모방하다, 본받다(效)'의 뜻이 나왔다. 『설문』에서는 깨달음(覺悟)이라 하였다. 노자는 도의 실천과 대비되는 지식의 증진의 개념으로도 사용했다.

20장 絶學無憂 / 48장 爲學日益 / 64장 學不學

• 虛 허

: 본래 언덕과 언덕 사이의 움푹 들어간 구릉지丘陵地를 의미한다. 노자에게서 입도공부의 요체로서 '허虛'는 '사사로움을 적게 하고, 욕심을 줄이는 것(見素抱樸 少私寡欲, 19장)'이라 할 수 있다.

3장 虛其心 / 5장 虛而不屈 / 16장 致虛極 / 22장 豈虛言哉 / 53장 倉甚虛

• 玄 현

: 그윽하여 알 수 없다는 의미이다. 『노자』에서 '현玄' 자는 1)유有·무無가 함께 나와 이름을 달리

하지만 상생하면서(有無相生, 2장) 천지만물을 끊임없이 화생化生함, 2)형상 없는 도에 미묘하게 통하는 것, 3)도가 천지만물을 낳으면서도 소유하지 않고, 이루어 주면서도 자랑하지 않고, 기르면서도 주재하지 않는 것을 묘사할 때 사용했다.

　1장 同謂之玄 玄之又玄 / 6장 是謂玄牝 玄牝之門 / 10장 滌除玄覽 是謂玄德 / 15장 微妙玄通 / 51장 是謂玄德 / 56장 是謂玄同 / 65장 是謂玄德 玄德深矣

• **賢**현
: 본래 노비를 잘 관리하고(臤又) 재산(貝)을 잘 지키는 재능 많은 사람을 말했으며, 이후 재산이 많다, 총명하다, 현명하다, 현자 등을 뜻한다.

　3장 不尚賢 / 75장 是賢於貴生 / 77장 其不欲見賢

• **孝**효
: 老(늙을 노)+子(아들 자)의 회의자로 자식(子)이 늙은 부모(老)를 업은 모습으로 효의 개념을 그렸다.

　18장 有孝慈 / 19장 民復孝慈